Democracia 1866–1869

Luiz Gama

OBRAS COMPLETAS   volume 4

edição brasileira© Hedra 2023
organização© Bruno Rodrigues de Lima

edição Jorge Sallum
coedição Suzana Salama
assistência editorial Paulo Henrique Pompermaier
revisão Renier Silva, Luiza Simões Pacheco
capa Lucas Kröeff

ISBN 978-65-8970-512-3
conselho editorial Adriano Scatolin,
Antonio Valverde,
Caio Gagliardi,
Jorge Sallum,
Ricardo Valle,
Tales Ab'Saber,
Tâmis Parron

Dados Internacionais de Catalogação na Publicação (CIP)
(Câmara Brasileira do Livro, SP, Brasil)

Gama, Luiz, 1830-1882

Democracia: 1866–1869 / Luiz Gama; organização, introdução, estabelecimento de texto, comentários e notas Bruno Rodrigues de Lima. 1. ed. São Paulo, SP: Editora Hedra, 2022. (Obras completas; volume 4). Bibliografia.

ISBN 978-65-89705-12-3

1. Crimes (Direito penal) 2. Democracia 3. Direito à educação 4. Direito – Aspectos sociais 5. Ensaios brasileiros 6. Escravidão 7. Política – Brasil I. Lima, Bruno Rodrigues de. II. Título. III. Série.

23-164690   CDU: 306.43

Elaborado por Tábata Alves da Silva (CRB-8/9253)

Índices para catálogo sistemático:
1. Ensaios brasileiros: Sociologia 306.43

Grafia atualizada segundo o Acordo Ortográfico da Língua Portuguesa de 1990, em vigor no Brasil desde 2009.

Direitos reservados em língua
portuguesa somente para o Brasil

EDITORA HEDRA LTDA.
R. Fradique Coutinho, 1139 (subsolo)
05416-011 São Paulo SP Brasil
Telefone/Fax +55 11 3097 8304
editora@hedra.com.br

www.hedra.com.br
Foi feito o depósito legal.

Democracia 1866–1869

Luiz Gama

Bruno Rodrigues de Lima
(*Organização, introdução, estabelecimento de texto, comentários e notas*)

1ª edição

São Paulo   2023

Democracia reúne textos escritos entre 1866 e 1869, quando se revela a atuação de Gama em outros domínios do conhecimento e debate público, como educação e política, além da entrada no mundo do direito. Ainda usando um pseudônimo, Gama passa a defender na imprensa o direito à educação universal e a obrigação do Estado em garantir ensino público de qualidade em todos os níveis como os fundamentos da vida democrática. Ainda hoje, a ideia de que a democracia depende da educação ampla, geral e irrestrita soa como inconveniente para alguns. Na época, era um ato revolucionário. A partir desse ponto, Gama nunca mais pararia. Democracia, direito e liberdade tornam-se palavras-chave de sua literatura. No entanto, logo após vincular suas opiniões a seu nome próprio, foi demitido do cargo de amanuense da Secretaria de Polícia da capital. Isso marca o início de uma nova fase, dedicada à advocacia e ao direito.

Luiz Gonzaga Pinto da Gama nasceu livre em Salvador da Bahia no dia 21 de junho de 1830 e morreu na cidade de São Paulo, como herói da liberdade, em 24 de agosto de 1882. Filho de Luiza Mahin, africana livre, e de um fidalgo baiano cujo nome nunca revelou, Gama foi escravizado pelo próprio pai, na ausência da mãe, e vendido para o sul do país no dia 10 de novembro de 1840. Dos dez aos dezoito anos de idade, Gama viveu escravizado em São Paulo e, após conseguir provas de sua liberdade, fugiu do cativeiro e assentou praça como soldado (1848). Depois de seis anos de serviço militar (1854), Gama tornou-se escrivão de polícia e, em 1859, publicou suas *Primeiras trovas burlescas*, livro de poesias escrito sob o pseudônimo Getulino, que marcaria o seu ingresso na história da literatura brasileira. Desde o período em que era funcionário público, Gama redigiu, fundou e contribuiu com veículos de imprensa, tornando-se um dos principais jornalistas de seu tempo. Mas foi como advogado, posição que conquistou em dezembro de 1869, que escreveu a sua obra magna, a luta contra a escravidão por dentro do direito, que resultou no feito assombroso — sem precedentes no abolicionismo mundial — de conferir a liberdade para aproximadamente 750 pessoas através das lutas nos tribunais.

Bruno Rodrigues de Lima é advogado e historiador do direito, graduado em Direito pela Universidade do Estado da Bahia (UNEB-Cabula), mestre em Direito, Estado e Constituição pela Universidade de Brasília (UNB) e doutorando em História do Direito pela Universidade de Frankfurt, Alemanha, com tese sobre a obra jurídica de Luiz Gama. Trabalha em Frankfurt, no Instituto Max Planck de História do Direito e Teoria do Direito. Pela EDUFBA, publicou o livro *Lama & Sangue – Bahia 1926* (2018).

Sumário

Apresentação das Obras Completas, *por Bruno Rodrigues de Lima* 9
Introdução, *por Bruno Rodrigues de Lima* 15
Lista de abreviaturas 49

I	ESCRAVA BRASÍLIA: 12 ANOS, TORTURADA E MORTA. 51	
» 1	«Sou tão inimigo do assassinato como da calúnia» 53	
» 2	Reputação de assassino 55	
» 3	Se Gama está dentro, é melhor cair fora 57	
» 4	Surge um aliado 59	
» 5	A frieza do justo 63	
II	LUIZ GONZAGA «AFRO» DA GAMA. 65	
» 1	Democrata até os ossos 67	
» 2	Protesto constitucional 79	
» 3	Rabo de arraia nos capoeiras da imprensa 85	
» 4	Desafio a um mentiroso 87	
» 5	Agenda democrática para um Brasil soberano 89	
» 6	Quem salva o povo é o povo 95	
» 7	Spartacus e John Brown em sessão de espiritismo 105	
» 8	Leituras de Victor Hugo 111	
» 9	A morte do Arquiduque Maximiliano 119	
» 10	O vigário de Cristo 125	
» 11	O leão avelhentado 131	
III	EM DEFESA DA EDUCAÇÃO. 135	
» 1	O coração do povo e o cérebro do Brasil 137	

» 2	Quando o Brasil deixará de ser um império de analfabetos?.... 141
» 3	Liberdade de ensino e escola para todos................... 147
» 4	Por uma revolução do pensamento...................... 153
» 5	Pela instituição do ensino obrigatório.................... 161
» 6	O porquê se deve descentralizar o ensino básico............ 167
» 7	Que o ensino primário seja uma realidade no Brasil.......... 175

IV	CARTA ABERTA AO DEPUTADO LIBERAL TITO MATTOS. 183
» 1	Crítica ao projeto de reforma do ensino primário........... 185
» 2	Eles não querem um camponês letrado.................... 197
» 3	Não garantir educação é violar a Constituição.............. 211

V	A NOVA LEI DE EDUCAÇÃO BÁSICA.........219
» 1	Metáfora legislativa de um criminoso egoísmo.............. 221
» 2	Truques legislativos para fazer o povo de besta.............. 231
» 3	Que o povo julgue o que faz a «gente de gravata lavada»....... 239
» 4	Aqui formigam a rodo disparates do maior calibre........... 249

VI	JUSTIÇA E PENA DE MORTE NO BRASIL........257
» 1	O Supremo Tribunal revogou a lei para proteger o crime...... 259
» 2	Mais uma sentença de impunidade...................... 263
» 3	Apologia ao crime.................................. 267
» 4	Tribunais de Justiça do Brasil: focos de imoralidades e corrupção 271
» 5	O magistrado assassino.............................. 277
» 6	Pena de morte..................................... 283
» 7	Execução da pena de morte............................ 287
» 8	O assassinato da justiça.............................. 291

VII	NAS QUEBRADAS DO BAIXO IMPÉRIO.........295
» 1	Cem dias sem salário................................ 297
» 2	Reconhecendo a autoridade competente.................. 299
» 3	A ideia grandiosa do ensino popular..................... 301
» 4	Em vez de escola, tarimba............................ 303

| » 5 | Antes tarimbas que escolas 307
| » 6 | Alfabetização de libertos e escravizados 309
| » 7 | Ordens injurídicas 313
| » 8 | Bofetada na cara de um estrangeiro pacífico 315
| » 9 | Direito em linguagem enérgica 317
| » 10 | Uma certidão de óbito extravagante 327
| » 11 | A nem tão misericordiosa Santa Casa 329
| » 12 | Abusos da vigilância sanitária 331
| » 13 | A fuga das galinhas 337
| » 14 | A corrupção come pelas beiradas 341
| » 15 | O que dá acreditar no poder da lei 345
| » 16 | Quem legisla no Brasil é o Poder Executivo 347
| » 17 | Africanos livres na miséria 349
| » 18 | «Todos os poderes no Brasil zombam impunemente do povo» . . 351
| » 19 | No último suspiro, surge a liberdade 355
| » 20 | Respeito é bom e o funcionário público gosta 357
| » 21 | Até com os mortos 361
| » 22 | Plena barbaria em Jundiaí 365

| VIII | TEXTOS REPUBLICANOS. 369
| » 1 | Monstro fabuloso 371
| » 2 | O juiz que vendeu a toga para os vândalos do governo 377
| » 3 | O centro e os radicais 379
| » 4 | Zacarias e Nabuco são tão sabidos quanto inconfiáveis 383
| » 5 | Engodos constitucionais 389
| » 6 | Escola com partido 393
| » 7 | Epitáfio para um traíra 399

| IX | PRODUÇÃO DE LIBERDADE EM TEMPOS DE
| | ESCRAVIDÃO. 403
| » 1 | «Em nome de três milhões de vítimas» 405
| » 2 | Todas as causas de liberdade 413
| » 3 | Em nome de Rita 415

» 4	Sangue nas mãos do carinhoso pai apostólico............423
» 5	Que a lei seja uma verdade respeitada...................433
» 6	Abolicionistas contra a posse de africanos livres............437
» 7	Uma proveitosa lição de direito........................439
» 8	Aviso à mãe......................................447

X	O AMANUENSE EM XEQUE.............449
» 1	Miseráveis togados tramam na surdina..................451
» 2	Uma miséria inqualificável...........................459
» 3	A comédia que foi a tragédia..........................467
» 4	Fim da peça......................................471

XI	PELA ÚLTIMA VEZ, VÍRGULA............475
» 1	Raspando o tacho..................................477
» 2	A luta continua....................................479
» 3	Qualquer parada...................................481

Bibliografia..483
In memoriam..487
Agradecimentos..489
Índice remissivo..493

Apresentação das Obras Completas

> A trajetória desse misterioso astro se dirige a uma grande alvorada. Tranquilizemo-nos.[1]

Em 2030, o Brasil comemorará o bicentenário de nascimento de Luiz Gonzaga Pinto da Gama. Dada a urgência histórica em se ler, conhecer e promover o debate público sobre a obra do advogado negro que marcou a história do Brasil e das Américas, além da história do direito e da literatura mundial, a editora Hedra resgata e publica as *Obras Completas* do herói abolicionista que, nas palavras de um contemporâneo que testemunhou a sua luta, "ainda que mais não faça, é já um nome que merece um lugar na gratidão humana, entre Espártacos e John Brown".[2]

Entre manuscritos e artigos de imprensa, as *Obras Completas* reúnem mais de oitocentos textos originais de Gama, sendo mais de seiscentos deles desconhecidos do público, pensados e articulados numa estratégia autoral *sui generis* que transitava por diversas linguagens e gêneros literários. Em onze volumes, patenteiam a escrita original — poética, profética, política, democrática, satírica, jurídica, humanitária — de um autor negro num país opulento, racista e violento, tão embranquecido em suas formas sociais quanto marcado pelo espírito da escravidão.

---

1. *Ça Ira!* (SP), [editorial], 23 de setembro de 1882, p. 1.
2. O vaticínio pode ser lido no célebre perfil biográfico "Luiz Gama por Lúcio de Mendonça", in: Luiz Gama. *Obras Completas de Luiz Gama, vol. 8. Liberdade, 1880-1882*. Organização, introdução, estabelecimento de texto, comentários e notas de Bruno Rodrigues de Lima. São Paulo: Hedra, 2021, pp. 73–84, especialmente p. 84.

Para facilitar o acesso ao *corpus* literário de Gama, a organização das *Obras Completas* combina critérios temáticos e cronológicos. Cada volume carrega sua respectiva temática-síntese e periodização que o insere numa área do conhecimento, bem como numa das frações temporais dos longos trinta e dois anos da produção intelectual de Luiz Gama (1850-1882). No entanto, nem o recorte cronológico nem a organização temática devem ser vistos necessariamente como enquadramentos intransponíveis. Numa obra complexa e sofisticada, sobreposições temporais e cruzamentos discursivos são bem-vindos e encorajados. A ideia, no fundo, é a de que cada volume comunique com o seu vizinho imediato e produza sentido se percebido em conjunto. Desse modo, tema e tempo, matéria e cronologia, convergem para o propósito de se apresentar as *Obras Completas* de Luiz Gama em suas linhas de continuidades, rupturas, diacronias, fugas e variações.

O volume de abertura, *Poesia, 1854-1865*, reúne os primeiros escritos autorais de Luiz Gama. A partir de sua entrada tão incrível quanto estranha no mundo da imprensa em julho de 1854, quando se achava preso na cela de uma cadeia, o volume percorre uma década decisiva para a formação intelectual do jovem e insubmisso poeta. Além de suas *Primeiras trovas burlescas*, poesias lançadas sob o pseudônimo Getulino em 1859 e 1861 — e que que marcariam sua estreia literária —, o volume engloba textos posteriores a Getulino, que evidenciam a sofisticação de um projeto literário que articulava poesia lírica, satírica e prosa poética.

O segundo volume, *Profecia, 1862-1865*, compreende crônicas que o jovem Gama publicou, sobretudo, fora da cidade de São Paulo. As crônicas tratam, em sua maioria, de assuntos criminais, da resistência à escravidão, disputas na alta sociedade, articulações partidárias, além de denúncias de corrupção nos aparelhos de estado. O título *Profecia* remete, a um só tempo, ao sugestivo pseudônimo adotado por Gama e às suas visões de liberdade para o futuro do Brasil. Gama apelava à consciência do público através de uma espécie de chamado profético, que antevia, no presente, as armadilhas e os desafios do futuro.

O terceiro volume, *Comédia, 1865-1867*, colige crônicas que ridicularizam os costumes de São Paulo, especialmente da vida cultural, teatral, política e religiosa da época. *Comédia* pode ser lido como linha de continuidade às crônicas do volume anterior, *Profecia*. Mais experiente na lida com a imprensa, Gama avança em seu projeto literário apostando em um estilo mais cômico e teatral. A crítica aos costumes, então, se revelava como uma arma poderosa na mão do poeta satírico. Os textos de *Comédia* servem como janelas para que os leitores de hoje vejam, e talvez riam, das barbaridades da elite paulista da época, que, afinal, não é tão distante assim da nossa.

O quarto volume, *Democracia, 1867-1869*, revela a atuação de Gama em outros domínios do conhecimento e debate público, como a educação e a política, além de marcar sua entrada no mundo do direito. Gama passa a defender na imprensa o direito à educação universal e a obrigação do Estado em garantir ensino público de qualidade em todos os níveis como um dos fundamentos da vida democrática. Nesse período, democracia, direito e liberdade tornam-se palavras-chave de sua literatura. Não sem razão, foi justamente nessa época que Gama foi demitido do cargo de amanuense da Secretaria de Polícia da capital, o que o lançaria para uma nova fase, agora dedicada à advocacia e ao direito.

O quinto volume, *Direito, 1870-1875*, demonstra que a prioridade de Gama passava a ser a escrita de uma literatura normativo-pragmática. São textos que podem ser lidos segundo divisões temáticas internas do direito: civil, criminal e processual, mas também a partir dos casos concretos em que Gama atuou como advogado ou parte interessada. Ainda que a maior parte dos textos tratasse de causas que envolvessem escravidão e liberdade, o volume também reúne textos de outras naturezas jurídicas, estritamente técnicas, o que revela, por sua vez, o domínio intelectual do advogado em outras matérias do direito.

O sexto volume, *Sátira, 1875-1876*, é formado por textos afiadíssimos que, em geral, criticam os costumes e moralidade de uma sociedade corrupta, violenta e escravocrata. Gama construiu uma obra satírica de envergadura épica. Ninguém passou ileso pelo bico da sua pena: juízes, advogados, professores, jornalistas, banqueiros. Todos foram ridicularizados como expressão medonha da sociedade escravocrata brasileira.

O sétimo volume, *Crime, 1877-1879*, representa a volta de Luiz Gama à literatura normativo-pragmática a partir de textos que são, em sua maioria, constituídos por denúncias de violação de direitos de presos e prisões ilegais. Relacionados à matéria penal e à matéria processual penal, os textos em *Crime* revelam o conhecimento de causa com que Gama interpretava o direito criminal do Brasil. Uma habilidade técnica, aliás, pela qual foi reconhecido e remunerado como um dos maiores no campo profissional.

O oitavo volume, *Liberdade, 1880-1882*, demarca o surgimento de um tipo de literatura de intervenção que exigia a imediata abolição da escravidão. Apesar da condenação moral do cativeiro ser recorrente na obra de Gama, é somente em 1880 que a campanha pela liberdade ganha um *corpus* textual específico. Os artigos deste volume, portanto, são fruto da luta radical pela abolição e por direitos. O abolicionismo de Gama, como ficará patenteado nas páginas de *Liberdade*, exigia cidadania e igualdade de fato e de direito.

O nono volume, *Justiça, 1850-1882*, reúne manuscritos fundamentais de Luiz Gama, que se constituem, inclusive, como páginas decisivas do abolicionismo mundial. É composto por petições que tramitaram no judiciário, escritas às vezes nas portas das cadeias, da polícia e dos tribunais. Somando-se aos anteriores, *Justiça* revela a magnitude da ação política e jurídica de Gama. É uma obra que confirma sua estatura de jurista. Sendo exceção na ordem cronológica do conjunto, *Justiça* é o arremate que a um só tempo articula os temas anteriores, sobretudo jurídicos, e dá unidade à sua literatura. É um volume ímpar das *Obras Completas* de Luiz Gama.

O décimo volume, *Polícia, 1850-1882*, compreende escritos de ofício, sobretudo da época em que Gama atuou como auxiliar da polícia e de outras repartições de estado, primeiro como copista, depois como escrevente, escrivão e amanuense. São cartas, boletins e petições administrativas que patenteiam a pluralidade de suas ações políticas dentro da máquina administrativa.

O décimo primeiro volume, *África-Brasil, 1850-1882*, é composto de escritos relativos à experiência de liberdade dos africanos ilegalmente escravizados em São Paulo. Abarcando textos que jogam novas luzes sobre a presença de Gama no mundo policial e administrativo, *África-Brasil* ressignifica sua relação com a imensa e plural comunidade de africanos — e seus descendentes — no Brasil. Reúne o início, o meio e o fim dessa relação constitutiva de sua formação como pensador, a relação África-Brasil, ela que também foi constitutiva do país onde Gama nasceu, viveu e lutou: o Brasil.

Por derradeiro, estamos certos de que "a década de Luiz Gama" está apenas começando. Será trabalho de gerações, como efetivamente tem sido, recuperar o legado de Luiz Gama e reinseri-lo no lugar que merece ocupar nas letras, no jornalismo, na política, no direito e na história. Se as *Obras Completas* refletem o progressivo acúmulo geracional de conhecimento que socialmente temos do Brasil Império, em geral, e da trajetória de Gama, em particular, elas não escapam das deficiências e lacunas de nosso presente. Ainda que tenhamos disponíveis, como nunca antes, incríveis bases de dados digitalizadas, que permitem o acesso remoto a uma parte considerável dos jornais do século XIX, não se poderia cravar que a reunião desse quase um milhar de textos seja uma edição definitiva. No último dos cinco volumes das correspondências de Machado de Assis, o coordenador da edição, Sergio Paulo Rouanet, pontuou que "numa obra desse tipo, todo final é sempre provisório".[3] Essa é, sem dúvida, uma das limi-

---

3. Machado de Assis. *Correspondência de Machado de Assis, tomo v: 1905-1908*. Organização de Sergio Paulo Rouanet, Irene Moutinho e Sílvia Eleutério. Rio de Janeiro: ABL, 2015, p. XXV.

tações destas *Obras Completas*. Por paradoxal que seja, ela só é completa até o presente momento. Daí que, oxalá assim seja, ela possa ser revista e ampliada no futuro. Afinal, essa é uma obra impensável sem o esforço de gerações de pesquisadores e leitores do passado e do presente, e que fica aberta às contribuições, retificações, críticas e sugestões de todos os leitores.

À semelhança do que cantou Gil em "Iansã", estamos diante de "uma obra que é de todos nós e de mais alguém, que é o tempo, o verdadeiro grande alquimista".[4]

BRUNO RODRIGUES DE LIMA
Frankfurt am Main, 21 de junho de 2021

---

4. Gilberto Gil. "Iansã", in: Gilberto Gil. *Ao vivo na* USP. Rio de Janeiro: Gege Produções Artísticas, 2018 [1973].

Introdução

BRUNO RODRIGUES DE LIMA

Nas linhas quase apagadas de um velho jornal carioca, lê-se uma revelação que joga luz sobre a obra do jornalista e advogado Luiz Gama: segundo Lúcio de Mendonça, amigo e confidente de Gama, no ano de 1868, o abolicionista negro publicava artigos na imprensa e os "assinava com o pseudônimo *Afro*".[1]

Mas quais textos? Onde eles estão? O que eles dizem?

Até hoje, os especialistas não os encontraram. A afirmação categórica de Mendonça permanece, todavia, no vácuo da dúvida historiográfica. As respostas, contudo, moram nos detalhes. E aqui ganham valor as tais linhas quase apagadas do velho jornal carioca. Afinal, elas registram o depoimento da única testemunha que relatou os fatos que ora se desvelam.

Puxando os fios da memória como quem andasse num quarto escuro, Mendonça contou num folhetim que marcou época alguns lances que presenciou e outros que ouviu dizer, todos referentes à vida de Luiz Gama. Alguns acontecimentos contavam mais de dez anos. É natural, portanto, que a memória ora aplicasse de seus truques e ora revivisse com clareza nuances antes fugidias. Para o momento, nos interessam aqueles fatos que Mendonça testemunhou e que só ele trouxe a público.

---

1. Lúcio de Mendonça, "Luiz Gama", Gazeta da Tarde (RJ), Folhetim, 15/12/1880, pp. 1-2. O histórico folhetim também foi publicado, como perfil biográfico, no *Almanach Litterario de S. Paulo para o ano de 1881*. Ainda que idênticos, tomarei a versão do folhetim como base pelo impacto que a publicação alcançou e o projeto editorial envolvido em seu lançamento.

Atentos aos detalhes, então, vejamos como Mendonça recorda ter conhecido o amigo: "Nesse ano de 1868, conheci Luiz Gama. Vi-o, se bem me lembra, a primeira vez, na tipografia do diário liberal *O Ypiranga*".[2] Se a primeira frase é taxativa, identificando 1868 como o ano exato, a frase que vem em seguida vacila — "se bem me lembra" — quanto ao local do encontro (e ao que Gama fazia lá). A afirmação que vem na sequência reitera o ano do encontro: "No ano seguinte, lembro-me dele entre os redatores do *Radical Paulistano*", jornal republicano que teve vida curta e agitada ao longo de 1869 e início de 1870.[3] Aqui, como se vê, a lembrança — "lembro-me dele" — não escorrega: Luiz Gama, de fato, foi um dos redatores do *Radical Paulistano* (voltaremos a isso mais adiante) entre abril de 1869 e janeiro de 1870.

Mas se Mendonça acerta a linha do tempo, erra no arremate. Para ele, teria sido no *Ypiranga* que Gama "foi colaborador da folha, onde assinava com o pseudônimo *Afro*".[4] Ao menos desde a década de 1930, especialistas na obra de Gama reabrem as páginas amareladas do *Ypiranga* procurando os artigos assinados por Afro. Trabalho em vão. O testemunho de Mendonça falha justamente no ponto em que admite não estar seguro, isto é, quanto ao local do encontro e, por extensão, quanto à forma com a qual Gama colaborava com o jornal.

Depois de reviradas as páginas do *Ypiranga*, sem maior sucesso na busca por Afro,[5] por que não esmiuçar os outros jornais paulistanos publicados em 1868? É o que me propus a fazer. Assim, por critérios temáticos e temporais, isto é, pela escolha de alguns veículos de imprensa e a partir de determinados debates sociais em evidência em São Paulo, encontrei, na excelente hemeroteca digital da Biblioteca Nacional, apenas três textos assinados

---

2. *Ibid.*
3. *Ibid.*
4. *Ibid.*
5. Encontrei um único texto assinado por Afro nas páginas do *Ypiranga*; texto que, após cotejamento de método, passou a compor esse volume. Cf. "A morte do arquiduque Maximiliano", p. 120.

por um certo Afro. É pouco? Sim, muito pouco, não encorajando que se tome nenhuma conclusão a respeito da autoria. Ademais, nenhum dos três artigos é de 1868, mas sim de 1866 e 1867, o que abre janelas para uma nova periodização, por um lado, mas escapa, por outro lado, do testemunho de Mendonça no que ele tem de mais assertivo: o ano em que Gama escrevia como Afro.

Realmente, tratar do problema da autoria na imprensa brasileira da segunda metade do século XIX é como caminhar em um território pedregoso. Num mundo de nomes, pseudônimos, conflitos, assuntos e interesses partidários difíceis de se compreender e caracterizar, o leitor deve redobrar a atenção. Periódicos surgiam e sumiam em semanas. Alguns jornais mais longevos, por sua vez, mudavam de linha editorial repentinamente, quase sempre em razão de algum evento político, como alguma sacudida no parlamento, troca de comando na administração provincial ou mesmo uma simples eleição de juiz de paz que acabava em sangue e troca de tiros. Enquanto as máquinas dos partidos do Império se revezavam nos ministérios, no Legislativo e nas províncias, a imprensa, geralmente a reboque do partido da ocasião, vacilava entre um e outro, liberais e conservadores, todos convergentes no fundamental quando o assunto era a nefasta continuidade da escravidão negra.

SÃO PAULO, 1866–1868

Se o triênio 1866–1868 pode ser indicado, de modo geral, como um ponto de inflexão na luta político-partidária do Império, também pode ser visto, em particular, como uma nova etapa do debate de ideias na imprensa, sobretudo a partir do surgimento do movimento republicano como uma terceira força política relevante. A guerra no Paraguai, a dissolução traumática do gabinete de Zacarias de Góis com a imediata promoção dos conservadores na chefia do Executivo, além do cenário internacional refeito pela abolição da escravidão nos Estados Unidos da América, colocavam na ordem do dia temas espinhosos como o papel do

Estado na guerra, a soberania nacional do Brasil, os limites da representação política no parlamento, assim como a expansão da cafeicultura e a novas exigências para a sustentação da política da escravidão.[6]

Em São Paulo, cidade que começava a alcançar os trinta mil habitantes, um jornal humorístico e ilustrado, coisa rara naquele tempo, capturava essas e outras questões sociais pelo viés liberal-progressista e antimonarquista. As imagens e os textos satíricos do jornal *O Cabrião* divertiam seus leitores e incomodavam fundo seus opositores, que inclusive os processaram numa fracassada tentativa de censura.[7] Hoje as páginas do *Cabrião* são documentos de uma época. Suas crônicas testemunham de perto um período desse triênio, entre setembro de 1866 e outubro de 1867, no qual durou o semanário humorístico, e deixam pistas de um outro que lhe sucederia na parte restante do triênio: o jornal *Democracia*, publicado de dezembro de 1867 até julho de 1868. E é nele, no *Democracia*, jornal infelizmente ausente da base de dados da Biblioteca Nacional, que o testemunho de Mendonça ganha força de prova documental.

Se é correto relacionar a temporalidade de veículos de imprensa com a ascensão de determinados grupos políticos no poder, podemos traçar uma linha entre a posse de Zacarias de Góis na chefia do Executivo, em agosto de 1866, e a criação do *Cabrião* no mês seguinte, em setembro de 1866. Se a correlação entre temporalidades procede, podemos estender essa linha até a queda do gabinete liberal-progressista, via intervenção direta do imperador Pedro II, e veremos cair ao mesmo tempo o domínio liberal-progressista e o jornal *Democracia*, espécie de sucessor do *Cabrião*, no mês de julho de 1868.

---

6. Sobre o conceito de política da escravidão, cf. Tâmis Parron. *A política da escravidão no Império do Brasil, 1826–1865*. Rio de Janeiro: Civilização Brasileira, 2011, especialmente pp. 17–19.
7. Esse caso é discutido na introdução do volume 3, *Comédia (1866–1867)*, destas *Obras completas*.

Assim, a voz do liberalismo radical paulista nos debates públicos coincidiria exatamente com o tempo que Zacarias de Góis presidia o gabinete dos ministros e, por extensão, supervisionava as províncias, visto que as indicações locais — presidente de província, chefes de polícia, juízes de direito, etc. — passavam por sua caneta.

Em outras palavras, o *Cabrião* surgiu com a ascensão liberal--progressista ao poder central, cresceu na turbulência política que avassalava o país, rachou aos estilhaços como o próprio Partido Liberal nos finais de 1867, e uma dessas frações reorganizou-se em outro veículo de imprensa, agora chamado *Democracia*, que, por sua vez, duraria tão somente oito meses, isto é, o tempo final que os liberais ficaram no poder.

A linha temporal do início ao fim do ciclo *Cabrião-Democracia* conectada com eventos da política nacional é mais fácil de se traçar. Difícil, porém, é captar as dinâmicas da luta intrapartidária que levaram os liberais a se fragmentarem em grupos distintos, num movimento que se revelou irreversível com o surgimento de associações republicanas locais, como clubes e jornais, até a fundação do Partido Republicano, em 1873.

Uma imagem, contudo, expressa com nitidez a cisão interna do Partido Liberal às vésperas da ruptura. O lendário artista Angelo Agostini teve a rara felicidade de retratar esse instante político com a maestria que o tornou conhecido como um "poeta do lápis".[8] Estampada no *Cabrião* em fevereiro de 1867, a ilustração apresenta as principais figuras do Partido Liberal divididas em dois grandes grupos: os liberais moderados e os liberais radicais. Ao centro, a personagem-símbolo que dava nome ao jornal, o *Cabrião*, fazia que apartava a iminente briga com a bandeira da unificação partidária desfraldada com os seguintes dizeres: "Viva o Partido Liberal / A União faz a força".

---

8. Para saber mais sobre Ângelo Agostini, que foi parceiro de Luiz Gama na imprensa ilustrada paulista da década de 1860, cf. Marcelo Balaban. *Poeta do lápis: sátira e política na trajetória de Angelo Agostini no Brasil Imperial (1864-1888)*. São Paulo: Editora Unicamp, 2009.

Ao lado direito do *Cabrião*, entre outros chefes do partido, os moderados José Bonifácio, o Moço, ex-ministro e então deputado, além de Silva Carrão e Joaquim Floriano, ambos ex-presidentes da província de São Paulo. Ao lado esquerdo, para variar, Luiz Gama à frente de uma pequena multidão de liberais dissidentes em que se achavam, recuados, o jornalista Américo de Campos e Martim Francisco, ministro da Justiça do gabinete Zacarias.

A litogravura de Agostini é rica em sinais. Todos na imagem carregam um porrete. Apenas um deles ameaça a outra ala: o de Luiz Gama. Todos na tela estão de gravata ou camisa fechada: só Gama a tem aberta e, além disso, com a manga já arregaçada. Enquanto José Bonifácio, líder do bloco dos liberais moderados, segura sua respectiva bandeira fechada, do lado oposto tremula a bandeira dos "Liberais Dissidentes" carregada por Luiz Gama. Todos, por fim, estão com suas bocas fechadas. Menos o *Cabrião* e Gama. É de se notar, igualmente, que um dos seguidores de Gama, imediatamente atrás dele, imita o gesto do líder e também arregaça a manga, num sugestivo indício de que a conduta de Gama começava a se alastrar por entre as suas fileiras.[9]

9. A identificação dos atores envolvidos na cena desenhada por Agostini foi

Lá atrás, o *Cabrião* abria a boca para pedir calma para os liberais radicais e, quem sabe, salvar a unidade partidária. Hoje, contudo, segue dizendo algo incômodo para os que minimizam o papel de Gama na formação das ideias republicanas no Brasil. Na pena de Agostini, o único negro do quadro branco assumia a liderança da dissidência liberal, insistindo que o Partido Liberal investisse em bandeiras-chave para o desenvolvimento nacional, como a reconquista da soberania popular, surrupiada pelo imperador desde a Carta outorgada de 1824, a separação absoluta entre Igreja Católica e Estado, além da extinção da escravidão. O líder do liberalismo radical em São Paulo no triênio 1866-1868 era, sem dúvida alguma, Luiz Gama.

AFRODEMOCRACIA

Foi a ala dissidente do Partido Liberal que fundou o periódico *Democracia*, em 1º de dezembro de 1867. As eleições locais, a composição da nova Assembleia Provincial que assumiria os trabalhos no início de 1868, e a troca do presidente da província de São Paulo, saindo Tavares Bastos para a entrada de Saldanha Marinho, liberais de longa data, porém, de agrupamentos no momento inconciliáveis, influíram certamente na decisão de fundar um jornal que pretendesse radicalizar o debate público.

O relógio político tem suas astúcias: se um ponteiro mais lento marca mudanças mais duradouras, outro mais rápido distribui pontadas no dia a dia da política. Enquanto os liberais-progressistas com todas as suas divergências e fricções duravam nos ministérios, antes que os militares e conservadores os assaltassem no "golpe de Estado de 16 de julho", alas liberais rebeladas preparavam o dia de amanhã — antes que a eventual perseguição

---

facilitada pelo importante estudo de Délio Freire dos Santos. Cf. "Primórdios da imprensa caricata paulistana: O Cabrião". In: *Cabrião: semanário humorístico editado por Ângelo Agostini, Américo de Campos e Antônio Manoel dos Reis, 1866-1867*. 2. ed. São Paulo: Editora Unesp, Imprensa Oficial, 2000, pp. xi-xlv.

os alcançasse —, forçando os ponteiros da aceleração histórica com a inclusão da indesejável pauta republicana na esfera pública de um país monarquista.

Assim, na velocidade do tempo político de finais de 1867, fechou-se um jornal, abriu-se outro, e parte da redação de um pulou para o seguinte em questão de semanas, as mesmas semanas que noticiam a substituição de comando no Executivo paulista. Do *Cabrião* à *Democracia,* uma mesma tipografia em comum: a Imparcial, de Azevedo Marques, jornalista e editor português radicado em São Paulo.[10] Um novo formato, contudo, escancarava diferentes projetos e objetivos entre ambos. Se o ilustrado *Cabrião* malhava os costumes da província, a *Democracia* era pragmática, tinha uma linguagem programática para o fim da monarquia e da escravidão, não investindo na sátira sequer como recurso retórico. Ambos, ao fim e ao cabo, mais do que compartilharem as mesmas ideias liberais-radicais, eram formas distintas para um programa em comum.

Mas que jornal é esse que não se vê citado em canto algum, nem mesmo na excelente História da Imprensa no Brasil?[11]

Apenas um estudo, curto e magistral, da historiadora Raquel Glezer, abre pistas, perguntas e respostas.[12]

Comecemos por aplainar o terreno que lá atrás se viu pedregoso. Glezer constatou que o jornal *Democracia* era "uma publicação rara e pouco conhecida, quer pelos especialistas em história da imprensa, quer pelos estudiosos da história das ideias,

---

10. Para a memória gráfica de São Paulo e, em especial, dessa tipografia, cf. Vitor Martins Oliveira e Priscila Lena Farias. "O repertório de tipos da Typographia Imparcial de Marques & Irmão entre 1857 e 1862". In: *Revista Brasileira de Design da Informação,* São Paulo, v. 16, n. 3, 2019, pp. 467–476.
11. Werneck Sodré apresenta um panorama bastante convincente sobre a imprensa republicana paulista durante o Império, além de perceber o papel de Gama nos jornais da época. Cf. Nelson Werneck Sodré. *História da imprensa no Brasil.* Rio de Janeiro: Mauad, 1999, pp. 223–229.
12. Cf. Raquel Glezer. "Introdução". In: *Democracia: Jornal Hebdomadário, 1867–1868.* Edição fac-similar. São Paulo: Imprensa Oficial, Arquivo do Estado, 1981, s.n.

da história literária ou da história da cultura no Brasil".[13] Mais à frente, notou três pistas úteis — a terceira delas fatal para a conclusão que aqui se elabora.

Primeiro, que "*Democracia*, de modo bastante original, não traz expediente de redação, nome de proprietário ou responsável pela edição",[14] assim como não publica anúncios. Segundo, que "pela época em que foi editado podemos deduzir que não fazia parte dos jornais acadêmicos, pois estes viviam durante o período letivo e morriam nas férias escolares. Um jornal publicado de dezembro em diante devia ter em mente um outro tipo de público que não o exclusivamente acadêmico".[15] E realmente tinha em mente outro público. Como se percebe desde seus primeiros números, os leitores que se objetivava alcançar eram aqueles que se interessavam pelos debates legislativos de 1868, sobretudo um projeto de lei de que falaremos adiante.

"Quanto aos colaboradores", arremata Glezer, "há necessidade de estudos mais aprofundados, pois via de regra usaram pseudônimos — Afro, Ultor, Graccho, O Sertanejo — que tornam difícil a identificação imediata".[16] A essa hora, estamos a um passo de apurar a autoria textual de ao menos um dos pseudônimos, Afro, seguindo afinal a orientação da historiadora para se aprofundar os estudos sobre os colaboradores do semanário.

Sem imediatismos, portanto, façamos um break e saltemos juntos doze anos, até o início da década de 1880.

No famoso almanaque de 1881,[17] Luiz Gama resolve dar publicidade a uma carta que trazia consigo guardada há muito

13. *Ibid.* Embora a introdução de Glezer seja de 1981, a afirmação permanece atualíssima.
14. *Ibid.*
15. *Ibid.*
16. *Ibid.*
17. O almanaque era uma publicação periódica anual de bastante prestígio, com informações variadas da vida política, administrativa, comercial, cultural e literária. O *Almanach Litterario de S. Paulo para o ano de 1881*, edição a que Gama se refere, foi lançado por José Maria Lisboa, figura de destaque na imprensa paulista do século XIX.

tempo. Muita água já havia rolado debaixo da ponte do Tamanduateí; possíveis feridas cicatrizadas e amizades rompidas, quem sabe, refeitas. O "fervoroso empenho" do velho Lisboa convenceu Gama a enviar-lhe qualquer escrito em prosa de José Bonifácio que tivesse em seus arquivos. A resposta sóbria e concisa vale ser lida na íntegra.

Meu caro Lisboa,
Ao fervoroso empenho que hoje manifestaste-me, de publicares no teu bem aceito *Almanaque de S. Paulo* algum escrito em prosa da pena do exmo. conselheiro José Bonifácio, correspondo enviando-te de pronto o único que possuo, que tenho como riqueza e que guardo como avarento; *é uma carta datada de 26 de abril de 1868, um precioso documento literário e político, endereçado a um amigo, quando redator da* Democracia, *periódico partidário que aqui se publicava.*

Essa carta acompanhou a célebre poesia — "Primus inter pares" — por ele escrita e dedicada ao bravo capitão Arthur Silveira da Motta; é gema preciosa pouco conhecida e que por certo te dará no goto.

Teu
LUIZ GAMA

Agora é definitivo: podemos abrir as páginas da *Democracia* com a certeza de que Gama não só conhecia o "periódico partidário", como o conhecia por dentro, possuindo "como riqueza" um "precioso documento literário e político". Que amigo é esse que tinha em mãos documentos privados de uma empresa extinta e liquidada doze anos antes? Na edição de 2 de maio de 1868, o *Democracia* publicou a íntegra da carta e da "célebre poesia" tal qual Gama enviou para Lisboa. O publicado no *Almanaque* em 1881 corresponde exatamente ao publicado pelo *Democracia* em 1868. Nota-se, contudo, uma única diferença: na publicação de 1868, não há assinatura nem nada que remeta a José Bonifácio. Apenas um pseudônimo assume a carta: Cincinatus. O documento, além de tudo, era secreto. Afinal, que amigo é esse que saberia a autoria de uma carta que saiu com a firma cifrada? Que amigo saberia a identidade por trás da figura literária desconhecida?

O que é fora de dúvida é que, no início da década de 1880,

Gama atribuiu a autoria de Cincinatus a José Bonifácio, que, vivo à época, nada contestou, num assentimento típico dos literatos; exatamente o assentimento que Gama prestou ao público quando Mendonça lhe atribuiu o pseudônimo de... Afro!

Voltemos do break temporal, tornando, enfim, ao 1º dezembro de 1867. Naquela data, uma coisa inédita ocorria na história da imprensa brasileira. Pela primeira vez no mundo das ideias políticas desse país, um redator de jornal, que não pode ser categorizado como esporádico ou lateral, surgia na cena pública como dirigente de um semanário e reivindicava, a um só tempo, a raça negra como voz ativa e um programa político que tratasse da "abolição da escravatura, de exército permanente, da Guarda Nacional, da pena de morte e da religião do Estado". Tinha como bandeira "a liberdade de consciência e de cultos, de ensino, de imprensa, (...) de associação e reuniões pacíficas", assim como se levantava "pela regeneração dos tribunais, poluídos pela cobiça dos juízes". Ao fim, *Democracia* sintetiza seu programa: "em política sustenta as ideias republicanas; como socialista, a democracia cristã".

Na capa de sua primeira edição, a 1º de dezembro de 1867, *Democracia* trazia uma única e sugestiva assinatura: Afro 1º. Dessa data em diante, Afro 1º, ou simplesmente Afro, cravou sua assinatura por 15 vezes, até abril de 1868. Com essa marca, Afro figura como o pseudônimo que mais vezes aparece em todas as 31 edições do *Democracia*. Ainda assim, como veremos adiante, há outros textos que lhe são relacionados. O texto de Afro de abril de 1868, por exemplo, estabelece uma linha contínua, embora sem assinatura, com outros quatro textos publicados sequencialmente entre os meses de maio e junho, concluindo uma série de artigos em que se discute a educação pública na província de São Paulo. São, portanto, 15 textos assinados por Afro ou Afro 1º e mais quatro textos diretamente ligados, totalizando 19 textos, que dão unidade ao conjunto da obra que se inicia desde o primeiro número do *Democracia*. Desse montante, quase todos versam sobre o direito à educação, razão pela qual veremos o tema mais de perto.

AFROEDUCAÇÃO

Atento à correlação de forças partidárias e ao debate legislativo que atravessou os primeiros meses da legislatura provincial, instalada em fevereiro de 1868, Afro centrou esforços na análise de um tema — a instrução pública, termo equivalente ao que atualmente se chama de educação pública —, propondo soluções e discutindo um projeto de lei que pretendia assentar novas bases para a educação básica na província.

Embora a escolha do debate educacional deva ter obedecido a critérios e estratégias políticas do calor da hora, isto é, relativas à agitada conjuntura partidária local, Afro demonstrou conhecer o assunto por experiência e por diversas perspectivas teóricas, seja a do direito constitucional, da administração pública ou do que podemos chamar hoje de política comparada. Não era a primeira vez, contudo, que um certo Afro dissertava sobre o estado da educação na província. Em meados de 1866, no conservador *Diário de S. Paulo*, Afro dirigiu uma carta aberta ao diretor da instrução pública da província, o liberal moderado Diogo de Mendonça Pinto, destrinchando o relatório oficial que havia publicado sobre a situação da instrução pública em São Paulo no ano de 1864.

A carta é uma aula de direito público e uma análise contundente sobre história política e hermenêutica constitucional, especialmente no que o autor caracteriza como "hiperbólica apreciação da nossa Constituição política" que, "anacrônica e absurda", não passava de "um agregado disforme de textos contraditórios; rapsódia[18] indigesta extraída de outros, doutamente escritos, na qual se procurou, com estudada hipocrisia, harmonizar princí-

---

18. Fragmento de um escrito.

pios heterogêneos, que se repelem". Leitor de Pimenta Bueno, Afro tinha em mente as mistificações do formalismo de uma "Constituição simbólica", sem eficácia normativa em garantir a "instrução primária gratuita a todos os cidadãos" de que falava o perdido inciso 32 do art. 179 da Constituição autocrática de 1824.[19]

Afora essa afiada crítica jurídica que denuncia a erudição de nosso conhecido autor, o que nos chama atenção é que Afro enxerga a instrução pública enquanto "direito inalienável do homem" e o liberto como destinatário de direitos. Numa quadra histórica em que aprender a ler e escrever era um privilégio restrito a uma parcela ínfima da população, mesmo entre a população livre, Afro incluía o liberto efetivamente como cidadão, reforçando direitos e reconhecendo-o verdadeiramente como parte do corpo político da nação.

O projeto de inclusão social via popularização da escola pública de Afro foi exposto em três etapas, uma seguida da outra: a série "Instrução pública", dividida em sete trechos; a "Carta ao exmo. sr. deputado dr. Tito A. P. de Mattos", em três partes e, finalmente, "A nova lei de instrução primária", também em três partes.

Em síntese, Afro tinha em mente duas ideias centrais para reformar a educação pública: "a instrução gratuita e obrigatória e a liberdade de ensino". A primeira deixaria as "portas da ciência inteiramente francas a todas as inteligências"; a segunda garantiria a pluralidade de circulação de ideias nas escolas, quebrando o rígido controle do pensamento operado pelo Estado e pela Igreja Católica, a religião oficial do Estado e mantenedora subsidiada de numerosos estabelecimentos de ensino. Tirar o ensino público do raio de ação da Igreja era uma obsessão que Afro elevava ao patamar de reforma civilizatória e democrática

---

19. Sobre a ideia de uma legislação simbólica destituída de eficácia normativa, cf. Marcelo Neves. *A constitucionalização simbólica*. São Paulo: WMF Martins Fontes, 2011.

que o Brasil, seguindo o exemplo de países que se desenvolveram, não poderia se furtar a fazer. A liberdade de ensino, portanto, seria uma expressão da liberdade de consciência e de pensamento. Sobre a participação estatal, todavia, tratava-se de equação mais difícil de sanar. Ao tempo que defendia a expansão do ensino primário obrigatório e gratuito, mantido e custeado pelo Estado, criticava a centralização administrativa "em que as sugestões capciosas do governo, emissário da corrupção que impera no alto, podem facilmente infeccionar os sãos preceitos da lei e nulificar completamente as legítimas aspirações populares".

Nem centralização administrativa, nem concentração do conhecimento. O projeto de Afro corria em duas frentes: regionalização da rede de ensino público por todos os rincões da província (e do país) e atendimento escolar gratuito para crianças de todas as classes sociais. "A escola pública é um grande e poderoso elemento de igualdade social. Seu objeto, instruindo gratuita e indistintamente a todos, é elevar, pelo cultivo da inteligência, o filho do mendigo à posição do filho do milionário." E continuava, já não se sabendo o que era utopia e o que era meta concreta: "Nenhuma aldeia sem uma escola, nenhuma vila sem um colégio, nenhuma cidade sem um liceu, nenhuma província sem uma academia. Um vasto todo, ou, para melhor dizer, uma vasta textura de oficinas intelectuais, escolas, liceus, colégios, bibliotecas e academias, ajuntando sua irradiação na superfície do país, despertando por toda a parte as aptidões e animando por toda a parte as vocações".

Ainda que utópico, o autor tinha os pés bem fincados na crua realidade política da província. O país estava em guerra. A política da escravidão dava sinais de esgotamento. Os partidos se esfacelavam. O horizonte de expectativas estava aberto como nunca esteve nos anos imediatamente precedentes. Era sim possível — calculava — pôr fim à escravidão desde o transe nas bases da população livre, liberta, escravizada, do Império. Afro-Gama jogava suas fichas na desestabilização da monarquia, no "enfraquecimento da autocracia administrativa", a começar

pela tentativa original de, sem mandato, sublevar a Assembleia Provincial de São Paulo e arregimentar aliados localistas com o discurso de fortalecimento dos municípios, a partir da restituição de "importantes funções, usurpadas pelo imperialismo".
De mangas arregaçadas, Gama levantava o seu porrete e hasteava sua bandeira.

Afro conhecia a fundo os contrastes abissais de um país em que o negro, escravizado ou liberto, morria "delirante nos campos de batalha, ao som inebriante dos clarins e dos epinícios[20] divinos entoados à pátria para perpetuar a tenebrosa hediondez da escravidão de seus pais". Gama igualmente sabia que "recebiam uma carabina envolvida em uma carta de alforria, com a obrigação de se fazerem matar à fome, à sede e à bala nos esteiros paraguaios" e que, "nos campos de batalha, caíam saudando risonhos o glorioso pavilhão da terra de seus filhos".

O delírio no campo de batalha paraguaio era também o delírio imperial brasileiro da promessa da liberdade condicionada à certeza da morte em combate. A pátria que perpetuava a escravidão, argumenta Afro, só poderia ser desafiada pela difusão em massa da instrução primária obrigatória e gratuita, acompanhada da liberdade de ensino. Liberdade sem direitos, acesso à educação, cidadania, sem "sufrágio universal e eleição direta", seria uma liberdade frágil, precária, sem substância. Assim, o direito à educação básica com pluralidade de ideias e sem distinção social — "onde houver um espírito, que haja também um livro" —, distribuído em uma ampla rede escolar de todos os níveis, seria a chave para o fim da escravidão e consequente construção da democracia no Brasil. Com o quadro nacional em vista, muito embora estrategicamente fale de modo geral, Afro crava que ensino obrigatório e liberdade de ensino seriam inconciliáveis com a vigência do Império brasileiro. O desenrolar dos eventos políticos do final do século se encarregaria de reforçar a razão de seus assertos. Em uma síntese lapidar:

20. Cântico para comemorar uma vitória ou regozijar um feliz acontecimento.

A liberdade de ensino é o complemento do ensino obrigatório.

Estas duas instituições, nos países democráticos, únicos que podem comportá-las, constituem a base da grandeza e da felicidade dos povos.

A sustentação de tais princípios é a declaração de guerra às monarquias.

Nós escrevemos em nome do povo e da liberdade.

AFRO 1º

LUIZ GAMA E A EDUCAÇÃO

Quando se fala da obra de Luiz Gama, é comum que se destaque sua ação jurídica para alforria de escravizados ou mesmo embates forenses de outras naturezas processuais; sua produção poética e jornalística; bem como sua vida político-partidária, associativista e abolicionista. Esses três mundos — em síntese, o direito, as letras e a política, que obviamente se entrelaçam, cruzam e sobrepõem — ocultam um outro espaço de ação a que dedicou-se vivamente: a educação.

Há registros que indicam que Gama foi professor de português em colégio particular para meninos, professor de alfabetização de adultos — homens e mulheres — em escola comunitária, e até mesmo diretor de biblioteca. Para pensarmos o conturbado final da década de 1860, uma pista reveladora é lermos um dos relatórios da loja maçônica América, fundada em São Paulo em novembro 1868, na qual a presença constante de Luiz Gama se nota por mais de dez anos. Publicado no *Correio Paulistano*, o relatório, que tinha como destinatário final o presidente da província (e o público em geral), é assinado por uma comissão de sete dirigentes da Loja, entre eles Luiz Gama, a segunda assinatura de cima para baixo. No entanto, após exame grafológico do relatório original, que confere exatamente com o publicado na imprensa, conclui-se que a escrita do relatório é inteiramente do punho de Gama. Através de sua letra, a comissão explica nesse documento que a Loja "resolveu trabalhar no intuito de promover a propagação da instrução primária" e "difundir o ensino popular" para "tornar uma realidade a igualdade dos homens no gozo de seus direitos naturais indebitamente postergados".

Um trecho do relatório dá a dimensão da estrutura e alcance da escola de alfabetização da Loja América:

Em relação ao ensino popular, ela fundou e sustenta nesta capital *uma escola noturna de primeiras letras, onde se acham matriculados 214 alunos, sendo efetivamente frequentes 100.*

Os trabalhos correm ali *com toda a regularidade* e com grande proveito para os alunos, que em geral mostram a melhor vontade em aprender e comportam-se com toda a conveniência, sem que entretanto estejam sujeitos a punição alguma.

Além dos esforços do professor para o preenchimento de seus deveres, há o concurso dos auxílios de um dos membros da loja, o qual, durante a semana que lhe é designada, tem de assistir todas as noites à escola.

Além desta, há em várias localidades da província outras instaladas por adeptos da oficina e por ela pecuniariamente auxiliadas.

Pelo excerto, podemos ter ideia do funcionamento da "escola noturna" sediada na rua 25 de Março, então periferia da área nobre da cidade, pelo menos desde maio de 1869. Quem seria o professor de primeiras letras ou mesmo os fiscais da Loja incumbidos de auxiliar as atividades, são ainda questões inconclusas, muito embora haja indícios que sugiram a participação direta de Gama também nesse assunto. Um exemplo instigante encontra-se na mesmíssima edição do *Correio Paulistano* que publicou o relatório da Loja América. Imediatamente abaixo do documento, lê-se o artigo intitulado "Luiz G. P. Gama", no qual se defende de opositores, em nome próprio, embora fale indiretamente em defesa da Loja América, em evidente sinal de liderança pública daquele grupo maçônico. O artigo é uma peça histórica. Acusado de agente da Internacional Comunista — "esta Loja maçônica trabalharia sob os influxos de agentes da Internacional" —, Gama revidou como experiente militante político na desfavorável posição de combate em que se encontrava.

Os planos para uma "tremenda insurreição de escravos" que lhe atribuíam seriam "boatos humorísticos", insinuações infundadas. Até segunda ordem, trabalhava estritamente pela legalidade para concretizar dois objetivos que eram da Loja América e também seus: "promover a propagação da instrução primária e emancipação dos escravos pelos trâmites legais".

Propagar, portanto, educação e alforrias. O medo senhorial dos conservadores (e de grande parte dos liberais) da província não se media apenas pelos processos de Gama e da Loja América nos tribunais, mas também por suas ações na criação e fortalecimento de espaços de ensino, a exemplo da gigantesca escola noturna da rua 25 de Março, com no mínimo uma centena de alunos, ou de outras escolas comunitárias "pecuniariamente auxiliadas" por esse grupo maçônico. Gama não era só encarregado das causas de liberdade, mas alguém que também atuava de perto nos assuntos relativos à instrução primária. Além dessas frentes, continuava a construção partidária da alternativa republicana. Por isso, nesse mesmo artigo, Gama contra-atacou "a cuidada hipocrisia da imprensa monarquista, que não cessa de propalar — que o Partido Republicano compõe-se de 'comunistas, de abolicionistas, de internacionalistas'".

Desse modo, o problema da desestabilização da monarquia, passando necessariamente pela agitação das massas escravizadas, em particular, e dos despojados de direitos e cidadania, em geral, não morava apenas nas demandas de liberdades e direitos nos tribunais, se não também nas escolas noturnas que começavam a surgir em toda a província.

Algumas pistas do potencial subversivo da educação em São Paulo podem ser lidas no *Radical Paulistano*, jornal que demarca uma nova etapa do movimento republicano, após o término do *Democracia*, em julho de 1868 e que, no que se refere ao nome, tinha um baiano — soteropolitano, aliás — na sua liderança.

O RADICAL SOTEROPAULISTANO

Lançado em abril de 1869, no início da longa hegemonia conservadora que duraria quase uma década, o *Radical Paulistano* levantava bandeiras bastante similares às sustentadas pelo *Cabrião* e *Democracia*, mas as defendia em um momento mais complicado para consolidar um órgão de imprensa com ideias republicanas. Sob as mais adversas condições políticas inauguradas com o domínio político da linha dura do Partido Conservador, o *Radical Paulistano* preparava o terreno para a constituição do Partido Republicano, que se daria, finalmente, em 1873.

Não que o *Cabrião* e o *Democracia* tivessem enfrentado tempos fáceis, mas enquanto a luta política se travava entre os liberais, afastados os conservadores do centro decisório, havia maiores liberdades de opinião e imprensa. No entanto, da divisão semifratricida dos liberais, o Partido Conservador capitalizou a crise e voltou ao poder assumindo o protagonismo até mesmo das reformas sociais de emancipação gradual do trabalho escravo para o trabalho livre.

Cabrião e *Democracia* tinham, cada qual, formas distintas de expressar ideias em comum. Como vimos, o *Cabrião* era um periódico ilustrado e satírico que transitava entre a crítica política, religiosa e literária, batendo pesado tanto em liberais quanto em conservadores, ambos muitas vezes atirados no mesmo balaio cultural. Já *Democracia* optava pragmaticamente por cavar um espaço nos debates da política local, pressionando sobretudo os liberais moderados nas discussões do legislativo provincial, propondo reflexões teóricas e aplicações de medidas de governo, principalmente relacionadas à educação.

O *Radical Paulistano* cumpriria outro objetivo imediato: manter hasteada a duras penas a bandeira republicana, tensionando a arena política para a entrada de um novo partido que, diferente dos demais, prometia pôr fim ao regime monárquico. Um partido por todos os aspectos inconciliável com a continuidade dinástica do Império. Órgão do clube radical de São Paulo, espécie de fórum local que apareceu em diversos municípios como preparatório da organização partidária futura, o *Radical Paulistano* circulou regularmente de abril de 1869 até janeiro de 1870.

A redação do jornal era formada em sua maioria por jovens estudantes, somada por dois experientes republicanos que, por sinal, eram os dois únicos redatores fixos: Américo de Campos e Luiz Gama. Passaram pela redação do *Radical Paulistano* estudantes da Faculdade de Direito de São Paulo, como Rui Barbosa, Freitas Coutinho, Bernardino Pamplona e Olympio da Paixão, e é de se supor que eles se revezassem em colunas de opinião acompanhados pela orientação direta dos líderes do clube radical, Luiz Gama e Américo de Campos.

O papel de cada um nas páginas do *Radical* é difícil de precisar. Um indício razoável, no entanto, são as "conferências radicais", grande plenária política e carro chefe, junto do jornal, da propaganda das ideias republicanas.

Nas memórias de Lúcio de Mendonça a respeito de Gama, uma frase se destaca: "Foi aplaudidíssima uma conferência sua no salão Joaquim Elias, à rua Nova de S. José".

Gama discursou para um salão apinhado de aproximadamente quatrocentas pessoas. O tema da conferência foi o "Poder Moderador", mecanismo político-constitucional que permitia ao imperador interferir nos poderes políticos do Império, em fatal desequilíbrio dele sobre os demais, Executivo, Legislativo e Judiciário.

É de se notar que aquela era a conferência inaugural, de uma série que se seguiu praticamente mês a mês até o final de 1869. Líder do liberalismo radical que formaria o movimento republicano em São Paulo, Luiz Gama era, portanto, o responsável por abrir os trabalhos das prestigiadas conferências públicas. Para matizar um pouco melhor a direção política do movimento republicano, vejamos que, após Gama, a segunda conferência seria feita por Américo de Campos.

Ocorria, porém, que não eram conferências isoladas. O jornal cumpria um requisito importante de subsidiar o debate público.

Fosse qual fosse a temática, o *Radical Paulistano* publicava textos referentes ao tema da vez, seja preparando a atividade futura ou repercutindo a conferência passada. A de Américo de Campos, sobre liberdade de cultos, por exemplo, antecedeu um longo texto, dividido por trechos em diferentes edições do *Radical Paulistano*. Pode-se supor com boa margem de acerto que Américo de Campos, orador do tema, estivesse por trás dos textos intitulados, enfim, de "Liberdade de cultos".

Gama falaria sobre as ficções jurídicas do poder moderador, "chave de toda a organização política" do Império, na definição do artigo 98 do texto constitucional de 1824. É de se conjecturar que ao menos parte dos textos sobre o tema publicados no *Radical Paulistano* tenha sido redigida por ele. Pela análise da divisão de trabalho interno da redação, de que a organização temática por orador de conferência é apenas uma das variáveis, pode-se apurar quais textos que, ao fim e ao cabo, foram escritos, individualmente ou em coautoria, por um dado autor. Assim, examinadas todas as colunas e edições do *Radical Paulistano* à luz das evidências encontradas, rastreamos a colaboração de Gama que, ao que se sustenta, não figura como redator marginal, mas como redator-chefe do periódico.

Há sugestivos exemplos da dobradinha com Américo de Campos, que se ocupava mais da redação do *Correio Paulistano*, e outros indicativos da ação de Gama na supervisão do trabalho dos estudantes novatos com os afazeres no chão da tipografia, de onde surgiam as páginas impressas que noticiavam o mundo para aquele local.

Seguindo a análise temática, vê-se que, além do poder moderador, a educação ocupou parte dos debates no *Radical Paulistano* que receberam a atenção de Gama. "As aulas noturnas", "Em vez de escola, tarimba", "A democracia e a instrução do povo" e "Escolas populares", por exemplo, são artigos que, embora não assinados, apresentam uma leitura de realidade política e um estilo de argumentação semelhantes ao que Afro dedicou nas páginas do *Democracia*. Ao mesmo tempo, o redator demonstrava estar muito bem informado da crítica dos detratores das escolas comunitárias de letramento básico, como a escola da rua 25 de Março. Defendendo a escola noturna da Loja América, o *Radical Paulistano* perguntava: "Se nas aulas noturnas ensinam princípios subversivos, por que não os apontam esses arautos do absolutismo, esses apóstolos da ignorância do povo? Para que não vão assistir ao ensino dessas aulas?" E continuava a toda carga: "Nessas aulas se ensina a ler aos escravos, ainda dizem os inimigos encarniçados da instrução; é verdade, mas com o consentimento de seus senhores; e quem poderá impedir este ato? Que imoralidade e desrespeito às leis há aqui?"

Se cotejarmos essas perguntas com o trecho destacado do relatório da Loja América, começaremos a ver que escravizados estudavam na "escola noturna de primeiras letras, onde se acham matriculados 214 alunos, sendo efetivamente frequentes 100".

A escola da Loja América, portanto, aplicava dois princípios de instrução primária que Afro, e agora o *Radical Paulistano*, defendiam nos planos teórico e prático: letramento de todos, sem distinção social, haja vista a inclusão de escravizados como sujeitos de direitos; e a liberdade de ensinar garantida à sociedade civil, nesse caso exercida através de um grupo maçônico.

Propagar educação e alforrias, não custa dizer, faces de uma mesma emancipação civilizatória.

A VIRADA DE 1869

O ano de 1869, contudo, significou uma clivagem na presença de Gama nos jornais, razão até para sublinhá-lo como um ano à parte na turbulenta década de 1860. Foi nesse ano que Gama iniciou sua escrita em nome próprio na imprensa e no direito, anunciando a carreira profissional que tomaria pelo resto de sua vida. A partir de fevereiro de 1869, ele só pararia na morte, em agosto de 1882. Não se diz, com isso, que antes ele não tivesse escrito e assinado um punhado de artigos em nome próprio, mas agora se tratava de um caminho sem volta, que lhe custaria, no curtíssimo prazo, o emprego como amanuense da Secretaria da Polícia e o fim da proteção pública que lhe emprestava Furtado de Mendonça, ex-chefe de polícia e professor da Faculdade de Direito de São Paulo.

De fevereiro a dezembro de 1869, a assinatura de Luiz Gama apareceria quase todos os meses na imprensa paulistana: fevereiro no *Ypiranga*, março e abril no *Correio*, maio, julho, agosto e setembro novamente no *Radical*, novembro e dezembro no *Correio*. Lidos em conjunto, os artigos em nome próprio salpicados na imprensa somados com o projeto editorial do *Radical Paulistano*, que continuava a pleno vapor, indicam as nuances de uma inserção no debate público bastante arrojada, que marcaria a história do direito, da imprensa, da democracia e do Brasil.

O artigo que melhor representa, a um só tempo, a opção estética ajustada para uma nova realidade política, o aprimoramento do estilo de ativismo e o manejo de técnicas argumentativas próprias dos tribunais do Império — em atenção aos tais "costumes do foro" — chama-se "Questão de liberdade". Pode ser visto, desde o prólogo, como uma performance cênica que apenas dramaturgos experenciados conseguem adaptar para os tablados dos melhores teatros. Mas também pode ser lido como um notável exemplar de literatura normativo-pragmática, desses que só se erigem através do amplo conhecimento do direito consistentemente alinhavado pela combinação metódica de habilidade prática e erudição teórica. Em 1869, Gama cabalmente possuía as duas. Calejado funcionário da Secretaria de Polícia, dominava de cátedra o repertório da multinormatividade administrativa paulista e brasileira. Como inquieto leitor de história, literatura, política, poesia e direito, podia discutir qualquer tópico desses campos de saberes com quem aparecesse habilitado para tal.

"Questão de liberdade" anuncia um novo tempo no direito brasileiro e na produção literária de Luiz Gama. Costurando referências entre a crônica judiciária norte-americana, a doutrina civilística luso-brasileira e a poesia satírica portuguesa, Gama tinha um objetivo pragmático: estabelecer um referencial normativo emancipatório para processamento e julgamento de causas de liberdade na província de São Paulo. Pelo exemplo norte-americano, discutia aspectos do direito natural que impediriam, em seus fundamentos filosóficos, a escravização do homem pelo homem; pela interpretação dos compêndios de praxe processual e de direito civil, traduzia por dentro da tradição jurídica, isto é, relia normas e lições acadêmicas para efeito de intervenção no juízo local; e, finalmente, pela mordaz poética lusitana, arrancava da aparente inércia magistrática os julgadores mancomunados com a parte contrária, a dizer, os proprietários de títulos de domínio fatalmente ilegais ou ilegítimos, provocando-os — juízes, jurisconsultos, políticos, gente do povo, sociedade em geral — a refletir e se indignar com a administração da justiça no país.

A escrita de Gama "em nome da parda Rita" é, em suma, uma obra de arte, porque sendo um monumento à liberdade, reinventou a dignidade do direito por sobre os escombros da injustiça da escravidão. A estrutura objetiva da demanda de liberdade, seguida da fundamentação normativa e exibição de provas, passou a ser uma espécie de roteiro para a literatura normativo-pragmática que Gama criou em 1869 e desenvolveu posteriormente por toda a carreira como advogado. Um fator a mais entrava na equação: a discussão da causa processual na imprensa, através da transcrição do julgado e consequente exposição do julgador.

Após transcrever uma das decisões no processo da parda Rita, dizia Gama que "o despacho do benemérito juiz foi uma tortura imposta à desvalida impetrante, que, para fazer valer o seu direito, implorava segurança de pessoa, perante a justiça do libérrimo país em que ela desgraçadamente sofre ignominiosa escravidão". Mais: o despacho seria "violação flagrante dos preceitos característicos do julgador" por "singular capricho do respeitável juiz". Gama recorreu da "grave e escandalosa extorsão" de que o juiz municipal Santos Camargo caprichosamente tomava partido. Um novo juiz, um "novo assalto jurídico". Rego Freitas, cumulativamente presidente da Câmara Municipal de

São Paulo e juiz de direito, cobriu o seu parceiro Santos Camargo, dando-lhe respaldo e proteção. Para Gama, não passava de outro roubo, "assalto que, conquanto diversifique do primeiro, segundo a forma, lhe é, em fundo, completamente idêntico".

"Questão de liberdade" propõe uma forma de interpelação a um só tempo judicial e pública. Também revela quais seriam seus principais e encarniçados opositores no próximo ciclo que se abria, agora apenas como solicitador e depois como advogado de fato e de direito: os juízes Antonio Pinto do Rego Freitas e Felício Ribeiro dos Santos Camargo. Do primeiro, Rego Freitas, viria em 1870 a acusação pelo crime de injúrias, que passou à história judiciária pelo célebre processo em que Gama defendeu-se no Tribunal do Júri e foi absolvido por unanimidade de votos. Do segundo juiz, Santos Camargo, basta que se leia a série de artigos escrita por Gama no ano de 1872, intitulada "Cousas do sapientíssimo sr. dr. Felício".

"Questão de liberdade", portanto, é um abre-alas para se compreender a formação das estratégias que Gama empregou na longa trajetória de advogado da liberdade, haja vista os casos seguintes ao de Rita, debatidos nas páginas do *Radical Paulistano*: os direitos manumissórios dos "*sete* infelizes, que se acham em cativeiro, como vítimas da santidade do nosso finado e adorado bispo" Antonio Joaquim Melo, publicado em maio; a prisão ilegal do "infeliz Antonio José da Encarnação", em julho; a quebra unilateral de contrato que atingiu o "infeliz Francisco Pereira Thomaz", em agosto; a alforria testamentária de Benedicto, em setembro; e o paradigmático caso dos africanos livres ilegalmente traficados e trancafiados, Jacyntho e Anna, em novembro.

"Época difícil é a que atravessamos para as causas judiciárias", escrevia sobre o caso Jacyntho e Anna, uma semana antes de ser demitido da Secretaria de Polícia. A notícia alcançou a Corte. Possivelmente, o próprio ministro da Justiça José de Alencar tenha saudado a demissão como medida há muito esperada. Por outro lado, os ingleses do *Anglo-Brazilian Times* denunciaram o ato de demissão como uma arbitrariedade contra os direitos de Gama e um aviso de potencial represália aos demais liberais radicais que formavam o movimento republicano. É o indício de participação de José de Alencar, ao menos como entusiasta da demissão, que leva a estendermos o ano de 1869 até os primeiros dias de janeiro de 1870, incluindo nesse volume um inédito artigo de Luiz Gama, na última edição do *Radical Paulistano*, respondendo Alencar e dando continuidade ao que parecia ser o ponto final da discussão, o artigo "Pela última vez".

Assim, a demissão de Luiz Gama, contada por ele próprio, tem uma nova demarcação: do artigo "Um novo Alexandre" até "Calúnia calculada". Ganha, afinal, a historiografia, com uma peça a mais que complexifica a análise do já intrincado tabuleiro político que levou à demissão de Luiz Gama.

Antes desse exame, que certamente se dará num futuro próximo, voltemos nossa atenção para o tópico final, analisando a reveladora metáfora que Gama emprega para relatar a indecência de sua demissão: a história de Alexandre e o nó górdio.

O OBSCURO LUIZ GAMA

Leitor voraz das mitologias, fábulas e poesias dos mundos grego e romano, Gama tinha uma especial simpatia pela história de Alexandre, o Grande, e o nó górdio. Evocou a passagem mitológica ao menos em cinco textos autorais.

Conta a lenda que o general Alexandre chegou a Frígia, província romana na Ásia, e encontrou uma carroça amarrada em uma das colunas de um templo de Zeus. A carroça pertencera a Górdio, antigo camponês, que resolveu atá-la ao templo em agradecimento a Zeus, que fez do humilde servo um rei. Enraizada na tradição oracular local, a profecia corrente dizia que se tornaria um novo rei para toda aquela região quem conseguisse desatar o nó que amarrava a carroça ao templo havia já muito tempo. Alexandre, por sua vez, ciente da história, desembainhou a espada e de um só golpe rompeu a corda, desatando, à sua maneira, o nó górdio. Existem muitas interpretações do significado do gesto e dos sinais da profecia, visto que o promissor militar em campanha se tornaria conquistador e imperador de povos e grandes territórios. Uma leitura possível é a que vê na espadada um gesto simples e definidor de um problema complexo; outra, a que enxerga no corte à espada um desfecho grosseiro para o enigma que reclamava solução diferente.

Seja como for, Gama elegeu a metáfora como representação da sua demissão. "Digamos a verdade sem rebuço. A minha demissão era um nó górdio que há tempos preocupava muitos espíritos. E para cortá-lo, achou-se, ao fim, um inculpado Alexandre de cataratas!" Mora aí a razão de três artigos consecutivos intitulados: "Um novo Alexandre", "O novo Alexandre" e, finalmente, "Ainda o novo Alexandre".

Lá atrás, quando Afro perdia a batalha da causa da educação básica, obrigatória e gratuita para todos, sem distinção de classe e raça, dirigiu nas páginas do *Democracia* uma longa carta aberta ao deputado Tito Mattos. Inconformado com a opção política tomada pela Assembleia Provincial de São Paulo que, ao fim, soterraria as pretensões populares de acesso à educação, Afro viu nisso não apenas um simples "erro político", mas "um descomunal atentado contra as legítimas aspirações da província" e "uma traição imperdoável à confiança pública". Seria o "fraternal aperto de mão" de liberais moderados "por cima do túmulo da liberdade, aos sórdidos algozes do Partido Conservador".

Justamente quando agonizava em praça pública, vencido em um ponto-chave do programa político que liderava, Afro recorria à metáfora-síntese da derrota que sofria: "Novo Alexandre, quando posto em aperturas, pretende V. Excia. solver a questão cortando o nó górdio, com a estudada resposta: 'Voto contra o projeto, por inconstitucional' ".

Ambos Alexandres, o protagonista do ato de demissão e o deputado símbolo do embate que travou extramuros do legislativo, cortaram a "gordiana urdidura jurídica" que amarravam a questão. Chamá-los de Alexandre, no contexto da metáfora, expunha a mesquinhez de homens públicos que distorciam, por catarata ou miopia política, o tamanho de seus respectivos poderes. Tinha "Vicente Ferreira bem desempenhado o seu papel de Alexandre", fulminando à espadada Luiz Gama da Secretaria de Polícia; Tito Mattos, Alexandre caricato, que "vacila taciturno entre as raias da democracia e os marcos do despotismo, levando aos ombros, aliás robustos, o pesado fardo da péssima causa que espontaneamente aceitou", também deu a sua espadada na constitucionalidade do projeto liberal-radical de reforma do ensino primário. Na ciência, dizia Afro, "não há lugar para os Alexandres", porque "não se cortam as dificuldades com o gládio ultrice dos homicidas coroados: resolvem-se pelo raciocínio que enobrece".

Despedindo-se de Tito Mattos, Afro deixou uma camada a mais de tinta preta na folha branca, sugerindo maiores conexões com sua já intrigante assinatura:

Ao terminar estas linhas, devo esclarecer à V. Excia. [Tito Mattos] que *sou forçado a ocultar o meu nome próprio, que lhe é assaz conhecido, por ser menos obscuro o pseudônimo de que uso, o qual encerra uma tradição memorável*; e que, ao escrevê-las, tive sempre à vista a distância que medeia entre a pessoa sempre respeitável do deputado e as suas ideias, que são de propriedade pública.

Não havia segredo. Afro era "assaz", muitíssimo bem conhecido na imprensa e na política. A "tradição memorável" que evoca é a mesmíssima que cantava Getulino, o também assaz conhecido pseudônimo de que Luiz Gama lançou mão em 1859 e 1861, na qualidade de primeiro poeta negro a publicar um livro autoral, o *Primeiras trovas burlescas de Getulino*. Em uma palavra: a "tradição memorável" de sua mãe Luiza Mahín, maior exemplo de luta, coragem e justiça que Gama teve e enalteceu por toda vida.

As razões que o teriam levado a esconder o nome próprio — mais obscuro que o pseudônimo — escapam ao propósito da introdução desse volume, bastando que os leitores se lembrem dos limites funcionais de um empregado público, sobretudo de repartições policiais, em opinar livremente sobre um tema político-

-partidário. No entanto, é de se notar a ênfase numa espécie de palavra-mágica, a "obscuridade" que, em contraste ao luminoso, aponta para uma peculiaridade do temperamento de Gama e que poucos descreveram tão bem quanto Raul Pompeia, na singela sentença: "soube excluir-se".[21]

Silvio Roberto Oliveira leu essa passagem com brilhantismo e profundidade de análise:

> O jogo de raciocínio operado por Pompeia foi bem sagaz. Assinalou mais precisamente que Gama se excluiu para "incluir-se", pois o baiano teria percebido que assimilar as discriminações sofridas (dos estudantes de direito, por exemplo) foi fundamental para sobressair-se. Gama teria usado inteligentemente os estereótipos criados pela cultura predominante (europeizada em extremo) que o excluía, sabendo, em profundidade, incluir-se manipulando os próprios fundamentos dessa cultura.[22]

A carreira de Gama está repleta de sinais de como "se excluiu para incluir-se". Um deles se vê na variação inventiva de pseudônimos, "ocultando o nome próprio (...) por ser menos obscuro o pseudônimo de que uso". No jogo sagaz do menos ou mais obscuro, Gama dava suas espadadas nas tão sutis quanto violentas normas e conveniências sociais, morais e raciais que quase o alijaram por completo do direito a pensamento, voz e voto na arena pública. Alijamento ao qual ele criativamente revidou a partir da reivindicação da legitimidade de um negro não acadêmico em "dizer o direito", isto é, estabelecer respostas normativo-pragmáticas para problemas sociais. Ou simplesmente nas palavras do poeta e tão ao gosto das metáforas crísticas que Gama mobiliza, "de propor justiça ao mundo pecador".

No citado episódio da demissão, Gama caiu atirando e por fim declarou: "Eis o estado a que chegou o discípulo obscuro do exmo. sr. conselheiro Furtado de Mendonça". Meses antes, na

---

21. Raul Pompeia. "Luiz Gama". In: Heitor Moniz (org.). *Letras brasileiras*. Rio de Janeiro: A Noite, n. 13, maio de 1944.
22. Silvio Roberto dos Santos Oliveira. *Gamacopeia: ficções sobre o poeta Luiz Gama*. Tese de doutorado, Universidade Estadual de Campinas, 2004, p. 127.

"Carta ao muito ilustre e honrado sr. comendador José Vergueiro", Gama antecede a dura crítica jurídica à formação da Sociedade Democrática Limeirense — democrática porém escravocrática, liberal porém limeirense — com a tirada que se revelaria parte de seu repertório de defesas: "Eu, por meu turno, se bem que o mais obscuro de entre todos, venho de minha parte...".

Afro, por sua vez, comentando o projeto de lei de reforma do ensino primário em São Paulo, esquivou-se performaticamente: "Foliculário[23] obscuro, porém, deixo ao critério de cada um apreciar como lhe convier este poliedro curioso, fruto bem amadurecido da ilustração política de seus autores".

Mais, muitíssimo mais: Afro se desvelava por inteiro, para que nem uma pá de dúvida restasse. Em suas palavras:

Homem do povo, obscuro pelo nascimento, pela inteligência e pela pobreza, que não detesto, posto no último grau da escala social, tenho hoje, *conduzido pela fatalidade, de cumprir*, perante V. Excia., a tarefa importante e honrosa de refutar os dois pontos capitais do seu belo discurso.

Agora é a vez de Luiz Gama, onze meses após Afro, apresentar-se em "Questão de liberdade":

Homem obscuro por nascimento e condição social, e de apoucada inteligência, jamais cogitei, no meu exílio natural, que a cega fatalidade pudesse um dia arrastar-me à imprensa, nestes afortunados tempos de venturas constitucionais, para, diante de uma população ilustrada, como é seguramente a desta moderna Atenas brasileira, sustentar os direitos conculcados de pobres infelizes, vítimas arrastadas ao bárbaro sacrifício do cativeiro pelos ingênuos caprichos e pela paternal caridade dos civilizados cristãos de hoje, em face de homens notáveis, juriscon-

---

23. O mesmo que jornalista, aquele que escreve em periódicos. O termo, contudo, era usualmente empregado no sentido pejorativo, de modo que se falaria, nesse caso, de um jornalista de técnica limitada ou baixa erudição. Quem resolver tirar a limpo a escrita de Gama verá numerosos exemplos de aparente autodesprezo, em se descrevendo como "obscuro", ou calculadamente relativizando a importância de sua obra, resumindo, por exemplo, sua consistente atividade poética à expressão única "fiz versos".

sultos reconhecidos e acreditados legalmente, a quem o supremo e quase divino governo do país, em hora abençoada, confiou o sagrado sacerdócio da honrosa judicatura.

Não é o caso de repisar o que se mostra cristalino aos leitores que até aqui chegaram. As citações pareadas uma a uma são suficientes. É como a imagem de Luiz Gama de porrete na mão. Pelo sim e pelo não, apenas uma diferença singular destaca Afro de Gama: a árdua tarefa que cada um se propunha a encarar em cada um dos momentos. Afro discutiria a fundo a questão da educação e Gama a questão da liberdade, ambas, dito lá atrás, faces de uma mesma emancipação civilizatória. O primeiro hasteando bandeira do ensino primário obrigatório e gratuito conectado à liberdade absoluta de ensino; e o segundo o direito à liberdade, cidadania e dignidade.

A "moderna Atenas brasileira" de Luiz Gama coincidia em exato com o chão em que Afro pisava, afinal, dizia o *menos* obscuro dos pseudônimos na dose certa do sarcasmo, "vivemos em um grande país, maravilhosamente constituído, onde as vastas e muito esclarecidas províncias, povoadas de Cíceros e Demóstenes, se disputam orgulhosas o título famoso de 'Atenas' ". Ao passo que daí Afro concluiria ser a "província de S. Paulo (Atenas, por antonomásia)" um espaço mitológico vivo, o que se notaria pelo povoamento imaginário que Gama lhe daria por toda a vida, com seu criativo panteão afro-greco-latino onde deuses digladiavam no Quartel de Linha; titãs duelavam na academia jurídica; ninfas inspiravam suas críticas aos juízes hérostratos, que incendiavam templos e códigos agindo feito licurgos e minos no inalterável sentido de esmagar os desvalidos de sempre; o povo herculeamente resistia enquanto esopos fabulavam sobre a fauna política da várzea do Tamanduateí e terâmenes não se abalançavam da sorte que as taças de crítias fatalmente impunham; prometeus roubavam o fogo, lampião e querosene nas esquinas da capital; e grandes Alexandres ensimesmados desfiavam na espada o enigmático nó da outorga de privilégios, comendas e baronatos.

Que não se perca de vista que São Paulo seria, para Afro, Atenas "por antonomásia"! Sugestiva figura de linguagem, a antonomásia é uma espécie de metonímia que consiste em substituir um nome de pessoa, cidade ou objeto, entre diversas possibilidades, por outra denominação, que lhe agregue sentido, explicação ou conotação moral. Tanto Afro quanto Gama substituem São Paulo por Atenas. A aposta por essa criativa antonomásia também pode ser lida na "Carta ao muito ilustre e honrado sr. comendador José Vergueiro" que, escrita por Luiz Gama no ínterim dos artigos citados, substitui São Paulo por "moderna Jerusalém". Vistas em conjunto, elas comunicam uma ideia satírica de análise da realidade social. Entre o riso, a ironia e a rebeldia, Afro e Gama descrevem uma cidade, um país e seu povo.

Estamos de acordo com Silvio Roberto Oliveira: "As faces iluminadas dos heróis são, em paradoxo, faces obscuras. No caso de Gama, certas suspeitas motivadas pelas narrativas acerca de sua origem reafirmam a assertiva". Estamos diante do mais obscuro pensador brasileiro. Razão pela qual quiçá se fez o mais luminoso pensador do Brasil. Que *Ça Ira!* já escreveu: "A trajetória desse misterioso astro se dirige a uma grande alvorada. Tranquilizemo-nos".

NOTA SOBRE O ESTABELECIMENTO DO TEXTO

Os textos reunidos neste volume das *Obras completas* foram transcritos diretamente do original e revisados à luz das fontes primárias. O processo minucioso de transcrição, cotejamento e revisão partindo exclusivamente dos originais, e nunca da literatura secundária, foi imprescindível para o estabelecimento do texto. Isso fica ainda mais evidente considerando-se que praticamente todos os artigos republicados em coletâneas passadas possuem mutilações textuais, a exemplo de centenas de supressões de palavras originais — às vezes de parágrafos inteiros —, acréscimos de palavras inexistentes, transcrições errôneas, distorções de sentidos, incompreensíveis gralhas, inversões de grifos e marcas estilísticas que, lamentável e fatalmente, resultaram no prejuízo da leitura da escrita de Gama. Para facilitar o acesso aos leitores de hoje, a grafia foi atualizada conforme as regras ortográficas correntes; a pontuação indicativa de falas e pensamentos, bem como marcações de cunho forense e os pronomes de tratamento formais e institucionais, foram padronizados; opções gramaticais hoje em desuso, como alguns casos de concordância e conjugação verbal, foram atualizados; e, por fim, foram preservadas todas as estruturas de parágrafo, marcações de ênfase em itálico e negrito, com exceção em alguns usos da caixa alta, que possuía ênfase tipográfica diversa da que hoje lhe atribuímos. Por não pretender ser uma edição fac-símile ou semidiplomática, estas *Obras completas* usam da licença editorial para renomear os títulos de época, preservando-os como subtítulo, e assim favorecer a recepção contemporânea.

O estabelecimento do texto, em síntese, teve o cuidado de manter a escrita de Luiz Gama o mais próximo possível do original — convidando à leitura uma pluralidade de gentes para além, oxalá, do círculo dos especialistas.

Lista de abreviaturas

Alv.	Alvará
Art.	Artigo
Aug:.	Augusta
Av.	Aviso
Cap.	Capítulo
Cod. Com.	Código Comercial
D.	Dom
Dr.	Doutor
E. R. M.	Espera Receber Mercê
Ed.	Edição
Exmo.	Excelentíssimo
Exmos.	Excelentíssimos
Fl.	Folha
Ilmo.	Ilustríssimo
Ir:.	Irmãos
Maçon:.	Maçonaria
Of:.	Oficina
S. Excia.	Sua Excelência
S. M.	Sua Majestade
S. n.	Sem número
S. S.	Sua Senhoria
Sr.	Senhor
Tit.	Título
V.	Vossa
V. Excia.	Vossa Excelência
V. S.	Vossa Senhoria
Vv. Ss.	Vossas Senhorias
VV. Revmas.	Vossas Reverendíssimas

PARTE I

ESCRAVA BRASÍLIA: 12 ANOS, TORTURADA E MORTA

NOTA INTRODUTÓRIA   *No dia 23 de fevereiro de 1867, foi enterrada no cemitério de Santos uma menina negra, de 12 anos de idade, chamada Brasília. Antes de enterrá-la, o coveiro notou que o cadáver possuía sinais de tortura e por isso "comunicou suas dúvidas à polícia". Ato contínuo, "a polícia mandou ao cemitério uma comissão de médicos" para examinar o cadáver. Inicialmente, a causa mortis de Brasília foi identificada como "diarreia". Depois, como "ataque cerebral". Entre uma conclusão e outra, levantava-se a opinião de um médico de que os sinais de tortura estavam marcados no cadáver de Brasília. Na imprensa da época, nenhuma palavra sobre o crime. Porém, à boca pequena, a notícia corria solta, até chegar na capital da província, através de carta privada, na mesa de Luiz Gama. "A Revista Commercial" — advertia Jorge Avelino, o informante de Gama — "nem palavra tem dito, apesar da cousa correr de boca em boca." E, por fim, o mesmo informante perguntava-lhe angustiado: "Que dizes a isto? Em que país vivemos?" Gama se indigna. Mas, como bem conhecia o país de Brasília, tomaria uma via oblíqua para abordar o fato criminoso na imprensa, revestindo a denúncia da crueldade senhorial de uma discussão técnica sobre o crime de calúnia. Funcionou. Gama rompeu a cortina de silêncio sobre o crime na imprensa e ainda chamou às falas o assassino. O país de Brasília, Gama bem sabia e assim escreveria anos mais tarde, no qual "este animal maravilhoso, chamado escravo, na expressão legal, este homem sem alma, este cristão sem fé, este indivíduo sem pátria, sem direitos, sem autonomia, sem razão, é considerado abaixo do cavalo, é um racional toupeira, sob o domínio de feras humanas — os senhores".*

Capítulo 1
«Sou tão inimigo do assassinato como da calúnia»[1]

Comentário *Já na primeira oração, reproduzida aqui também como título do artigo, o autor da denúncia equipararia, por expediente retórico, o crime de assassinato com o de calúnia. Assim, de uma só tacada, o articulista qualificava o crime que descreveria adiante como um assassinato, bem como defendia-se antecipadamente da possibilidade, que logo se confirmaria com o processo que viria a responder, de que ele, com estas linhas, incorria no crime de calúnia. O obscuro Philodemo, que no artigo seguinte espontaneamente revelaria seu nome próprio — Luiz Gama —, pedia que o fato criminoso fosse "averiguado miúda e escrupulosamente e que as autoridades competentes" cumprissem com a lei. Para isso, Philodemo-Gama dava publicidade à carta de um terceiro, que pode ser lida como uma "notícia-crime", colocando à disposição das autoridades elementos para uma necessária investigação criminal.*

Sou tão inimigo do assassinato como da calúnia; amo com tanto estremecimento a verdade e a justiça como aborreço[2] a mentira e a desídia.[3]

É por isso que ofereço à consideração pública o trecho infra-transcrito, de uma carta que acabo de receber de pessoa fidedigna da cidade de Santos.

Que o fato seja averiguado miúda e escrupulosamente e que as autoridades competentes cumpram o seu dever é o que ardentemente deseja

PHILODEMO[4]

---

1. *Correio Paulistano* (SP), A Pedido, [sem título], 03 de março de 1867, p. 2.
2. Abomino, odeio.
3. Negligência, irresponsabilidade.
4. Provavelmente, o pseudônimo faz referência ao *Auto de Filodemo*, comédia de Luís Vaz de Camões (1524?–1580), especialmente ao personagem-título da peça. Amante da música, Filodemo foi plebeu e criado de um fidalgo, que

Corre em todo [termo de] Santos, que no sábado passado, 23 do corrente, foi levado ao cemitério público o cadáver de uma preta escrava de Joaquim Luiz Pizarro, e que o guarda do cemitério no dia seguinte, mandando-a sepultar, teve escrúpulo de o fazer porque "notou no cadáver sinais de castigo rigoroso ao que atribuía a morte", e em consequência comunicou suas dúvidas à polícia.

A polícia mandou ao cemitério uma comissão de médicos e me informam que um deles declarou o estado miserável em que se achava esse corpo, "atribuindo todavia a morte a um ataque cerebral"!!!

O ilustre que então se achava com a subdelegacia depois da delegacia, ao que parece, passou-a adiante, porém o sucessor declara que nos papéis que recebeu não aparece o corpo de delito feito e nem teve a menor informação sobre o fato do seu antecessor!

A *Revista Commercial* nem palavra tem dito, apesar da cousa correr de boca em boca.

Que dizes a isto? Em que país vivemos?

depois descobriria ser seu tio. A comédia aborda, entre outros temas, os limites sociais entre plebeus e nobres, assunto caro para o sentimento poético de Gama, leitor ávido de Camões, e que, dois anos antes, em 1867, admitiria usar esse pseudônimo na imprensa paulistana.

Capítulo 2
Reputação de assassino
Joaquim Luiz Pizarro ao público I[1]

Comentário   A réplica de Joaquim Pizarro ataca o articulista do Correio Paulistano *de forma bastante dura* — "*miserável caluniador*", "*um desses entes abjetos*", "*miserável parasita*, "*testa de ferro*" —, como se gritando mais alto fosse convencer os leitores. Em sua defesa, é verdade, Pizarro possuía a recente decisão do delegado de polícia de Santos e de médicos peritos que atestavam que a escravizada Brasília teria morrido não em decorrência de torturas, mas sim em razão de uma apoplexia. Embora as "indagações policiais" não tenham constatado a ocorrência de "criminalidade alguma", elas não ocultavam o fato de que a suspeita de tortura noticiada por Philodemo realmente existiu. Em outras palavras: não era porque o delegado julgava improcedente a criminalidade do suspeito que a denúncia do fato criminoso não teria existido. Era para essa direção, contudo, que Pizarro acenava. Gritando, por um lado, e sacudindo a decisão do delegado, por outro, Pizarro parecia querer fazer crer não só que nada tinha que ver com a morte de Brasília, mas que, no limite, ninguém sequer havia morrido. O fato criminoso que existia e urgia atenção das autoridades era outro: era o crime de calúnia veiculado nas páginas do Correio Paulistano. Como quem torturava as palavras, Pizarro dizia, finalmente, que "o assassino de minha reputação" deveria receber o castigo da lei. Brasília estava morta. Pizarro queria agora "encontrar" o mensageiro que deu voz ao seu último grito.

Um miserável caluniador, um desses entes abjetos que se alimentam na torpeza, procurou-me para alvo da sua infâmia, atribuindo-me um fato horroroso, qual o de ter falecido uma minha escrava de castigos rigorosos, fato este publicado no *Correio Paulistano* de 3 de março próximo findo.[2] Não procedi logo contra tão insidiosa[3] calúnia por ter a polícia entrado em indagações a respeito e me ser aconselhado por alguns amigos que detivesse

5

---

1. *Revista Commercial* (SP), Publicações a pedido, 06 de abril de 1867, p. 3.
2. Cf. *Correio Paulistano* (SP), A Pedido, [sem título], 03 de março de 1867, p. 2.
3. Ardilosa.

qualquer procedimento contra o assassino de minha reputação enquanto não fossem julgadas as indagações policiais. Mercê de Deus, foram elas julgadas e infra publico a sentença do delegado de polícia. Agora vou prosseguir no meu propósito de perante os tribunais do país elucidar o fato. Tenho certeza que me hei de encontrar com algum miserável parasita, chamado testa de ferro, que a troco de quaisquer dois vinténs atirados no balcão de imunda tasca[4] assumiu a responsabilidade da calúnia contando com a comiseração da vítima. Engano! As lágrimas do miserável não me comoverão.

Santos, 3 de abril de 1867

Vistos estes autos, etc.
Julgo improcedentes as presentes indagações policiais, visto que delas não resulta criminalidade alguma, e antes são os médicos contestes em confirmar o respectivo corpo de delito em que declaram ter a preta Brasília falecido de uma apoplexia,[5] e as mais pessoas interrogadas nada dizem que possa trazer a convicção da existência de um crime.

Santos, 26 de março de 1867
MIGUEL JOSÉ FLORINDO

4. Botequim, bodega.
5. Lesão vascular cerebral súbita.

Capítulo 3
Se Gama está dentro, é melhor cair fora
Joaquim Luiz Pizarro ao público II[1]

Comentário   Surge o nome de Luiz Gama na história. Aparentemente um pouco surpreso, Pizarro voltou às páginas da Revista Commercial para dizer que "o amanuense da Secretaria de Polícia de São Paulo, Luiz Gonzaga Pinto da Gama", era o "responsável legal" pelo que alegava ser uma calúnia. Em interrogatório, Gama assumiu inteiramente a responsabilidade da publicação que levava a assinatura do pseudônimo Philodemo. (Dias depois, Gama espontânea e abertamente declararia ser ele o autor da publicação que Pizarro guerreava.) Embora Pizarro enfim soubesse quem era o responsável pelo escrito que parecia tanto lhe indignar, haja vista os termos do primeiro artigo que endereçou ao público, ele abdicou da ação sob uma curiosa e juridicamente infundada distinção entre "responsável moral" e "responsável legal". Se a opção parece no mínimo esquisita, sobretudo para quem vociferou que trucidaria o caluniador sem perdão, ela poderia fazer sentido se Pizarro soubesse que Gama possuía documentos que o auxiliariam a manter ileso o seu direito de denúncia além de, quiçá, implicá-lo a novo julgamento em nova jurisdição. O fato é que Pizarro recolheu-se e ouviu calado a última palavra — de Gama — sobre o caso Brasília.

Sr. redator,
Tendo eu sido vítima de uma torpe calúnia, espalhada nesta cidade e na província pelo *Correio Paulistano*, em um *A Pedido* ali publicado, tratei de chamar a juízo o responsável, sem me lembrar que quase sempre o caluniador cautelosamente se procura abrigar na sombra. De fato, apareceu como responsável legal o amanuense da Secretaria de Polícia de São Paulo, Luiz Gonzaga Pinto da Gama, que, no interrogatório a que respondeu perante a Delegacia de Polícia da capital, declarou que naquela publicação não tivera intenção de caluniar pessoa alguma atribuindo-lhe a autoria do fato aludido em dita publicação, mas tão somente

1. *Revista Commercial* (SP), Publicações a pedido, 25 de abril de 1867, p. 2.

chamar a atenção da autoridade para ele; declarando mais, em resposta a uma carta que lhe dirigiu o meu advogado, que não tivera conhecimento do fato por qualquer outro meio que não fosse a carta que lhe escreveu Jorge Avelino, desta cidade.[2]

Instaurado o processo, foi pronunciado pela delegacia da capital o responsável legal — Luiz Gonzaga Pinto da Gama; mas para que prosseguir em uma acusação que só pode atingir o responsável legal, deixando impune o responsável moral? Para que prosseguir contra um homem que reconhece não ter bebido o conhecimento do fato a que deu publicidade em outra fonte que não fora a carta que lhe dirigiu Jorge Amaral?[3]

Se o inventor dessa calúnia (qualquer que ele seja) tivesse a coragem de vir à imprensa com a sua própria responsabilidade, [eu] seria inexorável em pleitear o meu direito, mas neste estado de cousas, julgadas improcedentes as investigações feitas pela delegacia desta cidade e pronunciado à prisão e livramento o responsável legal, só me cumpre desistir da causa e tranquilo em minha consciência e na estima de meus concidadãos recolher-me à vida modesta e reservada em que sempre tenho vivido.

Santos, 23 de abril de 1867
JOAQUIM LUIZ PIZARRO

2. Sobre o pleito de Joaquim Luiz Pizarro, cf. *Correio Paulistano*, 09 de abril de 1867, p. 1. Na parte policial do jornal se lê: "A 27 [de março], apresentou Joaquim Luiz Pizarro queixa por crime de calúnias impressas contra o *Correio Paulistano*".
3. Pelo que se lê de jornais da época, e que se reflete na amostra que compõe essa série, Jorge Avelino e Jorge Amaral são a mesma pessoa.

Capítulo 4
Surge um aliado
Jorge Avelino ao público[1]

Comentário *O informante de Gama, Jorge Avelino, contesta a versão de Joaquim Pizarro. E o faz em grande estilo, inserindo como prova de seu argumento um extrato do "auto de indagações policiais" a que Gama, ainda como Philodemo, fez referência no seu artigo inaugural. A publicação de Avelino, em sintonia com a denúncia de Gama na capital, revidava Pizarro em alto e bom som, afirmando que, sim, a polícia trabalhou com a hipótese de tortura. Embora tenha chegado a conclusão final diversa, a subdelegacia que procedeu com exame de corpo de delito concluiu que estava o "cadáver com algumas escoriações devidas a castigos". O "ato oficial" que Avelino levava a público, portanto, serviria de elemento a mais para a denúncia de que Gama se fazia porta-voz na capital: a preta Brasília, de 12 anos de idade, fora morta em decorrência de tortura.*

Sr. redator,

Estava longe de persuadir-me que teria de ocupar-me na imprensa com o sr. Joaquim Luiz Pizarro. A publicação da sua correspondência na *Revista Commercial* de 25 do corrente mês[2] obriga-me a isso.

O sr. Luiz Gama, penso, responderá convenientemente ao sr. Pizarro com os documentos de que se acha de posse. Eu apenas lhe direi que, se os trechos da carta que foram levados à publicidade no *Correio Paulistano* de 3 de março p. p.[3] são *na apreciação do sr. Pizarro notícia caluniosa*, todavia, para as pessoas desinteressadas e que apreciam a verdade, encontram escudo honroso em um ato oficial, como é a portaria do delegado

---

1. *Revista Commercial* (SP), Publicações a pedido, 27 de abril de 1867, p. 2.
2. Trata-se do artigo anterior a esse. Cf. "Se Gama está dentro, é melhor cair fora", p. 57.
3. Próximo passado.

de polícia desta cidade, o sr. dr. Alexandre Augusto Martins Rodrigues, quando mandou proceder a indagações policiais *sobre o fato de domínio público*.

São inúteis comentários; a portaria, que em seguida vai transcrita, espalha mais luz que os trechos da carta publicada, *que não foram, por certo, que motivaram a diligência havida*. Às apreciações do sr. Pizarro deixo de responder; para elas aí estão os fatos e a opinião pública. Lamento, entretanto, que o sr. Pizarro mandasse desisitir do processo. Para que temer a discussão quando havia prometido ser inflexível?

O sr. Luiz Gama publicou uma carta que recebeu; quer o que a recebeu, quer o que a publicou, não fugirão da responsabilidade.

Santos, 25 de abril de 1867
JORGE AVELINO

Pede-se ao sr. escrivão Joaquim Fernandes Pacheco a certidão da portaria do sr. dr. delegado de polícia no auto de indagações policiais a que se procedeu nesta cidade pela morte da escrava Brasília, de Joaquim Luiz Pizarro.

JORGE AVELINO

Joaquim Fernandes Pacheco, escrivão da delegacia de polícia nesta cidade de Santos, etc.

Certifico que às folhas duas dos autos de indagações policiais de que trata o pedido supra, consta a portaria do teor seguinte.

Constando a esta delegacia que no dia vinte e três ou vinte e quatro do [mês] passado aparecera no cemitério desta cidade o cadáver de uma preta de nome Brasília, escrava de Joaquim Luiz Pizarro, com algumas contusões e, constando mais, que pelo corpo de delito a que na subdelegacia se procedeu foi visto achar-se o cadáver com algumas escoriações devidas a castigos, se bem que os peritos atribuíssem a morte a uma apoplexia;[4] e correndo

4. Lesão vascular cerebral súbita.

entretanto alguns boatos que atribuem a morte a castigos rigorosos que dizem ter a escrava sofrido, convém verificar-se isto e proceder-se conforme for na forma da lei. O escrivão, portanto, notifique os doutores Henrique da Cunha Moreira, Firmino José Maria Xavier e Frederico Wonder Meden para comparecerem amanhã ao meio-dia na sala da Cadeia Nova a fim de prestarem alguns esclarecimentos relativos à morte da dita escrava. Outrossim, notifique para prestarem também algumas informações o reverendo padre Scipião Goulart Junqueira, Francisco Xavier dos Santos, Francisco Xavier de Bastos, Horácio Figueira de Aguiar, Balthasar Olinto de Carvalho e Silva e Leopoldino de Tal, morador da rua Vermelha, por baixo do sobrado de Antonio Venâncio.

Santos, 4 de março de 1867
ALEXANDRE AUGUSTO MARTINS RODRIGUES

Está conforme a seu original, ao qual me reporto.
Eu, Joaquim Fernandes Pacheco, escrivão, a escrevi, conferi e assino.

Santos, 25 de abril de 1867
JOAQUIM FERNANDES PACHECO

Conferido.
PACHECO

Paga o selo de f. 2.
PACHECO

Nº 60 – 400 réis, pago quatrocentos réis.
Alfândega, Santos, 25 de abril de 1867
BARROSO
COUTO

Capítulo 5
A frieza do justo[1]

Comentário *Após lançar o primeiro artigo sobre o caso Brasília e responder a processo criminal pelo suposto crime de calúnia, Gama voltaria para dar a última palavra sobre o caso do bárbaro assassinato da escravizada Brasília, de 12 anos de idade. Ao fazê-lo, revelava detalhes do embate na imprensa. Gama sustenta como sua primeira publicação não ultrapassa os limites da denúncia. "Fiz uma publicação; se ela traduz um delito, o que o sr. Pizarro jamais será capaz de provar, serei eu o criminoso." À parte a eloquência do desfecho da afirmação, notemos a maneira enfática como Gama diz que Pizarro jamais conseguiria provar o crime de calúnia. Teria ele em mãos documentos que confirmariam a denúncia inicial, forçando quiçá a reabertura do caso? Ou Gama discutiria o mérito da questão nos limites da doutrina criminal? Não sabemos. O mais provável é que Gama combinaria ambas dimensões da questão jurídica — a evidência factual e o mérito doutrinário — nos bancos do Tribunal do Júri. E isso, ao que parece aconselhado por seu advogado, Pizarro evitou a todo custo, inclusive sob o peso de, por um lado, abandonar uma causa em que garganteara que iria até o fim e, por outro, de deixar a voz do simples amanuense Gama ecoar por sobre a sua.*

Ilustrado redator,

Acabo de ler na *Revista Commercial* de 25 do corrente,[2] assinado pelo sr. Joaquim Luiz Pizarro, a quem não conheço, nem desejo, um artigo a que devo pronta resposta; pelo que peço-vos permissão para fazê-lo pelas colunas do vosso conceituado jornal.

Acostumado a curvar-me tão somente perante a moral, símbolo misterioso, que traduz a Divindade, em linguagem humana, repilo com indignação o miserável papel de "testa de ferro" que,

1. *Correio Paulistano* (SP), A Pedido, [sem título], 30 de abril de 1867, p. 2.
2. É a primeira réplica ao artigo de Philodemo-Gama que se lê nessa seção. Cf. "Se Gama está dentro, é melhor cair fora", p. 57.

ao sr. Pizarro, ao de cima do seu alcaçar[3] de cívicas virtudes, nunca manchadas pela vil peçonha de plebeia maledicência, aprouve-me atribuir.

O sr. Jorge Amaral dirigiu-me uma carta; eu inserindo-a esposei as suas ideias.

Fiz uma publicação; se ela traduz um delito, o que o sr. Pizarro jamais será capaz de provar, serei eu o criminoso.

Não conheço, nem posso compreender, a sutil distinção que S. S. quis descobrir entre responsável moral e responsável legal. Eu sou um único indivíduo e a responsabilidade do meu ato é minha tão somente.

Tal distinção não passa de uma beleza poética, ante a qual, como admirador do belo, inclino-me estupefato, e acato-a como mais uma produção sublime da humana sabedoria.

Desculpe-me ainda o sr. Pizarro mais uma observação.

Não é verdade que a decente publicação por mim feita no *Correio Paulistano* desabonasse à S. S. por qualquer modo, no conceito público, dando azo a qualquer boato contra a sua pessoa propalado na cidade de Santos; porque não só não foi desacatado o seu nome nesse escrito, como principalmente porque "antes de ser ele dado a lume" já a polícia da cidade de Santos procedia a indagações sobre o fato de que tratei; verdade esta que o sr. Pizarro não poderá contestar.

A certeza está no seguinte:

Se me não era agradável a posição de réu, posto que inculpado, perante o Tribunal do Júri, que muito respeito; era também notável a aversão, aliás natural, de S. S. em acompanhar-me a esse lugar.

São Paulo, 29 de abril de 1867
L. GAMA

---

3. Castelo, fortaleza.

PARTE II

LUIZ GONZAGA «AFRO» DA GAMA

NOTA INTRODUTÓRIA   Depois das Primeiras trovas burlescas de Getulino e de seu papel original na imprensa ilustrada e satírica de São Paulo, sobretudo com o Diabo Coxo, Gama reinventa seu lugar no debate político. É verdade que permanece por dois anos na mesma senda de crítica social através da imprensa ilustrada, agora com O Cabrião, mas, com o passar do tempo, nota-se que Gama reavalia seu rumo nas letras, enveredando mais e mais para a política partidária e para a literatura normativo-pragmática. Contudo, chama a atenção que, depois do Cabrião, Gama tenha fundado a folha Democracia, dando sequência a um pseudônimo que marcaria sua trajetória literária: Afro. Antes ainda das páginas da Democracia, Gama publicou alguns artigos sob essa firma autoral. Eles estão aqui reunidos e agregados a outros que publicou no mesmo quadriênio de 1866-1869. Assim, o leitor poderá perceber que, entre o Cabrião, Barrabraz e a própria assinatura pessoal, Afro dá a liga para se compreender a produção intelectual do poeta, amanuense e jurista em formação Luiz Gama. Uma série de textos organizados sobre o tema da educação pública, por exemplo, é chave de leitura para adentrarmos, em particular, nos misteres do escritor Luiz Gama e, em geral, nas ruas e estradas da São Paulo da década de 1860. Como exposto na introdução a esse volume, a singularidade de Afro nos leva a conhecer melhor, com a licença da referência ao poeta do Capão, uma entre as "mil faces de um homem leal" que foi e é Luiz Gonzaga Afro da Gama.

Capítulo 1
Democrata até os ossos
Carta ao sr. dr. Diogo de Mendonça Pinto[1]

Comentário *Artigo político em que Afro toma por mote o relatório de Instrução Pública da província para discutir publicamente com um expoente do Partido Liberal. Nas páginas do principal jornal conservador paulistano, o Diário de São Paulo, Afro evoca e interpreta uma tradição nacional do liberalismo radical que provinha "dos heróis paraenses, dos baianos separatistas, dos pernambucanos patriotas, dos rio-grandenses invencíveis, dos mineiros estoicos de Santa Luzia" e articula-a com as lutas políticas anti-imperialistas latino-americanas, entre elas, a intransigência dos "anárquicos republicanos argentinos e orientais" (uruguaios). O artigo é um claro sinalizador da divisão entre os liberais paulistas que viria a resultar, meses mais tarde, na formação do grupo político liderado por Luiz Gama e de seu periódico* Democracia.

A leitura que acabo de fazer do *Relatório sobre o estado da Instrução Pública desta província, no ano de 1864*, por vós confeccionado, foi-me inesperadamente despertada pela encomiástica[2] e justa notícia sobre o mesmo, publicada pelo *Diário de São Paulo*.

Não é por falta de veneração à vossa pessoa que determinei-me escrever estas linhas; pelo contrário, à judiciosa[3] apreciação da ilustrada redação do *Diário*, como subida prova de respeito, ouso antepor o conhecimento pessoal que tenho de vós e a profunda admiração que nutro, com ufania,[4] pelos vossos talentos e pelo vosso civismo.

1. *Diário de São Paulo* (SP), Publicações Pedidas, 18 de agosto de 1866, p. 1. Diogo de Mendonça Pinto (1818–1892), paulista, bacharel em Direito e dramaturgo, foi diretor de escola e inspetor-geral da Instrução Pública de São Paulo entre as décadas de 1850–1860.
2. Elogiosa.
3. Sensata, ponderada.
4. Regozijo, alegria.

As obscuras observações que passo a expor foram-me sugeridas pela hiperbólica apreciação da nossa Constituição política, que serve de preâmbulo ao vosso bem elaborado relatório.

As minhas palavras, despidas do maravilhoso prestígio do saber, encerram apenas, escrito com lhaneza,[5] um humilde protesto às vossas afirmações oficiais, que correm estampadas com o selo duplo da autoridade.

Sou aluno da vossa escola, mas trago escrito na fronte o símbolo da coerência.

Sectário[6] acérrimo[7] das instituições libérrimas,[8] detesto o ecletismo parasita: aceito a democracia até as suas últimas consequências.

Aos sábios, deixo de bom grado as hórridas ambages[9] da contradição, em que se apuram os talentos robustos.

A fina estratégia só é própria dos espíritos agudos, como o vosso, provados com espanto nas lutas gigantescas do pensamento.

A mediocridade bata-se a pé firme e a peito descoberto, fortificada pela consciência, guiada pela razão calma e resguardada das tempestades do gênio. Eis o meu posto de honra.

O magno código de que afouto[10] alardeais prodígios ante as nacionalidades cultas não passa de um aleijão[11] abortado. É um agregado disforme de textos contraditórios; rapsódia[12] indigesta extraída de outros, doutamente escritos, na qual se procurou,

---

5. Franqueza, sinceridade.
6. Partidário apaixonado, extremado.
7. Obstinado, inflexível.
8. Superlativo de livre, algo como muitíssimo livre, ou muitíssimo liberais.
9. Evasivas, manobras, subterfúgios.
10. O mesmo que afoito.
11. Coisa malfeita, defeituosa, monstruosa.
12. Fragmento de um escrito.

com estudada hipocrisia, harmonizar princípios heterogêneos, que se repelem. É o consórcio espantoso da formosa Tétis,[13] delicada, com o monstruoso Adamastor.[14]

Aí assoma,[15] provocando o riso à carrancuda seriedade, a mendiga esfarrapada da jovem democracia de braços dados com o velho poderoso Rei, enviado de Deus para flagelo dos povos.

As delegações perpétuas cortejam, de cancro[16] descoberto, espantadas de si próprias, à soberania indelegável que, à semelhança do Leão decrépito, rosna impotente quando mofador[17] a escouceia[18] o asno hirsuto[19] de vitaliciedade!...[20]

O privilégio renasce impávido e tem por tiradores do seu carro aristocrático os hipógrifos[21] da *utilidade comum*, atrelados, com cadeias de ferro, à decantada igualdade jurídica dos cidadãos.

Esse grande código, cujas belezas proclamais com desmedido arrojo, à face do mundo civilizado, provocando os hinos da ciência e a admiração dos povos, é um poema herói-cômico[22], célebre por não ter sido ainda compreendido pelos encanecidos[23] cultores da literatura.

13. Provável referência à ninfa do mar que foi a mãe de Aquiles.
14. Figura mitológica representada na literatura portuguesa como um monstro marítimo com poderes para afundar embarcações. Em *Os lusíadas*, Luís de Camões retratou Adamastor como um gigante furioso que se opôs às navegações portuguesas.
15. Aparece, surge.
16. Ferida, ulceração.
17. Zombeteiro, gozador.
18. O mesmo que escoiceia, dar coices. Por sentido figurado, insulta, espezinha.
19. De pelo eriçado, duro. Por sentido figurado, áspero, inflexível.
20. O parágrafo todo é uma alegoria da representação da soberania política no Império. Por um lado, a indelegável soberania popular feita de leão decrépito; e, por outro, a figura do asno arredio e arrogante da vitaliciedade do poder político, que tinha no imperador seu exemplo máximo.
21. Animal mitológico representado com asas e garras de águia e patas de cavalo. A alegoria expressa uma crítica mordaz ao liberalismo — "utilidade comum", "igualdade jurídica", cidadania —, que serve por tirador, ou seja, aquele que puxa o carro aristocrático do privilégio, que "renasce impávido".
22. Simultaneamente heroico e cômico.
23. Velhos, anciões.

Os vossos assertos não envolvem somente erros, que são a partilha dos sábios de todos os tempos: constituem atentados graves, que ferem de morte a verdade histórica, como outrora os punhais do nosso primeiro César,[24] que, por entre as sombras condensadas da noite do crime, derruíam de chofre[25] os vultos eminentes de Ratcliff,[26] Metrowich,[27] Loureiro[28] e Badaró.[29]

Neste país desditoso,[30] em que o povo insonte[31] é arrastado às hecatombes armadas pelo despotismo astuto e caprichoso, com o sorriso nos lábios e o sagrado entusiasmo a referver no peito; em que o liberto, como outrora o filho de Maria, ungido pela fé, morre delirante nos campos de batalha, ao som inebriante dos clarins e dos epinícios[32] divinos entoados à pátria para perpetuar

---

24. Refere-se a Pedro I do Brasil, ou Pedro IV de Portugal (1798-1834), nascido em Queluz, Portugal, foi rei de Portugal e Algarves e imperador do Brasil. Por analogia, o primeiro imperador do Brasil seria o "nosso primeiro César".
25. De um só golpe, de uma só tacada.
26. João Guilherme Ratcliff (1776-1825), nascido em Portugal, foi político, maçom e revolucionário no Brasil. Foi um dos mártires da Confederação do Equador (1824), tendo sido condenado à pena de morte "pelos crimes de rebelião e alta traição", por ordem do imperador Pedro I, em sentença passada em 15 de março de 1825.
27. João Metrowich (?-1825), comandante de navio nascido em Malta, foi um revolucionário e mártir da Confederação do Equador (1824). Assim como Ratcliff e Loureiro, foi condenado à pena de morte "pelos crimes de rebelião e alta traição", por ordem do imperador Pedro I, em sentença passada em 15 de março de 1825.
28. Joaquim da Silva Loureiro (?-1825), português, foi um dos mártires da Confederação do Equador (1824). Assim como Ratcliff e Metrowich, foi condenado à pena de morte "pelos crimes de rebelião e alta traição", por ordem do imperador Pedro I, em sentença passada em 15 de março de 1825.
29. Libero Badaró (1798-1830), nascido na Itália, foi médico, jornalista e político que se destacou no Brasil como liberal radical nas lutas políticas da década de 1820. Após sofrer um atentado político, Badaró morreu e passou a ser considerado na crônica político-histórica como um mártir da causa liberal, sobretudo para os liberais e republicanos da antiga província de São Paulo.
30. Infeliz.
31. Inocente, que não tem culpa.
32. Cântico feito para comemorar uma vitória ou o regozijo por um feliz acontecimento.

a tenebrosa hediondez da escravidão de seus pais; neste país, em que a virtude é o crime dos néscios,[33] a verdade, o vício da plebe, a moral, o apanágio[34] dos loucos, o direito, a utopia dos poetas, a justiça, o móvel[35] indecoroso dos especuladores, a probidade, o evangelho da indigência, a liberdade escarnecida deixou de ser o verbo da redenção, escrito com caracteres de fogo no topo do Calvário.[36]

A louca apostasia[37] é o primeiro título de nobreza dos paladinos homéricos das conquistas hodiernas. A flor de lis, que fazia a soberba dos antigos fidalgos, foi apagada dos modernos brasões; em seu lugar avulta a baixeza em burilados relevos de primoroso metal.

Os inalienáveis direitos do homem, cuja proclamação imortalizou os inspirados revolucionários da França de 1789, e que, por sabedoria ou por escárnio, foram transcritos nesse código fundamental, não passam de linhas negras lançadas em um livro condenado. São hieróglifos obscuros; exóticas rabiscas, que despertam a curiosidade, mas que o povo não entende; porque este grande povo não sabe ler!

Os castelos feudais da fidalguia europeia, construídos durante o predomínio da velha metrópole, caíram impelidos pelo tufão revolucionário de 1831; em seu lugar, porém, levantaram-se a fofa aristocracia monocrática;[38] as dragonas[39] subservientes da Guarda sedentária; os sáfaros[40] cossacos[41] adoradores emperra-

---

33. Ignorantes, estúpidos.
34. Atributo ou privilégio, espécie de recompensa.
35. Motivo.
36. Calvário, ou Gólgota, é a colina na qual Jesus foi crucificado.
37. Renúncia de uma religião, crença, ideia.
38. O mesmo que monárquica, regime em que o governante detém a soberania política de modo autocrático, absoluto.
39. Metonímia para militares, que usam tal ornamento em suas fardas.
40. Toscos, grosseiros.
41. No sentido de soldados bárbaros.

dos⁴² do conde Sippe e a impávida arrogância dos globosos⁴³ locandeiros⁴⁴ de que fala Byron,⁴⁵ cujos palácios, diz o exímio poeta, são tão imundos como o tugúrio⁴⁶ de esquálidos mendigos.

Derreteram-se os exclusivismos perigosos ao sopro das palavras mágicas pronunciadas à margem do Ipiranga, pelo filho astuto da devassa Carlota Joaquina; exclusivismos odiosos, que extremavam as castas privilegiadas da plebe submissa escravizada; porém o metal ferrente, que transbordava em jorros das fornalhas da revolução, correu por sobre as alcatifas⁴⁷ dos palácios, vazou-se em novos moldes e estampou essas figuras grotescas, seminobres ou semiplebeias, que constituem a tresloucada oligarquia parlamentar que serve de supedâneo⁴⁸ ao trono e de cúpula à Nação!

E é diante deste quadro, senhor, que proclamais com orgulho napoleônico a felicidade suprema dos brasileiros?!

Não vos iludais com a despejada licença de que usam anchos⁴⁹ a imprensa corrompida e o parlamento avassalado; é isso um perigoso presente de gregos de que devem recear-se os moder-

---

42. Teimosos, obtusos.
43. Que tem forma globular, arredondada. Por extensão de sentido, sujeito demasiado gordo.
44. Taberneiro, bodegueiro. Por extensão de sentido dentro do contexto pejorativo, indivíduo porcalhão, mal-acabado.
45. George Gordon Byron (1788-1824), conhecido como Lord Byron, foi um poeta inglês e figura decisiva para o romantismo, sendo sua obra de referência obrigatória para a geração de escritores românticos brasileiros do século XIX. Teve destacada atuação política como revolucionário na Guerra da Independência da Grécia (1821-1829), onde morreu no campo de batalha.
46. Casebre, barraco.
47. Tapetes.
48. Base, pedestal.
49. Por sentido figurado, vaidosos, orgulhosos.

nos Laocoontes,[50] que estremes[51] da lepra da política reinante aguardam, com a inabalável resolução de Terâmenes,[52] a taça da cicuta,[53] que lhes apresentará o novo Crítias[54] do absolutismo disfarçado.

No país em que Augusto[55] é o pai adorado da sabedoria; em que os Virgílios[56] assalariados, tendo por tapete os livros sagrados da história pátria, escrevem soberbas epopeias sobre cofres de ouro; em que o governo pensa pelos sábios; julga pelos magistrados; trabalha pelo povo; vela pela propriedade; cultiva pelo agricultor; inventa e aperfeiçoa pelo artista; legisla pelos parlamentos; estuda e lê pelos ignorantes; assassina pelos sicários;[57] espolia pelo salteador e até reza piedoso pela salvação dos crentes, neste país, a liberdade é um sonho de escravo.

50. Sacerdote troiano que tem papel destacado nos ciclos épicos da poesia grega. Ao falar do "perigoso presente de gregos", o autor remete a um acontecimento em particular, quando Laocoonte atacou o cavalo de Troia, imaginando antes de todos ser aquele presente uma armadilha. O emprego da expressão sugere alguém que aponta algo que aos demais pareça incredível, muito embora os acontecimentos futuros deem razão àquele julgamento inicial.
51. Apartados, separados.
52. Terâmenes (?–404 a.C.) nasceu em Estíria, atual Áustria, e foi estrategista militar e estadista ateniense que teve destacada ação política durante a Guerra do Peloponeso (431–404 a.C.).
53. Representa, no contexto, a sentença definitiva, capital.
54. Crítias (460–403 a.C.) foi um filósofo nascido em Atenas, tio de Platão e membro do grupo dos Trinta Tiranos que governaram a cidade. Pelo contexto, o autor remete ao processo de execução de Terâmenes, quando foi acusado de traição perante o Conselho dos Trinta Tiranos e foi perseguido por Crítias.
55. Augusto (63 a.C.–14 d.C.) foi o fundador do Império romano e seu primeiro imperador. Por metonímia, no entanto, o autor se refere ao monarca Pedro II.
56. Refere-se a Públio Virgílio Maro (70–19 a.C.), poeta romano de profunda influência na literatura ocidental que escreveu, entre diversas obras clássicas, a *Eneida*, poema épico que narra o mito fundacional de Roma. Explorando a versão de que Virgílio foi protegido e incentivado pelo imperador Augusto para compor a *Eneida*, Afro, por metonímia, critica os letrados de alta erudição do Império brasileiro que, assalariados pelo monarca, "escrevem soberbas epopeias sobre cofre de ouros".
57. Facínoras.

A submissão enervadora⁵⁸ em que jaz prostrado o famoso gigante da América meridional, e que vos mereceu tão faustosa apologia, sucedeu às épocas rememoráveis em que este povo infeliz pretendeu emancipar-se do jugo ferrenho dos tiranos.

Foi a época do aprendizado constitucional, dizei vós, em que o erro fermentava perigosamente no seio das agitações turbulentas. Enganai-vos.

Foi a época das maravilhosas dedicações e dos martírios sublimados, pela magna causa da liberdade.

Foi a época imorredoura dos heróis paraenses, dos baianos separatistas, dos pernambucanos patriotas, dos rio-grandenses invencíveis, dos mineiros estoicos de Santa Luzia, e dos célebres deputados federalistas.⁵⁹

Então lutava-se com pujança pelas santas ideias da autonomia pessoal e os válidos combatentes, indobráveis⁶⁰ como Spartacos,⁶¹ morriam como Nunes Machado,⁶² à sombra de seus estandartes.

58. Que enerva, irrita, impacienta.
59. Nesse parágrafo, o autor sintetiza numa só "época imorredoura" as diversas lutas contrárias à centralização monárquica, ou mesmo anti-imperialistas que ocorreram no Brasil na primeira metade do século XIX. Cita indiretamente a Cabanagem (1835), no Pará; a Sabinada (1837), na Bahia; a Confederação do Equador (1824), em Pernambuco; a Batalha de Santa Luzia, em Minas Gerais, no contexto das revoltas liberais de 1842. Difícil precisar, contudo, quem são os "célebres deputados federalistas", se uma designação genérica ou um grupo em particular.
60. Impossível de se dobrar, que não se verga. Que não se submete.
61. Spartacus (109–71 a.C.) foi um gladiador-general, estrategista e líder popular que escapou da escravidão a que era submetido e, num levante de grandes proporções, organizou um exército que enfrentou o poder central de Roma na Terceira Guerra Servil (73–71 a.C.). São diversas as citações de Gama a Spartacus, grafado de variadas maneiras, a exemplo de Espártacos, o que revela sua admiração e até mesmo veneração pela história do mártir que venceu o cativeiro e lutou pelo fim da escravidão.
62. Joaquim Nunes Machado (1809–1849) foi um político e juiz de direito pernambucano. Deputado por várias legislaturas, Nunes Machado foi um dos líderes da Revolta Praieira (1848–1850) e morreu em combate ocorrido entre os membros da Partido da Praia e as tropas do governo imperial.

Bem sei eu que mui notável é o contraste que se nota entre o glorioso civismo daqueles tempos e o ignóbil[63] servilismo de hoje. A política inflexível metamorfoseou-se na mercancia abjeta dos bufarinheiros[64] boêmios de todas as seitas; a moral do povo realça a glória das freiras roufenhas[65] e dos frades barbadinhos.

Hoje há duas entidades notáveis em todo o vasto Brasil: uma comandita[66] governamental, ambiciosa e desregrada, e uma escravatura conquistada, submissa e humilde, que arde em sôfregos desejos de bem servir a seus senhores.

Felizes, muito felizes são, por certo, meu respeitável dr., os *anárquicos* republicanos argentinos e orientais,[67] que ainda não cansaram de lutar com inaudito valor contra o monstro feroz do despotismo, que ameaça tragá-los.

São homens que ainda têm consciência de si e que não riscaram da memória este grande princípio democrático: *conhece-te e governa-te a ti mesmo*; porque as ficções extravagantes pertencem ao mundo da poesia vária.[68]

Sobre a instrução do povo, honrado dr., dir-vos-ei pouco. A vossa ilustração dispensa-me de longos arrazoados sobre esta matéria que conheceis a fundo.

---

63. Repugnante, deplorável.
64. Mascates, vendedores de bugigangas.
65. Fanhosas, que parecem falar pelo nariz.
66. Expressão do direito empresarial que designa uma sociedade comercial com duas classes de sócios: os comanditados e os comanditários. Os comanditados têm responsabilidade ilimitada frente a terceiros, maiores obrigações sociais, trabalham e contribuem financeiramente; os comanditários, ao contrário, têm responsabilidade limitada, são alheios de obrigações na administração do negócio, não contribuem com trabalho, apenas com capital. O emprego do termo é cirúrgico para o propósito crítico da tese do autor: desvela a igualdade entre cidadãos como uma grosseira ficção jurídica e ataca a hipocrisia do pacto político numa sociedade de classes.
67. Uruguaios.
68. Que oscila, que varia, que não é constante.

Notar-vos-ei, somente, que o *bárbaro Ditador da imunda República do Paraguai*[69] tornou gratuita e obrigatória a instrução primária em seus domínios.

O que ela é entre nós, di-lo com eloquência inimitável o gênio de Álvares de Azevedo,[70] ouvi-o:

E quando os governos se descuidam; quando a instrução pública é mais irrisão[71] e escárnio que a realização do preceito da lei; quando não há peias[72] que se evitem à popularização do saber, quando se escasseia a instrução primária para as classes baixas, nega-se proteção e melhoramento para os colégios públicos e não se quer dar caça aos obstáculos pecuniários que vedam a porta das academias às classes pobres — iludindo assim o princípio constitucional, as garantias de instrução feitas ao povo; quando, enfim, depois de 30 anos de existência livre os governos não quiseram ainda realizar a promessa do lábaro de nossas liberdades, que nos garante universidades —, tímidos, talvez, como os olhos quebrados do doentio, que se dissipe a nuvem de ignorância, que é a parceira do despotismo, etc., etc...

Se a nossa Constituição anacrônica e absurda há mister de remendados atavios[73] para deslumbrar este povo embrutecido, imagem fiel dos servos bizantinos, e se os frutos envenenados que tem produzido esse manual de ridículas cerimônias devem ser decantados em honra da sandice, a outro e não a vós deve caber essa inglória tarefa, respeitável dr.

Sois homem livre e semelhante empresa só é digna dos agaloados[74] lacaios da casa de Bourbon.

---

69. O uso do itálico indica provável citação de outro artigo na imprensa ou mesmo do relatório de Instrução Pública.
70. Manoel Antônio Álvares de Azevedo (1831–1852) foi poeta, dramaturgo e escritor paulista.
71. Zombaria.
72. Amarras, freios.
73. Enfeites, ornamentos.
74. Indivíduo que usa galão no vestuário. Espécie de adorno que sinaliza condecoração, distinção de patente, privilégio ou classe.

Dai de mão a esse cadáver infecto. Não o galvanizeis;[75] por vossa honra e pelas nossas ideias; deixai-o exposto na praça pública, para que seja visto em toda a sua hediondez.
Nossa missão é outra.
Tomemos posto ao lado do túmulo do nosso irmão Landulpho Medrado.[76]
É aí que imaculado tremula em todo seu esplendor o estandarte sagrado da democracia.
Acordemos o povo.

Vosso admirador e amigo,
AFRO

---

75. Provoqueis.
76. José Joaquim Landulpho da Rocha Medrado (1831–1860), nascido na Bahia, foi poeta, advogado e político. Em 1860, publicou aquele que viria a ser seu livro mais conhecido: *Os cortesãos e a viagem do imperador*.

Capítulo 2
Protesto constitucional
Resposta ao editorial do «Diário de São Paulo»[1]

Comentário Artigo político que rebate recente editorial do jornal conservador Diário de São Paulo e trata da relação entre religião e Estado. Afro defende o processo constituinte laico dos Estados Unidos da América, duramente rechaçado pela redação do Diário, como exemplo em que o Brasil deveria mirar para o seu futuro. "Quero uma Constituição democrática e americana, que seja a encarnação dos inalienáveis direitos do homem, fonte inexaurível de públicas liberdades", dizia Afro, criticando duramente o processo constituinte brasileiro de 1823, que resultou em uma "Constituição política imposta aos brasileiros, e que não pode ser aceita por aqueles que têm a sua independência em elevado apreço".

Ilustrado redator,

Permiti[2] que, apartando-me por um pouco da espessa escuridade que me cerca, venha eu até a barra da imprensa esclarecida protestar, atencioso, contra alguns assertos contidos no bem elaborado artigo editorial do vosso *Diário* de hoje, que encheram-me de espanto.

Em matéria religiosa, peço-vos humildemente permissão para declinar da vossa egrégia autoridade, antepondo respeitoso ao vosso alpinoado[3] romano fervor, que sobremodo acato, as sábias palavras do muito ilustrado monsenhor Dupanloup,[4] bispo de Orléans, insertas no monumentoso discurso de recepção por ele pronunciado na respeitável academia francesa, em 1855:

1. *Diário de São Paulo* (SP), Publicações Pedidas, 20 de setembro de 1866, p. 2.
2. Embora inusual, manterei a grafia original que corretamente indica o imperativo do verbo permitir na segunda pessoa do plural (vós).
3. Relacionado a alpino, no sentido de elevado.
4. Félix Antoine Philibert Dupanloup (1802–1878) foi um teólogo, jornalista e político francês, que advogou ideias do liberalismo católico e se opôs a dogmas eclesiásticos que interessavam ao debate brasileiro da segunda metade do século XIX, como a infalibilidade da autoridade do papa. Como bispo de Orléans,

Entre católicos e protestantes só há uma diferença ou desconformidade (negar ou afirmar que *existe na terra* uma autoridade doutrinal). O que quer dizer que os católicos admitem entre a palavra de Deus e a razão humana uma autoridade doutrinal e os protestantes não admitem intermediário entre as duas entidades, porque ambas são dádivas do mesmo Deus.

Por esta bela sentença, emanada dos lábios ungidos de um cultor eminente da ciência, ficareis, por certo, de ânimo tranquilo e convencido milagrosamente de que o *devastador protestantismo* não é tão mau como no-lo descrevestes; assim como eu estou seguro e bem persuadido que o diabo não é tão feio como pintam-no seus irmãos padres.

A tremenda liberdade religiosa, que vos incute maior terror do que os perniciosos efeitos do toucinho ao supersticioso e feroz Mafamede[5] é, sem a menor contestação, a base da liberdade política dos povos, como vós bem o sabeis. Sem ela poderemos ser tudo, até chinos ou cossacos; porém nunca um povo livre.

O exemplo desta verdade absoluta está gravado na história e na consciência dos escritores sisudos. A vossa inequívoca ilustração vo-lo tem deparado de contínuo; porém vós pretendeis a todo o transe (afanosa empresa!) provar aos sinceros paulistas um fato lamentável, que o homem é como a âncora de bronze, que só é útil quando está abaixo do navio, e que, semelhantemente, o povo só é grande quando humilhado pelas pesadas plantas do absolutismo.

---

além de posições antimaçônicas, Dupanloup defendeu energicamente que a Igreja Católica canonizasse Joana D'Arc, feito esse ocorrido décadas após suas primeiras iniciativas.
5. Designação pejorativa para muçulmanos, indivíduos que professam a fé islâmica. É de se notar que o autor lance mão de um termo como esse num jornal católico, onde ele próprio não tinha espaço e, como se vê nesse e nos outros artigos publicados no *Diário*, era uma voz dissonante e mesmo atacada pelos redatores. Parece, com isso, acenar em particular para os leitores desse jornal, seus oposicionistas, com um vocabulário que lhes era possivelmente usual.

A Rússia teocrática, a Prússia despótica e semibárbara, a França conquistadora e a própria Inglaterra feudal, tão decantada pelos simulados escritores brasileiros e europeus, esteiam com forte robustez o vosso luminoso pensamento; porém, os Estados Unidos da América do Norte e as doutas palavras do eminente sr. Laboulaye[6] rompem com ousadia impetuosa uma nova era nos fastos seculares da humanidade, hasteando acima de todos os prejuízos dos povos antigos do Velho Mundo o sagrado estandarte da democracia, que tem o seu conto[7] de ferro cravado em um pedestal mais duradouro que o mármore e que o granito: é o livro eterno dos Santos Evangelhos.

Nenhum povo; nenhum indivíduo pode jactar-se[8] de sua independência, tendo a consciência subjugada pela ardilosa embófia[9] dos taumaturgos[10] impudicos[11] e pela atrevida filáucia[12] da impostura, que governa por delegação divina.

Foi por isso que assim escreveu o venerando sr. Antonio Feliciano de Castilho,[13] em um momento de sublime inspiração:

Fado[14] mau parece que é este dos povos, ter sempre a sua liberdade de ser combatida pelos dois mais poderosos inimigos, os assentados no trono e os encostados no altar, os árbitros deste mundo e os introdutores

---

6. Édouard René de Laboulaye Lefèvre (1811–1883) foi um jurista, político e historiador francês. Professor de direito e abolicionista, chegou a presidir a Sociedade Francesa pela Abolição da Escravidão. No entanto, esse parágrafo muito bem ilustra uma outra faceta pela qual Laboulaye tornou-se conhecido: a de estudioso da sociedade norte-americana, tema de grande quantidade de livros que escreveu.
7. Peça metálica na extremidade da haste do estandarte.
8. Gabar-se, vangloriar-se.
9. Malícia, mentira astuciosa.
10. Charlatães, trapaceiros.
11. Imorais, sem-vergonha.
12. Presunção exacerbada.
13. Antonio Feliciano de Castilho (1800–1875) foi um polemista, educador e escritor romântico português que criou, como pedagogo, um método próprio de aprendizagem: o Método Português Castilho.
14. Destino, sina.

do outro, para que onde a força, a veneração e o sofisma do presente não podem chegar, cheguem as ameaças do futuro e pela consciência se remate a obra péssima encetada[15] pelo medo e pelo erro.

Estas palavras encerram a condenação das vossas doutrinas.

As importantíssimas reformas constitucionais indicadas pela associação cortesã da emigração americana, que tanto vos apavora, eu as quereria ver realizadas hoje mesmo, se fosse possível contar com a patriótica dedicação de um parlamento composto de cidadãos dignos da República e da confiança do povo, e com a sinceridade de um governo honesto, que rendesse cultos à moral.

Elas constituem o precioso heléboro[16] de que havemos mister, para que sejamos uma nação livre e digna da admiração do mundo civilizado, que nos observa.

É preciso que não confundais a magnitude das ideias contidas nessa indicação importantíssima com o caráter aventureiro de seus autores, nem com as torpes ambições dos cavalheiros de indústria,[17] que desgraçadamente representam a nossa infeliz pátria abandonada aos botes da pilhagem e às insolências da devassidão.

Quero uma Constituição democrática e americana, que seja a

---

15. Iniciada.
16. Gênero de planta da família das *Raununculáceas*. O emprego do termo possivelmente está associado à raiz do heléboro branco, poderoso purgante, vermífugo e medicamento para o tratamento de sarna. De todo modo, a metáfora indica a necessidade de cura de um corpo enfermo.
17. Por sentido figurado, astúcia, malícia.

encarnação dos inalienáveis direitos do homem, fonte inexaurível de públicas liberdades e não esse disforme agregado de grosseiros absurdos, parto ignominioso[18] de ranraneiros[19] bestuntos.[20]

Eu respeito muito e venero com profunda submissão os velados fautores[21] da nossa memorável emancipação política, que, imaculados sacerdotes, souberam guardar inteira, no seio da mais agra[22] pobreza em que viveram, a casta virtude que adoravam como idólatras; mas não posso ler, sem cobrir-me de pejo,[23] estas imorredouras palavras do Cincinato,[24] brasileiro, proferidas na Assembleia Constituinte:

Até onde chegar a minha voz, protesto, à face da Assembleia e de todo o povo, que havemos de organizar uma Constituição, não democrática, mas monárquica; eu serei o primeiro a conceder ao Imperador aquilo que lhe for devido.

Tais foram as palavras do velho conselheiro José Bonifácio,[25] chefe proeminente dos republicanos do Rio de Janeiro, não des-

---

18. Desonroso.
19. Manterei a grafia como a original, na hipótese de indicar alguma expressão que escape aos dicionários consultados, embora exista a possibilidade de erro tipográfico, no qual a palavra seria ronroneiros, isto é, aqueles que ronronam, que realizam o ato de ronronar, o que, por sentido figurado, sugere aqueles que meditam, que pensam.
20. O mesmo que cabeça, mas usualmente com conotação pejorativa, como indicativo de inteligência curta.
21. Defensores, protetores.
22. Árdua, dura.
23. Vergonha.
24. Referência a Lúcio Quíncio Cincinato (519–439 .a.C.), general, cônsul e ditador romano, considerado por parte dos cidadãos da Roma Antiga como um de seus heróis e modelo de virtudes. A correlação de José Bonifácio, o Patriarca, com Cincinato foi estendida, em outra oportunidade, para José Bonifácio, o Moço. Na primeira, o autor era Afro, na segunda, Gama.
25. José Bonifácio de Andrada e Silva (1763–1838), nascido em Santos (SP), passou para a crônica político-histórica como o Patriarca da Independência do Brasil. Foi um célebre político, naturalista e poeta que exerceu diversos postos-chave na política da primeira metade do século XIX, dentre eles o de deputado constituinte em 1823. É ao período de constituinte que Afro se reporta nesse

mentidas pela Constituição política imposta aos brasileiros, e que não pode ser aceita por aqueles que têm a sua independência em elevado apreço e em minguada conta o fausto das monarquias.

Aos apodos[26] que, com arrojada cólera, lançais irrefletido aos Estados Unidos da América do Norte, alvo paciente dos vossos rancores político-religiosos, magnânimas respondem a grandeza de suas instituições invejáveis e a liberdade que, com assombro dos tronos e de todos os fiéis vassalos, gozam os seus cidadãos.

Creio ter, sem quebrantamento da vossa dignidade, contestado com critério as vossas ideias contidas no artigo a que no princípio desta referi-me.

Sou vosso respeitador,
AFRO

---

artigo, quando José Bonifácio foi uma liderança liberal de grande expressão, tendo sido preso na noite da dissolução da Assembleia Constituinte e, ato contínuo, exilado do Brasil por ordem do imperador Pedro I.
26. Ditos irônicos ou ultrajantes.

Capítulo 3
Rabo de arraia nos capoeiras da imprensa
Resposta a «Mustela»[1]

Comentário   *Artigo político que critica a redação do Diário de São Paulo por censurar a publicação de um anúncio de Afro naquele jornal. O texto, portanto, teve de vir a público em outro veículo, o Correio Paulistano, e aproveitou para atacar os redatores do Diário, ou, nas palavras de Afro, usualmente carregadas de metáforas a um só tempo bíblicas e urbanas, "capoeiras da imprensa, que fazem do povo a sua misteriosa escada de Jacó, para chegarem, com artimanhas, ao paraíso político".*

Ilustrado redator,

Permiti[2] que pelas colunas do vosso conceituado jornal eu responda a um artigo publicado no *Diário* de hoje, assinado pelo pseudônimo "Mustela", sobre a subscrição[3] aberta no escritório dos srs. drs. Bernardo Gavião,[4] Ribeiro & Gavião,[5] em favor dos guardas nacionais designados.

---

1. *Correio Paulistano* (SP), A Pedido, 06 de dezembro de 1866, p. 2.
2. Embora inusual, manterei a grafia original que corretamente indica o imperativo do verbo permitir na segunda pessoa do plural (vós).
3. Compromisso assumido por escrito pelo qual o subscritor contribui com determinada quantia para alguma empresa, obra filantrópica ou homenagem. Nesse caso, a subscrição visava auxiliar os guardas nacionais.
4. Bernardo Avelino Gavião Peixoto (1827-1912) foi banqueiro, desembargador e político paulista, filho de Bernardo José Pinto Gavião Peixoto, militar e ex-presidente da província de São Paulo. Proprietário de muitos negócios, Gavião Peixoto foi um dos homens mais abastados e poderosos de São Paulo.
5. Além de Bernardo Gavião, a casa bancária levava o sobrenome de outros dois sócios, respectivamente, João Ribeiro da Silva, negociante, banqueiro e advogado, além de cunhado de Bernardo Gavião; e Camilo Gavião Peixoto (1830-1883), banqueiro, delegado de polícia, deputado e irmão mais novo de Bernardo Gavião.

Que esse apelo à generosidade dos honrados paulistas seria respondido com indiferença já sabia eu quando, em companhia de amigos, resolvi-me a fazê-lo. Conheço de sobejo[6] os meus compatrícios e sei com justeza avaliar a fraqueza[7] de seu caráter; o que, porém, espanta-me e enche-me de indignação é a vileza com que para comigo procedeu à distância a administração do *Diário*, rejeitando o anúncio em que eu solicitava o concurso de todos os cidadãos em prol dos infelizes designados e aceitando prazenteiro uma censura acrimoniosa[8] contra os que não atenderam ao nobre apelo que lhes foi feito...

Sou muito amigo da coerência e devoto incensador[9] da justiça, pelo que detesto os botes de sancadilha[10] dos capoeiras da imprensa, que fazem do povo a sua misteriosa escada de Jacó,[11] para chegarem, com artimanhas, ao paraíso político.

Pode o sr. "Mustela" tranquilizar o seu espírito. O povo há de, algum dia, tirar-se do lodaçal em que o sepultaram; mas esse dia só chegará quando ele, cansado das decepções e dos especuladores de todas as espécies, que o aturdem, abrir mão dos tribunos refalsados, das mustelas[12] roedoras e dos diretórios, e deixar-se guiar tão somente pelas suas espontâneas aspirações e pelos seus únicos e legítimos interesses.

São Paulo, 5 de dezembro de 1866
AFRO

6. De sobra, demasiado.
7. Por possível erro tipográfico, o termo aplicável ao contexto parece ser franqueza.
8. Severa, áspera.
9. No sentido de entusiasta.
10. Rasteira, sacanagem, tramoia.
11. Referência à passagem bíblica (Gen. 28, 11–19) que menciona a escada pela qual os anjos ascendiam ao Céu e desciam à Terra. Pelo contexto, nota-se a ironia do autor em contrastar metáforas religiosas aos assuntos mundanos da política, quiçá provocando no leitor da época a indignação com a profanação da representação popular.
12. Aqui o autor ressignifica o nome do contendor, Mustela, utilizando-o agora como substantivo, que designa o pequeno roedor conhecido como furão.

Capítulo 4
Desafio a um mentiroso
Resposta a «Demócrito»[1]

Comentário   Texto político-partidário. O contexto da luta política é instigante e revelador da disputa interna entre os chamados liberais históricos e liberais dissidentes. Nesse artigo, Gama respondia a um conservador que escrevia sob o pseudônimo de Demócrito nas páginas do igualmente conservador Diário de São Paulo. A visão externa, ou antes, do adversário, joga luz sobre os bastidores da eleição prévia entre liberais para Câmara e juízes de paz na freguesia da Sé. Gama é tratado de modo pejorativo no artigo, que aqui ele responderia. Ele integraria, nas palavras de Demócrito, a "canalha" do Partido Liberal, que viria a ser a ala radical e popular do partido. Um flagrante da reunião, narrado por Demócrito, ilustra bem a divisão interna entre liberais. Numa divergência acalorada que levava à possibilidade dessas tendências baterem chapas separadamente, interviu Bernardo Gavião, o mesmo que se tornaria um dos maiores banqueiros e megaproprietários de escravizados de São Paulo, contra a insurgência da dissidência liderada por Gama. Leiamos um trecho do artigo, que Gama contestaria na sequência. "O sr. B. Gavião foi o primeiro a enunciar a sua opinião, declarando com a mais descomunal altivez, que era uma infâmia para os homens importantes do partido a aceitação de uma ideia imposta pela canalha! E quando um homem do povo [Luiz Gama!] respondia à S. Excia., fazendo-lhe ver que, sem essa canalha, não era possível a vitória, S. Excia., com aquele orgulho repetiu as seguintes palavras: triunfaremos, porque a canalha compra-se com dinheiro!!" O grupo liderado por Gama perdeu internamente. A resposta que daria — e se lê a seguir — é de que não se venderam "aos homens do dinheiro", mas que, convencidos de que a divisão daria a vitória às "legiões conservadoras", deveriam suspender o combate fratricida. Em síntese, nas palavras de Gama: "ante o inimigo comum, suspendemos a guerra civil".

Ilustrado Redator,

O *Diário* de hoje deparou-me um comunicado sob a inscrição "O passado e presente", no qual lê-se o seguinte trecho relativamente à eleição prévia por mim iniciada nesta cidade, em 1864.

1. *Correio Paulistano* (SP), A Pedido, 20 de janeiro de 1867, p. 3.

Venderam-na meia dúzia de traidores, que em todas as épocas fingem-se sinceros amigos do povo e vivem a soldo dos homens de dinheiro.[2]

Fui eu quem convidou os sustentadores da eleição prévia a cerrarem fileiras porque a bandeira do diretório liberal, que combatíamos, era seriamente ameaçada pelas legiões conservadoras; ante o inimigo comum, suspendemos a guerra civil. E ao esforço nimiamente[3] patriótico dos propugnadores da eleição prévia, em número maior de cem, deveu o diretório a vitória das urnas.

O autor do artigo a quem me refiro mente quando afirma que os falsos amigos do povo venderam a eleição aos homens do dinheiro; eu o desafio a comprovar o seu asserto.

São Paulo, 19 de janeiro de 1867
L. GAMA

---

2. A citação confere com o original e, como Gama menciona acima, foi publicada no *Diário de São Paulo*, em edição de 19 de janeiro de 1867, p. 2. O trecho comentado na nota introdutória ao artigo provém desse texto.
3. Demasiadamente, excessivamente.

Capítulo 5
Agenda democrática para um Brasil soberano
«*Considerandum*» *eleitoral*[1]

Comentário   *Representando os eleitores do distrito da Sé, centro de São Paulo, Luiz Gama redigiu um* considerandum *relativo ao processo eleitoral na província de São Paulo. O grupo de eleitores pretendia uma espécie de controle da atividade dos deputados daquela jurisdição eleitoral, fazendo-os "impreterivelmente" cumprir uma agenda legislativa de oito compromissos. A pauta de exigências é realmente eloquente enquanto controle da representação parlamentar através da sociedade civil organizada. A partir de uma hermenêutica constitucional bastante crítica, Gama formulou um conjunto de medidas que abolisse a religião oficial de Estado; descentralizasse o poder central da Corte e a Guarda Nacional; tornasse a polícia eletiva; criasse tribunais correcionais populares e reforçasse as instâncias eleitorais e legislativas locais. É de se notar que, inserido num* considerandum *eleitoral voltado à descentralização dos meios de representação parlamentar, esteja incluso um item específico ao tema da educação pública — justamente em consonância com a proposta que Afro desenvolvia nas páginas da* Democracia —, *a saber, instrução pública obrigatória, ensino livre e admissão dos pobres na rede de ensino secundário.*

Considerando os cidadãos liberais votantes da paróquia da Sé, da cidade de São Paulo, que os mais vitais interesses do povo brasileiro hão sido continuamente sacrificados às ambições desordenadas de uma dissoluta oligarquia parlamentar, que, há cerca de meio século, assenhorou-se de todas as posições oficiais, ora sob a dissimulada bandeira da ordem e da manutenção das instituições juradas;[2] ora sob os auspícios de uma suposta democracia, cujo nome é invocado, com indizível audácia, pelos

---

1. *Correio Paulistano* (SP), A Pedido, 22 de janeiro de 1867, p. 2.
2. Refere-se ao juramento do monarca, evocando a ideia de força normativa que o ato do imperador conteria.

especuladores de todos os credos políticos, para encobrir a astúcia, envernizar a fraude e galvanizar a corrupção; ora em nome da conciliação dos partidos para a unificação dos princípios políticos; ora para ligar as ideias, solidificar e salvar o Império;

Considerando mais, que o governo tem, por todos os meios de que dispõe, desviado o clero nacional da missão augusta de que o fez depositário o Mártir do Gólgota,[3] afastando cavilosamente de seus deveres espirituais, corrompendo-o, por meio de graças e de empregos temporais, desenvolvendo-lhe a cobiça pelo fasto e pelas puerilidades da vida humana e inundando, com despejado arrojo, as terras do Brasil de jesuítas astutos, inimigos declarados das liberdades públicas e instrumentos cegos da prepotência e do despotismo, com violação flagrante dos mais sólidos preceitos da moral e dos bons costumes, e da liberdade de consciência, base de todas as felicidades sociais;

Considerando que o povo do Brasil, adrede[4] sepultado nas trevas da mais grosseira ignorância, representa, em face da América meridional, um papel secundário que o degrada, quando devera ser assinalado como o primeiro, não só pelos recursos naturais de seu solo ubérrimo como pela índole pacífica e nimiamente[5] progressiva de seus habitantes;

Considerando que os agentes do Poder Legislativo se vendem constante e miseravelmente ao ouro e à influência perniciosa do Poder Executivo; que as leis são promulgadas em virtude de sugestões criminosas e interpretadas cotidianamente por agentes incompetentes; que a perigosa ditadura constitui, com escândalo inaudito, a governação regular do país; que os impostos são lançados a esmo, sem prévio estudo e sem atenção aos magnos interesses do povo; e que o Poder Executivo se há, cedendo às mais trescolucadas aspirações, constituído o árbitro supremo da nação;

Considerando que uma das causas lamentáveis do perigoso

---

3. Gólgota, ou Calvário, é a colina na qual Jesus foi crucificado.
4. Premeditadamente.
5. Demasiadamente, excessivamente.

falseamento do Poder Legislativo provém indubitavelmente do elemento vitalício do Senado, que anula completamente a soberania nacional em relação a esse importante ramo dos poderes políticos, que é, por tal modo, menos um mandato do que uma ominosa[6] autocracia;

Considerando que o atual sistema eleitoral para a nomeação de deputados às câmaras temporária e provinciais, por grandes distritos, é altamente contrário e não menos prejudicial aos bem entendidos interesses do povo e favorável somente à corruptora prepotência dos senhores feudais das províncias, agentes diretos da aristocracia e elos poderosos da imensa cadeia da centralização administrativa;

Considerando as graves consequências do desprestígio em que tem caído o Brasil aos olhos das nações americanas e a notável displicência que lhe tem causado as funestas convenções consulares celebradas pelo governo imperial em virtude do Decreto nº 1.096, de 10 de setembro de 1860,[7] cujo único fim foi desnacionalizar mais de um milhão de brasileiros, contra a expressa disposição da Constituição política do Império, e submetê-los à indébita jurisdição de autoridades estrangeiras dentro do território brasileiro, com menoscabo das mais terminantes prescrições da jurisprudência pátria e exemplar desprestígio das nossas autoridades;

Considerando que a Guarda Nacional, instituída para manter as leis fundamentais do Estado, acha-se convertida em arma fratricida do despotismo, o mais feroz, e completamente avassalada pelos desmandos do poder, chegando a transformar-se em açoite dos cidadãos pacíficos, ruína da lavoura e aniquilamento da indústria, únicas fontes da riqueza nacional;

Considerando que a polícia, elemento poderoso de paz, garantia do direito e zeladora da ordem pública, longe de promover

---

6. Abominável, execrável.
7. O decreto regulava os direitos civis e políticos dos filhos de estrangeiros nascidos no Brasil, cujos pais não estivessem em serviço de seu país, e das estrangeiras que se casassem com brasileiros; assim como das brasileiras que se casassem com estrangeiros.

a felicidade social e o livre exercício das prerrogativas civis e políticas dos cidadãos, fez-se a detestável corruptora dos sãos costumes e o principal elemento da desordem e da anarquia, pela criminosa ousadia de seus descomedidos agentes e culposa condescendência do governo;

Considerando que a concussão, a peita[8] e o suborno, animados pela ambição de mando e de riquezas e pela impunidade, estão prestes a precipitar o Brasil na mais ignominiosa degradação;

Os referidos cidadãos votantes da paróquia da Sé, investidos de seus poderes soberanos e inalienáveis, depois de terem maduramente refletido e observado com todo o critério os salutares conselhos da prudência, resolveram, para o bem comum dos brasileiros, exigir de seus eleitores, que estes cometam aos deputados do 1º distrito desta província, especialmente, para que convertam em projetos de lei e os apresentem e discutam na Câmara dos srs. Deputados e nas assembleias provinciais, o que a elas for concernente, dentro do prazo de dois anos, a contar da abertura da primeira sessão ordinária da presente legislatura, impreterivelmente o seguinte:

1º A derrogação do art. 5º, primeira parte, da Constituição política do Império, que estatui uma religião oficial para os brasileiros;[9]

2º Admissão à matrícula gratuitamente em todas as aulas de instrução secundária e academias, escolas ou faculdades científicas do Império, dos pobres que comprovarem tal estado; admissão do ensino livre de todas as matérias, desde as primeiras letras, uma vez que os professores não exijam retribuição; instrução primária obrigatória, negação de direitos políticos aos analfabetos;

---

8. Espécie de propina.
9. Art. 5º, primeira parte: A Religião Católica Apostólica Romana continuará a ser a Religião do Império.

3º Completa descentralização administrativa, ampliando-se os poderes das assembleias provinciais e das câmaras municipais;

4º Temporariedade do Senado, sujeitando-se metade de seus membros a nova eleição de 8 em 8 anos; suspensão da escolha imperial, que será substituída pelas maiorias das votações;

5º Subdivisão dos atuais distritos eleitorais, de maneira que cada um não dê mais do que um deputado geral e proporcionalmente os provinciais;

6º Revogação do Decreto nº 1.096, de 10 de setembro de 1860;

7º Reforma da Guarda Nacional, dividida por comarcas, termos e freguesias, sendo os oficiais de fileira e comandantes de corpos nomeados por eleição dos guardas, por tempo determinado, e unicamente os comandantes gerais de comarcas, que só existirão em tempo de rebelião ou guerra, pelo governo; e alistados no serviço ativo todos os cidadãos de 18 a 50 anos, sem exceção outra além dos que forem fisicamente incapazes;

8º Tornar a polícia eletiva e criar tribunais correcionais compostos de jurados;

9º Tornar incompatíveis com o lugar de agentes do Poder Legislativo todos os empregos de nomeação do governo, bem como vedar aos magistrados o exercício de qualquer outro lugar estranho ao seu privativo.

São Paulo, 12 de janeiro de 1867
***10

10. Embora assinado apenas com três enigmáticos asteriscos, em artigo posterior Luiz Gama confirmaria como sua a redação da "*Considerandum* eleitoral". Cf. "Quem salva o povo é o povo", na sequência desse artigo.

Capítulo 6
Quem salva o povo é o povo
Resposta à redação do «Diário de São Paulo»[1]

Comentário *Gama responde à redação do conservador* Diário de São Paulo *que, de saída, havia negado a ele o direito à réplica que, por praxe, se concedia a debatedores oponentes. Assim, através de outro jornal, o liberal* Correio Paulistano, *também duramente criticado por Gama, o autor do polêmico "Agenda democrática para um Brasil soberano" de janeiro de 1867 voltava com toda carga defendendo um dos pontos do documento que redigiu e publicou na semana anterior. Refutando tanto os conservadores — "enconstados pelo despotismo" — quanto os "deslumbrados liberais", Gama fincava o espaço do pensamento republicano no turbulento debate político do final da década de 1860. E o fazia, mais uma vez, com a destreza de quem modula os argumentos e o repertório retórico de acordo com os limites do debate. Aqui, como se verá, o autor transita entre pensadores conservadores franceses — mirando, evidentemente, a redação do* Diário *— para argumentar a favor da necessidade histórica da separação entre Igreja Católica e Estado.*

Ilustrado redator,

Peço-vos um lugar nas colunas do vosso conceituado jornal para responder às reflexões que fez a distinta redação do *Diário de São Paulo*, em o número de hoje, relativamente a um dos pontos do "*Considerandum* eleitoral", que tive a honra de submeter à discussão da respeitável Assembleia Popular, na reunião efetuada a 22 do corrente.

A conveniência e a cortesia impunham-me seguramente o dever de inserir estas linhas nas páginas do próprio *Diário*; mas devo declarar, em homenagem ao público, que já em outra ocasião, questionando eu sobre matéria semelhante, foram os meus escritos repelidos pela distinta redação da mesma folha, certamente para evitar justas[2] perigosas em território de seu domínio.

1. *Correio Paulistano* (SP), A Pedido, 29 de janeiro de 1867, p. 4.
2. Contendas, disputas.

E ainda desta vez, a egrégia redação do *Diário*, não querendo descer até ao minguado autor do *considerandum*, inserto entre as publicações pedidas, travou galharda luta de laureados cavalheiros com a ilustrada redação do *Correio Paulistano*.

Dois poderosos adversários tenho que combater na grande batalha provocada pela temerária publicação do *considerandum*, os anchos conservadores de todos os absurdos políticos e os deslumbrados liberais, devotos incensadores de todas as visionárias miragens.

Aqueles, encostados ao despotismo, fundem cadeias de ferro para agrilhoar os pulsos dos brasileiros e corrompem a imprensa, com doutrinas anacrônicas, com o fim determinado de perverterem a consciência pública e perpetuarem o fraudulento reinado da imoralidade; os outros, postos de bom grado entre os horrores da opressão e os gemidos aflitivos do povo, entre as desgraças da pátria e o sacrifício para salvá-la, novos Arquimedes[3] caricatos, pensam absortos na engenhosa descoberta da quadratura do círculo ou do *motu-contínuo*, meio único por eles visado para a salvação suprema deste grande povo de escravos.

Pela minha parte declaro, com a mais robusta firmeza de convicção, que o povo há de ser salvo por si mesmo, quando, livre de enganos, tiver consciência do que vale e do quanto pode e que, para consegui-lo, tem indispensável precisão de lançar por terra a poderosa oligarquia de que se compõem os dois partidos militantes, que o oprimem, e de levantar bem alto o estandarte sagrado da democracia.

O dia da felicidade será o memorável dia da emancipação do povo, e o dia da emancipação será aquele em que os grandes

---

3. Arquimedes de Siracusa (287–212 a.C.) foi um matemático, astrônomo e inventor grego de influência determinante para o desenvolvimento da ciência na Antiguidade. Aqui utilizada como referência notoriamente irônica, Gama repetiria a metáfora algumas outras vezes, a começar pelo ano seguinte, em 1868, quando escrevia, talvez sem o mesmo tom sarcástico, sobre as "mãos robustas do válido Arquimedes do liberalismo". Cf., nesse volume, "Eles não querem um camponês letrado", p. 197.

forem abatidos e os pequenos levantados; em que não houver senhores nem escravos; chefes nem subalternos; poderosos nem fracos; opressores nem oprimidos; mas em que o vasto Brasil se chamar — a pátria comum dos brasileiros ou — Estados Unidos do Brasil.

Tenho ouvido dizer a pessoas de subido conceito que a vaidade e a corrupção poluíram, de há muito, a frágil consciência dos diaristas brasileiros, pondo, desta arte, a torpe venalidade remate à obra péssima encetada pela fraqueza e pela ambição; e disto, infelizmente, exibe robusta prova a nossa desconceituada imprensa. Do que, porém, eu sempre duvidei, guiado, talvez, por mal entendido escrúpulo, é que se arrojasse a impudicícia com tanto despejo, ao ponto de contrariar, em público, as mais esclarecidas lições de direito constitucional expostas pelos mais eminentes escritores da Europa e da América.

Quem sabe se o bom senso de mãos dadas com o decoro emigraram desta importante porção do Novo Mundo?...

Mui barulhosa tem sido a celeuma causada pela primeira conclusão do *considerandum*, ante a qual tremeram, de espantados, os mais conspícuos conservadores de alicantinas e os mais esforçados liberais de niilidades; porque, dizem eles, encerra ela um ataque horroroso contra a felicidade do povo e é dissolvente da fé religiosa!...[4]

Serei eu, por acaso, algum novo "Bannière", evadido prodigiosamente dos cárceres jesuíticos?[5]

---

4. A primeira conclusão do *Considerandum* a que Gama faz referência é a seguinte: "A derrogação do art. 5º, primeira parte, da Constituição política do Império, que estatui uma religião oficial para os brasileiros". Cf., nesse volume, "Agenda democrática para um Brasil soberano", p. 89.
5. A pergunta aparentemente menor e quiçá meramente retórica soma mais um elemento à notória erudição literária de Gama. A referência provém de um célebre romance histórico francês — *Olympe de Clèves* (1852) — que ele não só demonstra ter lido, mas também, criativamente, se posiciona no papel de um personagem central da trama, o jovem jesuíta Bannière, que fora encarcerado por seus superiores religiosos ao ser flagrado lendo uma peça teatral de um autor proibido, a saber, Voltaire (1694-1778). Confinado numa cela de um

Felizmente, para mim, a santa inquisição dorme inocente o sono dos justos sobre as cinzas malditas de milhares de bárbaros ateus e eu posso, de ânimo tranquilo, deitar-me no meu leito de misérias, sem o menor temor de despertar no dia imediato ao som compassado do sacro "de profundis", entre as chamas purificadoras do piedoso S. Domingos.

Nos tempos incompreensíveis que atravessamos, em que a astúcia das oligarquias políticas substituiu, com vantagem, a divina violência dos claustros, o povo, sem o saber, transformou-se em fogueira perene dos seus direitos e da sua própria liberdade, e a imprensa, terrível cabeça de Medusa,[6] que outrora petrificou tiranos, tornou-se em novos tribunais do santo ofício, onde a devassa aristocracia vela, com estremecido culto, pelo lábaro sagrado do racionalismo e da moral! E, se bem que o heléboro[7] da tolerância tenha trocado as suas virtudes vivificadoras pelos efeitos mortíferos do láudano[8] sonolento, pode o obscuro democrata, sem receio de feroz castigo, contestar os arrojados assertos dos alpinoados[9] pandectas[10] do bramanismo católico.

cárcere jesuíta para que expiasse o pecado advindo da leitura de uma obra tida como demoníaca, Bannière foge do cativeiro e, num enredo magistral, cai dentro de um teatro onde se encenava... justamente Voltaire. Por conhecer a peça de cor e como para aquela apresentação faltara um dos atores principais, Bannière sai do cárcere direto para o tablado de um teatro. No entanto, em plena atuação cênica, é reconhecido por dois superiores seus, jesuítas que assistiam à peça sob a justificativa de aprender a inteligência do diabo. Ao fim, portanto, Bannière torna a fugir, dessa vez, dos dois espectadores que o sabiam fugitivo. Como se vê dessa brevíssima síntese, Gama tinha razões em dizer que Bannière teria "evadido prodigiosamente dos cárceres jesuíticos". Quais os motivos, entretanto, que o levaram à pergunta — "Serei eu, por acaso, algum novo 'Bannière'...?" —, é tarefa para se examinar longamente em outro espaço.
6. Nesse contexto, metáfora que representa medo, pavor e repugnância.
7. Ver n. 16, p. 82.
8. Tintura de ópio com efeito sedativo.
9. Relacionado a alpino, no sentido de elevado.
10. A expressão, oriunda do grego antigo e referente aos livros que codificaram o direito dos romanos, indica, nesse caso, alguém que domina profundamente o conhecimento jurídico. Pela notória carga de ironia da metonímia, pode-se compreender que seu emprego subverte a ideia de erudição.

A distinta redação do *Diário* deu tratos ao miolo; macerou as faces e queimou as pestanas nas mais árduas elucubrações e, por fim, bradou: "Eureca!"

Descobriu, através das sombras das mais hórridas ambages[11] da inextricável jurisprudência, depois de ter enevoado a clara atmosfera de poeirentas nuvens, que dormiam quedas sobre centenares de bacamartes canônicos acantoados, que a religião de Estado é uma instituição política e sobremodo necessária.

Eu, porém, longe de negá-lo, venho robustecer a sua vaga afirmação aduzindo a prova que, por comodidade, não declinou.

São excertos extraídos de uma importante obra escrita por publicista conservador de elevada nota; ei-los:

Nos países que adotam uma religião como lei do Estado (e tal acontece em Portugal com a religião católica, apostólica e romana), adquire essa religião a qualidade e especial consideração de *instituição política*, e então o governo contrai a obrigação de a manter e proteger, vigiando na execução de suas leis e disciplina, que tanto podem influir na ordem pública; zelando o decoro e morigeração[12] dos seus ministros e exercendo enfim todos os direitos, que os publicistas denominam *Circa Sacra*;[13] e é neste sentido que o imperador Constantino Magno dizia que os imperadores eram *bispos externos*.[14]

---

11. Evasivas, manobras, subterfúgios. É de se notar que a tão sugestiva quanto peculiar definição — "hórridas ambages" — tenha sido a mesma que um certo Afro, apenas cinco meses antes, tenha lançado mão para expressar sua crítica à política educacional da província. Cf., nesse volume, "Democrata até os ossos", p. 67.
12. Educação, edificação.
13. Autoridade legal do governante reconhecida para além dos assuntos civis, incluindo em seus domínios, por exemplo, a autoridade sobre corporações e ordens religiosas. Cf. Link, Christoph. "Ius in sacra / ius circa sacra". In: *Religion Past and Present*. Disponível em: *https://www.hedra.com.br/r/y5L*.
14. Não está claro qual seria esse "publicista conservador de elevada nota" a que Gama faz referência. No entanto, pode-se supor que seja o historiador e político conservador francês François Guizot (1787-1874), haja vista a citação que Gama faz dele em outro escrito, cf., nesse volume, "Que o ensino primário seja uma realidade no Brasil", p. 175. Se esta hipótese procede, o comentário entre parênteses no corpo do parágrafo seria, possivelmente, de autoria de Gama.

Nestes países acontece, também, que alguns ministros eclesiásticos têm, *como tais*, certas distinções e prerrogativas políticas e civis, como acontece entre nós com os bispos, que são conselheiros natos do rei: têm títulos de grande nobreza; podem ser membros das câmaras legislativas; ministros de Estado; e todos têm isenções valiosas, etc.

Eis a doutrina em que se esteia o art. 5º, parte 1ª, da Constituição política do Império, pedra angular do sombrio edifício da perigosa teocracia.[15]

O que ela foi no passado, di-lo a história, com eloquência inimitável, soto-pondo[16] aos horrores da inquisição a pilhagem desenfreada e a imoralidade espalhadas pelos colégios e pelas congregações de Loyola.[17]

O que ela é no presente, di-lo o governo em seus relatórios anuais; os recolhimentos[18] pejados[19] de ociosos; os seminários criados para edificação de todos os vícios e o clero nacional arrastado pelas alboeras[20] da degradação.

O que há de ser no futuro, sabê-lo-hão nossos vindouros, a triste consequência do presente, assim como este o é das misérias do passado.

Grande e proveitosa é, por certo, a lição que venho de transcrever. Ela sustenta as opiniões da distinta redação do *Diário* e prova evidentemente que os sublimes princípios constitutivos da Religião Cristã não passam de uma mentira grosseira atirada à face do mundo pelo Divino Mestre, nesta memorável sentença:

---

15. Art. 5º, primeira parte: A Religião Católica Apostólica Romana continuará a ser a Religião do Império. É de se notar que, muito além da brevidade do enunciado constitucional, Gama explora e reconstrói com maestria uma possível base normativa e doutrinária desse mesmo enunciado.
16. Submetendo.
17. Referência às dependências da Companhia de Jesus, congregação católica jesuítica fundada pelo teólogo basco Inácio de Loyola (1491–1556).
18. Abrigos.
19. Lotados, apinhados.
20. O mesmo que albufeiras, i.e., represas, lagunas. Por metonímia e pelo contexto da frase, as margens de uma represa, lagoa. Gama utiliza uma imagem natural para ilustrar seu ponto de vista.

O meu reino não é deste mundo; sentença que no dizer de um dos maiores filósofos do século atual firmou as bases inderrocáveis de uma Igreja espiritual e completamente livre de todo o pernicioso contato do poder civil e temporal.

Tais são, porém, os maravilhosos efeitos dos progressos morais por que tem passado o povo brasileiro, que, em plena luz da publicidade, a redação de um dos mais importantes diários do Império proclama, de ânimo imperturbável, a salvação das almas, a consecução da felicidade social e o exaltamento da fé religiosa por meio dos títulos de conselho, das comendas, das deputações e das senatorias, conferidos a um acervo de mercenários do governo, que a ironia denomina — "clero"!...

Custa a crê-lo; mas a verdade é que a religião do Cristo deixou de ser humana instituição divina e, para a felicidade do povo, tornou-se política e aristocrática; e mereceu do sr. conselheiro Antonio Feliciano de Castilho[21] estas palavras:

> Fado mau parece que é este dos povos, ter sempre a sua liberdade de ser combatida pelos dois mais poderosos inimigos, os assentados no trono e os enconstados ao altar, os árbitros deste mundo e os introdutores do outro, para que onde a força, a veneração e o sofisma do presente não podem chegar, cheguem as ameaças do futuro e, pela consciência, se remate a obra péssima encetada pelo medo e pelo erro.[22]

21. Antonio Feliciano de Castilho (1800-1875), licenciado em direito pela Universidade de Coimbra, foi jornalista, escritor e pedagogo português.
22. A citação confere exatamente com o texto original. Cf. *Palavras de um crente*, escritas em francês pelo senhor padre Lamennais e vertidas em vulgar por Antonio Feliciano de Castilho. Lisboa: Tipografia Bulhões, 1836, pp. 30-31. Embora escrita pelo teólogo católico e político francês Félicité Robert de Lamennais (1782-1854), a quem Gama faria menção em outro texto — "Pela instituição do ensino obrigatório", nesse volume, p. 161 —, a referência é do prefácio à edição portuguesa de *Palavras de um crente*, que é de autoria do seu tradutor, Antonio Feliciano de Castilho. Para a recepção do pensamento de Lamennais nos círculos intelectuais liberais do mundo português, que certamente viria a repercutir no liberalismo brasileiro de meados do século XIX, cf. António Manuel Martins. "Recepção em Portugal das encíclicas sobre o liberalismo: Mirari Vos, quanta cura e immortale Dei". In: *Lusitania Sacra*, 2ª série, Tomo 1, 1989, Lisboa, pp. 41-80, especialmente pp. 46-51.

Já demonstrei, ainda que mal, o que é a religião de Estado e quais têm sido as suas consequências; agora porei termo a este meu escrito dizendo o que é o Estado sem religião assalariada pelo governo e sem padres fidalgos e mercenários. É o respeitável sr. *Laboulaye*[23] quem vai falar.

A separação da Igreja e do Estado, a completa liberdade da consciência, foi pela primeira vez exigida no mundo por um pobre pastor, emigrado além dos mares, longo tempo perseguido, mas longo tempo desconhecido, Rogério Williams, o fundador da cidade de Providência, o criador da pequena colônia de Rhode Island. Em 1644, na época em que as assembleias do clero francês requeriam a extirpação do protestantismo, em que a Igreja Escocesa, infiel a seu princípio, insistia a fim [de] que se não concedesse a liberdade dos cultos, um obscuro ministro, vindo à Inglaterra para solicitar uma Constituição colonial, anunciava ao mundo escandalizado que o Estado é instituído para punir o delito, mas que não tem o direito de se ocupar do pecado.

Quase dois séculos foram precisos para que as ideias de Rogério Williams[24] triunfassem na América; hoje, porém, a vitória é completa. A Igreja não conhece o Estado; o Estado não conhece a Igreja. Qual tem sido o resultado desta separação? O enfraquecimento das crenças, a multiplicação das querelas religiosas? Tudo pelo contrário. O cristianismo tem prosperado, o ódio teológico desaparecido. O Estado, que não é senão uma abstração, não tem pretendido mais ingerir-se nos negócios da Igreja; mas a sociedade, que é cousa viva, tem sido de mais a mais penetrada do espírito cristão. Qual outra prova disto é necessária do que estes milagres de caridade que, no meio de uma guerra civil, têm admirado a velha Europa e lhe hão dado o sentimento de uma grandeza ignorada de toda Antiguidade?

---

23. Édouard de Laboulaye (1811-1883) foi um jornalista, escritor, jurista e político francês. Autor de uma série de livros, a exemplo de *L'Esclavage* [A escravidão], de 1855, e senador da República (1875-1883), teve presença destacada nos círculos intelectuais e políticos da França do século XIX.
24. Roger Williams (1603-1683) foi um teólogo protestante inglês que fundou a então colônia de Rhode Island, no atual Estados Unidos da América, e ganhou projeção como defensor de ideias modernas como a separação da Igreja e do Estado e da liberdade religiosa e de cultos. Mantive o aportuguesamento do nome conforme consta do original.

Perguntai a um americano, perguntai a um pastor dos Estados Unidos, perguntai aos bispos católicos de além mar se quererão trocar sua plena liberdade religiosa pela proteção dos Estados: nem vos hão de compreender.

A religião não quer senão obediência voluntária; a glória do pastor é estar inteiramente dependente de suas ovelhas. Disfarçado com um belo nome, o patronato do Estado não é senão uma escravidão; a Igreja cristã nasceu fora do Estado, cresceu pela liberdade, declinou, corrompeu-se no dia em que a mão dos príncipes sustentou-a; por onde quer que ela tenha sido deixada a si mesma, tem-se restabelecido. Permitindo à velha Europa discutir velhos problemas há muito resolvidos, o cristianismo achou de novo na América os belos dias de sua infância; ele não tornará a tomar o jugo que voluntariamente quebrou.

Crê-se porventura que a Europa resistirá por muito tempo a este exemplo?

Crê-se que a Igreja católica nunca, não obstante a nódoa que recebeu de tão longa escravidão, acabará por sentir que tudo perde nesta marcha que a enfraqueceu e a empobreceu? Imagina-se que ela não compreenderá que a liberdade lhe daria a alma toda inteira dos fiéis e até recursos materiais que lhe faltam hoje? Quanto a mim, tenho fé no triunfo da verdade; é uma luz que esclarece primeiro as alturas, mas que acaba por penetrar até as últimas profundidades...[25]

25. A tradução, ligeiramente adaptada, confere com o original. É provável que Gama tenha feito a tradução desse excerto. Cf. Jean-Frédéric Astié. *Histoire de la République des États-Unis depuis l'établissement des premiéres colonies jusqu'à l'élection du président Lincoln (1620–1860)*. Vol. 1. Prefácio de Édouard de Laboulaye, Paris, 1865, pp. iv-vi. Escrita pelo teólogo protestante francês Jean-Frédéric Astié, a obra certamente influenciou o pensamento de Gama sobre a formação histórica dos Estados Unidos da América. Contudo, é o prefácio do livro, assinado por Laboulaye, que Gama traz ao seu texto, como apoio ao seu argumento sobre a necessidade histórica de desvincular Igreja e Estado. Outra possibilidade de acesso ao prefácio de Laboulaye teria sido através de publicações seriadas em jornal. A *Imprensa Evangélica* (RJ) e o *Correio Paulistano* (SP) haviam publicado um trecho do prefácio — parte deste que se encontra transcrito no corpo do texto. Cf. *Correio Paulistano*, "Os Estados Unidos e o Evangelho", 27 de fevereiro de 1866, p. 2. Para ver que os livros, em francês, de Astié e Labolaye circulavam em São Paulo na década de 1860, cf. *Correio Paulistano* (SP), Anúncios, 11 de fevereiro de 1862, p. 4; *Correio Paulistano* (SP), Anúncios, 30 de maio de 1865, p. 4. *Correio Paulistano* (SP), Anúncios, 10 de setembro de 1868, p. 4.

Releve-me a esclarecida redação do *Diário* este enorme atentado que cometo antepondo aos arrojos de sua escandecida imaginação as eruditas palavras de um dos primeiros escritores da culta França; com as quais dou cabal resposta ao seu artigo de hoje.

Peço-lhe, também, permissão para não responder a outros tópicos do mesmo artigo, por não conterem eles matéria digna de reflexão nem argumentos que mereçam ser refutados.

A muito distinta redação do *Diário* permitir-me-á dizê-lo, com a rude franqueza que me é própria: abusou da sua posição e teve o respeitável público em menosprezo quando os escreveu.

São Paulo, 25 de janeiro de 1867
L. GAMA

Capítulo 7
Spartacus e John Brown em sessão de espiritismo
Carta a «Abdallah»[1]

Comentário *Carta aberta ao autor do folheto "Uma sessão de espiritismo", resguardado sob o pseudônimo Abdallah, que tratou do julgamento do mártir abolicionista John Brown, sentenciado e executado à pena de morte em Charles Town, Virgínia Ocidental, Estados Unidos da América, em 1859. O martírio de Brown marcaria profundamente a visão abolicionista e republicana de Luiz Gama. Infelizmente, ainda não foi possível localizar o folheto e o autor a que Gama dirigiu a presente carta de agradecimento.*

Meu caro Abdallah,

Hinógrafo[2] sincero da democracia e admirador parenético[3] dos talentos brilhantes, como o vosso, eu me confessaria criminoso, perante a minha própria consciência se, comprimindo o coração, não dissesse duas palavras sobre o vosso precioso folheto "Uma sessão de espiritismo"[4] que acaba de ser publicado.

Este pequeno livro, bem comparável ao facetado diamante, colosso admirável de valiosa pequenez, encerra, em perfeita miniatura, os dois maiores quadros da história humana.

---

1. *Correio Paulistano* (SP), A Pedido, 20 de fevereiro de 1867, p. 3.
2. Compositor de hinos.
3. No sentido de fervoroso, efusivo.
4. Mesmo após minuciosa busca em bases de dados especializadas — como a da Biblioteca Nacional e a da Biblioteca Brasiliana da USP —, não foi possível localizar esse folheto, nem pelo título, nem pelo nome do autor. Nessa mesma edição em que publicou a "Carta a Abdallah", a redação do *Correio Paulistano* informou ter recebido um exemplar do "livrinho destinado à grande publicidade".

Ele estampa, em cores vívidas, dois Calvários[5] ensanguentados pela tirania, em cujos cimos[6] avultam dois Cristos soberanos avassalando as eras.

Um solevanta-se[7] nos páramos[8] estéreis da liberticida Roma; o outro, nas cercanias da fratricida Charles Town.[9]

São dois espantosos anacronismos sociais: duas afrontas imorredouras feitas ao direito e à razão; duas estátuas imensas, cinzeladas pelo martírio, representando a imortalidade e o gênio.

Uma é o negregado espectro da Antiguidade; a outra, a mancha indelével do Sol da civilização moderna.

Ambas, como o Prometeu[10] da fábula, têm os pés atados a inacessíveis rochedos e, entre si, o espaço imenso, que vai do Mississippi[11] ao Tibre;[12] e alongando as frontes pelo firmamento, lá onde não penetra a vista humana, abraçam-se na eternidade.

Uma tem no pedestal escrito — Spartacus[13] — o primeiro de

---

5. No sentido de martírio.
6. O mesmo que cumes, topos.
7. Ergue-se com dificuldade, levanta-se a custo.
8. Planaltos.
9. Charles Town, cidade hoje pertencente ao estado da Virgínia Ocidental, Estados Unidos da América, foi palco da insurreição abolicionista liderada por John Brown, em outubro de 1859. Capturado pelas forças armadas, foi preso, julgado sumariamente e condenado à pena de morte, por enforcamento, na cidade de Charles Town, tudo em 1859.
10. Na mitologia grega, Prometeu é um titã de importância capital pois, desafiando os deuses, roubou o fogo sagrado e o deu para a humanidade. A referência, nesse caso, volta-se para a punição que Prometeu recebeu por esse ato subversivo da ordem cosmológica, sendo condenado, por Zeus, a ficar preso a uma rocha por toda eternidade, enquanto uma águia, todos os dias, comeria seu fígado.
11. Por metonímia, através de um de seus principais rios, simboliza os Estados Unidos da América.
12. Por metonímia, através de seu principal rio, representa Roma.
13. Ver n. 61, p. 74.

entre os valentes filhos de Thrax;[14] a outra — John Brown[15] —, êmulo[16] de Lincoln:[17] representam a confraternização de dois grandes mundos.

O vosso folheto, meu caro Abdallah, encerra a descrição pomposa de uma festa solene, em que fez de sacerdotisa a liberdade; a moral ergue-lhe altares; perfuma a verdade às aras sacrossantas; o gládio[18] romano tinto de sangue e a forca de Charles Town coberta de luto representam o despotismo agonizante.

Tão primoroso labor vos assinalaria hoje um dos mais distintos lugares entre os literatos eminentes se, há muito, não estivesse ele preenchido pelo vosso nome.

Peço permissão à vossa tímida modéstia para parodiar, ainda que grosseiramente, o sr. V. Hugo[19] e, com ele, dizer em vosso louvor:

Operário da inteligência, eu vos saúdo.

Vosso patrício e amigo,
L. GAMA
São Paulo, 17 de fevereiro de 1867

14. A referência é dupla e convergente: remete ao Thrax mitológico, filho de Ares, ou o próprio Ares, deus grego da guerra e da violência; e também à região da Trácia, localidade atualmente encravada entre a Bulgária, Grécia e Turquia, onde Spartacus nasceu e que tinha Thrax por patrono.
15. John Brown (1800-1859) foi um abolicionista radical que liderou insurreições armadas contra a escravidão. Foi condenado à pena de morte e passou à história como mártir da Abolição nos Estados Unidos da América.
16. Alguém que se esforça para igualar o exemplo de outro.
17. Abraham Lincoln (1809-1865) foi um advogado e estadista que presidiu os Estados Unidos da América entre 1861-1865, período em que o país atravessou uma Guerra de Secessão e pôs fim ao regime escravista.
18. Punhal, espada.
19. Victor-Marie Hugo (1802-1885), poeta, dramaturgo e romancista de renome mundial, lançou clássicos como *Os trabalhadores do mar* e *O Corcunda de Notre-Dame*. Além da obra literária, que marcou profundamente diversas gerações de leitores, Hugo teve marcante militância política a favor dos direitos humanos e da democracia.

«ABDALLAH» A LUIZ GAMA [RÉPLICA][20]

Comentário *Carta aberta para Luiz Gama. A réplica de Abdallah é um sinal inequívoco de que, já em fevereiro de 1867, Gama possuía liderança política crescente no que se tornaria, nos meses seguintes, o movimento abolicionista e republicano em São Paulo.*

Luiz Gama,
Li tuas letras.
Hino sonoroso vibrado nas fibras de um coração robustecido pelas crenças são sempre tuas vozes — fervidos cantares da mais pura hiperdulia[21] à irrecusável majestade das ideias.
E as ideias — tudo.
Deixemos à margem minha triste personalidade; mísera e mesquinha, não vale a pena contemplá-la.
Há no incessante caminhar da humanidade certos marcos miliários,[22] de tempos a tempos, pela Providência misteriosamente erguidos, para que neles repouse o homem a fronte e medite sua lição de profunda edificação.
É nessa laboriosa arqueologia social que as nações decifram os seus destinos, bem como nos vestígios das idades estudam os geólogos as transformações do globo.
Tentei aproximar de alguns, e só vi, em torno, violência, opressão, e *sangue*.
Recuei espavorido.[23]
Pontos negros de temerosas tempestades — vejo igualmente desenhar-se, bem a descoberto, nos horizontes desta terra em que nascemos, sinal precursor de grande convulsão política — ouço, bem perto, o subterrâneo estrugir[24] das lavas no preparo da ebulição.

---

20. *Correio Paulistano* (SP), A Pedido, 22 de fevereiro de 1867, p. 3.
21. Culto especial que na fé católica é reservado à Virgem Maria.
22. Marco temporal que assinala feito de grande importância ou época notável.
23. Amedrontado, apavorado.
24. Estrondar, vibrar fortemente.

Rompi, quem sabe?, com as conveniências dos *tímidos*, ousei levantar o letal sudário[25] que envolve o *crime em permanência*, desnudei em toda sua hediondez as iníquas[26] pretensões *desses interesses cimentados com o sangue humano.*

O poder da ideia é irresistível.

A luz se há de fazer a despeito das trevas.

Do excesso do mal há de surgir a necessidade do bem.

Como o réprobo[27] asselado[28] com o estigma da maldição de um Deus, a escravidão há de ser espancada do solo do Brasil.

Cumpre, quanto antes, prevenir os horrores do *caos*.

Quando em 1858 intencionava o czar Alexandre I[29] emancipar *vinte milhões* de servos, assim se expressava à nobreza de Moscou[30] e Nijni:[31]

Tenho vos entretido da necessidade de proceder à reforma das leis que regem a instituição dos servos; *reforma que deve partir de cima, para que não venha de baixo.*

Ouço, com pesar, que entre vós germinam interesses egoístas. Muito me compunge. Os sentimentos egoístas estragam as melhores cousas; obrai de sorte que seja um bem para vós, sem tornar-se um mal para os outros: quero, sim, que penseis nos vossos interesses, mas que não esqueçais os interesses alheios.

Pretendem, embora titãs caricatos, escalar o alcaçar[32] da verdade.

As muralhas do *celeste Império* não impedirão as invasões.

---

25. Véu que se usava na Antiguidade para cobrir a cabeça dos mortos.
26. Perversas.
27. Malvado, infame.
28. Confirmado.
29. Abdallah se refere, na verdade, ao czar Alexandre II da Rússia (1818–1881), governante que decretou a Reforma Emancipadora de 1861 e libertou, de direito, mais de vinte milhões de camponeses servos.
30. Sede do poder político e econômico da Rússia.
31. Refere-se à Nijni Novgorod, que foi um dos principais centros comercias da Rússia ao longo do século XIX.
32. O mesmo que alcácer, isto é, fortaleza, castelo, palácio fortificado.

O suplício do Cristo não abafou a regeneração da humanidade.

E estará no poder do homem esmagar a liberdade?

Tentativas inúteis! Digamo-lo com um grande abolicionista:

Os ecos da palavra franqueiam as fronteiras e as muralhas como o sopro do vento, ou o raio do Sol. Nenhum poder, nenhuma muralha pode impedir que a voz da liberdade chegue até o coração do cativo.

Té[33] no futuro, o brasileiro há de ser livre.

Teu patrício e amigo
ABDALLAH
São Paulo, 21 de fevereiro de 1867

---

33. Por mais que a impressão gráfica não deixe dúvidas de que se trata de um "Té", pode-se conjecturar ao menos duas hipóteses: que essa foi uma maneira informal do autor de despedir, dizendo "até"; ou que um erro tipográfico substituiu o "F" por "T", no que então a sentença seria "Fé no futuro, o brasileiro há de ser livre".

Capítulo 8
Leituras de Victor Hugo
Carta à redação[1]

Comentário   *Carta à redação do* Correio Paulistano *em que L. G., inequívoca assinatura que remete a Luiz Gama, reflete sobre os temas da liberdade de ensino e da "separação absoluta entre a Igreja e o Estado" no contexto da Assembleia Nacional da França. Em realidade, o autor o faz através da tradução de um discurso de Victor Hugo, bem como de um texto de Charles Floquet. Salvo prova em contrário, é possível afirmar que a tradução do francês para o português tenha sido realizada pelo próprio Gama, o que significaria que já em 1867 dominava não só a leitura, mas a tradução desse idioma. Outra possibilidade seria a de Gama ter acessado previamente alguma tradução desse discurso na imprensa de São Paulo, da Corte, ou mesmo de Portugal. O artigo, por sua vez, contesta a visão clerical e conservadora da redação do* Diário de São Paulo, *atacando-os no sensível ponto das relações entre Estado e Igreja no Brasil que, anos mais tarde, se converteria na chamada Questão Religiosa.*

Ilustrado redator,

A 15 de janeiro de 1850, por entre as graves agitações que tumultuavam no seio da Assembleia Nacional, em um memorável discurso sobre a liberdade de ensino, o distinto sr. V. Hugo,[2] depois de ter cabalmente demonstrado quão perigoso seria às liberdades públicas entregar-se ao clero a educação da mocidade, pronunciou estas consternadoras palavras, que produziram no ânimo dos legisladores franceses a mais profunda impressão:

Quereis que se vos dê povos para os instruírdes!

Muito bem! — Vejamos os vossos discípulos.

Vejamos os vossos produtos.

---

1. *Correio Paulistano* (SP), A Pedido, 22 de fevereiro de 1867, pp. 2-3.
2. Ver n. 19, p. 107.

Que fizestes da Itália? Que fizestes da Espanha? Tendes — há séculos —, em vossas mãos, à vossa discrição, na vossa escola, debaixo de vossa palmatória, estas duas grandes nações, ilustres entre as mais ilustres; que fizestes delas?

Vou dizer-vo-lo:

Graças a vós, a Itália, cujo nome nenhum homem que pensa pode mais pronunciar, senão com uma inexprimível dor filial, a Itália, essa mãe dos gênios e das nações, que espalhou pelo universo todas as mais deslumbrantes maravilhas da poesia e das artes, a Itália, que ensinou a ler ao gênero humano, não sabe ler hoje!

Sim, a Itália é de todos os Estados da Europa o em que há menos naturais sabendo ler!??

Hoje, ao cabo de 17 anos, a 23 de dezembro do ano passado, o primeiro ministro do rei da Itália, franca e ostensivamente proclama em plena luz, à face do mundo aristocratizado, a liberdade suprema da consciência, como dogma fundamental da futura política daquele Estado!...

Estará, por acaso, o sr. Ricasoli[3] fadado para ser o instrumento providencial da democracia na orgulhosa Europa, como César,[4] pagão, preparou o cristianismo; Carlos Magno, bárbaro, a civilização; e Napoleão,[5] déspota, a liberdade?

Ou será o soberbo ministro a misteriosa personificação da insídia, preparada, no sigilo dos gabinetes, pela tirania, para sufocar no berço a emancipação do povo italiano, ungido no solene sacrifício de Aspromonte,[6] com o sangue regenerador do soldado de Caprera?[7]

---

3. Bettino Ricasoli (1809-1880), político e estadista italiano que presidiu o Conselho de Ministros entre 1861-1862 e 1866-1867.
4. Refere-se a Caio Julio César (100-44 a.C.), comandante militar e estadista romano que governou imensa parte do mundo antes da Era Cristã.
5. Napoleão Bonaparte (1769-1821) foi um líder político, comandante militar e imperador da França entre 1804-1814.
6. Refere-se ao evento histórico conhecido como "Dia de Aspromonte" (29 de agosto de 1862), quando o exército do Reino da Itália interrompeu a tentativa de Giuseppe Garibaldi e seus voluntários marcharem da Sicília até Roma, de onde objetivavam expulsar o papa Pio IX.
7. Referência ao ilustre morador de Caprera, Itália, Giuseppe Garibaldi (1807-1882). Natural de Nice, então Reino da Sardenha, Garibaldi foi um estrategista militar, general e liderança política de grande relevo em diversas lutas sociais do século XIX.

A verdade é que César, Carlos Magno[8] e Napoleão foram gênios e que o gênio é cego.

A liberdade de consciência, base de todo o sistema democrático, pregada pelo primeiro ministro de um rei, se não revela um criminoso sortilégio armado à credulidade de um povo insonte,[9] como a mais requintada astúcia, disposta para ocultar-lhe os grilhões, que se estão forjando nas oficinas do poder, podemos afirmar, com afoiteza, que surgem radiantes, na pátria de Caracciolo,[10] os pródromos[11] da grande república da Ausônia, que mais tarde ressuscitará do seio das trevas, tendo de menos à sua frente o terrível aspecto do carbonarismo.[12]

Eis a carta do sr. Ricasoli:

Reverendíssimos — Só hoje recebi a carta que vv. revmas. me dirigiram de Roma com data de 15 do corrente, sobre a revocação[13] dos bispos das suas dioceses.

Essa carta alegrou-me bastante, em primeiro lugar pelas grandes razões que os obrigaram a aprovar semelhante medida, em cujo acordo eu estou com vv. revmas., e depois porque vv. revmas. pedem nela que a faculdade concedida aos bispos na circular de 22 de outubro se estenda também aos membros do episcopado, que residem em Roma, o que me diz que o espírito de vv. revmas. está disposto a favor da boa harmonia e respeito das instituições e das leis, a cuja sombra pedem para viver.

Considero-me feliz por ter prevenido os desejos de vv. revmas. sobre esse ponto, e interpretado igualmente os sentimentos mais vivos que os animam, porque no próprio dia da data da carta que me dirigiram, ordenei que a exceção, de que se queixam, fosse suspensa, e creio que vv. revmas. já devem sabê-lo oficialmente.

As decisões tomadas pelo governo a esse respeito nascem, como mui bem o dizem vv. revmas., da vontade de obrar de modo tal que

---

8. Carlos Magno (742-814), nascido em Liège, Bélgica, foi o primeiro imperador do Sacro Império Romano, entre outros títulos dinásticos, e figura determinante para a construção da ideia de unidade política e cultural do continente europeu.
9. Inocente, que não tem culpa.
10. Refere-se provavelmente a Giovanni Battista Caracciolo (1578-1635), pintor italiano célebre por suas obras barrocas.
11. Precursores.
12. Doutrina política da sociedade secreta e revolucionária denominada Carbonária, fundada na Itália no início do século XIX.
13. Revogar, anular, tornar sem efeito.

o princípio de completa liberdade nas relações da Igreja para com o Estado saiam da região abstrata dos princípios para passar à realidade dos fatos.

O governo não deseja menos do que vv. revmas. que a Itália goze em breve do magnífico e imponente espetáculo religioso, de que hoje se felicitam os cidadãos dos Estados Unidos, livres em toda a extensão da palavra diante do concílio nacional de Baltimore, onde se discutem livremente as doutrinas religiosas, e cujas decisões, aprovadas pelo papa, serão proclamadas e observadas em todas as cidades e aldeias revestidas de todas as sanções espirituais, sem exequátur[14] algum nem placet.[15]

No entanto, vejam vv. revmas., esse espetáculo espantoso, admirável, é produzido pela liberdade, pela liberdade professada e respeitada por todos, em princípio e em fato, nas suas mais vastas aplicações na vida civil, política e social.

Nos Estados Unidos, o cidadão segue livremente a crença que melhor lhe parece, e adora a divindade na forma que mais conveniente lhe é. Ao lado da igreja católica erige-se o templo protestante, a mesquita muçulmana, o pagode chinês;[16] ao lado do clero católico funcionam o consistório de Gênova[17] e a congregação metodista.[18]

Semelhante estado de cousas não faz confusão alguma nem ofende. E por quê? Porque nem uma religião pede ao Estado a proteção especial, nem privilégio; cada uma delas vive, desenvolve-se, pratica-se sob a égide da lei comum, e a lei igualmente respeitada por todos garante a todos igual liberdade.

A intenção do governo italiano é mostrar, tanto quanto estiver ao seu alcance, que ele tem fé na liberdade e que deseja aplicá-la tão ampla como lhe permitem os interesses da ordem pública.

14. Ordem pela qual o juiz manda cumprir ou executar uma sentença ou um mandado de um outro tribunal.
15. Autorização, consentimento ou permissão.
16. Expressão comum à época, não sem evidente carga pejorativa, que se referia ao templo em forma de torre, com diversos andares e telhados com as pontas recurvas para cima.
17. Assembleia ou conselho, geralmente de caráter religioso ou iniciático, que teve lugar em Gênova, Itália. No entanto, por ter antes mencionado o clero católico, não parece que o consistório a que se refere o autor seja vinculado à Cúria romana. Assim, pode-se tratar de um consistório maçônico, o que faz sentido dentro do contexto do texto, que enfatiza a pluralidade de ritos e credos.
18. Assembleia dos fiéis da Igreja Metodista.

O governo dar-se-ia por feliz se pudesse afastar qualquer suspeita, e renunciar a toda precaução, e se ele não faz hoje tudo o que deseja fazer a esse respeito, é porque o princípio de igualdade que ele adotou e pôs em prática não foi adotado no mesmo grau e posto em prática pelo clero. Notem vv. revmas. a diferença que há entre a posição da Igreja na América e a posição da Igreja na Europa.

O governo manda, portanto, os bispos voltarem aos negócios do seu ministério, donde só podem ser tirados por motivos de ordem pública. O governo não impõe outra condição além da "seguinte condição", imposta a todo o cidadão que quer viver em paz, conservar-se dentro das raias de suas funções e observar as leis; o Estado garante-lhe todo o sossego; o Estado pede que não exijam privilégio algum se querem conservar-se tais quais estão, sem sofrerem restrições; o princípio de todo o Estado livre, que a lei é igual para todos, não admite distinção de espécie alguma.

Nos países virgens, a Igreja instituiu-se no meio de uma sociedade nova, mas que levava com ela da mãe pátria todos elementos da sociedade civil. Representando ela própria todos os elementos sociais mais puros e sagrados, esse sentimento religioso, que sanciona o direito, santifica o dever e reúne em um pensamento mais altamente elevado de que todas as coisas terrestres, as aspirações humanas, a Igreja procurou tão somente o governo do agrado de Deus, o governo dos espíritos.

A Igreja, aparecendo com toda a liberdade e grandeza à sombra dela, encontrou tudo que era mister para seu desenvolvimento no tranquilo e fecundo exercício de seu ministério, e nunca procurou tirar às outras essa liberdade, que ela tinha a felicidade de gozar, nem tirar um lucro exclusivo das instituições que a protegiam.

Na Europa aconteceu o contrário — a Igreja criou-se por ocasião da decadência do grande Império, que subjugou o mundo inteiro; constituiu-se no meio dos cataclismas políticos e sociais dos séculos bárbaros, e ela imaginou logo dar a si mesma uma organização bastante forte para resistir ao naufrágio de toda e qualquer civilização, no meio das enchentes e encapelado mar da força bruta e da violência.

Mas enquanto o mundo, apenas saindo do caos da Idade Média, se compunha de novo e novamente tomava o caminho do progresso, que lhe fora marcado por Deus, a Igreja pretendeu comunicar a tudo que tinha alguma relação com ela a imobilidade do dogma, de que é ela a guarda; a Igreja viu inquieta e sôfrega o desenvolvimento das inteligências, a multiplicação das forças sociais, e declarou-se inimiga de todas as liberdades, negando a mais bela, preciosa e incontestável delas, a liberdade de consciência.

Daí nasceu o conflito entre o poder eclesiástico e o poder civil, porque o primeiro apresentou a sujeição e a imobilidade, o segundo, pelo contrário, apresentou a liberdade e o progresso.

Esse conflito, em consequência de condições especiais, tomou na Itália proporções mais graves, porque a Igreja, pensando que, por exercer fora de toda autoridade secular seu ministério espiritual, era-lhe preciso um reino, e encontrou um reino na Itália. O poder eclesiástico, por essa mesma razão, está em contradição, não só com o poder civil, como até com o direito nacional.

É esta a origem das desconfianças e precauções que indiquei na minha circular, e que provocaram as reclamações de vv. revmas., quando elas apenas foram inspiradas pela necessidade das cousas.

Os bispos não se podem considerar entre nós como simples pastores d'alma, porque eles também são defensores e instrumentos de uma autoridade que contraria as aspirações nacionais. Portanto, a autoridade secular constrange-se em sujeitá-los às medidas que porventura lhes pareçam precisas para a defesa dos seus direitos e dos da nação.

Como pôr um paradeiro a esse deplorável e perigoso conflito entre os dois poderes, a Igreja e o Estado?

A liberdade, e só a liberdade, é que nos pode levar a essa situação feliz da América, que vv. revmas. invejam. Dê-se a César o que é de César, e a Deus o que é de Deus, e a paz entre a Igreja e o Estado não tornará a ser perturbada.

Foi em homenagem a esses princípios que eu consenti que os bispos voltassem a habitar seus solos. É belo, é grande pôr em prática e professar a liberdade, e creio até que a liberdade tem a virtude de atrair os espíritos chamados para gozar de seus benefícios.

Eu espero que voltando vv. revmas. às suas dioceses com esses sentimentos de respeito pela lei expressos na carta que me dirigiram, entre populações que querem continuar a ser católicas, sem renúncia aos direitos e às aspirações da nação a que pertencem, vv. revmas. bendirão essa liberdade que os protege, e única sobre que é possível fundar a conciliação de interesses que até agora pareceram inconciliáveis.

A esta proclamação admirável ainda ajuntarei as judiciosas[19]

---

19. Sensatas.

reflexões do ilustrado escritor *Carlos Floquet*,[20] e chamo para elas a benévola atenção dos respeitáveis redatores do *Diário de São Paulo*, devotos incensadores[21] do ultramontanismo[22] e dos santos jesuítas, nesta província, que tão seriamente se incomodaram com as ideias contidas na primeira conclusão do "*Considerandum* eleitoral", publicado nesta cidade, que encerram doutrina igual à que acaba de enunciar brilhantemente o distinto ministro italiano, com aplauso dos escritores progressistas.

A carta do sr. Ricasoli aos bispos italianos tem o cunho de um manifesto futuro. Esse manifesto arranca aplausos universais dos amigos da liberdade e provoca as cóleras unânimes de todos os partidários dos antigos regimes.

Entre os adversários do ministro italiano, uns, ao menos francos e absolutistas até na sua oposição, protestam energicamente até mesmo contra o princípio de liberdade.

O que eles querem é que a Igreja Católica continue a dominar e não que entre em partilha de liberdade e igualdade com todas as religiões e opiniões religiosas. Para eles é um escândalo que a liberdade seja dada com igualdade ao erro e à verdade, e como somente a Igreja Católica possui a verdade, somente ela deve gozar a liberdade, ou antes ser revestida de domínio. É esta a doutrina que o *Mundo*, com clareza sem artifício, e o *Universo*, com um pouco mais de consideração na aparência, opõem à circular liberal do sr. presidente do conselho italiano.

Outros adversários, mais hábeis e mais políticos, afetam um amor tão exclusivo pela liberdade que não podem reconhecer seu ídolo no retrato que o sr. Ricasoli fez dela. É inutilmente que esse bem intencionado ministro oferece completa liberdade ao clero italiano. Ele decide-se a estabelecer algumas condições para que o Estado não fique logrado na transação!

Levou a sua audácia a ponto de explicar porque algumas restrições foram precisas ser empregadas no passado à essa primitiva liberdade! Aqui de El-Rei contra o embusteiro, isso não é liberdade, é uma escravidão

---

20. Charles Floquet (1828–1896), político francês, foi deputado, senador, ministro e presidente do Conselho dos Ministros da França (1888–1889).
21. Por sentido figurado, bajuladores, aduladores.
22. Doutrina conservadora que sustentava a autoridade absoluta e a infalibilidade do papa tanto em assuntos civis como em matérias de fé.

atroz que o *piemontesismo*²³ oferece ainda uma vez à Santa Igreja Católica. É este pouco mais ou menos o sentido das novas injúrias dirigidas pela "Gazeta de França" à política italiana, a propósito do seu último manifesto.

Realmente, somos obrigados a duvidar do bom senso e da boa fé desses discursistas. Desgraçadamente podemos entregá-los uns aos outros, por isso que eles se refutam muito bem entre si — uns parecem achar muito ampla e quase anárquica uma liberdade que os outros julgam muito restrita para dissimular a presença do despotismo.

Quanto aos amigos da liberdade, esses não se enganam olhando com veneração a carta do sr. Ricasoli; essa carta é incontestavelmente o programa da verdadeira liberdade, quando pede a separação absoluta da Igreja e do Estado.

Nenhuma religião peça ao Estado proteção especial nem privilégio; que todas elas vivam, se desenvolvam, se pratiquem, debaixo da égide da lei comum, e que a lei, igualmente respeitada por todos, garanta a todos igual liberdade. É este o resumo do programa apresentado pelo sr. Ricasoli. É também o resumo dos votos sinceros daqueles que, à sombra da palavra liberdade, não ocultam o desejo secreto do domínio por um culto ou uma opinião particular.

É também certo que se a carta, de que se trata, tivesse saído da pena de um simples publicista, não fazia tanto barulho nem produziria tanta impressão. A tese da separação absoluta entre a Igreja e o Estado tornou-se quase banal nestes últimos tempos; por assim dizer nem é ela já discutida entre os amigos da liberdade.

Mas depois da Revolução Francesa é a primeira vez que essa tese é desenvolvida com tanta clareza em um documento oficial, é a primeira vez que um governo a toma debaixo de seu patronato, com todas suas consequências, e a propõe como a lei desejável na prática.

Vê-se que não deixamos ter alguma razão em sustentar a favor e contra toda a nação italiana na sua grande obra de liberdade e reconstituição.

Há pouco desempenhada de combate insano, ela dá razão às doutrinas da mais liberal democracia, e na própria terra em que se ergue o trono visível do catolicismo exclusivo, ela proclama o reino próximo da mais absoluta liberdade religiosa.

São Paulo, 20 de fevereiro de 1867

L. G.

23. Corrente ideológica que fazia propaganda da supremacia cultural e política de Piemonte sobre outras regiões italianas, após a unificação do Reino de Itália (1861).

Capítulo 9
A morte do Arquiduque Maximiliano[1]

Comentário *Artigo político em que Afro responde à redação do jornal O Ypiranga. Afro defende a causa republicana contra a monarquia até as últimas consequências, nesse caso, a legitimidade do assassinato do autoproclamado imperador do México, Maximiliano de Habsburgo. "Os bárbaros da América saúdam os civilizadores da Europa", conclui Afro, após trazer ao público diversos exemplos de que o regime monárquico seria a causa da violência e horrores para as populações de seus países.*

Sr. redator,

Rogo-vos o obséquio de publicardes nas colunas de vosso conceituado jornal as seguintes linhas, escritas em resposta ao bem elaborado artigo editorial que hoje destes a lume.

São Paulo, 9 de agosto de 1867

AFRO

---

1. *O Ypiranga* (SP), A Pedido, [sem título], 11 de agosto de 1867, p. 3.

A MORTE DO ARQUIDUQUE MAXIMILIANO[2]

Há poemas sublimes que provocam lágrimas.

A mulher do divino Augusto[3] chorou ao ouvir a leitura de um dos mais belos trechos da *Eneida*.[4]

Ela tinha razão: o pensamento é o soberano do universo. Tem por cetro[5] a cruz dos mortos e por trono a sepultura das gerações.

O artigo editorial do *Ypiranga* de hoje arrasará de prantos os olhos de todos os reis; mas o algoz, na frase do eminente poeta, será sempre o primeiro ministro dos príncipes.

O assassinato jurídico de Maximiliano não manchou de sangue o estandarte da República mexicana. É o epílogo sombrio desse drama sanguinolento, iniciado pelo imperador dos franceses, escrito pela mão do partido clerical, ao som dos arcabuzamentos,[6] no meio do estrondo da artilharia mercenária, entre os gemidos de milhares de vítimas, cujo crime único era defender o solo da pátria contra a intervenção estrangeira.

Oh! Não maculeis, com a denominação de "martírio", o derradeiro capítulo de uma usurpação desastrada.

---

2. Fernando Maximiliano de Habsburgo-Lorena (1832–1867) foi um fidalgo austríaco que, após acordo político-militar com potências europeias, foi proclamado imperador do México (1864–1867). As forças constitucionais, no entanto, lideradas pelo presidente da República, Benito Juárez, restauraram o poder republicano, após capturar e fuzilar o autoproclamado monarca. É de se notar, na carta de Afro, que a referência se limita a Maximiliano enquanto arquiduque, jamais como imperador, como os monarquistas mexicanos o tratavam.
3. Augusto (63 a.C.–14 d.C.) foi o fundador do Império romano e seu primeiro imperador. A mulher de Augusto à época da finalização de *Eneida* (19 a.C.) era Lívia Drusa (58 a.C.–29 d.C.), primeira imperatriz-consorte de Roma.
4. Poema épico escrito por Virgílio (70–19 a.C.), poeta romano de profunda influência na literatura ocidental que, nessa obra clássica, narrou o mito fundacional de Roma e de Eneias, seu primeiro ancestral.
5. Bastão-símbolo de poder político.
6. Tiroteios. Remete ao arcabuz, antiga arma de fogo.

Juárez[7] foi o chefe inexorável de um partido vitorioso, igual a essas frontes coroadas que têm escrito as suas vitórias com sangue.

Ao lado da banqueta do arquiduque austríaco erguem-se legiões de espectros republicanos. O cadáver ensanguentado de Ortega caminha ao lado de Maximiliano.

O Evangelho é o código da República e Deus o sacerdote:

Aqueles que elegem rei para governá-los rejeitam o reinado de Deus; eles, bem como o seu rei, perecerão juntamente.[8]

Não choremos a morte do arquiduque, lamentemos a morte do homem.

A vida é inviolável.

Diante dos túmulos não há cetros, há cruzes; não há tronos, há poeira.

A bandeira da República é uma página apocalíptica desenrolada na imensidade dos tempos; não a podem nodoar[9] erros do homem.

As monarquias da Europa não têm de que horrorizar-se; a consciência do gênero humano, essa sim. A preconizada civilização a tem crucificado.

---

7. Benito Juárez García (1806-1872) foi um advogado e estadista mexicano que serviu por cinco períodos intermitentes como presidente da República do México, entre 1858-1872. Figura de destaque na história mexicana, Juárez resistiu a invasões estrangeiras e derrubou o regime monárquico que pretendia se fixar, a despeito da Constituição republicana. Por ter nacionalizado os bens do clero e ter lutado até as últimas consequências contra a monarquia, pode-se compreender melhor as razões do articulista brasileiro, Afro — tão anticlerical como antimonarquista —, em acompanhar de perto o desenrolar da guerra civil no México.
8. Nota original do autor: Reis. Cap. VIII, v. 7; cap. XII, v. 25. Não foi possível, até o momento, identificar de onde provém a citação.
9. Desonrar, macular.

Na Espanha, ela espingardeia[10] em massa nas praças públicas; deporta para as Canárias;[11] e, amordaçando a imprensa e a tribuna, reina pelo terror.

Em França, ela perjura sobre o altar da pátria; faz de cidadãos amantes de seu país mártires de um despotismo feliz; abre as portas do exílio à realeza do pensamento; e, no meio de suas festas triunfais, avulta o monumento funéreo[12] da guilhotina.

Na Rússia, o knout[13] assassinou mulheres no seio do gélido silêncio da Europa inteira. Alvejando nos gelos da Sibéria a ossada dos mártires, ainda não encontrou vingadores!....

Em Creta, ela suplicia crianças inermes;[14] desonra mulheres; incendeia templos; e abre em todo o país ermo deserto de desolação e de morte.

As monarquias da Europa não têm de que horrorizar-se. Elas têm a sua corte de favoritos ao pé de um pandemônio[15] de desesperados. À orquestra de seus folguedos[16] responde um concerto de gemidos. Os ecos de seus hinos vão repercutir na solidão do exílio.

O túmulo tem vozes; o oceano, soluços; e as ventanias, cânticos misteriosos.

Debrucemo-nos sobre a campa[17] do homem, mas desprezando a púrpura do poder.

Foi uma vida que se sumiu; e o direito violado é sempre o direito.

Nas peripécias daquele drama tão matizado de funestos acontecimentos, a mão do destino pesou de mais para que a consciência se cale e o coração possa chorar.

---

10. Dispara com espingarda.
11. Refere-se às Ilhas Canárias, no continente africano.
12. O mesmo que fúnebre.
13. Espécie de látego, chicote, azorrague, instrumento de tortura.
14. Desarmadas.
15. Caos, desordem gigantesca.
16. Divertimentos, festas.
17. Sepultura, laje sepulcral.

Interrompendo a funda paz da vala mortuária, ouve-se, talvez atravessando o espaço, o grito agudo de uma loucura sublime!
Devias tê-la escutado, Juárez!
Tu, que soubestes defender o teu país nas quebradas das serras, pelas sarças[18] do monte, na aridez dos ermos, fugido de cidade em cidade, sombra que reaparecias sempre, morto que ressuscitavas em toda a parte; tu que fostes a Providência do teu país, devias ser grande e misericordioso como ela. Mais nobre vingança te preparava a história.
Entre os decretos reais, lá havia um entre a poeira dos arquivos; estava escrito com sangue: era o que conferia um prêmio ao traidor que apresentasse tua cabeça. Por que não o mandaste desenterrar?
No verso dessa página ensanguentada escreverias com lágrimas esta única palavra: Perdão!
Seria a mortalha da realeza e a glorificação da democracia.
Vivo o arquiduque e entregue à Europa, que o reclamava, podias ainda escrever embaixo desse Decreto: *Os bárbaros da América saúdam os civilizadores da Europa.*

---

18. Matas.

Capítulo 10
O vigário de Cristo[1]

Comentário   *Artigo político que critica a redação da "folha liberal de S. Paulo", O Ypiranga. Não se sabe a qual redator especificamente Afro 1º se dirige. Todavia, é de se notar que Democracia traçava um linha programática clara entre a "folha liberal" e a nascente imprensa republicana. Afro 1º responde um artigo do Ypiranga em que se discutia a luta política entre republicanos e monarquistas no México. Nesse sentido, esse texto pode ser lido como continuidade do artigo "A morte do arquiduque Maximiliano".*

Não sei por que fatalidade, sempre que a liberdade adianta um passo nas sendas impérvias[2] da civilização, o ilustrado redator do *Ypiranga* estremece na sua cadeira magistral...

O sangue do Cristo derramado no Gólgota[3] deu vista ao próprio algoz. A sua palavra inspirada curou aos surdos.

Imensa é, porém, a distância que separa o áspero despotismo do martírio glorificado.

O sangue dos tiranos supliciados cega aos seus panegiristas[4] e os seus lúgubres[5] gemidos ensurdecem-nos.

Ontem, comovido e trêmulo, em nome do despotismo exulado,[6] pranteava o digno redator do *Ypiranga* sobre os muros adustos[7] de

---

1. *Democracia* (SP), 15 de dezembro de 1867, p. 3.
Nota do autor: Vide *O Ypiranga* de 18 do mês passado.
2. Impenetráveis, inacessíveis.
3. Gólgota, ou Calvário, é a colina na qual Jesus foi crucificado.
4. No sentido de bajuladores.
5. Sinistros, macabros.
6. O mesmo que exilado.
7. Ferventes, feito em brasa.

Querétaro,[8] a morte de um usurpador infeliz.[9] Cego pelo brilho da púrpura real, não via, em fúnebre cortejo, as legiões de quarenta mil cruzes que se levantavam tredas[10] nos desertos mexicanos.

Surdo pelas últimas palavras do conquistador arcabuzado, não ouvia o concerto fúnebre de quarenta mil vozes que, em nome do martírio, entoavam, pela última vez, um hino sublime à liberdade e à pátria.

Então, sobre as margens da vala mortuária, o braço invencível de Juárez[11] hasteava o estandarte da República; e as vozes da tempestade, e o sibilo estridente da metralha e o ribombo dos canhões, em uníssono concerto, saudavam, com altivez, o símbolo grandioso da redenção.

Hoje, o ilustrado redator da folha liberal de São Paulo vaga taciturno pelos páramos[12] sombrios da incerteza; contempla espavorido as visões medonhas de Jeronymo Savanarola[13] e de João Huss,[14] que lhe surgem na passagem; angustia-se diante da unidade italiana; vê deserta a cadeira de São Pedro; ajoelha-se contrito[15] diante da Igreja do Cristo dominada pelo paganismo clerical e previdente chora o pontificado no exílio...

---

8. Cidade mexicana que foi palco de importantes eventos das lutas republicanas naquele país.
9. Referência indireta a Fernando Maximiliano de Habsburgo-Lorena. Ver n. 2, p. 120.
10. Traídas.
11. Ver n. 7, p. 121.
12. Planaltos.
13. Jerônimo Savanarola (1452–1498) foi um sacerdote dominicano que fez carreira eclesiástica em Florença, Itália, onde propôs um modelo teocrático para a república florentina. Proclamava-se profeta — daí possivelmente o articulista mencionar suas "visões medonhas" —, e reformador da Igreja Católica. Foi condenado à pena de morte e queimado vivo por heresia contra as doutrinas católico-romanas.
14. João Huss (1372–1415) foi um teólogo, filósofo e acadêmico tcheco que se tornou conhecido por suas ideias de reforma da Igreja Católica e como precursor do movimento protestante. Foi condenado à pena de morte e queimado vivo por heresia contra as doutrinas católico-romanas.
15. Arrependido, pesaroso.

Fatal aberração do espírito humano!

A unidade italiana é um sonho; mas este sonho nasceu ao bafejo[16] de um grande princípio: o princípio das nacionalidades.

Tem uma larga história; é um martirológio escrito com sangue pelo fanatismo dos padres e pela cegueira dos déspotas.

Mas esse grande sonho não o levou inteiro para a obscuridade do túmulo esse grande vulto cujo nome é ainda hoje repetido, com adoração, em todos os ângulos da Itália.

É o sonho do filósofo que medita, do político que ideia planos, do artista que trabalha, do soldado que combate; dos grandes e dos pequenos; dos poderosos e dos fracos: é o sonho da nação italiana.

Em Novara,[17] não enterrou-se no túmulo de Carlos Alberto.[18]

Chamou-se, depois, o sonho de Solferino[19] e a fantasia de Magenta.[20]

Escreveram-no em um dos capítulos do tratado de Vila Franca.

Mais tarde o silêncio da Europa, aplaudindo esforços legendários, não pôde conseguir mais do que a convenção de setembro; e essa mesma parece estremecer agora.

O sonho é, portanto, uma realidade; mas uma realidade que ainda não se completou.

A Roma dos papas deve ser a Roma da liberdade.

---

16. Sopro.
17. Referência à batalha de Novara (1849), na região de Piemonte, entre o Império Austríaco e o Reino da Sardenha, durante a Primeira Guerra de Independência Italiana (1848-1849).
18. Carlos Alberto di Savoia-Carignano (1798-1849) foi rei da Sardenha entre 1831-1849.
19. Referência à batalha de Solferino (1859), combate decisivo ocorrido na Lombardia, entre o exército austríaco e as tropas franco-sardas, durante a Segunda Guerra de Independência Italiana (1859).
20. Referência à batalha de Magenta (1859), combate ocorrido na Lombardia entre o Império Austríaco e o Reino da Sardenha, durante a Segunda Guerra de Independência Italiana (1859).

Não são os triunfos da grande causa que fazem estremecer o pontificado em seus alicerces; é o edifício que se alui[21] por si mesmo.

Em torno daquela cadeira que o distinto escritor supõe deserta, avultam sinistros a sórdida idolatria de Marcelino,[22] a sedenta ambição de Gregório VII,[23] o violento despotismo de Nicolau III,[24] os monstruosos assassinatos jurídicos de Paulo V,[25] o sedicioso[26] arianismo de Libério[27] e o grosseiro ateísmo de Leão.[28]

Corrupção e imoralidade abraçam-se festivas ao contemplar as imundas torpezas da papisa Joanna[29] e do incestuoso Alexandre Bórgia.[30]

Ao grande concerto de todos os vícios nunca faltou uma nota.

A prostituição papal assentou-se luxuriante ao lado da concubina devassa Olympia Maidalchini.[31]

---

21. Abala, desmorona.
22. Marcelino (?–305) foi o 29º papa da Igreja Católica, pontificando entre os anos 296–305. É venerado como santo na Igreja Católica. A partir de Marcelino, o autor citará sequencialmente outros onze papas.
23. Gregório VII, nascido Hildebrando (1020–1085), foi o 157º papa da Igreja Católica, pontificando entre os anos 1073–1085. É venerado como santo na Igreja Católica.
24. Nicolau III, nascido Giovanni Orsini (1216–1280), foi o 188º papa da Igreja Católica, pontificando entre os anos 1277–1280.
25. Paulo V, nascido Camillo Borghese (1552–1621), foi o 233º papa da Igreja Católica, pontificando entre os anos 1605–1621.
26. Revoltoso, insurgente.
27. Libério (310–366) foi o 36º papa da Igreja Católica, pontificando entre os anos 352–366.
28. Provável referência a Leão XII, nascido Annibale Nicola della Genga (1760–1829), que foi o 252º papa da Igreja Católica, pontificando entre os anos 1823–1829.
29. Refere-se à controvertida história em torno do papado de uma mulher, durante a Idade Média.
30. Alexandre VI, nascido Rodrigo Borja (1431–1503), foi o 214º papa da Igreja Católica, pontificando entre os anos 1492–1503. É de se notar que o autor misture o nome de investidura no papado (Alexandre) com o sobrenome de nascimento (Borja/Bórgia) como recurso para dessacralizar a autoridade papal.
31. Olympia Maidalchini (1591–1657) foi uma fidalga italiana que exerceu grande influência política em Roma e na Santa Sé em meados do século XVII. Pelo contexto da citação, o autor indica que conhecia a história do Conclave

O sangue dos hugenotes[32] e as cabeças decepadas dos florentinos embriagaram de alegria a ferocidade de Gregório IX[33] e a crueza de Clemente VII.[34]

Não. A religião do Cristo não é a religião das tarifas de João XXII[35] e das anuais[36] de Bonifácio IX;[37] é a religião do martírio; é a filosofia da pobreza; é a poesia sublime da inocência, da caridade e do arrependimento.

É a doutrina da igualdade sancionada pela crucificação e nobilitada pela miséria.

É a condenação resumida de uma noite de torpezas apontando a aurora magnífica da regeneração humana.

Meu reino não é deste mundo, dizia o Cristo; aqui, meu lugar é no seio dos enfermos; a enfermidade são a ignorância e o erro.

A cadeira de São Pedro vazia há de ser a cadeira mundana; essa, colocaram-na os déspotas entre os tronos dos reis, as baionetas mercenárias e os bacamartes[38] dos salteadores.

Não pode ser esse o seu lugar.

Junto ao pontificado do céu deve erguer-se o pontificado da terra; este pertence à liberdade.

É ao lado de Deus que se assentam os homens livres.

AFRO 1º

de 1644, no qual o seu cunhado Giovanni Battista Pamphili foi sagrado papa, ao que registra a crônica, graças à estratégia e articulação política de Olympia Maidalchini.
32. Protestantes franceses, majoritariamente calvinistas, perseguidos e executados pela maioria católica, sobretudo na segunda metade do século XVI.
33. Gregório IX, nascido Ugolino de Anagni (1145–1241), foi o 178º papa da Igreja Católica, pontificando entre os anos 1227–1241.
34. Clemente VII, nascido Giulio de Médici (1478–1534), foi o 219º papa da Igreja Católica, pontificando entre os anos 1523–1534.
35. João XXII, nascido Jacques d'Euse (1249–1334), foi o 196º papa da Igreja Católica, pontificando entre os anos 1316–1334.
36. Possível referência para imposto, cobrança.
37. Bonifácio IX, nascido Piero Tomacelli (1356–1404), foi o 203º papa da Igreja Católica, pontificando entre os anos 1389–1404.
38. Antiga arma de fogo de cano curto e largo.

Capítulo 11
O leão avelhentado[1]

Comentário   *Fábula política. Através de um gênero literário em que Gama investiria principalmente em O Polichinello (1876), Afro associa o povo brasileiro a um leão velho, saudoso de um passado exuberante, mas sem outra força no momento que não fosse o rugido. Presa fácil de todos os outros animais, nem ao burro o leão podia escapar. O texto é leve e provavelmente dirigia-se ao mais simples leitor do jornal. Ainda assim, como é próprio da fábula política, o autor conclui com uma lição moral que, nesse caso, apela retoricamente a um passado glorioso como forma de lançar luzes às misérias do presente.*

Terror da selva outrora, então caído
Em anos um Leão, priscas proezas
Recordando com lástima, assaltado
Se viu por seus vassalos próprios; fortes,
Que o viam fraco — Chega, e um coice atira-lhe   5
O cavalo, dentada ferra o lobo
O boi cornada — Triste e taciturno
O mísero leão, cortado de anos,
Pode apenas rugir: seu fado espera,
Sem dar um só queixume. Mas, um burro,   10
Vendo que ao seu covil correndo vinha:
LEÃO
É de mais. Venha a Morte; mas teus coices
Sofrer, é duas vezes sofrer morte.

∽   15

1. *Democracia* (SP), 29 de fevereiro de 1868, p. 1.

Ao leitor judicioso[2] rogamos que ponha toda a sua atenção neste famoso apólogo.[3] Encerra ele a história tristíssima do nosso mísero e manietado[4] povo de hoje; ele que foi o festejado herói de outrora, que altivo abalou um trono e dele derribou[5] um gênio, para dar humilde um cetro[6] a uma criança.

Era então o povo brasileiro o leão indômito que rugia impetuoso, fazia estremecer as selvas umbrosas[7] da parte meridional da América e, à semelhança de Hércules, ainda no berço, dilacerava as serpentes do absolutismo.[8]

Derrotava exércitos aguerridos, cingia[9] a fronte com os louros da vitória e, cortando ousado as ondas do Atlântico, espargia[10] o fumo de seus canhões frementes,[11] até por sobre as águas do orgulhoso Tejo.[12]

Elegia por seus representantes, contrapondo a sua soberania excelsa às imposições iníquas[13] da coroa, os exilados venerandos da Pátria.

Congregava-se nas praças públicas; iniciava projetos; discutia e sustentava o seu direito e, quando contrariado pelo governo, esclarecia o seu pensamento com o facho luminoso das revoluções.

Então era rico e soberano; tinha por vassalo a monarquia e os fidalgos lhes serviam de tropel.[14]

Hoje, servo de seus antigos criados, esquálida imagem do macedonco império, recolhido no antro escuro de infamante

2. Sensato.
3. Fábula, narrativa que tem ao fundo lição de sabedoria e moral.
4. Aprisionado.
5. Derrubou.
6. Bastão-símbolo do poder imperial e, por extensão, do regime monarquista.
7. Úmidas, densas.
8. Referência à lendária passagem em que o herói grego Hércules, ainda bebê, estrangulou as serpentes que a deusa Hera enviara para lhe matar.
9. Cobria.
10. Espalhava.
11. Flamejantes.
12. Maior rio da Península Ibérica.
13. Perversas.
14. Rebanho.

escravidão, espera a morte ludibriado sob as patas do corcel de bronze que a Corte levantou para humilhá-lo,[15] e nem sequer nas faces açoitadas assoma-lhe[16] um vislumbre de rubor para chorar sobre as ruínas da liberdade as grandezas de outrora, que perdeu.

De tão preclara geração de heróis, nenhum Mário ficou-lhe para apostrofar[17] a tirania sobre as cinzas das consumidas glórias.[18]

Nenhum Spartacus[19] assoma desses bandos de escravos, que vão insontes[20] caminho da desonra, que arroje[21] ufano às plantas do Crasso[22] imperial os quebrados grilhões do cativeiro.

Misérrimo Leão avelhentado!

Para perpetuar o teu faustoso poderio de outras eras, tens um cavalo de bronze na praça do Rocio e um tribuno venal por senador.

Ave César!

AFRO

---

15. Referência à estátua equestre de Pedro I, inaugurada em 1862 na praça do Rocio (atual praça Tiradentes), centro do Rio de Janeiro, por ordem do imperador Pedro II.
16. Aparece-lhe, surge-lhe.
17. Interpelar, afrontar.
18. A menção aos Caios Mários romanos, família de grande prestígio social, político e militar na Roma Antiga, remete ao contexto das lutas pela Independência do Brasil, em que, no argumento retórico do autor, uma "geração de heróis" se levantou contra o absolutismo.
19. Ver n. 61, p. 74.
20. Inocentes, ignorantes.
21. Atire fora.
22. Por metonímia, o Crasso romano pode ser lido como palácio, sede do poder político. Embora genérica, a referência provável é a Marco Licínio Crasso (114–53 a.C.), comandante militar e um dos homens mais ricos da história de Roma.

PARTE III

EM DEFESA DA EDUCAÇÃO

NOTA INTRODUTÓRIA   *Comentário político e jurídico sobre o direito à educação e o projeto de lei que discutia o tema na 17ª Legislatura da Assembleia Provincial de São Paulo (1868–1869). Ao longo de 14 textos, repartidos em três séries distintas, Afro, o nome que assinou quase todos os artigos e que responde pelo conjunto da obra, oferece ao leitor uma visão crítica sobre a educação básica na São Paulo da época. Mais do que isso: defende um programa ousado, que incluía alfabetização gratuita e obrigatória além de universalização do ensino básico e bibliotecas por todas as vilas, aldeias, distritos e cidades da província. Nos primeiros sete textos — da série "Em defesa da educação" —, Afro-Gama estabelece paralelos entre regimes políticos, religião e educação, sobretudo entre monarquia, catolicismo e alfabetização, procurando, via de regra, tirar lições de experiências internacionais para o cenário brasileiro. Na segunda série de textos — de cartas ao deputado Tito A. de Mattos' —, constituída de três cartas abertas para o deputado liberal, que, ao que se pode inferir, foi de figura respeitada a desafeto de Afro-Gama, o autor discute o processo legislativo e as ideias centrais postas em debate. No terceiro e último bloco — "A nova lei de educação básica" —, Afro-Gama comenta a lei provincial que reformou o ensino primário, examinando criticamente forma e conteúdo jurídico da matéria aprovada. Lendo os textos em conjunto, percebe-se que o grupo político que dava corpo ao jornal Democracia, a partir de sua liderança maior, Luiz Gonzaga "Afro" da Gama, fez a mais contundente defesa da educação pública, gratuita, universal, obrigatória e inclusiva da história da província de São Paulo.*

Capítulo 1

O coração do povo e o cérebro do Brasil
Instrução pública I[1]

Comentário *Assunto vital, a importância do direito à educação pode ser definida na frase que abre a série de artigos: "uma discussão que toca o que há de mais sério nos destinos do país". Sem arrodeios, Afro-Gama vai direto ao ponto, afirmando as duas frentes do programa educacional da* Democracia*: "instrução gratuita e obrigatória e liberdade de ensino". O autor defende uma ação enérgica do Estado na garantia da educação a todos os homens e meninos. É de se ressalvar, contudo, que o universal do autor era o universo masculino. O autor não levanta, de plano, objeção ou vedação expressa para meninas e mulheres acessarem direitos educacionais. Ao contrário, deixou em aberto diversas expressões que poderiam ser apropriadas em sentido lato, a exemplo de duas passagens deste artigo em que revela sua utopia em ver as "portas da ciência inteiramente francas a todas as inteligências"; e que em "toda a parte onde houver uma choupana, onde houver um espírito, que haja também um livro". É evidente que, no plano pragmático, longe das figuras retóricas destacadas acima, o conceito permanece excludente. Ainda assim, por paradoxal que soe ao leitor contemporâneo, vê-se na série "Em defesa da educação" alguns argumentos poderosos em defesa do direito à educação como elemento estratégico de desenvolvimento nacional. Assegurada sua gratuidade, obrigatoriedade, acessibilidade e liberdade, a educação básica seria, na visão de Afro-Gama, o motor da superação histórica das amarras estruturais da monarquia e do catolicismo como religião oficial do Estado. A considerar a hegemonia do "Regresso" e do "ultramontanismo" na semântica do debate de ideias nos finais da década de 1860, além das condições estruturais do jogo da política da escravidão, não se tem dúvidas da radicalidade do programa educacional da* Democracia *de Afro-Gama. Ensino público gratuito e obrigatório, numa terra de esmagadora maioria de analfabetos, combinado com a quebra do monopólio escolar exercido pela Igreja Católica, realizaria aquilo que era visto por Gama, a um só tempo, como uma necessidade e uma utopia. Ao final, inscrevia uma marca autoral que se veria em praticamente todos os textos da série "Em defesa da educação", a saber, a referência a um autor ou evento internacional que servisse como comparação e exemplo com o cenário brasileiro.*

1. *Democracia* (SP), 01 de dezembro de 1867, p. 1.

Ao encetar[2] uma discussão que toca o que há de mais sério nos destinos do país, deve-se, pondo de parte todas as considerações de ordem secundária, ferir o âmago da questão.

Segundo o nosso modo de pensar este é o fim difícil de atingir, e longínquo, sem dúvida, mas para o qual devemos tender nesta grave questão do ensino.

Toda a questão tem o seu ideal.

Para nós o ideal da questão do ensino é a instrução gratuita e obrigatória; obrigatória para o primeiro grau somente; gratuita para todos os graus.

A instrução primária obrigatória é o direito do menino, que é tão sagrado como o do pai, e que se confunde com o do Estado.

Ainda mais, queremos a liberdade de ensino.

Eis aqui, pois, a nosso ver, o ideal da questão: a instrução gratuita e obrigatória e a liberdade de ensino.

Um vasto ensino público, partindo da escola da aldeia e subindo de grau em grau até aos colégios, liceus e, mais alto ainda, até as academias. E faculdade ampla a todos os homens úteis de esparzirem[3] os conhecimentos pelas trevas do espírito.

As portas da ciência inteiramente francas a todas as inteligências.

Por toda a parte onde houver uma choupana, onde houver um espírito, que haja também um livro.

Nenhuma aldeia sem uma escola, nenhuma vila sem um colégio, nenhuma cidade sem um liceu, nenhuma província sem uma academia. Um vasto todo, ou, para melhor dizer, uma vasta textura de oficinas intelectuais, escolas, liceus, colégios, bibliotecas e academias, ajuntando sua irradiação na superfície do país, despertando por toda a parte as aptidões e animando por toda a parte as vocações.

Em uma palavra, a escola do conhecimento humano firme-

---

2. Iniciar.
3. O mesmo que espargirem, espalharem, disseminarem.

mente formada pela mão da liberdade e pelos esforços do Estado, posta nas sombras das massas as mais profundas e obscuras e terminando na luz.

Nenhuma solução de continuidade: o coração do povo posto em comunicação com o cérebro do Brasil.

Eis como se exprimiria o distinto sr. Victor Hugo[4] na célebre sessão da Assembleia Nacional, de 15 de janeiro de 1850, se a sua cadeira de tribuno inspirado avultasse no seio do parlamento brasileiro.[5]

Com as eloquentes palavras que vimos de reproduzir, impomos silêncio aos pessimistas emperrados[6] de nossa terra, e levantamos com arrojo o lábaro da democracia à frente dos revolucionários que nos acompanham.

Não se amedrontem, porém, os devotos adoradores da benigna paz, com a nossa revolução; porque na cruzada santa em que batalhamos é artilharia a palavra, metralha o pensamento e serve de gládio[7] a pena.

É a revolução magnífica da ideia em que o homem do povo, agrilhoado e vencido, saúda a moral em frente dos tiranos.

É a luta do cristianismo contra os Césares.[8]

AFRO 1º

---

4. Ver n. 19, p. 107.
5. O discurso de Victor Hugo na discussão do Projeto de Lei da Educação na Assembleia Nacional francesa pode ser lido em: *Discours de Victor Hugo dans la discussion du Projet de Loi sur L'enseignement le 15 janvier 1850*. Disponível em: *https://www.hedra.com.br/r/DhW*.
6. Teimosos, obtusos.
7. Espada.
8. Em sentido lato, qualquer imperador, rei, tirano. Na publicação original, ao final do texto vinha a indicação (*Continua*).

Capítulo 2
Quando o Brasil deixará de ser um império de analfabetos?
Instrução pública II[1]

Comentário *Afro-Gama dá continuidade ao primeiro texto, reforçando as linhas gerais — "instrução pública gratuita e obrigatória e liberdade de ensino" — do programa educacional exposto anteriormente na folha* Democracia. *Dessa vez, habilmente lança ao debate público que mesmo monarquias despóticas, como seria o caso da França da rainha Joana III de Navarra e da Prússia de Frederico III, teriam implementado um "sistema de ensino obrigatório". A ideia, apoiada por outros exemplos de monarquias, estabelecia um paralelo entre o "bárbaro feudalismo" da Europa dos séculos XVI, XVII e XVIII com o Brasil da segunda metade do século XIX, que permanecia no pior dos mundos em matéria de educação de seus súditos. Abra-se um parêntese ao tema da educação de meninas e mulheres brevemente comentado na didascália do artigo precedente. Ao invocar o exemplo do ensino obrigatório na Prússia de Frederico III, Afro-Gama sublinha que a educação deveria ser extensiva a todos, "rapazes e meninas". Se a menção não se reflete em outras passagens, sobretudo em sua defesa enfática do direito à educação na província de São Paulo, sugere, por outro lado, que via no exemplo prussiano uma referência positiva. As citações que Afro-Gama faz a experiências de ensino obrigatório em monarquias europeias, contudo, não significam de todo uma concessão em seu pensamento republicano. Ao contrário, ele trata, a um só tempo, de acusar de retrógrada a agenda política do imperador, ferindo-a internamente — o "despotismo de hoje ignora tudo, até as suas próprias tradições!" — e de desestigmatizar, em razão de objetivos táticos, o ensino obrigatório como uma questão exclusiva ao ideário republicano.*

A difusão do ensino, gratuitamente feita, e acompanhada de meios coercitivos, bem como a liberdade de ensino, são ideias há muito apregoadas, aceitas e praticadas em diversos países da Europa e da América.

1. *Democracia* (SP), 15 de dezembro de 1867, pp. 3-4.

O sistema de ensino obrigatório e gratuito em França, por exemplo, data de 1560; é dos negregados tempos do bárbaro feudalismo.

Nos estados de Orléans, nessa época, o artigo 12 do 2º caderno da nobreza estabelecia:

lançamento de um imposto sobre os benefícios eclesiásticos para remunerar razoavelmente pedagogos e pessoas instruídas em todas as cidades e aldeias, para instruir a mocidade pobre das regiões de planície, e sejam obrigados os pais e mães, sob pena de multa, a mandarem as ditas crianças à escola, e a isso sejam constrangidos pelos senhores, ou pelos juízes ordinários.

Em 1571, os estados de Navarra, por proposta da rainha Joana d'Albret,[2] tornaram obrigatória a instrução primária.

Os reis Luiz XIV[3] e Luiz XV[4] influenciados, é verdade, por interesses particulares, ordenaram que as altas autoridades judiciárias seriam obrigadas a formar, todos os meses, uma relação das crianças que não fossem à escola, e que os procuradores gerais deviam resolver a esse respeito.

A Convenção[5] não fez, pois, mais do que tomar, debaixo de um ponto de vista geral e patriótico, as prescrições interesseiras do governo real, quando decidiu, em 1793, que todas as crianças em toda a extensão da República fossem obrigadas a frequentar as escolas.

Esta disposição foi abandonada no silêncio das trevas pelos

---

2. Joana d'Albret (1528-1572), ou Joana III de Navarra, foi rainha de Navarra de 1555 até 1572.
3. Luiz XIV de França (1638-1715) foi rei da França e de Navarra ao longo de sete décadas.
4. Luiz XV de França (1710-1774) foi rei da França e de Navarra de 1715 até 1774.
5. Referência ao regime político denominado Convenção Nacional, que vigorou entre 1792 e 1795, fundando a Primeira República Francesa.

detratores da liberdade; porque em França, como em muitos outros países, os espíritos tacanhos são nictalópios,[6] cegam aos raios do Sol.

Condenou-se o ensino obrigatório e comprimiu-se a liberdade de ensino porque a "instrução do povo" foi uma das legendas sagradas inscritas pela Revolução no estandarte da República.

O que era nobre e salutar nos tempos do feudalismo, tornou-se perigoso e repulsivo sob o domínio inefável do império restaurado, pelo simples fato de ter sido aceito e sancionado pelo governo democrático! E mais ainda: perdeu a nobre origem!...

O ensino obrigatório é condenado como instituição republicana.

O despotismo de hoje ignora tudo, até as suas próprias tradições!

Entretanto, esta grande instituição condenada em França, por causa da sua suposta origem republicana, acha-se adotada em muitos países regidos pelo sistema monárquico.

Frederico II[7] adotou, na Prússia, o ensino obrigatório, em 1763:

Queremos (decretou ele) que todos os nossos súditos, pais, tutores e amos mandem à escola as crianças de que forem responsáveis, rapazes e meninas, desde os cinco anos, e os obriguem a frequentá-las regularmente até os 13 ou 14 anos.

Esta ordem real foi confirmada no Código de 1794 e na Lei de 1819, com severa penalidade estabelecida contra os contraventores: advertência, multa e prisão.[8]

---

6. Que sofre de nictalopia, espécie de cegueira que varia de acordo com a luminosidade. Nesse caso, refere-se à cegueira diurna, quando a capacidade de visão diminui ou fica bloqueada ante a presença da luz solar.
7. Frederico II da Prússia (1712–1786) foi rei da Prússia por mais de quatro décadas.
8. Refere-se primeiro ao Código Prussiano (1794) e, depois, possivelmente, a uma lei ordinária de educação obrigatória. Do segundo parágrafo até a marcação desta nota, o autor parece ter transcrito um trecho do *Relatório do ministro da Instrução Pública de França ao Imperador* para o ano de 1864, publicado, en-

Neste país, que aliás nada tem de liberal, o princípio da instrução obrigatória é tão rigorosamente aplicado, que o dever de frequentar a escola está equiparado aos ônus rigorosos do serviço militar.

Aqui o governo comprime e instrui o povo; mas é bastante avisado em não permitir a liberdade de ensino...

A monarquia prussiana é como os fabricantes de pólvora, arma-se de cuidados para evitar explosões. Ou, para dizê-lo em outras frases, descobriu, em política, o meio seguro de atrair o raio sem se deixar fulminar.

Na Áustria, desde 1774, a instrução é obrigatória; se bem que, desde 1807, por ordem imperial, estejam os curas,[9] nas respectivas paróquias, investidos de amplos poderes sobre matéria tão importante e alheia completamente aos misteres sacerdotais.

Força é, porém, confessar que, na Áustria, como em muitos outros Estados da Europa, é o clero, desvirtuado pela voraz cobiça que o domina, o bastão de ferro do despotismo. Aí completa o padre, pelos terrores da outra vida, a obra péssima encetada[10] pela iniquidade[11] dos reis.

Na Baviera, em Baden, Wurtemberg, Saxônia real, Ducado de Nassau, Grão Ducado de Hesse, Hesse eleitoral, Grã Ducado de Mackemburg, Grão Ducado de Oldemburgo, Hanover, Suíça, Itália e Espanha, está adotado o ensino obrigatório.

Nos Estados Unidos está este grande princípio gravado em le-

---

tre outros periódicos, na *Gazeta de Portugal*, de Lisboa, e no *Correio Mercantil* do Rio de Janeiro. Cf. *Correio Mercantil*, eds. de 27 de abril de 1865, p. 1; e 28 de abril de 1865, p. 1. Não é de se desconsiderar de plano a possibilidade de haver outros trechos transcritos. Ao contrário de significar eventual assimilação acrítica, a prática, aliás de praxe na imprensa da época, reflete as influências e as fontes de um redator.
9. Párocos, padres responsáveis por determinadas paróquias.
10. Iniciada.
11. Perversidade, injustiça.

tras de ouro sobre a laje do túmulo de Guilherme Penn.[12] E, para assombro dos tiranos, ostenta-se em toda a sua plenitude a grandiosa instituição da liberdade de ensino.

Neste país, em que não há tronos, descansa em paz a liberdade.

A própria Turquia, semibárbara, proclamou o ensino obrigatório. Em França é isto apenas partilha do soldado.

Em Roma, os irmãos do Cristo, escravos do papa, não sabem ler.

AFRO 1º

---

12. Aportuguesamento de William Penn (1644-1718), escritor, fundador da colônia da Pensilvânia nos Estados Unidos da América, e membro da Sociedade Religiosa de Amigos conhecida como *Quakers*. Inspirados por ensinamentos do cristianismo primitivo, os *quakers* repudiavam a escravidão do homem pelo homem independentemente de qualquer circunstância. Talvez por essa razão central, em outra oportunidade Gama demonstrou sua admiração por eles, declarando a si próprio como um "pobre *quaker* ebionita".

Capítulo 3
Liberdade de ensino e escola para todos
Instrução pública III[1]

Comentário   *O argumento central do texto é que, onde há "escola e consciência livre, o despotismo é planta exótica". Discerne, assim, que a emancipação política individual se daria com a emancipação política social que a República representava. O leitor contemporâneo pode estranhar o repertório de imagens cristãs e seus paralelos com ideias políticas. Talvez facilite saber que o autor reivindica estar no campo da "democracia cristã", estabelecendo um nexo racional entre a liberdade como outorga de um "Criador" e exercício da autonomia política do cidadão. Finca o pé como intérprete de uma espécie de tradição cristã original, sem a mácula da escravidão e da tutela papal. Com esse repertório, falava na semântica da política teológica da época. Combatia as autoridades eclesiásticas com seus termos e domínios próprios, em um país cuja edução primária era monopólio da Igreja Católica. Um exemplo concreto citado quase ao fim do artigo demonstra um pouco a São Paulo da época na qual se dava o debate; além de jogar luzes sobre a autoria do Afro. "Um grupo de cem indivíduos", dizia o autor, pretendia, por "ação filantrópica", "instruir gratuitamente a mocidade desvalida." Ora, mocidade desvalida, por equivalência contextual, não há de ser outra que a juventude negra liberta ou mesmo escravizada. Afinal, eram eles que estavam matriculados, conforme Gama informou de próprio punho ao presidente da província de São Paulo em 1871, nas oficinas da Loja Maçônica América, da qual Gama era um dos membros efetivos. Se ambos esforços de educação comunitária — o do "grupo de cem indivíduos" de 1868 e a oficina da Loja América, em 1871, com mais de duzentos alunos — são expressões de uma só militância, não se sabe em exato, mas é de se supor que sim. O artigo originalmente intitulado "Loja América", que Gama assina e publica no* Correio Paulistano *em 10 de novembro de 1871, informa que a oficina de instrução primária vinha desde a fundação da Loja maçônica, em novembro de 1868. O relatório da Loja, comparado com esse artigo, evidencia que um grupo da sociedade civil atuava na educação comunitária; por outro lado, é a "prova concludente" de que a discussão da série "Em defesa da educação" não era abstrata ou restrita à pretensão de influir no debate legislativo, mas tinha os pés fincados na luta diária pela educação como direito e necessidade cidadã.*

1. *Democracia* (SP), 18 de janeiro de 1868, pp. 1–2.

Que a liberdade não pode ser limitada em nenhuma de suas manifestações, por importar essa limitação um atentado contra a consciência humana e flagrante violação dos direitos individuais, já o disse escritor eminente; e tão clara e completa vai a sua doutrina nestas poucas palavras, que nos dispensamos de desenvolvê-la.

Que a união dos homens em sociedade forma um pacto comum, que tem por base a igualdade, e que, portanto, semelhante união não pode, por modo algum, direta ou indiretamente, atentar contra a independência individual, senão garanti-la em toda a sua plenitude, dizem-no com inimitável eloquência e segurança inabalável as instituições mosaicas; os evangelhos confirmam-no; e todos os publicistas cristãos sustentam-no.

Que a liberdade é causa do direito, foi escrito por Deus na árvore da ciência, e ninguém ousará contestá-lo; e foi baseado nisto que um distinto democrata disse: "Que o direito é uma emanação providencial manifestada sobre a terra com o aparecimento do primeiro homem".

Isto posto, é evidentíssimo que a união dos homens em sociedade, por força de sua tríplice natureza, tem por fim principal a sólida garantia do livre exercício de todos os seus direitos.

Qualquer limitação, portanto, posta ao livre exercício de seus inalienáveis direitos é um erro funesto da sociedade ou um grande crime do poder.

Os sisudos beatos adoradores do passado, e que por santa inspiração fizeram-se sacerdotes das doutrinas modernas, mas ainda investidos das sacras relíquias do antigo absolutismo, oram ajoelhados e contritos[2] diante do estro da liberdade; mas ao tempo que invocam trêmulos as luzes do progresso, vão semeando cuidadosos roxas grinaldas de perpétuas saudades sobre a lousa em que descansam os restos do despotismo. Romanos degenerados do pontificado rendem cultos ao Supremo Coordenador dos mundos recurvados diante dos ídolos sórdidos do paganismo!

2. Arrependidos, pesarosos.

Assim é que publicistas distintos, nascidos, porém, para épocas passadas, ao tempo que proclamam, com arrojo, os princípios democráticos e a necessidade indeclinável de instruir-se o povo, recuam espavoridos diante da liberdade de ensino. Novos abissínios[3] políticos, querem ser iluminados, mas apedrejam o Sol.

Aos fanáticos, aos cegos ultramontanos[4] e aos inimigos intolerantes da liberdade de ensino, temos o direito de perguntar: o que pretendeis; o que quereis desta sociedade que repele as vossas ideias, em nome do progresso e da civilização?

Nós somos sectários da democracia cristã. A sociedade em que vivemos não comporta as vossas doutrinas absurdas; e protesta energicamente contra o domínio absoluto e contra a tutela ignominiosa[5] que pretendeis manter, sem título algum para fazê-lo.

Pelos nossos princípios, todos os homens são livres em manifestar os seus pensamentos. Para que estes princípios tenham a sua realização prática é indispensável a independência individual.

É, portanto, a soberania do cidadão o limite único posto à sua vontade.

Esta soberania é a moral, sublime irradiação da própria liberdade.

Encerra, porventura, a espontaneidade ou a liberdade de ensino uma violação da soberania ou da independência do cidadão?

Não, por certo; mas força é confessar que a liberdade de ensino tem acérrimos[6] opositores, e não poucos entre os mais decididos sectários da democracia!...

De onde vem, pois, esta ferrenha oposição que tão fera se alevanta contra o exercício de tão soberano direito?

---

3. Relativo à Abissínia, na região da atual Etiópia.
4. Ver n. 22, p. 117.
5. Desonrosa.
6. Inflexíveis, obstinados.

Vem certamente dos grêmios tenebrosos em que fermenta perigoso o despotismo e tem por base um novo perigo social, que se denomina "prevenção".

A prevenção é um elemento subversivo e atentatório ao direito, de que os governos astuciosos fizeram legenda e a inscreveram nos seus estandartes.

É o despotismo legalizado que, envolto na magna capa da "salvação pública", vai sorrateiro e manso carcomendo pelos fundamentos as instituições libérrimas.[7]

É a muleta de ferro a que trôpego se arrima[8] o fanatismo católico, ou o cego pedinte que vai caminho das praças, levando aos ombros a cadeira gestatória[9] em que se assenta a realeza hidrópica.[10]

É a perfídia coberta de cãs[11] e vestida de farrapos que vem à lareira do pobre mendigar um abrigo, com a sinistra ideia de o assassinar sob o teto hospitaleiro.

O sistema preventivo é um crime atroz, que os governos cometem todos os dias impunemente, em face do povo embrutecido.

Para convencer os nossos leitores do que temos asseverado, vamos exibir uma concludente prova.

Há cem indivíduos que se propõem instruir gratuitamente a mocidade desvalida. O governo, porém, em nome da salutar prevenção, impede esta ação filantrópica; porque entre estes cem indivíduos é possível, diz ele, que existam cinco que nutram intenções perversas de corromper os seus alunos com doutrinas perigosas e imorais.

Pondera-se ao governo, em nome do bom senso, que deve aguardar os fatos, e que quando aparecerem os cinco malversadores, e que, como tais, forem reconhecidos pelos seus atos, os

---

7. Superlativo de livre, algo como muitíssimo livre, muitíssimo liberal.
8. Apoia, sustenta, socorre.
9. Trono móvel, portátil, carregado por homens, antigamente utilizado para transporte de reis, imperadores e papas.
10. Ávida, cobiçosa.
11. Cabelos brancos.

faça, então, punir com todo o rigor da lei; mas que não impeça, em nome de um zelo intempestivo, que noventa e cinco cidadãos honestos e bem intencionados pratiquem o sagrado dever de serem úteis aos seus desvalidos concidadãos.

E o governo responde, estribado na autoridade suprema que lhe vem do céu: "É melhor prevenir do que punir!"

Neste ponto é certamente o governo mais poderoso e mais sábio que Deus.

O Criador deixou ao homem o livre-arbítrio de praticar o bem ou o mal; o governo, porém, que usa deste arbítrio ao seu talante,[12] e que domina em nome do céu, proíbe a prática do bem, para prevenir que se cometa o mal.

Não é, porém, para impedir o mal dos infelizes que os governos proíbem a prática do bem nesta importante matéria do ensino, senão para evitar a disseminação da instrução pelo povo.

Aos governos providenciais, às monarquias, não convém que o povo seja instruído. É sobre a base sólida da ignorância que bem se firmam os tronos; ou, pelo menos, é preciso que a instrução seja dirigida pelos cetros,[13] pela mediação dos padres, a fim de que os povos não saibam o que não convém aos reis.

Esta é a causa porque,[14] em todos os países em que a instrução há sido apregoada pelos monarcas, os governos tornaram-se diretores exclusivos dela e foi completamente banida a liberdade de ensino.

As monarquias e os padres conhecem perfeitamente este belo pensamento de um publicista notável: "É nas cinzas dos tronos que florescem a consciência e a escola livres".

Onde florescem a escola e a consciência livres o despotismo é planta exótica que não medra, e sem despotismo o trono é um absurdo.

---

12. Capricho.
13. Bastão-símbolo de poder tanto do imperador quanto do papa.
14. Pela qual.

É, pois, concludente que os antagonistas da liberdade de ensino são inimigos perigosos do povo e da liberdade.

A liberdade de ensino é o complemento do ensino obrigatório.

Estas duas instituições, nos países democráticos, únicos que podem comportá-las, constituem a base da grandeza e da felicidade dos povos.

A sustentação de tais princípios é a declaração de guerra às monarquias.

Nós escrevemos em nome do povo e da liberdade.

AFRO 1º

Capítulo 4
Por uma revolução do pensamento
Instrução pública IV[1]

Comentário *O leitor atento à série "Em defesa da educação", sobretudo ao argumento do combate à monarquia e ao "fanatismo católico" desenvolvido na terceira parte, não terá dificuldade em compreender a linha de raciocínio que Afro-Gama faz no quarto trecho da série. O racionalismo cristão que o autor reivindica ataca a "superstição como dogma" e a "idolatria sórdida" dos "representantes da religião oficial". Através de numerosas referências às mitologias do mundo greco-romano, assim como de referências próprias do pensamento judaico-cristão secularizado, Afro-Gama investe pesado contra as "duas instituições, tão antigas como tenebrosas, simbolizadas pelo trono e pelo altar". Como síntese da força retórica do argumento, pode-se destacar a seguinte passagem: "Os reis, quando não forem salteadores e assassinos, qualidades eminentes que os escritores cortesãos adjetivam numa só palavra diplomática e política — "civilizadores" —, não passarão jamais de eróticos sultões, senhores absolutos de sórdidos escravos, amolecidos na devassidão e irracionalizados pela ignorância". Que o leitor não se perca pela adjetivação que pode soar hiperbólica. Trata-se de uma crítica visceral de alguém convencido da natureza maléfica do poder dos monarcas. A ideia de civilização associada à monarquia, bastante acatada pela intelectualidade brasileira da década de 1860, recebia de Afro-Gama uma de suas mais pejorativas qualificações. Com isso, o leitor contemporâneo poderá notar que quando Gama revelou ter "jurado implacável ódio aos senhores", no manifesto público intitulado "Fim da peça", de 03 de dezembro de 1869, ele não restringia a palavra "senhores" ao mundo das relações privadas que o outrora escravizado conhecia por suas entranhas. Como demonstra nessa série e especialmente nessa parte, senhores eram todos os usurpadores e exploradores da liberdade de consciência e da ação política do indivíduo. A educação devia ser, portanto, radicalmente uma experiência de liberdade.*

1. *Democracia* (SP), 01 de fevereiro de 1868, pp. 3-4.

Dissemos em o nosso precedente artigo que a liberdade de ensino, como instituição civil, importa formal declaração de guerra às monarquias e às religiões oficiais; porque, sendo estas duas misteriosas potestades[2] o resultado monstruoso da mais flagrante violação da liberdade dos povos, têm os seus dedicados adeptos e esforçados mantenedores a necessidade indeclinável de combaterem de frente a liberdade de ensino, que acarreta, como consequência infalível, a liberdade de consciência, formidável cabeça de Medusa[3] diante da qual petrificam-se de improviso os bufarinheiros[4] de sotaina,[5] esteios poderosos do despotismo.

As religiões oficiais, no conceito da história ilustrada e imparcial, são o liame posto cautelosamente entre a corrupção laureada sobre os tronos e os povos comprimidos nos cárceres tenebrosos da ignorância.

A ciência, ou para melhor dizer, a cabala capciosa, em todos os tempos, cuidadosamente ensinada pelas igrejas de Estado aos povos degradados da felicidade, tem sido a superstição como dogma e a subserviência como Lei irrevogável do Criador.

Sepultar o povo no abismo insondável da mais abjeta humilhação, para que mais alto se eleve o crime, inscrito em caracteres indeléveis nos cetros[6] dos tiranos, há sido a nobre missão do padre subvencionado pelos governos e o fim almejado da igreja oficial, que ele representa.

As genuflexões[7] ridículas, a idolatria sórdida, o faustoso carnaval a que se prestam com orgulho, e o bárbaro paganismo que, cotidianamente, nos deparam os ministros das religiões assalariadas, cabalmente provam os nossos assertos, e que a vil mentira

---

2. No sentido de poderosas autoridades, que têm sua força derivada de um poder sobrenatural.
3. Nesse contexto, metáfora que representa medo, pavor e repugnância.
4. Mascates, vendedores de bugigangas.
5. Batina.
6. Bastão-símbolo do poder imperial e, por extensão, do regime monarquista.
7. Ato de ajoelhar-se.

e a grosseira impostura, favoneadas[8] com júbilo pelas populações estúpidas, substituíram de há muito o Evangelho e o Cristo, a verdade e a luz.

A caridade praticada, não como ocioso tributo da vaidade ou como pretensioso luxo dos Césares[9] e dos Lúculos,[10] mas como imprescritível dever, imposto em nome da igualdade humana, como pedra angular do edifício da moral, em cujo seio repousa a sociedade cristã; a liberdade promulgada por Deus no paraíso, como base indestrutível do direito, da ordem e harmonia entre os homens; a fraternidade, última palavra do Criador, escrita com as cores do íris e posta como penhor sagrado da eterna aliança, firmada em pleno universo, entre o Céu clemente e os filhos de Noé santificados; tudo isto, perante o predomínio aliado das igrejas reais e dos monarcas religiosos, não passa de irrisória utopia e de quimeras fúteis; sonhos vaporosos de que se alimentam os espíritos aliendos dos poetas, dos maníacos e dos escravos!

Os reis, quando não forem salteadores e assassinos, qualidades eminentes que os escritores cortesãos adjetivam numa só palavra diplomática e política — *"civilizadores"* —, não passarão jamais de eróticos sultões, senhores absolutos de sórdidos escravos, amolecidos na devassidão e irracionalizados pela ignorância; pois que tal é o fim dos *súditos felizes*, predisposto pela invariável fatalidade dos tronos.

Em tais Estados, os representantes da religião oficial têm honras de príncipes, gozam de grande nobreza, são comendadores e cavaleiros, trajam veludos e brocados, e, por graça especial da rea-

---

8. Favorecidas, protegidas.
9. Refere-se à ostentação dos imperadores e reis.
10. Referência a Lúcio Lúculo (118–56 a.C.), político e cônsul romano. Por extensão de sentido, significa o indivíduo que ama ou promove festas, luxos e banquetes.

leza, postos muito acima do povo, entre as plantas dos monarcas, fruem, os mais distintos, sem que tenham passado pelo transe de Caporalini,[11] as honras invejáveis de eunucos[12] fidelíssimos.

Se entre os nossos leitores alguém existir que, prestando culto a opiniões contrárias às que temos emitido, padeça dúvida sobre a verdade das nossas afirmações, pedimos-lhe sinceramente que abra mão do nosso escrito. Recorra à história do primeiro povo do mundo: compulse[13] a história dos romanos e aí verá que os aguerridos imperadores, quando não tinham diante de sua desmedida ambição povos para subjugar e tesouros para roubar, levando na ponta de seus gládios[14] fratricidas o assassinato, a desonra, a devastação e o terror às mais longínquas regiões, para glória das águias indomáveis e contemplação eterna da liberdade aventina,[15] promulgavam códigos nefandos para falsearem o direito e poluir a consciência de seus súditos; instituíam e celebravam festas dissolutas para depravá-los ou precipitavam-se no vórtice da crápula[16] com delírio tal que baixaram até prostituir-se publicamente a seus próprios escravos.

E nestes lances indescritíveis, em que a natureza incompreensível e mais absurda que a loucura colocava os semideuses dos campos de batalha abaixo das feras, que sobrelevava para requintar o contraste, o povo, tão imbecil como as estúpidas máquinas de guerra que impelia, tomado de entusiasmo, saudava

---

11. Possível referência ao famoso sopranista (castrati) italiano Domenico Caporalini (1769-1848), que, em tempos de proibição feita às mulheres para se apresentarem nos teatros de Lisboa, exercia o papel de *prima donna*, isto é, primeira cantora da ópera.
12. Por sentido figurado, o cortesão dócil que bajula o monarca.
13. Consulte, examine.
14. Punhais, espadas.
15. Remete provavelmente à Primeira Secessão da Plebe (494 a.C.), importante revolta popular ocorrida na região do monte Aventino que redefiniu o exercício da liberdade para a plebe na Roma Antiga.
16. Metonímia para um conjunto de pessoas que agem em devassidão.

com júbilo o filho de Enobarbo[17] triunfante nos anfiteatros e cobria de escárnio o cadáver devassado da desditosa[18] Agripina,[19] mandada assassinar por seu próprio filho![20]
Esta é a história escandalosa dos impérios, que a das igrejas oficiais não me permite a decência de recontá-la.

Estas duas instituições, tão antigas como tenebrosas, simbolizadas pelo trono e pelo altar, dualidade sinistra, que dá hoje tema a desencontradas discussões, são diametralmente opostas às liberdades sociais; porque, tendo por fundamento a fraude, por meios o aviltamento e a compressão,[21] e por fim o mando e a usurpação, não podem permitir a coexistência de outras, que, partindo de princípios libérrimos[22] e visando a consecução da democracia pura, ameaçam derruí-las pela base; porque é a liberdade a chama perene ateada pela Divindade na consciência dos povos e a causa do progresso, amadurecido fruto das revoluções morais, que, pela modificação dos costumes e gradual desenvolvimento das aptidões, a palingenesia[23] física e moral, lentamente conduzem o homem à predestinada perfeição.

Quando afirmamos abertamente que o trono e a igreja oficial são instituições subversivas impostas pela força aos povos, com a mais flagrante violação do direito e da razão, não atiramos ao espírito de nossos leitores desprevenidos proposições de difícil prova; ao contrário, repetimos verdades fundamentais do cris-

---

17. Referência indireta a Nero (37–68), filho de Cneu Domício Enobarbo (2 a.C.–41 d.C.) e Júlia Agripina Menor (15–59), que tornou-se imperador de Roma e passou à história como símbolo de tirania e violência.
18. Infeliz.
19. Júlia Agripina Menor (15–59) foi imperatriz-consorte de Roma e mãe do imperador Nero.
20. O autor se alinha com a interpretação histórica que sustenta que Nero cometeu matricídio.
21. Opressão, tirania.
22. Superlativo de livre, algo como muitíssimo livre, muitíssimo liberal.
23. Regeneração.

tianismo, que deveriam estar gravadas na mente de todos, se a ignorância não fosse o rico apanágio[24] dos súditos felizes e dos crentes supersticiosos.

Moisés,[25] o mais antigo historiador que se conhece, o mais sublime filósofo e o mais sábio de todos os legisladores, na opinião insuspeita de Bossuet,[26] promulgando as Ordenações divinas, como inspirado mediador entre o Céu e os romeiros do deserto, disse que o Rei, o defensor perpétuo de Israel, era Deus tão somente; e que a administração da justiça sobre a terra seria acometida, pelo povo soberano, a juízes probos, de escolha popular, os quais serviriam como prepostos eleitos enquanto bem cumprissem o mandato, defendendo a inocência, protegendo os fracos, dissipando os erros, mantendo ileso o direito, reprimindo os delitos e corrigindo os delinquentes.

E ai do povo que escolher monarcas para governá-lo (lá está escrito nos livros sagrados); porque essa imprudente escolha será formal abdicação do reinado de Deus, único legítimo que deverá reconhecer a humanidade.

Esse povo será lançado fora das vistas do Senhor; será qual outro Prometeu,[27] atado pelos grilhões da degradação do Céu-

---

24. Privilégio, espécie de recompensa.
25. Reconhecido em diversas tradições religiosas como profeta e legislador, e a quem se atribui a escrita dos livros da Torá, Moisés é tido como o libertador do povo de Israel.
26. Jacques-Bénigne Bossuet (1627-1704) foi um bispo e teólogo católico francês. Autor de *A política tirada das Sagradas Escrituras* (1709), defendia o argumento da delegação divina para a autoridade política dos monarcas e os privilégios dela decorrentes. Daí o autor, republicano confesso, ilustrar seu exemplo com a "opinião insuspeita" de um teórico absolutista.
27. Para o mito de Prometeu, ver n. 10, p. 106. A história é relida, ao longo do parágrafo, de modo que o povo representa Prometeu, o rei simboliza Zeus e o abutre de "garras aduncas" faz as vezes da águia.

caso[28] imóvel do cativeiro, e o rei por ele alevantado o abutre inacessível que, com as garras aduncas,[29] a seus próprios olhos, há de dilacerar o lábaro[30] santo de suas liberdades.

De outra parte, o Divino-Mestre, oferecendo-se em holocausto pela salvação dos homens, deu, como condição essencial da remissão, por ele garantida, a aceitação livre e espontânea da sua doutrina despida de dogmas ininteligíveis e altamente filosófica; pediu uma adesão sincera, partida do íntimo do coração, filha de convicções firmes e inabaláveis, inspiradas pela esclarecida razão.

Eis a verdade publicamente enunciada pelo supliciado do Calvário;[31] eis a liberdade de consciência sancionada pelo martírio há dezoito séculos e meio e feita lei suprema, escrita com o sangue do Redentor; lei que nem os sofismas dos Padres, nem o despotismo dos Reis, nem os horrores dos cárceres, nem todas as fogueiras da inquisição puderam revogar; porque a liberdade que existiu sempre, e que não perecerá nunca, é a causa das revoluções pacíficas e perpétuas contra a opressão dos tiranos.

A doutrina, pois, do ensino obrigatório, secundado pelo ensino livre, com o fim de obter-se o almejado *desideratum*[32] do ensino espontâneo, é uma revolução que pregamos com todas as forças de nossa convicção; mas como já o dissemos em o nosso artigo de abertura, inserto no primeiro número desta folha, é à magna causa da revolução do pensamento que servimos.

Sustentando os fundamentos desta doutrina eminente, como o temos feito, cumprimos um dever e exercemos um direito inauferível.[33]

---

28. Refere-se à Cordilheira do Cáucaso, um dos limites geográficos do antigo mundo grego e local, conforme narrativas mitológicas, para onde Prometeu foi levado e preso ao pico de uma montanha.
29. Curvas, em forma de gancho.
30. Bandeira, estandarte.
31. Ver n. 36, p. 71.
32. Objetivo, desejo.
33. De que não se pode privar.

Lamentamos sincera e profundamente que a organização política de nosso país, tão decantada pelos sábios, seja tal que obrigue o governo a evitar o espargimento[34] da instrução livre pelo povo, porque a instrução livre é o suspeito cavalo de Troia,[35] em cujo ventre sinistra se oculta a democracia, que, posta sobre as muralhas do paço e dos castelos clericais, há de um dia, no conceito dos atilados[36] políticos, acometer cimeira[37] a soberania do trono e a independência do altar!...

Nossa missão, porém, visa o futuro. Postos no topo da coluna do septentrião, trabalhamos incessantes, como obreiros do progresso, sobre a pedra bruta que, mais tarde, nos vales do Ocidente, será posta por alicerce do edifício da liberdade, que reedificaremos.[38]

AFRO

---

34. Efeito de difusão, disseminação.
35. Metonímia para artifício, estratagema.
36. Ponderados, sensatos.
37. Por cima, pela cúpula.
38. Na publicação original, ao final do texto vinha a indicação (*Continua*).

Capítulo 5
Pela instituição do ensino obrigatório
Instrução pública V[1]

Comentário *Nesta quinta parte da série "Instrução pública", Afro-Gama direciona sua análise para o estado da educação primária na província de São Paulo. Era esse, afinal, o seu objetivo central: influir nos debates do legislativo paulista sobre o papel do Estado na educação dos cidadãos. Após traçar algumas linhas gerais da sua visão sobre o assunto, estabelecendo paralelos comparativos com monarquias europeias — França, Áustria, Prússia, por exemplo —, bem como, por outra parte, advogando da impossibilidade democrática de um regime político despótico com a escola livre, o autor aterrissa na discussão do projeto de lei local que estatuía "a liberdade de ensino e o ensino obrigatório na província". Afro-Gama mostra-se a par do debate educacional na província, haja vista a referência que faz a relatórios do diretor geral da Instrução Pública, cargo equivalente ao que conhecemos hoje como secretário de Estado de Educação. Adentrando o campo de disputa política em que pretendia chegar, desde o início da série, Afro-Gama pela primeira vez dirige-se à "Comissão de Instrução pública", que tinha, entre seus integrantes, um jovem deputado de nome Campos Salles, o mesmo que mais tarde seria eleito presidente da República. Com isso, o autor revela possuir não só o conhecimento do processo legislativo de produção normativa, mas também a ideia de, mesmo fora da Assembleia, fazer ecoar sua voz no resultado final dessa mesma produção normativa.*

Em os nossos precedentes artigos demonstramos, e ficou patente a toda evidência que, desde o século XVI, é conhecido e praticado em todos os Estados da Europa, com imensa vantagem e não menor utilidade de seus reis e senhores, o ensino primário gratuito e obrigatório, merecendo esta grande instituição, pelos seus notáveis efeitos, as maiores atenções e acurado desvelo dos atilados[2] governos, não certamente inspirados pelos eternos princípios de liberdade, nem movidos pela futura grandeza dos povos, únicos

1. *Democracia* (SP), 15 de fevereiro de 1868, pp. 1-2.
2. Ponderados, sensatos.

soberanos da terra, nem coagidos tampouco pela consciência do dever à satisfação restrita de um direito sagrado, mas porque encerra ela a chave de ouro indispensável para assegurarem-se do espírito dos povos, modificar-lhes a índole, quebrantar-lhes a independência, sufocar-lhes no peito os *sentimentos perigosos*, que elevam o plebeu acima dos tronos, fazendo de um obscuro lenheiro ou de um insignificante alfaiate um presidente da República, ou de um mísero Guilherme Tell[3] o libertador da Suíça.

Esta é a causa misteriosa porque o ensino obrigatório na culta e civilizadora Europa foi sempre, e ainda o é até hoje, a obra predileta dos governos, senão a máquina poderosa de que se servem para torcer os espíritos novos e encaminhá-los, pela educação, à religiosa subserviência, fazendo de cidadãos altivos, súditos reverentes, e de homens livres, servos ditosos.

Em toda Europa o ensino tem estado sempre, como é de estudada conveniência, nas mãos dos governos e dos padres; porque em toda Europa reinam de parceria o confessionário e a administração, a mentira e a violência, a superstição e a força, as trevas e Satanás, o burel[4] e o cetro.[5]

A liberdade de ensino, aos olhos avarentos desta monstruosa dualidade, é flagelo tão temível que, por simples suspeita de ser emissária da propaganda democrática, foi logo posta de quarentena, onde se acha há três séculos.

É que, na frase eloquente do sr. Lamennais,[6] a união destas duas palmeiras (o ensino livre e o ensino obrigatório), produz

3. Aportuguesamento para William Tell, herói popular da cultura suíça que, embora careça de fontes documentais, viveu no século XIV, tornando-se figura central para a história da independência da Suíça.
4. Tecido de que são feitas as vestimentas de frades, freiras e penitentes.
5. Bastão-símbolo de poder do papa.
6. Félicité Robert de Lamennais (1782-1854) foi um teólogo católico e político francês bastante influente nos debates sobre legitimidade do poder monárquico e da separação da Igreja e do Estado. A par disso, Lamennais pode ser considerado como um dos precursores da formulação teórica do socialismo cristão. A atuação de Gama na imprensa no biênio de 1867-1868 deixa patente que ele foi um leitor voraz, senão tradutor para o português, do *Livro do povo, ou deveres e*

a liberdade de consciência, que acarreta necessariamente a autonomia pessoal, baluarte gigantesco e inacessível erguido na consciência dos povos livres, ante o qual não valem cetros nem hissopes,[7] espadas nem excomunhões, bençãos nem compressões.[8]

A Igreja e o Estado, consorciados, arrogaram a si a soberania das almas e a direção dos espíritos, e erigiram, destarte, o monopólio da educação em artigo de fé.

Isto prova que a providência e a fraude são as virtudes primordiais dos monarcas e o *desideratum*[9] que visam os padres jornaleiros e aristocratas.

Nos países que se dizem livres, como o Brasil, e em que o ensino primário está entregue à exclusiva competência de assembleias provinciais, cujos membros são escolhidos por eleição popular, ainda que ficticiamente, e não por designação caprichosa de astucioso governo e mal intencionado, em nome do direito e da liberdade, em nome da razão e da moral, em nome do povo, é lícito esperar-se que a liberdade de ensino e o ensino obrigatório sejam uma realidade, sejam uma lei, em presença da qual possam os cidadãos exclamar com o poeta: "Somos homens, enfim; temos futuro".

As assembleias legislativas do Rio de Janeiro e do Rio Grande do Sul já inscreveram nas páginas de sua legislação este padrão de imorredoura glória:

Artigo... Nos estabelecimentos de ensino particular, a única intervenção da autoridade pública será no tocante à estatística. Em tudo o mais, o ensino particular, primário e secundário, fica sendo absolutamente livre.

---

direitos do cidadão. Outro indício importante dessa afinidade intelectual pode ser lido no artigo "Resposta à redação do *Diário de São Paulo*", de 29 de janeiro de 1867, no qual Gama demonstra ter em mãos uma obra de Lamennais.
7. Utensílio que se utiliza para borrifar água benta.
8. Opressões.
9. Determinado objetivo, desejo.

Resta que a província de São Paulo, imitando as suas dignas irmãs, acrescente ainda:

O ensino primário na província de São Paulo é obrigatório para os menores, de 6 a 14 anos de idade.

Não é isto ideia nova entre nós. O honrado sr. dr. Diogo Pinto de Mendonça[10] já solicitou, instanteamente,[11] a adoção desta importante medida. Insistiu; esforçou-se com admirável dedicação para que tão útil pensamento fosse convertido em lei; e, força é confessá-lo, para perpétua vergonha dos orgulhosos legisladores da província de São Paulo, este nobre reclamo nem sequer foi considerado!

As fúteis questões pessoais, as injúrias asquerosas e recíprocas, o arranjo de esfaimados[12] eleitores, a distribuição criminosa do dinheiro público e os fofos panegíricos[13] entoados ao poder triunfante e à corrupção venerada, estiveram sempre muito acima dos direitos e dos vitais interesses do povo; porque o povo é um maníaco, a quem o célebre romano Artorius[14] mandava aplicar o cárcere quando se tornava impertinente.

Desde 1852 até 1865 foi esta ideia reproduzida e desenvolvida aos bem elaborados relatórios do digno sr. dr. inspetor geral da instrução pública, sem que os exímios representantes da província se dessem ao trabalho de estudá-la!

Agora, porém, vai a comissão de instrução pública, composta

---

10. Diogo de Mendonça Pinto (1818–1892), paulista, bacharel em Direito e dramaturgo, foi diretor de escola e inspetor-geral da Instrução Pública de São Paulo entre as décadas de 1850–1860.
11. O mesmo que insistentemente.
12. Esfomeados.
13. Discursos laudatórios, elogiosos.
14. Lúcio Artório Casto, ou no latim Artorius, foi um comandante militar romano que viveu no segundo século da Era Cristã.

dos srs. deputados dr. Jorge Miranda,[15] dr. Manoel Ferraz[16] e tenente-coronel Ferreira Coelho,[17] submeter à consideração da Assembleia um projeto estatuindo a liberdade de ensino e o ensino obrigatório na província.

Aqui, diante deste grande acontecimento, vem a ponto exclamar com o eminente parlamentar paulista:

Graças a Deus que se fez a luz: d'ora[18] em diante já não vagaremos incertos nas trevas da hipocrisia e do engano; de hoje em diante o país já não viverá mais sob o domínio desses ardis cediços,[19] dessas ilusões grosseiras com que se tem procurado esconder desígnios nefandos e ilaquar-se[20] a consciência pública.[21]

AFRO

---

15. Nascido em Campinas (SP) e irmão de Francisco Glicério (1846–1916), foi deputado na 17ª Legislatura da Assembleia Provincial de São Paulo, integrando as comissões de Redação e de Instrução, Educação, Catequese e Civilização dos Índios.
16. Manoel Ferraz de Campos Salles (1841–1913), nascido em Campinas (SP), foi um político de destacada importância, tanto no Império quanto na República. Foi vereador e deputado antes de ministro da Justiça (1889–1891), senador (1891–1896), presidente do estado de São Paulo (1896–1897) e presidente da República (1898–1902). É de se notar que nesse artigo ele é chamado apenas de Manoel Ferraz, sem o sobrenome que o distinguiu nas décadas seguintes.
17. Benedicto Ferreira Coelho foi deputado na 17ª Legislatura da Assembleia Provincial de São Paulo, integrando as comissões de Estatística e de Instrução, Educação, Catequese e Civilização dos Índios.
18. De agora.
19. Podres, desagradáveis.
20. Intrigar-se, confundir-se.
21. Na publicação original, ao final do texto vinha a indicação (*Continua*).

Capítulo 6
O porquê se deve descentralizar o ensino básico
Instrução pública VI[1]

Comentário *Artigo sobre os problemas da centralização administrativa na questão do ensino obrigatório. Afro-Gama retoma a análise da instrução pública desde a perspectiva internacional, restringindo-se ao exemplo da "França republicana de 1793". Para o autor, a centralização administrativa, "criada e fortalecida pela monarquia francesa", teria sido igualmente adotada pelos republicanos que tomaram o poder em 1789. O erro foi fatal. Ao não destruir um pilar da fundação monárquica, a centralização administrativa em matéria de ensino obrigatório, os revolucionários deram azo para que os reacionários restaurassem a realeza. A discussão, no entanto, deve servir para que tenhamos claro que o horizonte de expectativas que Gama conjecturava era o da revolução republicana. Falava aos liberais da Assembleia para que enfraquecessem a "administração onipotente" do presidente da província — e seu diretor de Instrução Pública — sobre a construção do novo "sistema de instrução primária" da província. Defendia que a "direção do ensino deveria ser entregue às municipalidades, corporações administrativas constituídas por eleição popular". A equação era difícil. O mesmo Afro-Gama que pedia maior intervenção do Estado na prestação obrigatória e gratuita de educação básica aos seus cidadãos argumentava, por outro lado, que o Estado central deveria ter sua esfera de ação severamente limitada. O horizonte de expectativa revolucionário no Brasil — assim sugeria Gama, um dos principais teóricos e militantes dessa agenda política — exigiria que não se falhasse onde "os reformadores revolucionários" franceses falharam, isto é, na não descentralização do ensino básico. Para tornar o argumento mais próximo da realidade paulista, Afro-Gama afirmava que a centralização era tão problemática que fazia um simples professor do interior distante ter de oficiar ao diretor geral da Instrução Pública, na capital, para que se conseguisse "um pote, uma caneca e alguns utensílios insignificantes para a sua não menos insignificante escola". Chama-se a atenção para o modo desenvolto com que o autor transita por temas da história política internacional e problemas comezinhos da vida interiorana da província. Comparar ambos cenários é, sem dúvida, um dos traços fundamentais da crítica política que fez dele, já na década de 1860, célebre tribuno na imprensa paulista.*

1. *Democracia* (SP), 22 de fevereiro de 1868, pp. 1–2.

Antes de tratarmos detalhadamente dos meios coercitivos de que deve ser secundada[2] a grande instituição do ensino obrigatório, porque, como já o dissemos, repetimos hoje, e não cessaremos de declará-lo nunca, para que o heléboro[3] salutar que encerra tão importante instituição se não venha a corromper e tornar-se em violento narcótico das liberdades sociais, exporemos ainda algumas considerações gerais sobre este grave assunto que encerra questões da maior transcedência, tendentes a abalar para sempre os rijos alicerces do amurado castelo em que dorme apavonada[4] a soberba aristocracia brasileira, de mãos dadas com o falaz[5] jesuitismo,[6] ou, quando não atendidas as legítimas aspirações populares, a perpetuar o feudal senhorio do clero e da nobreza, que nos oprime, envilece e deturpa, e que será o flagelo interminável das gerações por vir.

A França republicana de 1793, pela sua memorável convenção, ou antes, para não faltarmos com o acatamento devido à razão histórica, a convenção republicana, em nome da França deslumbrada pelas chamas da Revolução, conturbada pelos horrores inauditos[7] da guilhotina, desvairada pela cólera que lhe refervia no peito, comprimida pela fidalguia, pelo suplício retemperado pelos séculos, e insuflada pelo rancor tradicional que surgia por entre o fumo de antigas hecatombes; rancor que era o notável característico da própria convenção, lançando por terra o baluarte da monarquia que, como em toda a Europa, é o fulcro misterioso das oligarquias constituídas, levantou sobre os degraus do trono derrocado o altar da liberdade ensanguentada.

Deste modo a centralização administrativa, criada e fortalecida pela monarquia, círculo de ferro dentro do qual estorceu-se[8]

2. Propiciada, favorecida.
3. Ver n. 16, p. 82.
4. Presunçosa, vaidosa.
5. Ardiloso, enganador.
6. Doutrina moral e católica da ordem dos jesuítas.
7. Sem precedentes.
8. Contorceu-se, convulsionou-se.

por longos séculos a democracia, converteu-se, de improviso, em centro radiante de liberalismo que, de Paris, cimeiro[9] e altivo, sem consultar a vontade das províncias, dominava absoluto a França emancipada, e observava sobrenceiro o resto da Europa amedrontada.

A centralização egoísta, este leito de Procusto[10] em que os reformadores revolucionários mediram as novas instituições da França revoltada, porém nunca livre, foi o mais poderoso auxiliar que encontraram os restauradores da realeza, que a restabeleceram facilmente sobre os alicerces não destruídos das instituições antigas.

O ensino obrigatório instituído pelo feudalismo nos estados de Orléans, intacto e sem alteração alguma, foi o mesmo adotado em maior escala pela convenção, em 25 de dezembro de 1793, e disseminado por toda a superfície da França.

Foi o mesmo dédalo[11] administrativo, apenas dilatado pelo patriotismo delirante.

Verdade é, porém, que, desde então, não sabemos se por astúcia ou por escárnio, entendem uníssonos todos os liberais pacíficos, bem definidos, progressistas e moderados, de acordo com os conservadores de todas as mesclas, que a centralização administrativa é o salvatério[12] dos povos livres e a última palavra da civilização moderna, mormente[13] em matéria de instrução primária, por amor da indispensável uniformidade de método...

9. Orgulhoso.
10. Referência da mitologia grega que remete ao personagem Procusto, bandido que possuía uma cama de ferro e obrigava as pessoas que capturava a nela deitarem. Quem fosse maior que a cama, teria suas extremidades cortadas, quem fosse menor, seria esticado até caber no leito. A metáfora, nesse contexto, é relida como representação da inflexibilidade e intolerância dos "reformadores revolucionários" no controle da centralização governamental e das instituições políticas.
11. Personagem mitológico grego a quem atribui-se a invenção do labirinto. A expressão pode ser lida, nesse caso, diretamente como labirinto.
12. Expediente, recurso retórico.
13. Sobretudo, principalmente.

Nós, porém, que somos democratas, porque aceitamos de convicção os princípios democráticos até as suas derradeiras consequências, e não porque tenhamos em mira subir ao poder ilaqueando[14] a boa-fé e as crenças sinceras do povo ignorante, combatemos de frente a centralização administrativa, principalmente nesta grave questão do ensino obrigatório, em que as sugestões capciosas do governo, emissário da corrupção que impera no alto, podem facilmente infeccionar os sãos preceitos da lei e nulificar completamente as legítimas aspirações populares.

E tanto mais nos devemos esforçar pelo total aniquilamento das doutrinas centralizadoras, relativamente a este objeto, quanto é certo que a regulamentação das leis, em nosso país, por um abuso grosseiro, antigo, inveterado[15] e altamente ilegal, está confiada ao Poder Executivo, por criminosa delegação das Assembleias omissas, que forram-se[16] escandalosamente ao mais sagrado dever, que pressurosos[17] foram solicitar à porta da cabana rústica do agricultor e do artista.

É vergonhoso, é degradante, é triste de dizer-se, porém forçoso não ocultá-lo, em face da verdade que nos observa: as nossas Assembleias têm sido o patíbulo[18] das grandes ilustrações. Os seus anais volumosos deparam à vista dos leitores curiosos empoladas preleções de guindada[19] retórica em palavrões campanudos,[20] e... uma legislação irrisória, que suprem as coleções de bernardices[21] confeccionadas por seletos jurisconsultos. Tudo o mais é obra da administração onipotente, de quem são os de-

14. Confundindo, enganando.
15. Arraigado.
16. Livram-se.
17. Ansiosos, ávidos.
18. Lugar, geralmente um palanque montado a céu aberto, onde se erguia o instrumento de tortura (forca, garrote ou guilhotina) para a execução dos condenados à pena capital. A metáfora sugere que o parlamento esmaga, aniquila, enforca "grandes ilustrações", isto é, inteligências e talentos.
19. Pedante.
20. Rebuscados, pomposos.
21. Disparates, despautérios.

putados criados[22] graves, curvados pelo interesse e pela lisonja, ou inimigos acérrimos[23] por motivos ignóbeis,[24] quando não torpes.

Nos países livres em que, como no Brasil, se diz, porque a lei o consagra, que todos os poderes políticos são delegações da nação, a centralização administrativa é um atentado iminente; atentado permanente, que se estende ameaçador do norte ao sul do império pela reprodução de violações consecutivas, que ferem pelos fundamentos as instituições liberais.

A direção do ensino deve ser entregue às municipalidades, corporações administrativas constituídas por eleição popular e que, unidas às Assembleias Provinciais, podem e devem coartar,[25] senão impedir poderosamente as invasões perigosas do Poder Executivo, resistindo às suas imposições ilegais e mantendo ileso o elemento democrático.

No Brasil, onde o governo, a despeito das tendências populares e das rigorosas prescrições do direito escrito, ostenta com orgulho imperturbável e com afronta do decoro nacional a sua predileção pelo jesuitismo astuto e devasso, ao ponto de solicitar pública e oficialmente a sua imigração para o império, pela mediação dos nossos agentes diplomáticos, à custa dos cofres do Estado; onde os padres assoldados[26] pelo poder são empregados públicos subordinados às autoridades administrativas e judiciárias; onde os bispos, representantes da humildade e do ebionismo[27] professados sinceramente pelo carpinteiro de Nazaré, têm honras de príncipes, título de conselho, são comendadores e fidalgos, e vestem-se à guisa de mandarins da China ou de grão-paxás da Turquia; onde a Constituição política deixou de ser o

---

22. Serviçais.
23. Teimosos, inflexíveis.
24. Repugnantes, deploráveis.
25. Restringir, limitar.
26. Que recebe soldo, espécie de remuneração.
27. Referência ao movimento cristão ebionita, de matriz etíope, evocando pureza de crenças e convicções.

livro de leitura das escolas primárias e foi substituída sorrateiramente pelos compêndios ininteligíveis de inútil teologia, que nem os próprios padres entendem; neste país o ensino público, começando pelo primário, não deve estar ao cargo de um governo cujas vistas políticas são manifestamente contrárias aos princípios democráticos e aos vitais interesses e independência dos cidadãos.

Se o padre não quer ser livre, se não quer ser sacerdote, que continue muito a sua vontade no *honroso* posto de sumilher,[28] colocado de sentinela ao reposteiro[29] dos aposentos reais, porém, que lhe seja vedada, bem como a seu amo, a educação da puerícia[30] de hoje, que será a mocidade de amanhã, e a brilhante plêiade[31] dos futuros propugnadores das grandezas da pátria.

O sistema de instrução primária, manietado[32] pelas cadeias complicadas da enredada centralização, como infelizmente existe entre nós, deixa de ser difícil e inconveniente à força de ser ridículo e irrisório.

Quem poderá ler, sem rir-se à braga solta, um ofício do professor enviado pela judiciosa[33] mediação do inspetor do distrito de Franca, de Bananal ou de Botucatu, deprecando[34] ao dr. inspetor geral da instrução pública, na capital, um pote, uma caneca e alguns utensílios insignificantes para a sua não menos insignificante escola?

E é para cuidar de tão ridículas futilidades que se tem mon-

---

28. Serviçal, criado.
29. Espécie de guarda-roupas, vestiário.
30. O mesmo que crianças.
31. Grupo de pessoas ilustres, notáveis.
32. Preso.
33. Ponderada, sensata.
34. Ato escrito pelo qual a autoridade competente pede à outra que lhe cumpra ou ordene alguma diligência.

tada uma repartição pública? Repartição onde se escrevem por ano milhares de ofícios sobre potes, canecas, canetas, lápis e quejandas[35] frioleiras?[36]

Insistimos sobre este ponto porque escrevemos diante dos relatórios do digno sr. dr. inspetor geral da instrução pública.

O que nos seus trabalhos anuais notamos de grave, notável, sério e digno de valor, nunca mereceu a consideração do governo e da Assembleia Provincial, que sempre olharam com desdém para as indicações, aliás judiciosas, e maduras reflexões de S. S., porque seguramente possuíam cabal conhecimento da matéria.

Temos, portanto, que a inspetoria geral da instrução pública, na opinião do governo e da Assembleia Legislativa Provincial, só é digna de apreço pelo que encerra de irrisório e fútil.

É ela, pois, no conceito da governança, uma futilidade muito cara, que deve desaparecer para bem dos princípios democráticos e desenvolvimento e almejado progresso da instrução primária.

A difusão de repartições públicas centralizadas e dependentes só tem por fim dificultar a gestão dos negócios públicos, para satisfazer à vaidade e aos cálculos misteriosos dos governos, com irremediável prejuízo do povo, à custa de quem são mantidos com largas subvenções.[37]

AFRO

---

35. Similares.
36. Ninharias, coisas de pequeno valor.
37. Na publicação original, ao final do texto vinha a indicação (*Continua*).

Capítulo 7
Que o ensino primário seja uma realidade no Brasil
Instrução pública VII[1]

Comentário *Embora seja a última parte da série "Instrução pública", não é o fim da participação de Afro-Gama no debate sobre o direito e a reforma da educação básica na província de São Paulo. Nesse artigo, responde aos conservadores e aos chamados liberais-moderados: sinal inequívoco de que suas ideias furaram a blindagem e tiveram repercussão entre seus mais encarniçados adversários. As opiniões do* Diário de São Paulo, *voz dos conservadores paulistas, seriam "desconchavos emaranhados a esmo" que, "em tom dogmático", se resumiam a "sofismas grosseiros, objeções incongruentes, que se destroem reciprocamente". Recapitulemos o conceito de educação básica que o autor desenvolve. Sabemos que ele analisa o quadro geral como o grande embate entre forças despóticas e democráticas; e que a monarquia e o clero são faces do mesmo reacionarismo autocrata, ao passo que as hostes democráticas são radicalmente populares, revolucionárias e republicanas. Nesse sentido, argumentou Afro-Gama, a instrução primária gratuita, universal, obrigatória e descentralizada, acompanhada da liberdade de ensino, seria a chave da emancipação individual e social do cidadão brasileiro. Agora, na sétima e última parte desta série, Afro-Gama adiciona um elemento para sua definição de educação pública. Reforçando a ideia de separação completa da "liga monstruosa" entre Igreja e Estado, assunto decisivo para a grande política da época — em uma frase, "deixando o governo de ser religioso e a Igreja de ser política" —, defendia que não bastava que o ensino público fosse "inteiramente leigo"; era necessário "que a vitaliciedade dos professores" também fosse "eliminada dos códigos de instrução primária". "A vitaliciedade", novamente nos dizeres de Afro-Gama, fechava "as portas do magistério ao concurso das aptidões" e dava ensejo para a prática do nepotismo, "o maior inimigo das inteligências esclarecidas". Democracia fazia sua parte. O leitor contemporâneo talvez se espante em algumas passagens, dada a carga teológico-política e o ecletismo, às vezes superficial, aliás próprio do formato da imprensa, no cotejamento de assuntos, jurisdições e temporalidades. No entanto, deve notar que Afro-Gama tinha uma ideia de educação pública bem definida e coerente, o que o qualifica, sem dúvida, como um entre os mais argutos intérpretes e artífices da história da educação no Brasil.*

1. *Democracia* (SP), 21 de março de 1868, pp. 2-3.

Tendo nós metido peitos à mui árdua, porém gloriosa tarefa de discutirmos a reforma da instrução primária nesta província, sustentando em todos os seus pontos as doutrinas democráticas, únicas que reputamos verdadeiras, concernentes a esta grave questão, já muito estudada e debatida por publicistas de elevada reputação, na Europa e na América, havíamos, de antemão, feito cabedal[2] de documentos históricos e noções filosóficas para combatermos os robustos opositores das ideias que esposamos e temos, ainda que mal, sustentado na arena da imprensa; e aguardávamos a conclusão do certame[3] travado com valor entre as ilustradas redações do *Diário de São Paulo* e do *Correio Paulistano*, para dizermos a nossa fraca opinião sobre assunto de tanta magnitude.

Somos, porém, hoje, mau grado nosso, forçados a desistir do intento que tínhamos em mira; porque infelizmente, à vigorosa e brilhante argumentação extraída dos mais abalizados escritores, aduzida e sustentada catedralmente[4] pelo *Correio Paulistano*, a sabedoria do *Diário* contrapôs, em tom dogmático, sofismas grosseiros, objeções incongruentes, que se destroem reciprocamente, e sáfaros[5] disparates, tão palpáveis e tão absurdos que ninguém os poderá responder, com sisudez, sem degradar a própria inteligência, por apoucada que seja.

O artigo editorial inserto no *Diário* de 27 do mês passado, sobre ser uma agregação irrisória de desconchavos emaranhados a esmo, que só a irreflexão de espíritos enfermos preocupados na descoberta da pedra filosofal poderia inventar, ou o mais soberano desprezo do público, com escárnio do bom-senso, ousaria dá-lo à estampa, comprova cabalmente a incapacidade moral de seus desvairados autores para misteres de público interesse; misteres de que tais escritores apenas tratam acidentalmente enquanto podem servir às sôfregas ambições que os desatinam, e

2. Por sentido figurado, levantamento de materiais.
3. Desafio, debate.
4. Relativo à cátedra e ao conhecimento que a cadeira professoral simboliza.
5. Toscos, grosseiros.

às aspirações misteriosas do partido político a que estão ligados, não por dedicação sincera, mas por motivos pouco confessáveis, que o decoro manda calar.

Dispensados, pois, como estamos, desta importante parte de tão penoso trabalho, vamos continuar na exposição de nossas ideias sobre a matéria do ensino primário.

Propugnadores acérrimos[6] das ideias liberais, encetamos[7] este artigo declarando guerra de morte contra a centralização administrativa, que tem manietada[8] a grande instituição do ensino primário.

A instrução primária é a pedra angular do grande edifício da moral social. Ela deveria estar exclusivamente entregue à ação popular, sem a menor intervenção da autoridade pública; nos países, porém, em que ostenta-se vaidoso o *governo representativo*, como no Brasil, contentamo-nos em querer que a inspeção do ensino primário seja devolvida às municipalidades, restaurada a doutrina do artigo 70 da Lei de 1º de outubro de 1828.[9]

Não contestamos uma só das virtudes de que fazem alarde os governos representativos; queremos até crer que eles possuem uma moral especialíssima, mormente[10] os que, como o nosso, mantém uma religião de Estado para benzer as leis e consagrar a pena de morte; o que não podemos consentir é que o ensino esteja entregue inteiramente àqueles que, dizendo-se delegados do povo

---

6. Obstinados, decididos.
7. Iniciamos.
8. Presa.
9. Na seção de posturas policias, que cuidava de medidas organizadas e reguladas a nível local, encontra-se a inspeção de estabelecimentos de educação e de caridade. Cf. Art. 70. "Terão inspeção sobre as escolas de primeiras letras e educação, e destino dos órfãos pobres, em cujo número entram os expostos; e quando estes estabelecimentos e os de caridade, de que trata o art. 69, se achem por lei ou de fato encarregados em alguma cidade ou vila a outras autoridades individuais ou colectivas, as Câmaras auxiliarão sempre quanto estiver de sua parte para a prosperidade e aumento dos sobreditos estabelecimentos."
10. Sobretudo, principalmente.

soberano, rodeiam-se de baionetas e de peças de artilharia para compelirem os seus constituintes a manterem tão *espontânea delegação*.

Queremos, mais ainda, que o ensino primário seja inteiramente leigo; e que a vitaliciedade dos professores seja eliminada dos códigos de instrução primária.

A vitaliciedade fecha as portas do magistério ao concurso das aptidões e dá largas ao nepotismo, que é o maior inimigo das inteligências esclarecidas; eleva a ignorância pelo favor e deporta a ilustração como perniciosa.

Tal sistema pode ser utilíssimo aos governos astuciosos; mas é altamente prejudicial às aspirações democráticas, que sustentamos.

Descentralizado, pois, o ensino primário e devolvida sua inspeção às municipalidades, e restituída, assim, parte de suas importantes funções, usurpadas pelo imperialismo, conseguir-se-á duplo benefício: enfraquecimento da autocracia administrativa e distendimento[11] da ação municipal, que são as alavancas dos poderes democráticos.

No tocante ao que é exclusivamente peculiar à importante instituição do ensino primário, são incontestavelmente as municipalidades as mais adequadas gestoras; porque, além de, pelo seu caráter essencialmente popular, como por estarem colocadas no seio dos administrados, satisfazerem mais de pronto as necessidades urgentes desse ramo de serviço do Estado, recebem do povo pronta, enérgica e salutar correção de seus desmandos e vícios de organização; sanção esta de imenso alcance, que se não poderá jamais aplicar às autoridades estabelecidas pelos governos onipotentes, e irresponsáveis de fato, como temo-las. Além de que as úteis providências porventura emanadas de semelhantes

---

11. Que se estende, que aumenta o alcance.

governos, retardadas pelas voltas e desvios difíceis das emaranhadas ambages[12] da centralização administrativa, tornam-se ineficazes e de nenhum proveito.

Já o dissemos uma vez, e repetimos hoje: uma das principais causas, senão a primordial, do notável atraso da instrução primária no império é incontestavelmente a liga monstruosa do Estado com a Igreja. Liga fatal à liberdade e ao povo; ao direito e à justiça; à consciência e à razão. Lamentamos que esta verdade, tão patente, não tenha ainda sido abraçada pelo espírito público e principalmente pelos legisladores que sustentam princípios democráticos.

Se as ficções pueris, de que são causa a tiara[13] e o cetro,[14] não dominassem ainda os homens mais proeminentes da nossa degradada sociedade, o projeto de reforma da instrução primária, que se discute na Assembleia Legislativa desta província, não teria transformado os vigários em inspetores natos de ensino nas suas paróquias.

Onde mais claramente se manifestam as funestas consequências desta monstruosa aliança, celebrada em nome da perfídia, é exatamente na educação civil e moral da puerícia[15] e dos povos; porque como fruto desse escandaloso conúbio,[16] dão-nos padres corrompidos e administração claustral.[17]

Àqueles, aviltando os santos preceitos religiosos, que deveriam manter ilesos, vendem a virtude de seus dogmas à desenfreada cobiça dos governos; esta, corrompendo as religiões, em proveito próprio, sacrifica a liberdade dos povos para dar cultos à venalidade.

12. Evasivas, subterfúgios.
13. Refere-se indiretamente à tiara papal, espécie de coroa que simboliza o poder do papado.
14. Nesse caso, remete ao bastão-símbolo de poder do imperador e, por extensão, do regime monarquista.
15. O mesmo que crianças.
16. Matrimônio, vínculo estreito.
17. Por metonímia, o próprio convento ou monastério.

Os poderes, assim avassalados, tornam-se incapazes da missão augusta de que se fizeram cargo. Os governos abdicam o direito, sacrificam a justiça e, perdida a razão da sua existência, precipitam-se nos braços do despotismo. O clero substitui o Evangelho pelas ordenações criminais; abandona os santuários e agrupa-se em derredor dos cadafalsos,[18] para injuriar a vítima ao pé do sacrifício.

A união destas duas entidades, como no-lo atestam os exemplos incontestáveis da história, é a imoralidade em ação permanente; é o fanatismo com duas caras, disputando as honras de Jano[19] moderno; é a hipocrisia mascarada sobre os altares do cristianismo; é o absolutismo de samarra[20] sobre os tronos; e, finalmente, o rei de copa d'asperges[21] e o sacerdote de cutelo[22] à cinta.

A direção do ensino primário, entregue à esta sinistra dualidade, produziu, no passado, senhores e escravos, grandes e pequenos, poderosos e fracos, vítimas e sacrificadores. No presente, é a causa primordial de todas as desgraças sociais. No futuro, há de vir a ser o motor da completa humilhação do povo e a divinização de todos os absurdos.

Para que o ensino primário seja uma realidade no Brasil, é absolutamente necessário apagar-se um borrão indelével que, entre muitos outros, avulta nas páginas da Carta constitucional. É o artigo 5º dessa lei jesuítica.

Deixando o governo de ser religioso e a Igreja de ser política, a missão evangélica será uma realidade, a moralidade pública não

---

18. Lugar, geralmente um palanque montado a céu aberto, onde se erguia o instrumento de tortura (forca, garrote ou guilhotina) para a execução dos condenados à pena capital. O mesmo que patíbulo.
19. Divindade romana das mudanças e transições representada na iconografia como uma figura de duas faces, uma voltada para trás e outra para frente.
20. Espécie de túnica ou bata vestida pelos clérigos.
21. Espécie de utensílio litúrgico próprio para aspergir, borrifar água benta.
22. Instrumento cortante empregado outrora em execuções por decapitação.

precisará mais ser guardada por atalaias[23] de roupeta,[24], freiras pudibundas, frades donzeis[25] nem por janízaros[26] de bentinho[27] e casula.[28] A liberdade de consciência será o sacrário[29] da moral; a liberdade de ensino fará a polícia das escolas; a liberdade de cultos velará perpetuamente à porta dos templos; e o povo livre não terá jamais que dobrar o joelho diante de estafermos[30] da mentira, do embuste e da superstição.

A consciência emancipada será o liame único entre o céu e a terra. Deus será sempre Deus, e os homens livres.

Sobre esta questão vital dos povos, que aspiram sequiosos à sua completa emancipação, já o muito ilustrado sr. Guizot[31] disse a última palavra. E nem há tachá-la de suspeita; porque o sr. Guizot é um dos homens mais eminentes do mundo, não só pelo seu elevado saber, como pela sua acrisolada[32] moralidade; e é além disto um dos chefes mais considerados do Partido Conservador em França. Conservador de todos os tempos, ideia personificada pela firmeza de princípios, rochedo inabalável no seio das agitações políticas de seu país, não poderá, certamente, ser contrariado pelos nossos adversários.

---

23. Sentinelas.
24. Batina.
25. Dóceis, castos.
26. Capangas, guarda-costas de déspota.
27. Espécie de escapulário, objeto de devoção feito de dois saquinhos de pano, contendo orações escritas, ou outros elementos, que os devotos trazem pendurados ao pescoço.
28. Uma das vestimentas que o sacerdote católico usa para celebração de missa.
29. Cofre, santuário.
30. Estorvos, indivíduo que embaraça, atrapalha a ação de outrem.
31. François Guizot (1787-1874) foi um historiador, político e estadista francês. Mencionar Guizot, nesse contexto, não se justifica apenas por sua posição no espectro ideológico, que o autor em seguida descreve, mas também por ter ele sido um destacado ministro da Educação na França ao longo da década de 1830, sendo uma voz respeitada igualmente no plano das ideias e da administração pública.
32. Apurada, aperfeiçoada.

Eis as suas palavras: "Em matéria de ensino, o Estado não é, nem pode ser outra cousa, senão leigo".³³

Esta meditada sentença, que é uma verdadeira emanação evangélica posta milagrosamente nos lábios de um hebreu intolerante, escava profundo abismo entre a Igreja e o Estado.

Os que pretenderem nulificá-la, combaterão contra si próprios. Padres ou leigos sacrificarão a verdade às ambições condenadas; alienarão a soberania da religião e violarão os direitos dos povos.³⁴

AFRO

---

33. A referência às palavras de Guizot vem, provavelmente, do discurso de Victor Hugo na discussão do Projeto de Lei da Educação na Assembleia Nacional francesa. Hugo citou textualmente essa mesma frase, aqui traduzida ao português — é plausível — pelo próprio Afro-Gama. Cf. n. 5, p. 139.
34. Na publicação original, ao final do texto vinha a indicação (*Continua*).

PARTE IV

CARTA ABERTA AO DEPUTADO LIBERAL TITO MATTOS

NOTA INTRODUTÓRIA   *Afro-Gama permanece na trincheira do bom combate pela educação pública gratuita, obrigatória e universal. Uma semana após o fim da série "Instrução pública", o autor mudaria o direcionamento de seu manifesto. Falaria, através de uma cara aberta, diretamente a um deputado. Não localizei réplica de Tito Mattos, o deputado a quem Afro-Gama contestava em público. Talvez exista em algum dos muitos periódicos que sobreviveram para contar história. O mais provável, contudo, é que cada um tenha usado armas distintas: Afro-Gama nas páginas da* Democracia *e Mattos na tribuna da Assembleia Provincial de São Paulo. Na primeira carta, Afro-Gama respondia um discurso que o deputado Mattos realizou na sessão de 13 de março de 1868. Nas cartas seguintes, a lógica deve ter sido a mesma. A razão da escolha do contendor, contudo, não é clara ao leitor contemporâneo. Afinal, Mattos não era membro da Comissão de Instrução Pública e nem possuía proeminência no Partido Liberal. De todo modo, é a Mattos a quem ele volta as baterias. Além do argumento pela liberdade de ensino e do ensino primário gratuito e obrigatório, temas comentados anteriormente, as três cartas também guardam informações valiosas sobre os passos de Luiz Gama, assim como sobre a história das lutas populares no Brasil do século XIX.*

Capítulo 1
Crítica ao projeto de reforma do ensino primário
Carta ao exmo. sr. deputado dr. Tito A. P. de Mattos l[1]

Comentário   *O mote desse trecho da carta é o discurso "ultraconservador" que o deputado Mattos realizou na sessão de 13 de março de 1868. Afro-Gama continua a exposição do programa educacional da Democracia e detalha aspectos do ensino gratuito, fazendo referência inédita às ideias socialistas como elemento formador de sua visão de mundo. "A gratuidade do ensino estabelece na escola (...) os laços indissolúveis do socialismo hodierno", disse o autor, como a dar sinais de que uma vinculação sua com a Internacional Comunista, coisa de que foi acusado em 1871, não seria de todo improvável. Demarcando a radicalidade de seu anti-imperialismo, Afro-Gama organiza, num parágrafo síntese, uma unidade coerente de lutas antimonárquicas brasileiras que lhe serviam de inspiração para as batalhas do presente. Assim, vai da Inconfidência Mineira de Tiradentes (1792), personagem histórico a quem dedicou uma elegia, até as lutas da Farroupilha (1835); passando antes pelas batalhas da independência do Brasil ocorridas na Bahia (1823) e pela Confederação do Equador (1824). Recuperar as lutas passadas tinha o nítido objetivo de explicitar que muita gente de valor via a monarquia como uma forma de governo repugnante e atrasada, incompatível com a "democracia cristã" a que o autor fazia referência como modelo a ser construído. Todavia, a carta aberta ao deputado Tito Mattos tem outras informações que interessam ao leitor de hoje. A dado momento do acalorado debate político, o chefe da redação da Democracia deixou algumas pistas sobre a sua autoria. A citação ao "insuspeito e respeitado" conselheiro Furtado de Mendonça, de quem Luiz Gama era amigo íntimo e compadre, não pode passar despercebida. A ela se somam outras sugestivas menções que permitem identificar o nome civil do autor, que aqui se apresentava como homem simples, popular, "obscuro pelo nascimento, pela inteligência e pela pobreza, (...) posto no último grau da escala social". Não custa nada perguntar: que outro jornalista ou redator da imprensa paulistana poderia dizer algo semelhante?*

1. *Democracia* (SP), 28 de março de 1868, pp. 1-2. Tito Augusto Pereira de Mattos (1835-1917), nascido na província da Bahia, foi um político, advogado, delegado de polícia, promotor público e juiz de direito. Foi deputado provincial em São Paulo (1866-1869) e presidente da província do Maranhão (1889).

> O ensino obrigatório e gratuito unido à liberdade absoluta de ensino é tão forte elemento de regeneração dos povos, que ainda nenhum monarca o permitiu em seus estados.
>
> ALFIERI[2]

I

Grave é, sem dúvida, a questão que neste momento leva-me a incomodar a pessoa de V. Excia., tomando-lhe alguns instantes de sua preciosa atenção e de suas preocupações legislativas.

A discussão que se travou renhida na Assembleia desta província, da qual, sem contestação, é V. Excia. um dos vultos mais proeminentes, a propósito da apresentação de um importante projeto de reforma do ensino primário, proporcionou infeliz ensejo para que o seu brilhante talento, tantas vezes vitoriado[3] nas lutas gloriosas do pensamento, esposasse a causa odiosa, sustentada em todos os tempos pelos obreiros do erro, do fanatismo e da compressão.[4]

Se as ideias perigosas das quais V. Excia. voluntariamente se fez órgão houvessem partido de pessoa menos considerada na província, eu deixaria de combatê-las, certo de que cumpria um dever; sustentadas, porém, como o foram, com válida robustez, por V. Excia., mestre de direito, magistrado eminente, orador distinto, ilustração respeitada até pelos seus orgulhosos adversários políticos, corre-me a obrigação, como a todo bom democrata, de vir à imprensa, em nome do direito e da liberdade, protestar

---

2. Vittorio Alfieri (1749–1803) foi um dramaturgo, poeta e escritor italiano com obras sobre política, filosofia e crítica de costumes. As ideias anticlericais, antimonárquicas e jacobinas, temperadas pela sátira afiada, fizeram dele um autor lido e relido por gerações de pensadores, entre eles Luiz Gama, que o cita com frequência.
3. Aplaudido, aclamado.
4. Opressão, tirania.

energicamente contra a violenta ameaça feita, do alto da tribuna, contra os nossos princípios e contra o nosso partido, nas memoráveis palavras de V. Excia.

Os perigosos assertos, baseados em elementos ultraconservadores, de que V. Excia., animado de ardor tribunício, fez praça na sessão de 13 do corrente, são tanto mais dignos de eficaz reparo quanto é certo ser V. Excia. um dos mais respeitáveis membros desse partido legendário que, por tantas vezes, levado de entusiasmo pela causa sagrada da democracia, tem tomado armas no império, para defender, em sangrentos combates, os princípios liberais da Carta constitucional; e, por meio dos assassinatos em massa ateados pelo desvario revolucionário, levar de vencido o absolutismo ousado que, há meio século, cinge de crepe[5] as glórias da nação.

Homem do povo, obscuro pelo nascimento, pela inteligência e pela pobreza, que não detesto, posto no último grau da escala social, tenho hoje, conduzido pela fatalidade, de cumprir, perante V. Excia., a tarefa importante e honrosa de refutar os dois pontos capitais do seu belo discurso.

A causa da felicidade dos povos livres, exmo. sr. deputado, é a sua educação civil.

A futura grandeza dos países está escrita pela mão da Providência nas almas dos mestres.

O mestre é o apóstolo da civilização moderna: o seu evangelho é a Liberdade.

Os que, como V. Excia., eivados de antigos e funestos prejuízos, querem o mestre sempre atrelado ao carro triunfal da administração, isentam o governo do dever de instruir a puerícia[6] abandonada e detestam revoltados a liberdade absoluta do ensino; querem, sem o confessar, a degradação do povo pela ignorância, o encarceramento do espírito pela subserviência ener-

---

5. Luto, tristeza.
6. O mesmo que crianças.

vadora,⁷ servem apressurosos⁸ à causa péssima do despotismo, escudam⁹ a estupidez em luta aberta com o progresso e, desvairados pelo erro, intentam sobranceiros¹⁰ limitar as obras magníficas do Criador.

A escola é a grande oficina em que se preparam os grandes espíritos e se aprestam¹¹ as aptidões notáveis.

Três são as instituições necessárias para a realização deste pensamento máximo:

I. Ensino primário obrigatório;

II. Ensino gratuito;

III. Liberdade absoluta de ensino.

A primeira e a terceira destas instituições partem de um ponto comum: baseiam-se nos inalienáveis direitos do homem, fruto da maior das revoluções por que¹² tem passado a humanidade.

A segunda é o cumprimento restrito de um dever social.

A obrigatoriedade do ensino, viciada na prática pelas monarquias da velha Europa, funda-se no direito inauferível do menor, não menos sagrado que o do pai. É uma tradução fiel dos princípios de igualdade social, uma das três colunas que sustentam o edifício da democracia cristã.

A gratuidade do ensino estabelece na escola, que é o berço da inteligência, os laços indissolúveis do socialismo hodierno; é a confraternização em gérmen;¹³ a união frágil dos primeiros elos morais de que a virilidade esclarecida formará no futuro a grande cadeia de aço do patriotismo universal.

7. Que enerva, irrita, impacienta.
8. Apressados.
9. Protegem, defendem.
10. Arrogantes, presunçosos.
11. Preparam.
12. Pela qual.
13. Estágio inicial do desenvolvimento de um organismo.

A liberdade absoluta do ensino é nada menos do que uma religiosa homenagem prestada pelo direito escrito à magna causa da liberdade de pensamento.

A coartação[14] deste princípio inderrogável[15] importa a violação culpada de um direito natural, aliás respeitado pela monarquia irresponsável, na Carta constitucional: é a revolução pregada pelo poder contra o povo, contra a razão e, o que ainda é mais admirável, contra a sua própria obra. E V. Excia. não ignora que só aos loucos é permitido guerrearem-se a si próprios.

Sabe perfeitamente V. Excia., e nenhum homem ainda que pouco instruído o ignora, e apenas de uma parte espíritos atilados[16] versados nas tricas astuciosas de hipocrisia vilã[17] fingem não compreender, e de outra parte a ingenuidade pusilânime amedrontada pelas sugestões hiperbólicas de exageradas conveniências de ordem pública repele horrorizada, que a lamentável ignorância em que dormita manietado[18] pelos sentidos o admirável colosso da América meridional, que se chama Nação Brasileira, encerra um sinistro pensamento político há muitos anos meditado e desenvolvido pelo governo de Tântalos,[19] que o tem dominado.

É o fruto de um tenebroso plano semiteocrático, habilmente concertado nas trevas de misteriosos gabinetes, entre a visão do altar e a máscula cobiça dos tronos.

---

14. Restrição, limitação.
15. Que não se pode derrogar, invalidar, desfazer.
16. Sagazes, perspicazes.
17. Indigna, desprezível.
18. Amarrado, preso.
19. Figura mitológica grega que, nesse caso, simboliza a extrema imprudência de um governante.

É a sentença de morte, proferida pela fatuidade[20] intumescida[21] nos conciliábulos[22] secretos da aristocracia, sobre as consciências revoltadas contra a imoralidade dos governos.

É a irrisória apoteose da corrupção e da torpeza celebrada com pomposas festas nas albufeiras[23] hediondas do vício, pela clerezia[24] erótica, em aplauso da baixeza e da venalidade.

É o complemento criminoso, o remate ignominioso[25] desse ato repulsivo, mancha indelével posta nas páginas da história da Igreja, pelo qual os cristãos foram proibidos formalmente, sob cominação[26] de penas severas, de lerem e estudarem os livros Santos da Bíblia, e em virtude do qual foram lançados no índex,[27] como perigosos e subversivos das doutrinas romanas, os edificantes preceitos e as palavras sublimes do Divino Mestre. Ato inaudito[28] e escandaloso que acoimou[29] de "heréticas"[30] as doutrinas de S. Paulo; os conselhos dos Santos padres e as afirmações preclaríssimas dos apóstolos, que desenvolvem, explicam e confirmam os altos preceitos dos sagrados Evangelhos, base única e imutável do cristianismo.

Para provar claramente à V. Excia. a existência de um plano de sediciosa[31] política, plano perigoso que tem por objeto exclusivo a inglória tarefa de reerguer no império os marcos, outrora

---

20. Vaidade, presunção.
21. Inchada, dilatada.
22. Reunião secreta e, por extensão de sentido aplicada ao caso, conspiração, trama.
23. Represas, lagunas. Por metonímia, local dado a represamento. O autor utiliza uma imagem natural para ilustrar seu ponto de vista.
24. Classe clerical, o clero.
25. Humilhante, infame, desonroso.
26. Imposição.
27. Antiga lista oficial de livros proibidos pela Igreja Católica, por serem considerados nefastos e perigosos à fé e à moral.
28. Sem precedente.
29. Tachou.
30. Relativo à heresia, espécie de despautério desrespeitoso à religião.
31. Revoltosa, insurgente.

derribados,[32] do despotismo odiento, aluído[33] pelo braço poderoso das revoluções, não recorrerei a declamações vãs, e aos sofismas cediços[34] das Assembleias Legislativas.

Vou diretamente à ciência que se ensina nas academias do império, onde V. Excia. estudou por seis anos e onde obteve dois pergaminhos, que são a causa de seu louvável orgulho literário.

É de uma importante obra do muito distinto e ilustrado sr. conselheiro Furtado de Mendonça,[35] autor sisudo, insuspeito e respeitado, que vou extrair um trecho para extasiar à V. Excia:

> Remover os obstáculos aduzidos pelas tradições históricas, quando as frações territoriais têm formado Estados independentes, com suas leis e dialetos, princípios e magistrados, glórias e revezes distintos, é obra do tempo; porque a administração não pode mandar nos caracteres, hábitos, linguagem e reminiscências de um povo inteiro.
>
> É necessário influir na opinião, modificar os interesses, desenraizar costumes, oferecendo em troca dos benefícios da antiga existência local, outros maiores na coletiva moderna.

---

32. Caídos, derrubados.
33. Abalado, chacoalhado.
34. Podres, desagradáveis.
35. Francisco Maria de Sousa Furtado de Mendonça (1812-1890), nascido em Luanda, Angola, foi subdelegado, delegado, chefe de polícia e secretário de polícia da província de São Paulo ao longo de quatro décadas. Foi também professor catedrático de Direito Administrativo da Faculdade de Direito de São Paulo. A relação de Luiz Gama com Furtado de Mendonça é bastante complexa, escapando, em muito, aos limites dos eventos da demissão de Gama do cargo de amanuense da Secretaria de Polícia, em 1869. Para que se ilustre temporalmente a relação, tenhamos em vista que à época do rompimento público, aos finais da década de 1860, ambos já se conheciam e trabalhavam juntos há cerca de duas décadas; e, mais, Gama não rompeu definitivamente com Furtado de Mendonça, como erroneamente indica a historiografia, visto que em 1879 publicou o artigo "Aos homens de bem", defesa moral e política explícita do legado de Furtado de Mendonça. É de se notar, no entanto, que nesse artigo Afro demonstra conhecer não só a obra de Furtado de Mendonça, mas também características que só o convívio particular pode testemunhar e realçar.

Proteger a agricultura, as artes e o comércio, e um bom sistema de instrução pública serão profícuos para fazer trocar os sentimentos do egoísmo local pelo não menos veemente e generoso espírito nacional.

Estas expressões, ditadas por um espírito esclarecido, amadurecidas pelo estudo e analisadas pela reflexão calma e desprevenida, na paz de uma consciência despida de paixões políticas e de concepções odientas, encerram em síntese completa o inteiro mecanismo da feudal política do império. Nestas poucas linhas, está traçado o desenho formal da liberdade conquistada pelo sistema protecionista e da onipotência governamental.

O parágrafo que acabamos de transcrever é uma inscrição funerária gravada em letras de ouro sobre o túmulo da pátria. Ela indica à corrompida geração presente, que ali repousam as cinzas venerandas da morta liberdade de nossos avós.

As glórias avitas[36] dos estoicos[37] republicanos da Confederação do Equador; os louros virentes[38] de que cingiram[39] as frontes vitoriosas os denodados lutadores do pacto de Piratinim; os feitos memoráveis dos célebres comprovincianos do Silva Xavier;[40] o orgulho nacional que refervia no peito dos vencedores do valente general Madeira,[41] ateados pelo patriotismo indomável e pelas reverberações fecundas do Sol de Pirajá;[42] os juízes

---

36. Herdadas, recebidas por legado.
37. Valorosos, inflexíveis.
38. Que verdejam, viçosos, florescentes.
39. Cobriam.
40. Joaquim José da Silva Xavier (1746-1792), nascido na região de São João del-Rei (MG), foi dentista, militar e o revolucionário que passou à história como personagem-símbolo da Inconfidência Mineira (1789) e um dos mártires da luta pela independência do Brasil.
41. Inácio Luís Madeira de Melo (1755-1833) foi um militar português que se tornou personagem central nos eventos da Independência do Brasil na Bahia (1822-1823), quando comandava as tropas portuguesas expulsas de Salvador, Bahia, no dia 2 de julho de 1823.
42. Referência à Batalha de Pirajá (1822), importante confronto ocorrido nos eventos da Independência do Brasil na Bahia (1822-1823), no qual as forças brasileiras derrotaram as tropas portuguesas.

pedâneos;[43] os magistrados eletivos; os comícios populares; a liberdade do comércio; a independência da lavoura e dos artistas, nada mais hoje são do que uma tradição histórica, que vive obscura sob a proteção do Poder Executivo. O famoso gigante da América do Sul, sobre todas as felicidades que lhe depara a providencial administração, contra a de ter um senhor.

A influência do governo, habilmente manejada sobre a opinião, a modificação dos costumes e dos interesses locais, a proteção à agricultura, às artes e ao comércio e *guapo*[44] *sistema de instrução* adotado em todo o império, substituíram de há muito a índole, a independência e as glórias desta grande nação.

A nenhum governo contesto a faculdade de restringir, em nome das conveniências próprias, sob pretexto simulado de "utilidade pública", os direitos de seus administrados; porque semelhante faculdade se esteia soberana nos contos[45] das lanças, no gume das espadas e nas plataformas dos cadafalsos.[46]

Tem por si a eloquência insuperável dos canhões, o broquel maleável da lei e a lôbrega[47] impassibilidade do algoz.

Neste ponto estou eu inteiramente de acordo com os sábios criminalistas que fazem consistir o delito "na vontade inteligente e livre" da pessoa que o pratica e jamais no fato material, desnudado das cogitações calculadas da malevolência, que caracterizam os delitos e qualificam os delinquentes.

O poder é inteligente e livre nos males que perpetra; perante Deus, cumpre o povo consciencioso um dever imprescindível, tachando-o de réu.

---

43. Referência aos juízes que eram mandados para servirem em lugarejos distantes e, por isso, viajavam trechos a pé. A expressão, nesse caso, representa os juízes sem luxo, ambição ou vaidade.
44. Belos, valentes. Não é necessário sublinhar que o autor se utiliza de uma ironia cortante.
45. Peça inferior do cabo da lança.
46. Ver n. 18, p. 180.
47. Tenebrosa, tétrica.

Como o poder, são os deputados inteligentes e livres em manifestar o seu pensamento pela tribuna e pela imprensa.

Podem pedir, e até impor, entre torrentes de sedutora melodia, a destruição da liberdade, em nome da ordem, do direito e da moral.

A nós, porém, homens do povo; a nós, mandantes soberanos, corre o dever imperioso de julgá-los, como violadores do mandato e da independência de seus constituintes.

O discurso proferido por V. Excia. na sessão de 13 do corrente, com aplauso unânime dos emperrados[48] conservadores, é a confissão solene da sua aversão jurada aos princípios democráticos que prometeu defender.

É uma ostensiva profissão de fé, registrada em letras maiúsculas nas bandeiras, que o aguardam, do partido absolutista; é o credo formal dos brâmanes[49] políticos do Brasil.

V. Excia., com o seu notável discurso, fez jus às adesões sinceras dos dois grandes partidos políticos que se debatem no Império.

Os únicos prejudicados, e que ficam em guerra aberta com as ideias de V. Excia., são os verdadeiros democratas; os proscritos[50] do poder e exilados das graças políticas do Estado.

Nós, porém, aguardamos pacientes o grande dia da restauração da liberdade; o dia da confraternização dos povos.

Peregrinos do progresso, prosseguimos em a nossa penosa romagem,[51] através das galas[52] sedutoras do presente, entre as quais se oculta a escravidão.

Ao terminar estas linhas, devo esclarecer à V. Excia. que sou forçado a ocultar o meu nome próprio, que lhe é assaz conhecido, por ser menos obscuro o pseudônimo de que uso, o qual encerra

---

48. Teimosos, obtusos.
49. No sentido de casta; remete à ideia de uma classe pretensamente superior no contexto de uma sociedade estratificada.
50. Banidos.
51. O mesmo que romaria.
52. Ostentações.

uma tradição memorável; e que, ao escrevê-las, tive sempre à vista a distância que medeia[53] entre a pessoa sempre respeitável do deputado e as suas ideias, que são de propriedade pública.

Só a estas me assiste o direito de combater, e creio ter cumprido sinceramente o meu dever.

AFRO

---

53. Separa, divide.

Capítulo 2
Eles não querem um camponês letrado
Carta ao exmo. sr. deputado dr. Tito A. P. de Mattos II[1]

Comentário *A segunda parte da carta aberta ao deputado Tito Mattos reforça e reelabora conceitos tratados nos textos precedentes. Acrescenta, todavia, países latino-americanos e os Estados Unidos da América na análise comparativa do ensino primário obrigatório. Tornando a responder o discurso de Mattos realizado na sessão de 13 de março de 1868, Afro-Gama transita entre o espirituoso e o sóbrio para criticar o deputado que, em suas palavras, "vacilava taciturno entre as raias da democracia e os marcos do despotismo, levando aos ombros, aliás robustos, o pesado fardo da péssima causa que espontaneamente aceitou". A crítica era ferina. O deputado Mattos seria tanto "o Sol da Assembleia Legislativa desta província", quanto um novo "Cipião", "Catão" ou "Alexandre", vultos heroicos do mundo greco-romano que o autor certamente invocava para dar comicidade à tragédia perpetrada por aqueles "que querem que o camponês não saiba ler nem escrever". A referência a "Alexandre e o nó górdio", por exemplo, vale ser revisitada se se quer esmiuçar a autoria do chefe da redação do periódico Democracia. Como discutido na introdução deste volume, a metáfora fora utilizada por Gama em três diferentes artigos, entre novembro e dezembro de 1869, quando do episódio de sua demissão da Secretaria de Polícia da capital. Não era a primeira vez, portanto, que Afro-Gama se deparava com Alexandres.*

---

1. *Democracia* (SP), 04 de abril de 1868, pp. 1–3. Para a biografia de Tito A. P. de Mattos, ver n. 1, p. 185.

> Imaginem que teimava em ser cidadão
> independente em um país poderoso, onde
> já não havia senão vassalos fidelíssimos.
>
> ROGEAR²

II

Se é verdade que as Águias sublimes, depois de remontarem-se em altos voos, ao de cima das cumeeiras encanecidas³ dos Alpes, e de encararem de fito as reverberações deslumbrantes do luzeiro diurno, murcham as alas⁴ sibilantes⁵ e baixam rápidas a mirarem--se na superfície escura de lagoas enturvadas, e mergulham os pés aduncos na poeira esparsa dos desertos, não é menos certo que a ilustração, o civismo e o gênio, depois de se terem alpinoado⁶ às regiões supremas do pensamento e pairado em derredor do astro infinito do mundo moral, que é Deus, baixam, como Lusbel,⁷ Águia remontada do Paraíso das puras consciências, às trevas imensas do abismo eterno.

No mundo moral, como no mundo físico, três termos existem que assinalam a existência dos grandes pensadores. E nas válidas lutas políticas são eles tão vulgares e patentes, que fora loucura contestá-los.

---

2. Considerando a probabilidade de um erro tipográfico e o contexto da citação, possivelmente trata-se de referência a Jérôme-Dominique Bourgeat (1760–1827), general francês de grande participação nas Guerras Napoleônicas (1803–1815). Mantenho a grafia conforme o original na eventualidade de ter-me escapado a citação correta.
3. Embranquecidas.
4. Asas.
5. Espécie de ruído agudo produzido, nesse caso, pelo contínuo bater de asas das águias.
6. Relacionado a alpino, no sentido de elevado.
7. Lúcifer.

Muitas vezes os Catões[8] indomáveis dos parlamentos, os democratas inflexíveis, os corifeus[9] invencíveis do liberalismo, vencedores em todos os encontros da tribuna, heróis em todas as batalhas da razão e da palavra, laureados em todos os combates da imprensa, começam, como o Sol do mundo físico, e completam a sua carreira em um mesmo dia, e alguns há tão felizes que fazem rotação completa dentro do curto período de uma hora, entre os extremos aproximados de um breve discurso.

No exórdio[10] modesto, singelo e tênue de um belo discurso, enfeitados com as rosas peregrinas de apurado idealismo, trajam as galas purpurinas de sublimada aurora; durante a narração imponente pelo encadeamento de fatos surpreendentes que se entrelaçam constituindo maravilhas, atingem majestosos às regiões excelsas do zênite; e, após momentos solenes de êxtases magníficos, pelo íngreme declive de escorregadia peroração,[11] tombam no seio escuro do ocaso.

O exemplo vivo desta mal delineada figura, o exemplo notável da realidade, investida de cores naturais, acha-se estampado nas páginas do *Ypiranga* de 25 do passado. É o memorável discurso por V. Excia. proferido na sessão do dia 13, da Assembleia Provincial.

Há no Olimpo do poder, acima das sombras das regiões populares, no firmamento da suprema governação, homens predestinados, que simbolizam astros brilhantes.

Peço permissão à V. Excia. para sinceramente colocá-lo entre os exemplos vivos desta minha afirmação.

E se os há tão remotos e tardios, como *Netuno*, como *Urano*, como *Saturno* e como *Júpiter*, que consomem séculos, decênios

---

8. Referência a Marco Pórcio Catão (95-46 a.C.), político romano famoso por sua inflexibilidade moral. No caso, diz-se ironicamente de quem se ufana em ter princípios excessivamente rígidos e severos.
9. Metáfora que remete ao personagem-chave do teatro grego, destacando, provavelmente com ironia, a relevância política dos liberais no Brasil.
10. Prólogo, início.
11. Discurseira, falação fingida.

e lustros na sua longa e vagarosa peregrinação pelo infinito, outros existem de rápido giro e ligeiro movimento, como *Vênus* e *Mercúrio*, acompanhados sempre de um acrônico[12] incumbido pela Providência de assinalar no espaço a sua veloz passagem.

Para tais entidades planetárias, um discurso é o traço fatal de uma rotação completa. Fenômenos assinalados entre os sucessos memoráveis do *cosmos* político assomam[13] e [ilegível] numa hora; e, dentre elas, algumas há que, com a primeira premissa de um dilema, traçam a aurora de sua ascensão; com a segunda guindam-se radiantes no etéreo apogeu do vácuo representativo. Para precipitá-los no ocaso, basta a dedução lógica de uma conclusão.

Ao contrário de Deus, que das trevas tirou a luz, os homens políticos, feitos à sua imagem e semelhança, tiram das luzes da civilização moderna as trevas com que obscurecem o povo e as obras do Criador.

Inglória seria, por certo, a existência de semelhantes notabilidades se o deus previdente, criador do complicado universo político, antes de ter posto remate à sua feitura portentosa, não tivesse dado aos astros deste firmamento a cauda dos cometas, que os torna rememoráveis, ainda depois do seu desaparecimento.

V. Excia. é o Sol da Assembleia Legislativa desta província, do que deu prova exuberante com o seu aludido discurso.

Democrata no preâmbulo, despiu-se das faixas matinais e do gorro frígio,[14] e fez-se intolerante conservador durante a ríspida narração, e terminou como absolutista consumado no epílogo. Passou pelas vicissitudes de um formal eclipse.

---

12. Do jargão astronômico, remete ao movimento do astro que nasce ao pôr do Sol e/ou se põe quando o Sol nasce.
13. Aparecem, surgem.
14. Um dos mais importantes distintivos da Revolução Francesa (1789), o gorro (ou barrete) frígio tornou-se símbolo dos ideias republicanos.

Novo Cipião,[15] V. Excia. fez, na estreita arena da câmara provincial, no breve espaço de duas horas, mais do que o conquistador de Cartago[16] em largos anos.

Aos louros virentes[17] do Ticino,[18] soube unir com arte os estremecimentos de Canas,[19] e exaltar o seu renome pelos feitos celebrados da imorredoura Zama.[20] E por ter comprimido a liberdade, para triunfar de seus desafetos correligionários, também teve a sua Liternum,[21] de momentânea crise.

V. Excia. hasteou sobre a tribuna da Assembleia o estandarte romano e combateu a liberdade em nome do direito, da ordem pública e da felicidade comum dos brasileiros.

15. Refere-se a Cipião Emiliano Africano (185-29 a.C.), o Jovem, político e general romano que foi o comandante militar "conquistador de Cartago" no contexto da Terceira Guerra Púnica (149-146 a.C.).
16. Cartago foi uma antiga cidade no norte da África — próxima de onde atualmente se situa a cidade de Tunes, Tunísia —, que foi o centro da civilização cartaginesa até ser destruída pelo exército romano, liderado por Cipião Emiliano Africano (185-29 a.C.) na Terceira Guerra Púnica (149-146 a.C.). Potência econômica e militar, Cartago disputava com Roma o controle das rotas comerciais do Mediterrâneo.
17. No contexto, os louros virentes, isto é, que verdejam, que florescem, significam má ou boa sorte.
18. Referência à Batalha de Ticino (218 a.C.), confronto bélico ocorrido entre Roma e Cartago durante a Segunda Guerra Púnica (218-201 a.C.). A expressão que antecede essa menção — "louros virentes" — denota ironia, uma vez que tal batalha foi vencida pelos cartagineses liderados pelo general Aníbal (247-183 a.C.) em pleno território romano.
19. Referência à Batalha de Canas (216 a.C.), guerra travada entre o exército cartaginês e o exército romano no contexto da Segunda Guerra Púnica. Os "estremecimentos", no discurso do autor, sinalizam a ideia de perigo, tendo em vista que a batalha de Canas, posterior à de Ticino, igualmente vencida pelos cartagineses, significou uma dura ameaça ao poderio de Roma.
20. Referência à Batalha de Zama (202 a.C.), confronto decisivo ocorrido em território cartaginês que decretou o desfecho da Segunda Guerra Púnica, com o triunfo militar de Roma sobre Cartago, após duas décadas de conflitos bélicos.
21. Liternum foi uma cidade romana que abrigou uma colônia para veteranos da Segunda Guerra Púnica, entre eles, Cipião Africano (236-183 a.C.), o Velho, general e cônsul romano que foi protagonista de muitas batalhas da segunda Guerra Púnica.

Isto, porém, não me espantou a mim, porque já li em notáveis escritores que Verres[22] nutria o mais profundo respeito pelo direito de propriedade; que Átila[23] foi apologista da inviolabilidade humana; e que a França é hoje mais feliz sob o regime despótico de Napoleão III, do que quando governada pelo rei Luiz Philipe de Orléans. Notarei, apenas, que isto escrevem na França de hoje alguns panegiristas[24] assalariados, sem audiência nem outorga de mais de 37 milhões de amordaçados contribuintes.

Lamento contristado[25] que, para V. Excia., seja atentado inaudito[26] o obrigar-se os pais a darem instrução a seus filhos e, consequentemente, que seja uma virtude criá-los estúpidos, como presentemente acontece a duas terças partes da população brasileira, para honra e glória do sistema representativo que nos rege; sistema representativo para quem a liberdade de ensino é um mal consideravelmente prejudicial; porque a liberdade de ensino, no dizer de seus antagonistas, abrange e acoberta o vício e a imoralidade impuníveis do professorado independente!....

Bela doutrina, exmo. sr. deputado, seria esta se o governo tivesse a dita[27] de ser o único alfabeto neste vasto império.

O ensino primário obrigatório, que ao esclarecido e mui atilado[28] espírito de V. Excia. se afigurou tenebroso, como espectro medonho ante as públicas liberdades, pondo em iminente perigo a pátria e a Constituição, é, ao contrário, e eu o afirmo sem

---

22. Caio Verres (120-43 a.C.) foi um magistrado romano que passou à história como péssimo governante da Sicília (73-71 a.C.). A referência ao direito de propriedade remete a uma das denúncias que Cícero (106-43 a.C.) levantou contra Verres, acusando-o de dilapidar propriedades e saquear posses de habitantes da Sicília.
23. Átila (406-453), o Huno, foi chefe do povo Huno e imperador de uma confederação de povos guerreiros que se estendia do atual sul da Alemanha até o extremo leste do continente europeu.
24. No sentido de bajuladores.
25. Desolado, triste.
26. Sem precedente.
27. Fortuna, ventura.
28. Perspicaz, sagaz.

o menor receio de contestação possível, quando entregue aos esforços magnânimos do patriotismo inspirado por princípios democráticos, a poderosa alavanca do progresso posta nas mãos robustas do válido Arquimedes[29] do liberalismo.

Contra os raciocínios poéticos, aliás dignos do maior conceito, pela força de imaginação que revelam, mas despidos de base, porque contrapõem-se diametralmente à realidade incontestável da história, passo a demonstrar à V. Excia., com exibição de fatos, a completa improcedência de todos os seus argumentos.

Em França, onde hoje o povo recusa desconfiado o ensino primário obrigatório, por ver nele um perigoso presente do astucioso Ulisses,[30] que o domina, foi esta medida adotada no ano de 1560. Monopólio exclusivo do feudalismo, instrumento de capricho e compressão[31] da nobreza orgulhosa contra a plebe escravizada, era o meio infalível de levar às almas pueris erros grosseiros e superstições degradantes.

Em 1793, a convenção tomada de patriotismo elevou esta instituição à culminante altura de ato nacional. Amedrontada, porém, da influência perspicaz dos inimigos da República, que se agremiavam cautelosos no plácido silêncio das trevas, e desorientada pelas sugestões perigosas do poderio que exercia em todo o país, outorgado pelos terrores da revolução, vedou a liberdade absoluta do ensino: fez-se déspota em nome da liberdade e, desvirtuando completamente a grande obra da regeneração política da França, olvidou-se que o choque das opiniões produz revoluções morais, e que estas são as locomotoras do progresso. A monarquia, porém, que se levantou amedrontada sobre as ruínas fumegantes da grande República, que havia feito estremecer o mundo com a memoranda publicação dos direitos absolutos

---

29. Ver n. 3, p. 96.
30. Faz referência ao herói da *Ilíada*, Ulisses (Odisseu), quando este ofereceu vinho para o ciclope Maro que, tendo aceitado o presente, bebeu, adormeceu e foi enganado. A expressão, portanto, indica um presente que é pretexto para um ardil.
31. Opressão, tirania.

do homem, demoliu de pronto as escolas populares, abriu casas de ensino dentro dos muros dos quartéis e estabeleceu ginásios militares na praça pública.

É que o despotismo francês, desde o lobo exilado de Santa Helena,[32] até o desfaçado[33] perjuro[34] Napoleão III,[35] tem por baluarte inderrogável[36] a ignorância do povo e por defesa invencível as baionetas mercenárias.

Nos quartéis de França, os livros da instrução obrigatória, ali rigorosamente observada, são os registros das glórias militares do país e os compêndios sáfaros[37] da doutrina romana.

É assim que se tem elevado aquela grande Nação à categoria de moderna Babilônia.

Na belicosa Prússia, nova rival da França, as primeiras letras e a espada são as duas primeiras cousas que se deparam à criança e à juventude.

Ali foi adotado o ensino primário obrigatório por Frederico II,[38] no ano de 1763, e desenvolvido por todo o país com excessivo rigor; é hoje um dos mais sólidos apoios da monarquia.

Na Prússia é tão difícil encontrar um adulto não sabendo ler, como um cidadão.

Entre cem recrutas, por exemplo, encontram-se apenas três (termo médio) que não sabem ler.

Um oficial encarregado da instrução militar de Landwer, em Patsdam,[39] em doze anos, só recebeu três recrutas analfabetos.

32. Refere-se pejorativamente a Napoleão Bonaparte (1769-1821), líder político, comandante militar e imperador da França (1804-1814) que foi exilado por seis anos na ilha britânica de Santa Helena, onde morreu.
33. Descarado.
34. Que perjura, que trai o próprio juramento.
35. Napoleão III de França (1808-1873), sobrinho de Napoleão Bonaparte (1769-1821), foi presidente (1848-1852) e imperador da França (1852-1870).
36. Que não se pode derrogar, invalidar, desfazer.
37. Toscos, grosseiros.
38. Frederico II da Prússia (1712-1786) foi rei da Prússia por mais de quatro décadas.
39. Refere-se, provavelmente, a Postdam, atual Alemanha.

A despeito disto foi julgado o fato tão extraordinário e grave, que se ordenou um inquérito para perscrutar de sua causa e veio saber-se que os três recrutas eram filhos de barqueiros que, tendo nascido a bordo, haviam passado a vida em navegações contínuas, sem demorarem-se em povoação alguma.

No resto da Alemanha, segundo as afirmações insuspeitas do respeitável inglês, o sr. Partson, tem o sistema da obrigatoriedade sido perfeitamente recebido pelo povo e produzido ótimos e salutares efeitos.

Na Áustria, está em prática este sistema desde 1774, e sua exclusiva inspeção entregue à perniciosa clerezia,[40] que vive em causa comum com o despotismo real, para sopearem[41] o povo e conculcarem[42] a liberdade.

Na Baviera, em Baden, em Wurtemberg, na Saxônia-real, Ducado de Nassau, Grã-Ducado de Hesse, Hesse Eleitoral, Grã-Ducado de Maklemburg, Grã-Ducado de Oldemburg, Suécia, Noruega, Dinamarca, Suíça, Itália, existe o ensino obrigatório amplamente desenvolvido.

Na Espanha, trata-se de reformar e aperfeiçoar o sistema, no sentido de entregá-lo ao jesuitismo astucioso, para melhor garantia dos tiranos que ali reinam.

Em Portugal, embruteceram nossos irmãos a ponto tal que eles repelem horrorizados a escola, porque dizem ser dirigidas por maçons, homens torpes, inspirados pelo demônio, que trabalham em prol da depravação social e da proscrição[43] dos preceitos católicos...

No interior das províncias preferem, os pais e tutores, o oneroso pagamento de repetidas multas a mandarem às escolas os seus filhos e tutelados.

Contra a ignorância e contra o jesuitismo estão, de há muito,

---

40. Classe clerical, o clero.
41. Subjugarem, golpearem.
42. Pisotearem, espezinharem.
43. Proibição, extinção.

em renhida luta de cruzados, os srs. Alexandre Herculano,[44] conselheiro Antonio Feliciano de Castilho[45] e todos os liberais solertes,[46] que amam com estremecimento a democracia e a luz.

Na Turquia, onde o Sultão governa mais severamente com uma olhadura de revés do que Luiz Napoleão com seiscentas mil baionetas, os principados proclamaram a obrigatoriedade do ensino.

Nas Repúblicas transandinas,[47] figura o ensino obrigatório em todos os códigos de instrução primária; porque nos governos democráticos a estupidez é um vício mui grave de organização, que cumpre extirpar com supremo esforço.

A ignorância é a ponte posta entre a felicidade social e a escravidão.

É preciso que o povo constituinte, soberano, saiba que é em seu nome e por delegação sua que se governa, e que ele é o principal responsável por todos os abusos tolerados do poder.

Na República dos Estados Unidos da América do Norte, a primeira nação do mundo, por suas sábias e libérrimas[48] instituições, o ensino primário obrigatório, cimentado pelo espírito nacional, produziu tão úteis e extraordinários efeitos, dentro do prazo de cinquenta anos, que as suas leis constitutivas caíram no mais completo desuso.

Não há hoje, em todo vasto território da União Norte--Americana, um só pai de família que não tenha para si, como primeiro dever social, o de instruir seus filhos e agregados. Ali o ensino prende-se a uma convicção inabalável; é uma espécie de religião.

Foi esta magna instituição, unida à da liberdade absoluta do

---

44. Alexandre Herculano (1810–1877) foi poeta, romancista, jornalista e historiador português.
45. Antonio Feliciano de Castilho (1800–1875) foi jornalista, escritor e pedagogo português.
46. Aqui no sentido de diligentes, sagazes.
47. Que atravessa os Andes.
48. Superlativo de livre, algo como muitíssimo livre, muitíssimo liberal.

ensino, como lá se observa sem restrições absurdas, que elevou Abrahão Lincoln,⁴⁹ o mísero lenheiro, André Johnson,⁵⁰ o alfaiate obscuro, e André Jackson,⁵¹ o antigo lavrador, acima dos monarcas do mundo, tanto em sapiência como em virtudes.

Dilatar o anglo facial do homem é o dogma sagrado da política norte-americana.

Neste admirável país, bem como noutros, que possuem adiantada civilização, o ensino primário obrigatório, longe de ser um ônus pesado, é, pelo contrário, um precioso tesouro de felicidades.

Neste país, não há mister de suprimir a prática do bem para evitar-se que com ele, de envolta,⁵² corram algumas partículas do mal.

Ali respeita-se o bem, laureiam-se os seus fautores⁵³ e pune-se, com rigor, os perpetradores do crime.

Neste país, o *sistema preventivo*, que tantas e tão rendidas homenagens tem merecido de V. Excia., e de muitos de seus honrados colegas da Assembleia Legislativa provincial, não passa de uma monstruosidade detestável; porque encerra uma usurpação violenta dos governos contra a soberania nacional. Nos Estados Unidos não há um só cidadão que não saiba que o governo é pago para velar pelo bem-comum e que não pode praticar o mal contra a sociedade sem abdicar a própria dignidade e sem faltar grosseiramente ao seu dever.

O ensino primário obrigatório, instituição grandiosa, registrada na memória dos séculos pelo braço incansável da civilização e que em todos os países tem sido bem aceita sobre todas as

---

49. Ver n. 17, p. 107.
50. Andrew Johnson (1808–1875) foi político e presidente dos Estados Unidos da América (1865–1869). Em sua juventude, Johnson foi alfaiate no estado do Tennessee.
51. Andrew Jackson (1767–1845) foi advogado, político e presidente dos Estados Unidos da América (1829–1837).
52. De embalo, decorrente de estar envolto.
53. Defensores, protetores.

formas de governo, e até pela República do Paraguai, que passa pela mais atrasada da América do Sul, não pode ser adotado na rica, populosa e muito importante província de São Paulo, uma das mais belas do império!

Terá V. Excia. em vista, combatendo esta medida, negar, como bom republicano, esta arma valiosa ao despotismo que nos ameaça?

Estará V. Excia. unido ao despotismo, e nutrirá, porventura, a sinistra intenção de privar o povo deste meio de regeneração?

Estas graves interrogações tenho eu por mais de uma vez feito a mim mesmo, desde que com afoiteza empenhei-me nesta grave questão, sem que me saiba responder; porque como uma visão sinistra, vejo ante V. Excia. e os seus colegas da Assembleia soerguer-se o vulto de Mirabeau,[54] o famoso Colosso da Tribuna francesa, e repetir estas palavras fatais, que a tradição gravou nas páginas seculares da história do parlamento:

Aqueles que querem que o *camponês não saiba ler nem escrever*, naturalmente fizeram, para si, um patrimônio da sua ignorância, e as suas razões não são difíceis de apreciar. Não sabem, porém, que quando do homem se faz um animal bruto, fica-se exposto a vê-lo a cada instante transformar-se em animal feroz.

Sem luzes não há moral. Mas quem deve tratar de as derramar senão o rico?

Não é a moral do pobre a defesa dos seus gozos?

V. Excia., que é político amestrado,[55] orador eloquente e consumado jurisconsulto, vacila taciturno entre as raias da democracia e os marcos do despotismo, levando aos ombros, aliás robustos, o pesado fardo da péssima causa que espontaneamente

---

54. Honoré Gabriel Riqueti, conde de Mirabeau (1749-1791), foi escritor, diplomata, jornalista e político francês, que desempenhou papel importante nos eventos da Revolução Francesa (1789) como ideólogo e deputado na Assembleia Constituinte Nacional (1789-1791).
55. Hábil, que se tornou mestre em seu ofício.

aceitou. Dir-se-ia que Atlas[56] sucumbe ao peso da terra. Novo Alexandre,[57] quando posto em aperturas, pretende V. Excia. solver a questão cortando o nó górdio,[58] com a estudada resposta: "Voto contra o projeto, por inconstitucional".

Nisto encerra-se toda a extensa argumentação de V. Excia., despida dos sedutores atavios[59] da sutil retórica.

Isto, porém, exmo. sr. deputado, não resolve a magna questão que nos prende e preocupa, e em que V. Excia. empenhou tão seriamente a sua palavra esclarecida e autorizada.

Na ciência, cujas flamas são veladas de contínuo pela cândida vestal da razão humana, não há lugar para os Alexandres; porque no santuário da sabedoria, onde ocupa V. Excia. lugar proeminente, não se cortam as dificuldades com o gládio[60] ultrice[61] dos homicidas coroados: resolvem-se pelo raciocínio que enobrece.

Ante o facho divino do entendimento não há trevas invencíveis, maiormente nesta importante matéria, que não encerra um só ponto que não esteja amplamente estudado, discutido e resolvido pelos mais abalizados escritores, o que espero plenamente provar à V. Excia.

56. Referência a Atlas, o titã da mitologia grega condenado por Zeus a sustentar os céus em seus ombros.
57. Alexandre III da Macedônia (356–323 a.C.), popularmente conhecido como Alexandre, o Grande, foi rei da Macedônia, Pérsia e faraó do Egito.
58. Remete à passagem lendária em que Alexandre, o Grande (356–323 a.C.), cortou o nó da corda que atava a carroça do antigo rei Górdio a uma das colunas do templo de Zeus. A metáfora, adaptada para esse caso, indica alguém que resolve um problema complexo de modo simplório. Embora conhecida e bastante utilizada no mundo literário, não é comum encontrar essa metáfora na linguagem corrente da imprensa paulista. Contudo, em 1869, ano seguinte ao artigo que ora se lê, Luiz Gama dedicou uma série de três artigos que leva em cada um de seus respectivos títulos a expressão "novo Alexandre", fazendo uso da metáfora do nó górdio. Como se lerá mais à frente, Gama alegorizou sua expulsão dos quadros da Secretaria de Polícia da capital com esses termos: "A minha demissão era um nó górdio que há tempos preocupava muitos espíritos. E para cortá-lo, achou-se, ao fim, um inculpado Alexandre de cataratas!".
59. Enfeites, ornamentos.
60. Punhal.
61. Vingador.

Nem o majestoso império do Brasil, nem a heroica província de São Paulo podem ser, sem repulsiva injustiça, considerados inferiores, em nenhum sentido, aos países monárquicos ou republicanos em que vigora o ensino primário obrigatório. A sua precipitada rejeição na ilustrada Assembleia desta província não encerra simplesmente um erro político, é um descomunal atentado contra as legítimas aspirações da província; é a condenação irrevogável do grande Partido Liberal, que desvairado sacrifica, a interesses misteriosos, os princípios sacrossantos de sua velha bandeira; é uma traição imperdoável à confiança pública; é o fraternal aperto de mão dado pela Assembleia de hoje, por cima do túmulo da liberdade, aos sórdidos algozes do Partido Conservador.[62]

AFRO

---

62. Na publicação original, ao final do texto vinha a indicação (*Continua*).

Capítulo 3
Não garantir educação é violar a Constituição
Carta ao exmo. sr. deputado dr. Tito A. P. de Mattos III[1]

Comentário   *Na última parte da carta aberta ao deputado Mattos, Gama examina constitucionalmente o ensino primário na província. Subjaz ao estudo do direito o realce à desigualdade entre os oponentes desse duelo aberto: um na tribuna da imprensa e o outro na tribuna da câmara provincial; um sendo o "legislador independente" e o outro "grosseiro camponês", em jogo de contrastes que permeia diversos escritos de Gama. Baseado, novamente, no processo revolucionário francês, Gama estabelece uma improvável, porém funcional, correspondência entre a Assembleia Constituinte francesa de 1791, a Constituição política do Império do Brasil de 1824 e o Código Criminal de 1830. Afro-Gama sustenta uma interpretação constitucional a partir da ideia de que "ninguém pode ser obrigado a fazer o que a lei não ordena" (art. 5º, Const. da Rep. Francesa); e sua recepção no "edifício gótico dos nossos direitos sagrados", sarcástica referência à Carta de 1824 que previa que "Nenhum cidadão pode ser obrigado a fazer ou deixar de fazer alguma cousa senão em virtude da lei" (art. 179, I, Carta política); combinando-os, ainda, com o texto legal: "Impedir que alguém faça o que a lei permite, ou obrigar a fazer o que ela não manda" (art. 180, Cód. Crim.). Feita a articulação entre o texto constitucional e o infraconstitucional, argumenta que, assim como o governo estava obrigado a fazer cumprir a lei, possuía "igualmente a obrigação imprescindível de pôr ao alcance de todos os administrados os meios indispensáveis para evitar-se a infração das leis". Para isso, não bastava que o governo publicasse as leis. Era preciso garantir que o texto legal e seu contexto fossem "levados à última choupana da mais longínqua povoação" para que fossem devidamente "estudados e compreendidos" por todos. Por essa hermenêutica constitucional, Afro-Gama atacava o deputado Tito Mattos e seus colegas, que impugnaram a obrigatoriedade do ensino primário, além da imposição injustificada de limites territoriais à ampla difusão da educação na província. Em síntese: "Não obrigar o povo a aprender a ler", defendia o redator-chefe da Democracia, era "um crime cometido pelo poder que, com tal procedimento, não só violava grosseiramente a letra expressa da Constituição", como alimentava a engrenagem da ignorância e da criminalidade.*

1. *Democracia* (SP), 13 de abril de 1868, pp. 1-2.

> O monstro império tem cem mil mãos e
> uma barriga, está fundada a unidade!
> Que me importa a mim, legislador
> independente, a estulta[2] opinião do
> grosseiro camponês?
>
> ROGEAR[3]

III

Se V. Excia. e os seus ilustrados colegas, que tão de chofre[4] acometeram e rejeitaram a medida salutar do ensino primário obrigatório, sob o frívolo, mas bem simulado pretexto de atacar ele de frente os preceitos liberais da Constituição, não estivessem calculadamente tomados da sistemática animadversão contra essa medida necessária e indispensável nos países democráticos, como se apregoa ser o nosso, teriam facilmente observado que tal ensino é altamente constitucional, como demonstrarei.

Não acompanharei, por certo, à V. Excia., nos arrebatados voos de sua tão fecunda imaginação; pois não pretendo que me aconteça o mesmo tristíssimo fracasso de que foi vítima o incauto Ícaro da fábula.[5]

Pertence ao gênio, de quem é exclusiva propriedade, como bem o disse o divino Platão, unir à sutileza dos dialéticos a dicção maravilhosa dos poetas e a imponente e majestosa pronúncia dos catedráticos.

A razão e a lógica tão somente serão as minhas armas nesta luta de princípios em que tenaz e sinceramente me tenho empenhado.

2. Estúpida.
3. Ver n. 2, p. 198.
4. De um só golpe, de uma só tacada.
5. Na mitologia grega, Dédalo e seu filho Ícaro estavam presos na ilha de Creta quando resolveram fugir voando, inventando asas com penas de aves grudadas por cera de abelha. Ícaro, no entanto, impetuosamente voou o mais alto que pôde e ao aproximar-se do Sol teve a cera que ligava a invenção derretida, caindo e afogando-se no mar Egeu. A metáfora, no contexto, sugere que o deputado Tito analisava imprudente e irresponsavelmente a questão em debate.

Em 1791, a famosa Assembleia Constituinte francesa, por entre os aplausos frenéticos da população delirante, que acabava de demolir o escárnio público que a empavesada[6] aristocracia denominava "trono", além de outras disposições que ainda hoje transluzem como exemplos da mais sublime concepção humana, estatuiu o seguinte:

Artigo 5º: Não tem a lei o direito de vedar senão as *ações nocivas à sociedade*.

Tudo quanto não for vedado pela lei não pode ser impedido, e ninguém pode ser obrigado a fazer o que a lei não ordena.

Sobre este grandioso fundamento cimentado pelo patriotismo francês, escrito com o sangue dos mártires e promulgado na quadra mais gloriosa de sua existência política, firmou o ex--imperador do Brasil o *edifício gótico* dos nossos direitos sagrados, que assim se leem na Carta que, por magnanimidade soberana e divina inspiração foi-nos doada:

Nenhum cidadão pode ser obrigado a fazer ou deixar de fazer alguma cousa senão em virtude da lei.

Esta disposição está resguardada pela seguinte, do Código Criminal:

Impedir que alguém faça o que a lei permite, ou obrigar a fazer o que ela não manda. Penas —, etc.

Estas disposições obrigatórias, perante as quais devem curvar-se o governo e o povo, prendem-se estritamente ao princípio geral de jurisprudência "que a ignorância de direito não aproveita a ninguém".

Ora, V. Excia., que é jurisconsulto e magistrado, e que, a despeito da sua mocidade, goza de elevado conceito entre os seus antigos e graduados colegas, sabe perfeitamente que sendo o governo obrigado a impor ao cidadão a rigorosa observância dos preceitos legais, deduzidos da Constituição, corre-lhe igualmente

---

6. Soberba, orgulhosa.

a obrigação imprescindível de pôr ao alcance de todos os administrados os meios indispensáveis para evitar-se a infração das leis, que são as máximas garantias da sociedade.

Estes meios consistem, principalmente, na publicação das leis, de modo que o seu contexto possa ser levado à última choupana da mais longínqua povoação; e na difusão acurada e eficaz do ensino por todas as camadas da sociedade, para que sejam elas estudadas e compreendidas.

Uma vez firmados estes princípios inconcussos,[7] torna-se de toda evidência que a missão primordial do governo, para a qual foi constituído e é pago pelo povo, à custa de sacrifícios imensos, é impor aos indivíduos, em nome do país, o respeito à lei; porque a ninguém é lícito infringi-la; e se o cidadão não pode infringir a lei é, *ipso facto*,[8] obrigado a adquirir os meios indispensáveis tendentes a evitar a perpetração dos delitos. Esta restrita obrigação cabe a todos os membros da sociedade, da qual é o governo um instrumento inteligente, direto e imediato, porque *todos os poderes do Estado são delegação da Nação*.

Não obrigar o povo a aprender a ler é, pois, um crime cometido pelo poder que, com tal procedimento, não só viola grosseiramente a letra expressa da Constituição, como fornece à contingência humana a terrível arma da ignorância, para auxiliá-la poderosamente na prática odiosa da desorganização social.

Está, portanto, provado que a doutrina sustentada por V. Excia. e pelos seus ilustrados colegas, que impugnaram a obrigatoriedade do ensino primário, é ofensiva da moralidade pública e contrária às reclamações da maioria da província; e para que V. Excia. se convença desta verdade, basta que compare o seguinte trecho de um eminente escritor francês com as repetidas observações judiciosas,[9] reproduzidas em todas as estatísticas criminais do Império.

7. Incontestáveis, inabaláveis.
8. Necessariamente, pelo próprio fato.
9. Ponderadas, sensatas.

Não podemos deixar sem cultura, durante metade do século, talvez, este fundo precioso da inteligência popular, quando vemos que os progressos da moralidade do país seguem os progressos da instrução pública e da prosperidade geral.

O ganho alcançado pelas escolas coincide com uma perda que sentem as prisões.

O número total dos acusados por crimes, de menos de 21 anos, que tinha diminuído apenas de 235, do período decenal de 1828 a 1837 ao período decenal de 1838 a 1847, diminuiu de 4152, isto é, quase dezoito vezes mais, do período de 1838 a 1847 ao período de 1853 a 1862.

De 1172, em 1853, a soma anual baixou a 657, em 1863.

Em 1847, contava-se menos de 115 mancebos[10] de 16 anos levados perante os júris.

Em 1862, houve apenas 44.

Baseado nesta verdade, que é a opinião geral de todos os bons escritores europeus e americanos que se têm ocupado da matéria, conclui o sr. V. Duruy[11] pedindo a promulgação do ensino obrigatório em França.

Em face destas doutrinas que V. Excia., como bom liberal e altamente humanitário não poderá repelir, e do mais que tenho expendido, concluirá V. Excia. que, se a Carta constitucional se opõe ao ensino primário obrigatório, ela nada mais é do que um código imoral de malfeitores.

Estas expressões, algumas vezes veementes, porém sempre respeitosas à distinta pessoa de V. Excia., não são uma censura amarga, nem uma crítica mordaz que venho fazer à egrégia Assembleia Legislativa desta província pelos seus atos, aliás pouco jurídicos. São apenas um protesto da democracia contra as aberrações do poder.

Outra questão apresentou V. Excia., e sustentou brilhantemente as "dificuldades territoriais", com o fim de provar a impos-

---

10. Jovens, moços.
11. Victor Duruy (1811–1894) foi um historiador e político francês que ocupou o ministério da educação da França entre 1863–1869, sendo o ministro em exercício no período da carta que se lê. Duruy foi um dos defensores do ensino primário gratuito e laico, ideias que Luiz Gama elaborou na série de artigos sobre a Instrução pública na província de São Paulo.

sibilidade da adoção do ensino obrigatório nesta província. Esta questão, porém, quanto a mim, está cabalmente refutada pelo conceituado sr. dr. Diogo de Mendonça Pinto, diretor geral da instrução pública, nos seus relatórios.

As dificuldades perante as quais V. Excia. parou estupefato, o público já as resolveu de há muito. Além de que, a questão das dificuldades territoriais prende-se estreitamente a outra não menos improcedente, que é a pecuniária.

Quanto a esta, direi apenas à V. Excia. que a Assembleia, dominada de espírito subserviente, que aprovou as despesas com uma estrada de rodagem na importância de mais de mil contos de réis, mandada construir por um Tetrarca audacioso,[12] ao lado de uma via férrea, e que ainda aprovou outras no valor de mais de sessenta contos, com mais uma estrada puramente recreativa, da capital à freguesia da Penha, não é capaz de votar um crédito avultado[13] para a educação literária do povo; porque para tal país, é tal povo apropriado.

Estas, porém, não são as verdadeiras causas da impugnação do ensino primário obrigatório e da liberdade absoluta de ensino.

As causas verdadeiras são o sistema de governo adotado no Brasil, que tem por base a ignorância...

Duas são as grandes opiniões políticas que se debatem no país: o absolutismo e a democracia.

Entre estas duas falanges possantes marcham os homens de gênio, cuja habilidade consiste, principalmente, em não aceitar os extremos.

Nos procelosos[14] mares desta Messina[15] política, que o povo atônito admira, sem compreender, agitados pelos euros[16] ferozes

---

12. Provável referência indireta ao presidente da província de São Paulo, Antonio Candido da Rocha (1821–1882), qualificando-o como tetrarca, evidente designação pejorativa para chefe, governador de uma quarta parte.
13. Grande, significativo.
14. Agitados, tormentosos.
15. Refere-se ao estreito de Messina, entre a Península Itálica e a ilha da Sicília, mitológica morada de Cila e Caríbdis.
16. Ventania que sopra do leste.

da cileia[17] cobiça, que desorienta de contínuo os grandes pensadores de nossa terra, V. Excia. procura, cauteloso, qual provado Palínuro[18] da ciência, dirigir o soberbo galeão[19] em que abriga as suas pretensões de mando, por entre o penhasco tenebroso da Cila e a tremenda voragem dos abismos de Caríbidis.[20]
Sentido, exmo.!
No seio das ondas revolvidas, em vórtice perigoso, podem, na hora extrema, faltar-lhe a robustez dos possantes braços e a coragem cívica do grego Sínon,[21] a quem leva de vencida; e perdido o batel[22] veleiro, vão-se com ele as róseas esperanças do porvir. E quando se não é nem democrata nem absolutista de convicções firmes, tem-se em cada uma das fileiras suspeitosas, que mutuamente se hostilizam, inimigos irreconciliáveis.

Sobre a auréola da sua brilhante inteligência está pendente a terrível sentença de Dante:[23] "Morte ao ardil e à indiferença!"

AFRO

17. Referente a Cila, monstro marinho devorador que, na mitologia grega, habitava uma das margens do estreito de Messina e representava um grandioso perigo para quem ousasse atravessá-lo.
18. Figura mitológica romana que representa um navegador, guia, dirigente.
19. Navio a vela de quatro mastros, bem equipado e armado, utilizado à época para transporte de cargas valiosas.
20. Entidade mitológica marinha que, para os gregos, habitava uma das margens do estreito de Messina e, provocando agitações e redemoinhos, representava imenso perigo para os navegantes. Nesse contexto, a metáfora sugere, com notório sarcasmo, um pensador circundado pelos perigos das agitações políticas e intelectuais. A expressão "entre Cila e Caríbidis", no sentido que opõe um grande perigo contra outro igualmente assustador, pode equivaler ao ditado popular "entre a cruz e a espada".
21. Guerreiro grego que se infiltrou entre os troianos e os convenceu de que o Cavalo de Troia não representava ameaça alguma.
22. Pequeno barco.
23. Dante Alighieri (1265–1321), poeta, escritor e político florentino. Autor da obra-prima *A divina comédia*, de onde provavelmente essa sentença, ainda que em livre tradução, foi colhida.

PARTE V

A NOVA LEI DE EDUCAÇÃO BÁSICA

NOTA INTRODUTÓRIA *O projeto de lei de reforma do ensino primário fora aprovado. Nesta série, "A nova lei de educação básica", o autor mudava o enfoque da discussão. Não mais o debate conceitual nem a educação em perspectiva comparativa internacional; não mais, também, o apelo direto a um dos deputados. Agora, o chefe de redação do periódico* Democracia *se debruçava sobre a Lei Provincial nº 54, de 15 de abril de 1868 ou, em suas palavras, o "abortado monstrengo nº 54". Depois de acalorado debate, propostas, apartes, réplicas e outros vaivéns típicos do debate legislativo, o* Democracia *fulminava a forma e o conteúdo da nova lei de instrução pública. Faria isso um pouco pela galhofa, como a denunciar a veia satírica do redator, e muito mais pelos misteres da técnica jurídica, desta feita a revelar o tino de jurista. Assim, com um pé no mundo da fábula de Esopo e outro na teoria do direito público eclesiástico privado, a* Democracia *de Luiz Gama comunicava ao público leitor as desventuras de uma elite que bloqueava ao liberto, sobretudo, os canais de alfabetização e educação básica. O preto e o pardo da cidade, que dirá o da roça!, não poderiam ter as primeiras — que dirá as segundas! — letras. Letras, números, livros e escolas, que, afinal, se constituíam como a verdadeira chave da emancipação.*

Capítulo 1
Metáfora legislativa de um criminoso egoísmo
A nova lei de instrução primária I[1]

Comentário   *O autor narra os últimos lances do processo legislativo que levou à aprovação da lei provincial nº 54, de 15 de abril de 1868. Ato contínuo, examina a forma jurídica do que chama de "extravagância legislativa", dada a irregularidade de organização interna da lei, ou, ainda, "metáfora legislativa", por servir de modelo para reflexões mais profundas sobre a sociedade, o direito e a política representativa. A Assembleia, "composta de jurisconsultos liberais", teria cumulado funções de agentes públicos distintos, aumentando, com isso, "a enredada cadeia das dificuldades administrativas" que atravancava o desenvolvimento do ensino básico em cada localidade (art. 1º, § 3º). Porém, o conteúdo normativo do art. 2º — e o seu inadmissível parágrafo único — mexeu com os brios do chefe da redação da folha Democracia. Por esse dispositivo, a Igreja Católica assumiria maior controle da educação primária em São Paulo, seja pelo currículo que previa as matérias de "doutrina da religião do Estado e princípios de moral cristã", seja quanto ao exercício do magistério, uma vez que, para essas disciplinas, "foram os párocos elevados à categoria de professores de instrução primária". O raciocínio jurídico do redator explora a incompatibilidade na fusão das matérias acima mencionadas, além de afirmar a impossibilidade da Assembleia — "parodiando o ato pilhérico de certo juiz de paz da roça, que revogou a Constituição do império em seu distrito" — revogar, por sua vez, lei maior, como era o caso de que se intentaria com a supressão de parte do Ato Adicional de 1834 (art. 10º, § 2º).*

1. *Democracia* (SP), 25 de abril de 1868, pp. 1-2.

> Propagação de luzes, reformação de costumes, clamam por toda a parte os filósofos; e por toda a parte os déspotas e seus infames satélites tratam de corromper os costumes e impedir a propagação das luzes, deitando peçonha nas fontes onde o povo vai beber; e assim, onde ele busca a triaga,[2] aí encontra o veneno.
>
> ALFIERI[3]

As questões sobre a grandíssima e muito importante instituição do ensino primário, e de que nos temos ocupado com tenacidade notável, parecerão, por certo, a muita gente néscia, que por aí vaga a rodo, sob as plantas pesadas de ruinoso despotismo, inoportunas, impertinentes e até ignóbeis.[4]

Nós, porém, que escrevemos em nome de um grande princípio, o da regeneração do povo, porque entendemos, com o exilado de Jérsei,[5] que a regeneração está na escola; e que só obedecemos às sublimes inspirações da verdade, cerrando ouvidos ao parvo murmurar de estultos[6] zotes,[7] seguimos vereda segura, guiados pela estrela precursora que se levanta radiante das partes do Norte.

Discutimos e discutiremos sempre, com aferro[8] e acuramento, todas as questões tendentes à instrução primária, mau grado os arrufos[9] rebitados da empavesada[10] aristocracia e desconchavados remoques[11] de seus apalermados sectários.

---

2. O mesmo que teriaga, espécie de antídoto contra mordida de animais peçonhentos.
3. Ver n. 2, p. 186.
4. Repugnantes, deploráveis.
5. Referência a Victor Hugo. Ver n. 19, p. 107.
6. Estúpidos.
7. Idiotas, patetas.
8. Afinco, obstinação.
9. Mau humor.
10. Soberba, orgulhosa.
11. Chacota, zombaria, manifestação de desdém.

Depois de rebramir alta montanha,
Deu à luz um ratinho, que faz nojo.

Esta bela sentença do velho fabulista,[12] só de per si,[13] posta como epígrafe da Lei Provincial nº 54 de 15 do corrente,[14] seria bastante para patentear a todos os espíritos, ainda aos medianamente esclarecidos, as monstruosidades jurídicas e irrisórios contrassensos que superabundam nesse parto informe[15] da extravagância legislativa. Como, porém, vivemos em um grande país, maravilhosamente constituído, onde as vastas e muito esclarecidas províncias, povoadas de Cíceros[16] e Demóstenes,[17] se disputam orgulhosas o título famoso de "Atenas", país fadado por Deus para ser o Éden do parlamentarismo, o templo da eloquência, o alcaçar[18] dos gênios e o pantheon[19] dos oradores, vamos

12. Referência a Esopo (620–564 a.C.), escritor grego a quem é creditada a autoria ou reunião de histórias e fábulas da Grécia Antiga, que passaram à história intituladas como *Fábulas de Esopo*. A famosa passagem que se lê acima constitui a fábula conhecida como "O parto da montanha".
13. Por si só.
14. Resultado das discussões legislativas dos últimos meses, nas quais Gama tomou parte pelas colunas do *Democracia*, a lei provincial seria como o *parto da montanha* de Esopo, uma irrisória e extravagante contribuição, que até fazia nojo, quando a expectativa pública ansiava por algo digno da relevância do tema. Consultado o manuscrito da lei provincial, nota-se que a data inscrita é a de 16 de abril de 1868 e não a do dia anterior, conforme Gama registra. Sem descartar a possibilidade de adulteração do registro oficial, que eventualmente ocultaria algum erro de forma legislativa, por exemplo, manterei a datação do original das páginas do *Democracia*. Cf. *Reforma da Instituição* [sic] *Pública*, ID. 2224, Ano 1868, Documentos Históricos da Assembleia Legislativa de São Paulo.
15. Disforme, grosseiro, grotesco.
16. Marco Túlio Cícero (106–43 a.C.), advogado, filósofo, orador e estadista romano, marcou definitivamente a história da literatura e das ideias políticas.
17. Demóstenes (384–322 a.C.) foi um advogado, filósofo, orador e estadista ateniense que exerceu imensa influência intelectual no mundo greco-romano, assim como na Europa renascentista e na modernidade.
18. O mesmo que alcácer, isto é, fortaleza, castelo, palácio fortificado.
19. O mesmo que panteão, templo dedicado aos deuses, entre os antigos gregos e romanos.

dizer pouco em muitas palavras, para, ao menos neste ponto, estarmos de perfeito acordo com os egrégios sábios das terras diamantinas do Cruzeiro.

É sabido que na última sessão da Assembleia Legislativa desta província, a respectiva comissão apresentou modestamente um projeto de reforma de instrução primária; projeto este que, por entre ótimas e bem combinadas disposições, continha alguns erros e defeitos que, postos em relevo, por meio de discussões amplas, refletidas e luminosas, poderiam ser facilmente corrigidos.

É também sabido que, em vez de uma discussão digna da Assembleia, e digna da província de São Paulo (Atenas, por antonomásia[20]), surgiu uma ociosa luta, eivada de preconceitos políticos, estultos, pretensiosos e escatapafúrdicos[21] que, perturbando os ânimos e anulando de chofre[22] as concepções mais puras, converteu em certame[23] político uma questão pura e exclusivamente social, e terminou a feroz contenda por um outro projeto substitutivo que, depois de remendado, cerzido[24] e crismado, metamorfoseou-se por encanto no abortado aleijão[25]

20. Espécie de metonímia que consiste em substituir um nome de pessoa, cidade ou objeto, entre diversas possibilidades, por outra denominação, agregando-lhe sentido, explicação ou conotação moral. Nesse caso, e com sua conhecida verve sarcástica, o autor substitui São Paulo por Atenas. Alguns meses depois do presente artigo, Luiz Gama, em nome próprio, fez uso dessa mesmíssima antonomásia, isto é, substituindo São Paulo por Atenas. É o que se lê em "Questão de Liberdade", quando São Paulo torna-se a "moderna Atenas brasileira". A aposta por essa criativa antonomásia também pode ser lida na "Carta ao muito ilustre e honrado sr. comendador José Vergueiro" que, igualmente escrita por Luiz Gama poucos meses após o presente artigo, substitui São Paulo por "moderna Jerusalém".
21. Aparentemente, uma variação que intensifica o teor de estapafúrdios, ou seja, o que é bizarro, despropositado.
22. De um só golpe, de uma só tacada.
23. Desafio, debate.
24. Ação ou efeito de cerzir, de costurar, de remendar. No sentido figurado que se aplica ao contexto, cerzido — grafado à época como "sergido" — significa a costura de diversas opiniões ("tecidos") conflitantes e antagônicas em uma mesma lei provincial ("bandeira").
25. Coisa malfeita, defeituosa, monstruosa.

nº 54 de 15 de abril que, para a vergonha da terra dos Feijó,[26] Paula Souza[27] e Andrada,[28] aí fica registrado nas páginas imortais da sua história legislativa.

Deixemos, porém, bem longe da arena da discussão grave e sisuda que encetamos[29] apodos[30] pungentes, que resvalam rápidos pelas ideias errôneas e prejudiciais e vão ferir inopinadamente à pessoa do legislador que, aliás, acatamos, não só por dever de urbanidade, como ainda principalmente por amor de nossa própria dignidade.

Examinemos, pois, com a precisa atenção esta famosa metáfora legislativa.

Artigo 1º: A inspeção e fiscalização da instrução pública competem, de ora em diante:

§ 1º Ao presidente da província;

§ 2º Ao inspetor geral da instrução pública;

§ 3º Aos inspetores de distrito, cumulativamente com os presidentes das Câmaras Municipais.

Temos, portanto, que esta suposta lei, estudada, discutida e promulgada por uma preclara Assembleia, composta de *jurisconsultos liberais*, empregou cautelosamente os seus conhecimentos e cuidados na obra meritória de dilatar, com calculada mestria, a enredada cadeia das dificuldades administrativas, aumentando o número dos estafermos[31] inúteis, ou inspetores de distrito.

26. Diogo Antonio Feijó (1784-1843) foi um sacerdote católico e estadista do Império. Teve destacada atuação na burocracia do Estado, ocupando posições como deputado, ministro, presidente do Senado. Como ministro da Justiça, assinou a Lei que marcou seu nome na história legislativa brasileira, proibindo o tráfico de escravos para o Brasil (1831).
27. Francisco de Paula Souza e Mello (1791-1854), nascido em Itu (SP), foi um fidalgo e político brasileiro, tendo sido deputado na Assembleia Constituinte de 1823, presidente da Câmara dos Deputados em 1827 e ministro da Fazenda do Império em 1848.
28. Ver n. 25, p. 83.
29. Iniciamos.
30. Ditos irônicos ou ultrajantes.
31. Estorvos, indivíduos que embaraçam, atrapalham a ação de outrem.

Magnífica descoberta! Fez-se a luz na consciência do povo. A sapientíssima Assembleia descobriu a pedra filosofal. A instrução vai ser amplamente difundida sem o menor aumento de despesa, por todas as camadas da sociedade. Os presidentes das municipalidades estão incumbidos de fiscalizar e inspecionar as escolas, cumulativamente com os inspetores de distrito.

Se fosse nosso intento avaliar o mérito dos distintos colaboradores desta portentosa lei, pelo que nela estatuíram, tristíssima seria a nomeada que a reflexão madura e a lógica inflexível lhes deparariam em sentença irrevogável.

Felizmente para nós, para a nossa província e para os exímios deputados fautores[32] do abortado monstrengo nº 54, dividido em 24 artigos, possui o povo sobejas[33] provas de sua incontestada ilustração, para olhar com indiferença as ratices[34] de mau gosto que lhe deram por Lei.

Artigo 2º: A instrução primária nas escolas públicas constará de leitura, escrita, princípios elementares de aritmética, sistema métrico de pesos e medidas, noções essenciais de gramática portuguesa, doutrina da religião do Estado e princípios de moral cristã.

§ Único: Quando o respectivo pároco se apresentar na escola, o professor público lhe cederá a cadeira para o ensino da doutrina da religião do Estado e princípios de moral cristã.

Pondo de parte o fraseado de bom cunho, que alça em relevo os profundos conhecimentos da língua vernácula que possuem os egrégios legisladores, conhecimentos revelados no "sistema métrico de pesos e medidas", passemos imediatamente ao ideal desta importante disposição.

Entre as matérias constitutivas do ensino primário nesta província, estão enumeradas "doutrina da religião do Estado" e "princípios de moral cristã".

Se esta lei fosse parto de cérebros obscurecidos, nós exclamaríamos de pronto, "esta disposição é absurda"; fruto, porém,

32. Partidários.
33. Demasiadas.
34. Excentricidades, bizarrices.

como o é, de amadurecidas inteligências, de Licurgos[35] reconhecidos, impõe-nos a fama literária e científica de seus autores o dever rigoroso de nela encontrarmos estampados os caracteres indeléveis da mais profunda sabedoria.

Doutrina da religião do Estado, na acepção seguramente usada nesta lei, significa "teoria de direito público eclesiástico privado", uma das ciências mais importantes e difíceis, porque prende-se imediatamente a elementos de história, a mais difusa e complicada que existe.

Incumbir aos professores de primeiras letras, em nossa terra, o ensino de ciência tão difícil é certamente legislar a esmo, sem o menor conhecimento do país que se diz representar.

E tanto mais notável torna-se esta infeliz aberração, quanto é certo que imediatamente a seu lado segue-se outra disposição, mandando ensinar aos menores "princípios de moral cristã".

A malevolência congênita de qualquer espírito acatólico, cevado[36] em prevenções arquisectárias, veria nestas desencontradas disposições a mais patente aversão dos supernos[37] legisladores aos sãos preceitos de moral cristã e a mais decidida predileção aos astuciosos preconceitos do ultramontanismo[38] devasso de Roma; nós, porém, sempre guiados pela razão, vemos em tudo isto apenas rasgos luminosos de inspirada sapiência e os miraculosos efeitos da missa do Espírito Santo, com que os religiosos legisladores auspiciam os seus augustos trabalhos.

E a prova mais cabal do que dizemos está em que, mandando a Lei ensinar nas escolas "leitura, escrita, princípios elementares de aritmética, sistema métrico de pesos e medidas, noções essen-

---

35. Não é possível cravar em definitivo, dada a multiplicidade de homônimos, a qual Licurgo Gama se referia. Possivelmente, trata-se de Licurgo de Esparta, legislador que, entre outros fragmentos históricos, se destacou pelo voluntarismo e extrema rigidez em aplicar a lei.
36. Alimentado, nutrido.
37. Altíssimos, supremos.
38. Ver n. 22, p. 117.

ciais de gramática portuguesa e princípios de moral cristã", dá espantoso salto destas minudências elementares e vai guindar-se na complicada "doutrina da religião do Estado".

É verdade que, pela disposição do § único do art. 2º, foram os párocos elevados à categoria de professores de instrução primária; sem vencimentos, pelo que duvido que eles aceitem o posto; e creio que pode-lo-hão fazer de bom grado, porque a lei teve a ingenuidade de não declarar se o cargo é obrigatório ou facultativo. Apenas pôs-lhe sobre a cabeça o aguçado alfange[39] do artigo 15, § 2º.

Deixando agora de parte as belezas infinitas do art. 2º, que regurgitam[40] do mais puro e santo liberalismo, tornaremos ao artigo 1º, com o fim de notarmos uma beleza jurídica que sobremodo o enfeita e que nos ia escapando.

Pela Lei de 1º de outubro de 1828, artigo 70, às Câmaras Municipais pertencia a inspeção sobre as escolas de primeiras letras.[41]

O governo supremo do império, porém, dominado pelo infrene[42] desejo de banir do solo pátrio o liberalismo, que o assombra de contínuo; no intuito de arrancar à democracia o poderoso instrumento da direção das escolas e de impor preceito absoluto aos tribunos, que na Câmara dos Deputados proclamavam abertamente a República e a divisão do Brasil em Estados confe-

---

39. Espécie de foice, de lâmina curta e larga.
40. Transbordam.
41. Na seção de posturas policias, que cuidava de medidas organizadas e reguladas a nível local, encontra-se a inspeção de estabelecimentos de educação e de caridade. Cf. Art. 70. "Terão inspeção sobre as escolas de primeiras letras e educação, e destino dos órfãos pobres, em cujo número entram os expostos; e quando estes estabelecimentos e os de caridade de que trata o art. 69, se achem por lei ou de fato encarregados em alguma cidade ou vila a outras autoridades individuais ou colectivas, as Câmaras auxiliarão sempre quanto estiver de sua parte para a prosperidade e aumento dos sobreditos estabelecimentos."
42. Desenfreado, destemperado.

derados, fez surgir do seio da Assembleia Geral Legislativa[43] o Ato Adicional. E uma das disposições dessa Lei astuciosa, que acalmou os ardores separatistas por meio de Assembleias provinciais, sem autonomia nem valor político, privando as Câmaras Municipais completamente da inspeção das escolas, conferiu esse serviço aos cuidados das novas servas do poder (Ato Adicional, artigo 10, §2º).[44]

À vista destas disposições é evidentíssimo que a inspeção das escolas não pode ser devolvida às Câmaras Municipais ou a qualquer de seus membros — em razão do cargo que exercem —, sem prévia revogação da lei vigente.

Entretanto, os Argos[45] liberalíssimos da Assembleia da província de São Paulo, parodiando o ato pilhérico de certo juiz de paz da roça,[46] que revogou a Constituição do império em seu distrito, revogaram também, por seu turno, o Ato Adicional, restaurando, em parte, a disposição da Lei de 1º de outubro [de

---

43. Equivalente semântico ao atual Congresso Nacional, i.e., o sistema representativo bicameral constituído pela Câmara dos Deputados e pelo Senado.
44. Refere-se ao Ato Adicional de 12 de agosto de 1834, espécie de emenda ao texto constitucional que deu novo significado ao constitucionalismo da época e resultou em diversas medidas de descentralização do poder político, entre elas, a criação de Assembleias Legislativas provinciais. No comentário afiado de Gama, a descentralização política na forma de assembleias nas províncias teria se dado "sem autonomia nem valor político" e, mais ainda, capturando funções da organização política local como as faculdades de inspeção das escolas, que antes eram atribuídas às Câmaras Municipais. Sobre o art. 10, que estipulava qual a competência legislativa das assembleias provinciais, cf. as incumbências e os impedimentos legais dispostos no texto do § 2º: "Sobre instrução pública e estabelecimentos próprios a promovê-la, não compreendendo as faculdades de medicina, os cursos jurídicos, academias atualmente existentes e outros quaisquer estabelecimentos de instrução que, para o futuro, forem criados por lei geral".
45. Na mitologia grega, Argos Panoptes foi um gigante que tinha cem olhos e, mesmo dormindo, mantinha metade de seus olhos abertos e atentos. No contexto, a metáfora representa, ironicamente, a vigilância e diligência dos legisladores.
46. A jurisdição do juiz de paz, função eletiva de que se encarregavam os chamados "homens bons da paróquia", era competente para resolver conflitos

1828]; e dizemos "em parte" porque o aleijão nº 54 contentou-se em conferir aos presidentes das Câmaras atribuições que outrora competiam a essas corporações, o que quer dizer que houve castração de membros para evitar-se naturalmente a propagação de tão luminoso pensamento. É mais uma prova que nos dá a Assembleia do seu criminoso egoísmo.[47]

locais, conciliando partes, impedindo desordens e julgando demandas de baixo valor financeiro. A expressão "juiz de paz da roça" faz troça dos poderes da autoridade, coisa, aliás, que Gama explorou como poucos.
47. Na publicação original, ao final do texto vinha a indicação (*Continua*).

Capítulo 2
Truques legislativos para fazer o povo de besta
A nova lei de instrução primária II[1]

Comentário O chefe da redação da folha Democracia dá sequência à análise jurídica da Lei provincial nº 54, de 15 de abril de 1868. Tratando dos artigos 3º, 4º e 5º, Afro-Gama — afinal, o "foliculário obscuro" é aqui, também, o irreverente "bom primo" do imperador Teodoro da Abissínia — observa e anota impropriedades no texto legal. Pela lei recém-aprovada, a centralização de poder do chefe do Executivo provincial era tão desproporcional que todos os exames e concursos para professor deveriam ser "feitos em presença" do presidente da província. Isso mesmo: o presidente da província deveria supervisionar in loco todos os exames e concursos para admissão de professores. Talvez pelo absurdo da medida ultracentralizadora ser evidente até ao mais simples leitor da época, o redator resolveu por discutir outro ponto igualmente controverso, porém não tão flagrante. Era a previsão de novo concurso para o professor já empossado que, se falhasse por qualquer razão, perderia, enfim, a cadeira que já ocupava. A hipótese — e sua exceção — legal não possuía sentido ou lógica jurídica alguma, argumentava o autor. Examiná-la de perto, portanto, significava não só expor ao ridículo a produção normativa da Assembleia, mas, também, alarmar os professores já empossados sobre o risco a que estavam sujeitos com a vigência daquele texto legal.

Como inflamados Soufrières[2] ou terríveis Antisanas,[3] ergueram--se furibundos[4] no seio da grave Assembleia Legislativa desta heroica província os portentosos progenitores do feto movido, que veio à luz de pés para a frente e foi arrancado às entranhas da pudibunda[5] pauliceia, em operação pública, pela admirável perícia

1. *Democracia* (SP), 09 de maio de 1868, pp. 1-2.
2. Referência ao vulcão de Soufrière, localizado na ilha de Guadalupe, Caribe.
3. Referência ao vulcão Antisana, que se localiza na parte equatoriana da cordilheira dos Andes.
4. Furiosos.
5. Recatada, envergonhada.

de seus afamados parteiros. Ainda nos referimos ao intempestivo aborto n° 54 do memorável 15 de abril,[6] dia assinalado nos fastos lúgubres[7] da pátria de Amador Bueno.[8] Então os ultores[9] possantes do liberalismo coartado,[10] válidos como a ideia magnífica que representava o lábaro[11] sagrado dos direitos populares, que com denodo empunharam, impando[12] as elásticas bochechas como Éolos[13] bravejantes, atroaram[14] céus e terra com protestos veementes contra o ensino obrigatório e contra a liberdade de ensino. O primeiro, como atentatório dos direitos da ignorância, tão reais e legítimos como as leis santas dos progressos morais que lhe são adversos; a segunda, como subversiva dos senhoriais

---

6. Consultado o manuscrito da lei provincial, nota-se que a data inscrita é a de 16 de abril de 1868 e não a do dia anterior, conforme Gama registra. Sem descartar a possibilidade de adulteração do registro oficial, que eventualmente ocultaria algum erro de forma legislativa, por exemplo, manterei a datação do original das páginas do *Democracia*. Cf. *Reforma da Instituição* [sic] *Pública*, ID. 2224, Ano 1868, Documentos Históricos da Assembleia Legislativa de São Paulo.
7. Sinistros, macabros.
8. Amador Bueno de Ribeira (1584-1649) foi capitão-mor e ouvidor da capitania de São Vicente. No contexto dos eventos da Restauração Portuguesa (1640), parte da população desta capitania se revoltou com a centralização do poder e, como resposta política, aclamou Amador Bueno como rei de São Paulo. Gesto tanto inédito quanto inusitado, a aclamação foi por ele próprio rejeitada. O que por um lado reforçou seu prestígio com a metrópole também significou, por outro lado, liderança junto à população na então colônia. Interessa observar, nesse caso, como a legenda de Amador Bueno, mais de duzentos anos depois da aclamação, foi mobilizada no debate público como argumento de defesa do passado heroico dos paulistas.
9. Vingadores.
10. Limitado, estreito.
11. Estandarte.
12. Enchendo, mostrando-se repleto. Nesse caso, tem o sentido de alguém que dá mostras excessivas de soberba e de desdém.
13. Na mitologia grega, Éolo era a entidade guardiã dos ventos. A metáfora explora a imagem de um ser que enche as bochechas para soprar fortemente, dando a ideia do clima político exaltado na Assembleia provincial.
14. Estremeceram, estrondaram.

direitos da coroa diamantina, do nepotismo entronizado e da divina religião do santo papa. Aqui vem a ponto exclamar com o poeta: "Salve, argonautas intrépidos do feudalismo santo!..."

Era preciso, a todo o transe, pois que assim estava resolvido, para bem do trono e segurança do altar, da superstição e da força, da mentira e da arrogância, que o ensino obrigatório desaparecesse de sobre as aras da pátria, erguidas no recinto augusto da egrégia Assembleia; e que a liberdade do ensino fosse lançada fora do asilo sagrado, como corrompida vestal, que os cultos injuria.

O primitivo projeto exibido pela ilustrada e solícita comissão de instrução pública foi degradado por formal sentença, para as poeirentas regiões das prateleiras onde fenecerá impenitente, corroído pelas traças e amortalhado em tênue manto de brandas teias de aranha.

Foi posto em seu lugar o precioso basalto[15] nº 54, no qual o povo judicioso[16] deve examinar e aferir a capacidade jurídica dos seletos pais da pátria, que o produziram. É pelo toque do basalto[17] que se distingue o ouro verdadeiro do cobre galvanizado,[18] com que os bufarinheiros[19] boêmios costumam embair[20] a néscia[21] credulidade pública.

Continuemos, pois, a tocar no basalto da famosa lei nº 54 as preclaras ideias dos salvadores das liberdades públicas e mantenedores dos bons princípios da utilíssima instrução pública,

---

15. Pedra simples utilizada para construção, especialmente para pavimentação de ruas e estradas.
16. Sensato, ponderado.
17. Teste da pedra de toque, feito com o basalto, para identificar prata, ouro e suas ligas.
18. Nesse caso, o cobre banhado com uma capa tênue de ouro, tornando-se dourado apenas exteriormente.
19. Mascates, vendedores de bugigangas.
20. Iludir, enganar.
21. Ignorante, desprovida de conhecimento.

para que o povo saiba que as venerandas cabeças de seus jovens delegados, conquanto formadas de pele, carne e osso, contém no âmago finíssimo ouro do mais sublime quilate.

Art. 3º Os exames e concursos para o provimento das cadeiras públicas serão sempre feitos em presença do presidente da província, por uma comissão de três membros por ele nomeada e com assistência do inspetor geral.

Art. 4º Os professores públicos que forem nomeados depois da publicação da presente lei, mediante exame ou concurso, terão direito a uma gratificação anual de duzentos mil réis, além do ordenado.

Art. 5º Os atuais professores públicos que quiserem sujeitar-se a novo exame profissional terão direito à mesma gratificação, uma vez que sejam aprovados. Os professores que forem reprovados no novo exame perderão as cadeiras.

§ Único: Os atuais professores formados na escola normal e providos em virtude do artigo 35 da Lei nº 34 de 16 de março de 1846 ficam isentos deste exame para perceber a gratificação.

Se eu fosse Horácio[22] e, neste momento, escrevesse para os judiciosos Pisões,[23] depois de transcrever os textos incomparáveis que aí ficam estampados, invocaria com empenho toda a circunspecção e carrancuda seriedade dos leitores, para que se não rissem de objeto tão grave.

---

22. Quinto Horácio Flaco (65–8 a.C.) foi um poeta lírico e filósofo romano de importância definitiva tanto para o mundo clássico quanto para o mundo moderno.
23. Os Pisões eram amigos de Horácio (65- 8 a.C.) e formavam uma família com forte poder político em Roma na época da escrita da obra "Epístola aos Pisões" (14–10 a.C.).

Foliculário[24] obscuro, porém, deixo ao critério de cada um apreciar como lhe convier este poliedro curioso, fruto bem amadurecido da ilustração política de seus autores.

Por virtude desta lei mágica, ou pela encantadora magia desta lei virtuosa, ficam sujeitos a novo exame, e sob a fatal contingência de serem reprovados e perderem as cadeiras, todos os professores legalmente aprovados e nomeados porém não formados na extinta escola normal.

São considerados professores perfeitos, d'ora[25] em diante, e aptos completamente para regerem cadeiras os indivíduos que concorrerem, prestarem exame perante o governo e, perante ele, obtiverem aprovação.

Este processo é igual ao seguido anteriormente a esta lei; e os antigos professores, ora sujeitos a novo exame por ato reivindicatório, concorreram, passaram por processo idêntico e foram examinados e aprovados da mesma maneira. De modo que o luxuoso exame verificador a que estão hoje facultativamente sujeitos nada mais é do que uma reprodução textual do primeiro, *para que a medicina não esteja ociosa.*

Mas os professores formados pela escola normal, por um privilégio exclusivo e misterioso, que não podemos compreender, mas que seguramente há de ter por sólido fundamento razões imprescindíveis de ordem e utilidade pública, conforme os preceitos constitucionais, foram postos sobre o topo da coluna da impecabilidade e, por consequência, dispensados, por graça especial, de prestarem novo e perigoso exame.

Este fato só de per si[26] provaria exuberantemente a importân-

---

24. O mesmo que jornalista, aquele que escreve em periódicos. O termo, contudo, era usualmente empregado no sentido pejorativo, de modo que se falaria, nesse caso, de um jornalista de técnica limitada ou baixa erudição. Quem resolver tirar a limpo a escrita de Gama verá numerosos exemplos de aparente autodesprezo, em se descrevendo como "obscuro", ou calculadamente relativizando a importância de sua obra, resumindo, por exemplo, sua consistente atividade poética à expressão única "fiz versos".
25. De agora.
26. Por si só.

cia literária e o elevado conceito da finada excelsa escola normal, se a própria Assembleia, por Lei nº 16, do ano passado, não a tivesse extinguido, por não corresponder aos fins salutares que determinaram a sua instituição.

Os professores formados na escola normal aí estão na província, confundidos entre os aprovados pelo governo; e estamos certos que eles próprios não saberão distinguir-se mutuamente.

Se nós, como bons católicos, não acreditássemos piamente no portentoso efeito de retemperados milagres, e se não víssemos com a mais profunda sinceridade em cada fautor[27] da preconizada Lei nº 54 um campanudo[28] taumaturgo,[29] brandaríamos certamente, com a ralé ignorante, que a extinção da escola normal, fábrica proveitosa de tão guapos[30] professores, foi uma loucura da Assembleia.

Mas é forçoso confessar que este exame verificador traz no ventre cousa mui volumosa, na qual está encerrada a futura grandeza da instrução pública nesta província, porque ela contém a regeneração do magistério, a tenaz assiduidade dos alunos, a correção dos compêndios e o aumento das rendas públicas; o que tudo se verificará impreterivelmente se os professores, não contando com poderoso patronato, caírem na asneira de sujeitarem-se a novo exame para ganharem mais duzentos mil réis por ano, ou perderem as cadeiras de que estão de posse.

Esta seria de cabo de esquadra, se não fosse de deputado provincial.

---

27. Defensor.
28. Pomposo, pedante.
29. Charlatão, trapaceiro.
30. Belos.

A fé que se o nosso bom primo, Imperador Theodoro da Abissínia,[31] contasse ao lado seu com legisladores tais, teria seguramente dado sota e ás[32] na sabença eficaz da velha Inglaterra.

Esta é a causa porque o Brasil, orgulhoso de si mesmo, aclama-se apavonado[33] a primeira Nação do Novo Mundo.

Salve, terra de Cabral, três vezes salve![34]

---

31. Aportuguesamento para Tewodros II (1818-1868), militar e imperador da Etiópia que governou entre 1855-1868, até ser morto em batalha contra forças militares inglesas que invadiam a Etiópia.
32. Levado vantagem.
33. Vaidoso, presunçoso.
34. Na publicação original, ao final do texto vinha a indicação (*Continua*).

Capítulo 3

Que o povo julgue o que faz a «gente de gravata lavada»
A nova lei de instrução primária III[1]

Comentário   *A crítica jurídica segue a todo vapor. Nesse trecho da série "A nova lei de educação básica", o autor continua a expor as incoerências das medidas que recaíam sobre os professores. O art. 6º, por exemplo, tirava a gratificação (espécie de abono salarial) do professor pela mera intervenção combinada do presidente da Câmara Municipal com o inspetor de ensino local. E pior: a intervenção deveria ser motivada pela apreciação da vaga noção de se o professor tinha "decidida vocação ao ensino". A análise em bloco dos artigos 12, 13, 14, 15 e 16, ao seu turno, mostrou aos leitores da época (como certamente mostrará aos de hoje) o sofisticado intérprete do direito que se formava no calor da hora, isto é, provocado por um problema político-jurídico que exigia resposta normativa pragmática diversa da estatuída em lei. Em vista do cenário movediço a que a lei dava azo, portanto, o chefe de redação da folha* Democracia *levantava perguntas e hipóteses caras ao estilo de argumentação jurídica que vinha desenvolvendo tanto nas crônicas forenses quanto nas análises legislativas precedentes. Separação de poderes, limites da administração, competência jurisdicional de agentes de Estado, entre outros assuntos, permeavam a reflexão do jurista da* Democracia.

---

1. *Democracia* (SP), 06 de junho de 1868, pp. 1-3.

> Propagação de luzes, reformação de costumes, clamam por toda a parte os filósofos; e por toda a parte os déspotas e seus infames satélites tratam de corromper os costumes e impedir a propagação das luzes, deitando peçonha nas fontes onde o povo vai beber; e assim, onde ele busca a triaga,[2] aí encontra o veneno.
>
> ALFIERI[3]

A nova lei metafórica de instrução pública da província de São Paulo, sobre ser incongruente, por atilada[4] indústria[5] senão por erro, contém lacunas ou sinalefas[6] mui sensíveis, que devem necessariamente ser preenchidas, ao menos por humanitário favor, na próxima sessão legislativa, depois de inspirados pelo Espírito Santo os egrégios legisladores.

Entre elas, apontaremos de preferência, ainda que nisto vá tremendo sacrilégio, a abertura de uma aula de retórica e poética metafísica, onde sejam explicadas magistralmente, por algum dos beatificados autores dessa fenomenal criação, as figuras difusas de que usaram com exuberante profusão e, sobretudo, a etérea e famosa lógica em que envolveram os seus legais pensamentos.

As leis, é certo que não são feitas exclusivamente para serem entendidas, apreciadas e observadas pelos sábios, senão também pelo povo pouco instruído, que tem a imprescindível obrigação de sabê-las e respeitá-las, sob penas mui severas.

Quando as leis não são claras como devem sê-lo, corre aos seus autores, que para isso são pagos, o rigoroso dever de explicá-las convenientemente.

É com este fundamento que pedimos a criação de aulas nas quais não venham os deputados, que são iluminados e que tudo

---

2. O mesmo que teriaga, espécie de antídoto contra mordida de animais peçonhentos.
3. Ver n. 2, p. 186.
4. Sagaz, perspicaz.
5. Astúcia, malícia.
6. Sinais gráficos ou ortográficos pouquíssimo perceptíveis.

sabem, aprender novas doutrinas à custa da província, mas explicar a sua própria obra e ensinar os seus preceitos cabalísticos, que só eles entendem, e que por muito misteriosos e inextricáveis parecem ter sido engendrados para os deuses, que jamais habitaram entre o embrutecido povo.

Muita gente de gravata lavada e de colarinho de palmo e terça,[7] não sabemos se por inveja ou por despeito, anda por aí enfezada, de veras, contra a portentosa Lei nº 54 deste ano; e alguns indivíduos mais mordazes afoitam-se a dizer, em público e raso, "que ela encerra um formidável atentado contra os míseros compositeiros[8] de charadas e logogrifos;[9] sendo os artigos de tal lei (e nisto vai desaforo grosso) tão célebres neste gênero de divertimento, que até não trazem o costumeiro *conceito*, que é a chave indispensável para adivinhá-los.

Pela nossa parte, cerramos ouvidos às ferinas sátiras que por aí vogam adubadas pela infrene[10] maledicência dos tunantes[11] de luneta;[12] contentamo-nos com repetir a lei para que o povo a julgue, em nome de quem dizem ter sido feita.

Artigo 6º: Perderão a gratificação os professores que não mostrarem *decidida vocação ao ensino*, com aproveitamento dos alunos, provada com atestação do inspetor do distrito e do presidente da Câmara.

Tratemos seriamente de entender a contextura deste artigo.

Temos, como princípio geral e invariável, que nenhum candidato será nomeado professor sem que passe por exame de suficiência, perante o governo e o inspetor geral da instrução pública, e seja devidamente aprovado.

---

7. Que mede um palmo mais uma terça parte do palmo.
8. O mesmo que compositor gráfico, sendo o compositor de charadas aquele que formulava o jogo de adivinhação em que se deve decifrar uma palavra de várias sílabas decompostas em partes correspondentes.
9. Modalidade de charada em que se formam novas palavras pelas diversas combinações das letras ou sílabas de uma palavra que serve de conceito.
10. Desenfreada.
11. Vagabundos, vadios.
12. Nesse caso, o mesmo que óculos, ou monóculo, com uma só lente.

Esta aprovação não se poderá dar sem que o candidato exiba provas de capacidade mental e moral, não só pelo exame estatuído por lei, como por atestações de bons costumes passadas por autoridades competentes e insuspeitas.

Verificados estes requisitos legais, é nomeado o impetrante e metido de posse no professorado.

Isto posto, surge lá do centro da aldeia um matuto, ou dois, mal-amanhados[13] armados com um par de mãos canhotas, cada um, e dizem ao governo e ao dr. inspetor geral da instrução pública: "O professor que os senhores examinaram e aprovaram é um inepto!" E o governo responde: "Sim, senhores, é um inepto; Vossas Mercês têm razão. Nego ao professor a gratificação porque ele é um zote!..."[14]

Cáspite,[15] legisladores!, exclama o povo entusiasmado!

Tratemos agora de uma segunda hipótese.

Se o professor *não mostrar decidida vocação ao ensino* e provar, por consequência, que é uma zebra de dois pés, para a glória dos examinadores, do inspetor geral da instrução pública e do governo, que o tiverem examinado, aprovado e nomeado, é lícito e honesto que continue no emprego, chupitando o seu ordenado e deixando apenas de receber a gratificação?

Ainda uma terceira hipótese sobre a matéria deste fertilíssimo artigo.

Se o professor tiver obtido do presidente da Câmara um atestado que o guinde[16] nas pontas da Lua, e outro do inspetor do distrito, que o desabone completamente, poderá, em vista de tais documentos, perceber a gratificação marcada pela lei? Poderá o governo indagar da verdade entre estas duas opiniões desencontradas, ou deverá indeferir o professor por falta de uniformidade

---

13. Desajeitados, mal-arrumados.
14. Idiota, pateta.
15. Similar ao popular "caramba". Expressão que comunica admiração e espanto, podendo carregar ironia ou graça.
16. Erga, eleve.

das atestações? A pretensão do professor e, por conseguinte, o seu direito dependem necessariamente da homogeneidade de vistas do presidente da Câmara e do inspetor de distrito?

Para isto não achamos remédio ou resolução na lei, que, como obra de entuviada,[17] não curou de tais minudências.

Art. 12: Os professores que cumprirem anualmente as condições do artigo antecedente serão removidos, se o requererem, para outras cadeiras vagas de igual ou superior categoria, guardada a disposição do artigo 11, e terão mais uma gratificação não excedente de cem mil réis anuais, *sempre proporcional ao número de alunos frequentes*.

Qual é, porém, o número de alunos estabelecido, como termo regulador, para as concessões desta gratificação?

Será o que quiser o governo arbitrar?

Pois o governo é representante do Poder Legislativo? Donde lhe veio esta faculdade? Em que lei se funda ela?

Se o governo é competente para legislar, então que se fechem, o quanto antes, as Assembleias.

Se o governo é o proprietário exclusivo da ciência administrativa, confessemos que as Assembleias são meras pacholices,[18] e pacholices que muito caro custam ao povo.

Art. 13: As concessões dos dois artigos antecedentes só terão lugar mediante atestação favorável das Câmaras Municipais, juízes de direito e municipais, juízes de paz e inspetores de distrito, ouvido o inspetor geral da instrução pública.

§ Único: Os professores públicos que derem informações inexatas sobre o estado de suas escolas, ou servirem-se de atestados falsos, perderão as suas cadeiras, mediante um processo administrativo.

Aí temos outra pilhéria legislativa.

No caso do artigo 6º, para que o professor possa perceber a gratificação, é bastante que exiba atestados do presidente da Câmara e do inspetor do distrito; agora, para gozarem das concessões que se acham estabelecidas nos artigos 11 e 12 da mesma

---

17. Intriga, embaraço.
18. Fanfarronices, presepadas.

lei, é indispensável que recorram a uma legião de funcionários — Câmaras Municipais, juízes de direito, juízes municipais, juízes de paz, inspetores de distrito — e com audiência solene e retumbante da magna seção do Conselho de Estado[19] da inspetoria geral da instrução pública!

Não sabemos por que razão foram excluídos os santos párocos, os delegados e subdelegados de polícia, os inspetores de quarteirão, os escrivães de polícia, os notários públicos e os meirinhos, que, pelas Ordenações do Reino, também têm fé pública. Pois é certo que se a verdade está na razão do número, quanto maior for este, tanto mais segura será aquela.

Art. 14: O cargo de professor público será incompatível com qualquer outro emprego público, com exceção unicamente dos empregos de eleição popular.

Mais outra pilhéria.

Pois por que há de ser o cargo de professor incompatível com qualquer outro emprego público e não com os de eleição popular?

Onde está a razão filosófica de semelhante incompatibilidade? De mais, por que lei geral foi conferida às Assembleias provinciais a faculdade de criarem incompatibilidades? O que as leis do império permitem aos lentes e professores das Academias — permissões estas que estabelecem princípios gerais de legislação — pode ser restringido ou nulificado pelas Assembleias provinciais?...

Está é de se lhe tirar o barrete!

Digamos com franqueza: se o império do Brasil não é um vasto hospício de alienados, não há homens sem juízo neste mundo.

Art. 15: O ensino primário ou superior poderá ser livremente exercido por particulares, salvas as restrições seguintes:

---

19. Órgão consultivo ao imperador, organizado em seções, formado por uma seleção de ministros de Estado e outras figuras-chave do direito e da política nacional. Para o Segundo Reinado, suas atribuições estão marcadas na Lei nº 234 de 23 de novembro de 1841.

§ 1º Obrigação de fornecer os dados estatísticos necessários.

§ 2º Obrigação de cessar o exercício do magistério, uma vez convencido o professor de atos imorais e de maus costumes.

Art. 16: Desde que o inspetor de distrito se convencer da imoralidade e maus costumes de um professor particular de seu distrito, levará os fatos, em exposição circunstanciada e com as razões de convicção, ao conhecimento do inspetor geral que, ouvindo o professor inculpado, poderá ordenar a cessação da escola.

A disposição do § 2º do artigo 15 é uma adição redundante intempestiva feita às leis criminais do império, que punem os atos de imoralidade, quer particulares, quer públicos, sujeitos à sua ação. Os que não foram previstos pela legislação geral, não o podem por modo algum ser pelas Assembleias provinciais, que para tanto não têm poderes.

A disposição do artigo 16 excede com pujança as raias da gaiatice.

Pela disposição deste artigo, confere-se ao inspetor da instrução pública a faculdade, *da qual usará ele se quiser*, de mandar fechar a escola, cujo professor particular tenha sido regularmente *inculpado* de imoral!...

Sublinhamos o adjetivo "inculpado" porque, segundo as parcas lições que temos da língua vernácula, essa palavra significa: não culpado, sem culpa; não criminado.

Se os legisladores de São Paulo estabelecem penas para os inocentes, cumpre que os homens de bem se armem de cacetes e os expilam para fora do paço,[20] como inimigos da ordem pública, da sociedade, da civilização e da moral.

Se "inculpado" quer dizer criminoso, será neologia[21] jurídica, e tão extravagante que se opõe de frente às noções rudimentais[22] da língua.

---

20. Edifício sede da Assembleia Provincial.
21. Criação ou uso de palavras novas, ou atribuição de novos significados.
22. O mesmo que rudimentares.

Seja porém neologia ou erro; o que ninguém poderá jamais contestar, e do que nos devemos gloriar, é que a Assembleia Legislativa da província de São Paulo até em filologia é inimitável.

Art. 18: Ao professor que for condenado a fechar escola mediante o processo dos dois artigos antecedentes, não será lícito exercer a profissão, salvo se mostrar-se reabilitado, precedendo, neste caso, licença do inspetor geral. Os que violarem a presente disposição serão multados em duzentos mil réis, além de outras penas em que possam incorrer.

Aí temos nova entrosga.[23]

Pois se os atos de imoralidade e maus costumes só se consideram delitos, por esta lei, quando praticados pelo professor no exercício do magistério, com perigo ou ofensa do pudor dos alunos; se quando convencido ele, ou *inculpado* (na frase da lei) de tais atos é suspenso das funções do magistério, em que tempo, e como, estando fora do emprego, se poderá mostrar reabilitado?

Materializemos o argumento para o tornar mais claro.

O indivíduo que for despedido de uma oficina, por mau operário, e que passar dois ou três anos fora dela, dando-se a diverso gênero de trabalho, poderá algum dia mostrar-se apto para nela ser de novo empregado?

Certamente que não. Ora, se isto é inconcusso,[24] o artigo 18 da lei nº 54 é um despropósito intolerável.

Art. 19: Não pode ser professor público ou particular o condenado a galés, ou por crime de furto, roubo, estelionato, bancarrota, bigamia, incesto, adultério, sob pena de duzentos mil réis de multa e o dobro nas reincidências.

Esta agora é de nova espécie.

Pelo artigo precedente estabelece-se que os indivíduos imorais e de maus costumes, que derem disto prova no exercício do magistério, uma vez que se mostrem regenerados, possam readquirir os foros perdidos de professor; por este outro artigo,

---

23. Complicação, embuste, ardil.
24. Incontestável, indiscutível.

porém, veda-se absolutamente aos indivíduos que tiverem cumprido certas penas, *regenerados ou não*, o direito de abrirem escolas!

Em que se estribaram os legisladores para isto determinar?

O indivíduo que tiver cumprido pena e que por seus atos mostrar-se corrigido e reabilitado perante a sociedade poderá, sem ofensa do direito e da razão, ser proibido de exercer empregos públicos?

Todas as pessoas sensatas dirão que não.

Pois bem, a muito sábia Assembleia Legislativa da província de São Paulo entende o contrário.[25]

---

25. Na publicação original, ao final do texto vinha a indicação (*Continua*).

Capítulo 4
Aqui formigam a rodo disparates do maior calibre
A nova lei de instrução primária IV[1]

Comentário *O último texto da série "A nova lei de educação básica" é, também, o ponto final no conjunto de textos em defesa da educação pública que o chefe de redação da* Democracia *publicou. "Aqui formigam a rodo disparates do maior calibre", assim pode ser sintetizado, aproveitando as palavras do autor, o texto final da presente série. Afro-Gama, o responsável pela obra, examina um trecho da Lei provincial nº 54, de 15 de abril de 1868, que condicionava a existência de uma escola a um número mínimo de alunos. Essa condição, na opinião do autor, seria "grosseira, despótica e incongruente", haja vista que o governo mataria a possibilidade da criança estudar pelo simples fato do local de sua residência. "Esta disposição priva violentamente do gozo de direitos importantes os infelizes brasileiros que não têm a fortuna de residir nos grandes núcleos de população", dizia o autor, observando, com a sagacidade que lhe era singular, que as "leis criminais os alcançam" estivessem onde eles estivessem. Mas não era só o tamanho da escola. A questão de que se ocupava era, radicalmente, a própria definição de escola pública. E mais: a escola pública para o filho do pobre que, no contexto da São Paulo de finais da década de 1860, era o pobre, preto e recém-liberto. Para afastar "a condenação dos filhos do pobre às trevas da ignorância", o caminho passava, obrigatoriamente, vá desculpando a redundância, pela escola pública obrigatória. A definição do autor é lapidar: "A escola pública é um grande e poderoso elemento de igualdade social. Seu objeto, instruindo gratuita e indistintamente a todos, é elevar, pelo cultivo da inteligência, o filho do mendigo à posição do filho do milionário". Afro-Gama sabia qual era o jogo — e qual o seu time.*

1. *Democracia* (SP), 27 de junho de 1868, pp. 4-5.

> Propagação de luzes, reformação de costumes, clamam por toda a parte os filósofos; e por toda a parte os déspotas e seus infames satélites tratam de corromper os costumes e impedir a propagação das luzes, deitando peçonha nas fontes onde o povo vai beber; e assim, onde ele busca a triaga,[2] aí encontra o veneno.
>
> ALFIERI[3]

Felizmente vamos hoje pôr termo a esta longa e retardada[4] análise da Lei nº 54 de 15 de abril,[5] a mais exótica e a mais irrisória de que temos conhecimento, em matéria de instrução pública.

Os regulamentos e as leis rurais de França, estatuindo a pena de morte para as serpentes e para os pássaros daninhos, e impondo aos lavradores a sua rigorosa execução, encerram menos parvoíces[6] do que estes disparates rudimentais[7] impostos à população de São Paulo, como preceitos salutares de ótima administração civil.

Não cansaremos os judiciosos[8] leitores com enfadonhos arrazoados e dissertações extensas; não. O povo paga para ter senho-

---

2. O mesmo que teriaga, espécie de antídoto contra mordida de animais peçonhentos.
3. Ver n. 2, p. 186.
4. Que o leitor não tome pelo sentido vulgar do termo, mas pela conotação que expressa lentidão, demora, em suma.
5. Consultado o manuscrito da lei provincial, nota-se que a data inscrita é a de 16 de abril de 1868 e não a do dia anterior, conforme Gama registra. Sem descartar a possibilidade de adulteração do registro oficial, que eventualmente ocultaria algum erro de forma legislativa, por exemplo, manterei a datação do original das páginas do *Democracia*. Cf. *Reforma da Instituição* [sic] *Pública*, ID. 2224, Ano 1868, Documentos Históricos da Assembleia Legislativa de São Paulo.
6. Tolices, idiotices.
7. O mesmo que rudimentares.
8. Sensatos.

res. Compra as consciências políticas e prostra-se diante delas, em relevante idolatria, como se fossem bentas imagens. A moral dos alicantineiros[9] partidários tem a sua origem no suor do povo.

O patriotismo dos Demóstenes[10] e dos Licurgos[11] hodiernos ressuma[12] das moedas e tem a seiva no tesouro.

Ao povo, pois, que tem a fortuna de comprar senhores, cabe ouvi-los e julgá-los pelo que eles realmente valem.

Continuemos na obra começada.

Art. 21: Nos lugares onde não houver escolas públicas, ou deixarem de existir por força da presente lei, o presidente da província, ouvindo o inspetor geral, e este ao do distrito e ao presidente da Câmara Municipal, poderá subvencionar, para o ensino dos meninos pobres, o professor particular mais conceituado, despendendo para esse fim até a quantia de duzentos mil réis anuais com cada professor, tendo em vista o número de alunos pobres e o quantum para isso especialmente decretado no orçamento.

§ Único: As escolas particulares subvencionadas ficarão sujeitas à mesma inspeção e fiscalização das escolas públicas.

Examinemos agora este campanudo[13] maranhão.[14]

As escolas existem fundadas por utilidade pública; isto é, porque a sociedade quer que existam; e quer que elas existam para atingir ao seu fim, o bem-comum.

O bem-comum consiste na vontade de todos em favor de cada um.

A grande cadeia harmônica da sociedade cifra-se na seguinte apogtegma:[15] "todos por um e um por todos".

A sociedade estabeleceu a escola para benefício próprio — a instrução dos associados —; benefício que não é, nem pode ser,

---

9. Trapaceiros, ardilosos.
10. Ver n. 17, p. 223.
11. Ver n. 35, p. 227.
12. Manifesta, transparece.
13. Empolado, pomposo.
14. Engodo, mentira ardilosa.
15. Máxima, aforismo, ditado.

fruído por todos mutuamente ou ao mesmo tempo; dele, cada um se aproveita, a seu tempo, e por seu turno, conforme as suas forças e aptidões.

A escola pública é um grande e poderoso elemento de igualdade social. Seu objeto, instruindo gratuita e indistintamente a todos, é elevar, pelo cultivo da inteligência, o filho do mendigo à posição do filho do milionário.

Daqui segue-se, irremissivelmente, que não é o maior ou o menor número de alunos que deve determinar a abertura e a conservação da escola, senão a vontade social permanente, tendo por causa a existência de indivíduos, qualquer que seja o seu número, que devam frequentá-la.

Sendo isto verdade inconcussa,[16] a disposição do artigo supracitado, ligada à de outros, que mandam fechar as escolas que não forem frequentadas por vinte alunos, pelo menos, é grosseira, despótica e incongruente. É um atentado flagrante dos princípios liberais consagrados na Carta constitucional, se bem que hipocritamente.

Esta disposição priva violentamente do gozo de direitos importantes os infelizes brasileiros que não têm a fortuna de residir nos grandes núcleos de população; enquanto que os impostos pecuniários e de sangue, os ônus públicos e as leis criminais os alcançam, ainda nos ermos e nas paragens mais remotas do império.

Os legisladores da província devem convencer-se que são meros procuradores do povo, depositários assalariados da vontade pública, advogados e não senhores ou proprietários da província.

Foram contratados para prestarem serviços; cumpre que tenham sempre presente a vontade altiva de sua constituinte soberana. Está é, sem contestação, a sociedade que os elegeu, o conjunto dos paulistas: é a província.

Ante a urna eleitoral é tão legítima a cédula do tropeiro obs-

---

16. Incontestável, indiscutível.

curo, como a do agaloado[17] comandante da *guarda nacional*: todos são cidadãos, todos iguais perante a entidade suprema da lei. Ela não permite distinção entre os habitantes da cidade, da vila, da freguesia ou da aldeia.

A disposição do artigo 8º, § 1º da presente lei é um absurdo insolente.

Passemos a outra ordem de considerações. Nos lugares onde não houver escolas (agora fala o legislador), qualquer que seja a causa (das previstas nesta lei), o presidente da província, depois de solenemente ouvir o dr. inspetor geral da instrução pública; este ao do distrito, e ao presidente da câmara municipal, *poderá*, depois de destarte iluminado, subvencionar, *para o ensino dos meninos pobres*, o professor particular mais conceituado, despendendo, para isto, a quantia de 200$000 réis anuais com cada professor.

Aqui formigam a rodo disparates do maior calibre.

Aonde não houver alunos, em número de vinte, não deverá haver escola pública.

Um particular, dotado de melhor senso do que o legislador paulista, estabelece a sua escola e dá, com isto, prova exuberante de que sabe melhor cuidar dos seus interesses do que o verboso deputado curar dos do povo, que jurou manter integralmente.

De repente aparece o governo, que, em tal situação, não passa de mero particular, e diz-lhe: "Estes meninos pobres precisam de receber instrução; Vossa Mercê há de dá-la, eu o solicito, mediante 200$000 réis por ano; mas, de hoje em diante, fica a sua escola sujeita à minha inspeção, como se pública fosse!....."

Ora, aqui há dois caminhos a seguir: sujeitar-se o professor particular à prejudicial tutela do governo, que compra a sua liberdade por 200$000 réis, ou rejeitar a oferta, que encerra um gravame de seus interesses.

A primeira hipótese envolve um atentado contra a manca

---

17. Indivíduo que usa galão no vestuário. Espécie de adorno que sinaliza condecoração, distinção de patente, privilégio ou classe.

liberdade de ensino estabelecida por esta lei, pelo que, temos como certo, a intervenção do governo será sempre repelida pelos professores particulares.

A segunda importa necessariamente a condenação dos filhos do pobre às trevas da ignorância.

Isto importa dizer que os legisladores, tomados de má fé, procuram ardilosos abismar[18] o povo em profunda degradação, para mais a seu salvo venderem-no ao despotismo, de que são agentes disfarçados.

Temos, em consequência, que a doutrina do parágrafo único, posposto[19] ao artigo 21, nulifica visivelmente a deste, e estabelece, como princípios certos, uma série de absurdos tais que causariam riso, senão encerrasse as mais fundas cogitações de personagens altamente colocados.

Art. 23: Fica o presidente da província igualmente autorizado a expedir os regulamentos necessários para a boa execução da presente lei, devendo neles determinar as atribuições da inspeção geral, de distrito e dos presidentes das Câmaras Municipais concernentes à mesma execução, e bem assim as formas de processos administrativos convenientes, podendo cominar[20] a pena de multa até duzentos mil réis.

Este artigo é o molho trivial de pasteleiro.

É uma confissão culposa de perigosa inépcia, já muito repetida e cediça;[21] a única verdade, entretanto, sinceramente manifestada nesta lei.

É uma delegação do governo para que, tomando por tema este amontoado de notas dissonantes, componha, a seu bel-prazer, as hiperbólicas variações que possa sugerir-lhe o espírito musical de que for dotado.

18. Lançar ao abismo.
19. Posterior.
20. Impor.
21. Ultrapassada, entediante, fora de moda.

Ainda esta vez repetimos: se o governo é competente para legislar, que se fechem as Assembleias, porque são pacholices[22] muito caras.

Escrevendo esta crítica não tivemos em vista cevar[23] ódios inveterados[24], nem afrontar reputações ilibadas.

Desafrontamos a causa pública e vingamos o povo, em nome do direito.

Temos, pois, consciência de haver cumprido honrosamente o nosso dever.

---

22. Fanfarronices, presepadas.
23. Alimentar, nutrir.
24. Arraigados.

PARTE VI

JUSTIÇA E PENA DE MORTE NO BRASIL

NOTA INTRODUTÓRIA   Estão agrupados nesse tópico dois conjuntos de textos. O primeiro, de maior unidade discursiva e autoral, é originalmente intitulado "A justiça no liberalíssimo Império de Santa Cruz". O segundo reúne três textos que tratavam especificamente da pena de morte e sua reprovabilidade como sanção penal. O estilo narrativo varia da crônica forense com excertos de julgamentos para o ensaio livre sobre o noticiário judiciário. Uma visão criminológica e moralizante similar ata os fios dos textos, formando um argumento autêntico e radical, sobretudo, se se considerar os padrões tímidos dos articulistas da época. A pena, nesses textos, não ganhava valor repressivo ou de represália que superasse seu teor corretivo e educacional. Contudo, não só a coesão de ideias criminológicas converge para a mesma autoria. O conhecimento normativo mobilizado nesses textos evidencia que não se tratava de escritos de jovem estudante ou bacharel, mas de alguém que conhecia os meandros do foro criminal e até mesmo, ao que se pode notar, tanto a jurisprudência criminal quanto a administração correcional. A esse tempo, Luiz Gama, redator-chefe do Democracia, combinava a experiência como amanuense da Secretaria de Polícia da capital, que o levou a lavrar e diligenciar centenas de autos criminais, com a de jurado no Tribunal do Júri de São Paulo, onde já havia servido dezenas de vezes. Lidos em conjunto, os escritos das duas séries de textos criminais possuem, embora por autorias distintas, a mesma firma do redator-chefe, que, anos mais tarde, se tornaria perito em vencer demandas criminais.

Capítulo 1
O Supremo Tribunal revogou a lei para proteger o crime
A justiça no liberalíssimo Império de Santa Cruz[1]

Comentário *Crônica forense. Exercício de crítica jurídica que utiliza excerto de um julgamento para discutir uma contradição normativa ou injustiça contra uma parte. Nesse caso, Ultor, o pseudônimo de Gama, discute um acórdão do Supremo Tribunal de Justiça (STJ), instância máxima do Poder Judiciário da época. O autor sustenta que o STJ acertadamente corrigiu uma decisão criminosa, mas o fez, porém, sem punir os criminosos, isto é, os juízes do Tribunal da Relação da Bahia. Ao julgarem válida a controversa arrematação de bens de um casal, sem a citação da mulher, que protestava para ser ouvida no processo, os juízes da Relação da Bahia deram causa à dilapidação do patrimônio da mulher, que, "qualquer que tenha sido o modo de proceder de seu marido, não pode ser esbulhada dos direitos que a lei lhe outorga". Para Ultor-Gama, o STJ teria feito justiça pela metade, pois, se acertava no mérito, favorecia o crime ao acobertar violações de direitos praticadas por juízes de instância inferiores.*

Escusado é dizê-lo, porque sabem perfeitamente todos os doutos, e não ignoram os indoutos, que temos uma preconizada Constituição política, a mais sábia do universo, no pensar das pessoas versadas em tais matérias, e uma legião colossal de leis especiais e regulamentares, enfaixadas numa infinidade de interpretações, explicações e juízos autênticos e doutrinários, que fazem a confusão dos nacionais e o pasmo contemplativo dos estrangeiros.

O que, porém, não é escusado repetir, se bem que todos o saibam, é o modo pouco refletido e até atentatório dos direitos dos cidadãos por que os magistrados esclarecidos e, ainda mais, os Supremos Tribunais do país, distribuem justiça. E tão comezinhos, infelizmente, se vão tornando, entre nós, os julgamentos

1. *Democracia* (SP), 01 de dezembro de 1867, p. 2.

desastrados que, sobre a lamentável impopularidade dos juízes, vai lavrando a perigosa pecha de "improbidade" que lhes é assacada pelo povo encolerizado...

Desgraçadamente os fatos abusivos abundam em todo o foro brasileiro; e a impunidade, de mãos dadas com a malversação, campeia triunfante pelos páramos da justiça, afrontando, com denodo incrível, o direito e a moral pública.

O de que hoje nos vamos ocupar corre pelas altas regiões dos tribunais superiores.

Aí vai a prova bem patente, para que seja vista e meditada por todos aqueles a quem ainda não fez cegos a mal entendida *conveniência*.

N° 6.783 — Vistos, expostos e relatados estes autos de revista cível; entre partes, recorrente José Gomes Leite; e recorrido, Joaquim Lopes de Almeida.

Concedem a revista.

> 1° pela injustiça notória dos acórdãos[2] de fls. 173, v., 191 e 214, de que se recorre; porquanto julgando válida a arrematação que se se fez dos bens do casal do recorrente, por uma execução e sentença fundados na escritura de fl. 45, escritura nula, por ter hipotecado, sem consentimento da mulher do outorgante executado os bens de raiz, que se arremataram, proferiram uma decisão que é contrária ao direito expresso, segundo a Ord. Liv. 4°, Tit. 48, §§ 12 e 62 e Tít. 75, § do Liv. 3°, devendo notar-se que ao tempo em que teve lugar esta arrematação, já em juízo constava, pelas reclamações da mulher do executado ser ele casado, provando-se pela certidão de fl. 42 combinada com a dita escritura de fl. 45, que o casamento é anterior à hipoteca estipulada sem ciência e com prejuízo da meação[3] da mulher, que em tempo apresentou--se com seus documentos legalizados; e que por fatos em que não teve parte, e qualquer que tenha sido o modo de proceder de seu marido, não pode ser esbulhada dos direitos que a lei lhe outorga, Ord. Liv. 3°, Tit. 86, § 13, Liv. 4°, Tit. 60 e outros;

---

2. Decisões de tribunal, ou tribunais, que servem de paradigma para solucionar casos semelhantes.

3. No regime de comunhão de bens, a parcela dos bens do casal que é reservada para cada um dos cônjuges.

2º pela manifesta nulidade proveniente da falta de citação da mulher do recorrente, versando a questão sobre bens de raiz e fazendo-se penhora de tais bens, vindo por este modo a dar-se uma sentença contra uma parte que não foi primeiro citada, isto é, contra a mulher casada, pelo que toca a sua meação, violando-se assim as disposições da Ord. Liv. 3º, Tit. 47, Tit. 75, pr. Tit. 86, §§ 27 e 28 e Liv. 2º, Tit. 53, § 1º. Concedida, portanto, a revista, remetam-se os autos à Relação da Bahia, que designam para revisão e novo julgamento.

Rio de Janeiro, 24 de fevereiro de 1866
BRITO, *presidente*
BARÃO DE MONTSERRAT
FRANÇA
MARIANI
SIMÕES DA SILVA
LEÃO
CERQUEIRA
SILVA
BARBOSA
VILARES
BRAGA
PINTO CHICHORRO

Depois deste bem elaborado acórdão, em que tão claramente menciona o Supremo Tribunal de Justiça a mais flagrante violação de direito, por parte do Tribunal *a quo*,[4] lamentará certamente o leitor a impunidade com que são premiados os juízes malversadores.

Neste ponto o Supremo Tribunal de Justiça revogou a lei para favonear[5] o crime.

É pesarosa de dizer-se tão amarga verdade; mas ela aí fica estampada aos olhos de todos.

ULTOR

---

4. Diz-se do tribunal de cuja decisão se recorre.
5. Favorecer, proteger.

Capítulo 2
Mais uma sentença de impunidade
A justiça no liberalíssimo Império de Santa Cruz[1]

Comentário *Crônica forense. Exercício de crítica jurídica que utiliza excerto de um julgamento para discutir uma contradição normativa ou injustiça contra uma parte. Gama, através do pseudônimo Ultor, novamente discute um acórdão do Supremo Tribunal de Justiça (STJ), que seria "mais uma sentença de impunidade" no "seio da vasta impunidade" do Poder Judiciário brasileiro. Embora o STJ corrigisse o julgamento do Tribunal da Relação de Pernambuco, deixava, "por ignorância, descuido, frouxidão, negligência ou omissão", de punir os juízes criminosos da instância inferior. Os erros materiais, ou, nas palavras do autor, "os crimes do Tribunal da Relação", se caracterizavam por duas causas violadoras de direitos. Primeira, a criminosa validação da venda de dois escravizados menores de idade sem a competente permissão do juiz de órfãos e sem edital público que desse força normativa ao ato de venda; segunda, a ausência de citação do curador dos menores escravizados. Como veremos, a crítica jurídica concorda com o mérito do acórdão do STJ, que revisou a injustiça da instância inferior, mas denuncia que os ministros do STJ foram, no mínimo, levianos em não punir os juízes do Tribunal da Relação de Pernambuco.*

Que o Brasil é o mais infeliz Estado da poderosa América, por nossa dignidade não ousaremos dizê-lo em face dos esplendores oficiais que nos deslumbram, nem perante a faustosa aristocracia que nos aterra[2] com as suas galas[3] majestosas e com o seu feudal senhorio.

Não o diremos enquanto a degradação e o servilismo forem o nosso apanágio;[4] mas ao tempo em que mudos e espavoridos estacamos[5] diante do carro triunfal da desmoralização, que passa

1. *Democracia* (SP), 08 de dezembro de 1867, p. 3.
2. Aterroriza, apavora.
3. Ostentações.
4. Atributo, característica inerente.
5. Paramos, detemo-nos.

favoneada⁶ pela religião e pelo direito, tombados sobre as ruínas da moral, erguem-se os fatos, mais eloquentes que o púlpito e que a tribuna, espécie de novos Tântalos em voluntário suplício,⁷ no seio da vasta impunidade.

Mais um acórdão⁸ do Supremo Tribunal de Justiça atestando ao império uma violação flagrante da lei; mais uma violação do direito escrito cometida pelo Supremo Tribunal de Justiça; mais uma sentença de impunidade; mais uma graça da injustiça galardoando⁹ os crimes do Tribunal da Relação.

Nº 6.809 — Vistos, expostos e relatados este autos de revista cível entre partes, recorrente, Diogo de Oliveira Campos, e recorrido, Antonio Joaquim de Campos Cordeiro.

Concedem a revista pedida "por manifesta nulidade e injustiça notória nos acórdãos" de fl. 176, v., e fl. 189, que confirmaram as sentenças de fls. 126 e 142, v.; porquanto, tendo falecido no decurso da causa um dos corréus e deixado filhos menores, que foram habilitados e aos quais se deu curador¹⁰ "*in litem*",¹¹ como se mostra de fls. 92 a fls. 100, v., nunca, por parte deles, foi ouvido o dito curador, o qual foi até lançado a fl. 120, v., apesar de ter protestado a fl. 118, dizer afinal e insistido para o fazer a fl. 122; "erro este que nem ao menos foi suprido na segunda instância, sendo assim violada a expressa disposição da Ord. Liv. 3º, Tit. 41, § 8º, e condenados os menores, sem que se lhes admitisse defesa". A esta manifesta nulidade, declarada como tal pela sobredita Ordenação, "acresce ainda a injustiça notória" de se haver considerado nula a venda dos escravos, por não ter sido feita em

---

6. Favorecida, protegida.
7. Passagem da mitologia grega em que Tântalo, um rei que abusou da confiança dos deuses ao roubar-lhes alimentos sagrados, foi sentenciado a viver em fome e sede eterna. O suplício de Tântalo, portanto, seria ter água e comida ao alcance de suas mãos, sem nunca poder beber e alimentar-se. A metáfora provoca o leitor ao sugerir que a degradação política não era um castigo imposto por outrem, mas uma espécie de autoflagelo nacional.
8. Decisão de tribunal paradigmática para solucionar casos semelhantes.
9. Premiando.
10. Aquele que está, em virtude de lei ou por ordem de juiz, incumbido de cuidar dos interesses e bens de quem se acha judicialmente incapacitado de fazê-lo.
11. Durante o litígio.

almoeda[12] e com permissão do juiz dos órfãos, dando-se por tal modo "uma inteligência falsa e contrária inteiramente à Ordenação do Liv. 1º, Tit. 88, § 25", a qual só é aplicável aos órfãos, que são os menores, que não têm pai, como é corrente em direito, e o declara o Assento de 23 de fevereiro de 1835, e não aos menores que o têm, como na espécie presente, em que a mulher do recorrido, já púbere, fez a venda dos escravos com a autorização e expresso consentimento de seu pai, venda em que, pela tenra idade e alto preço dos escravos, desapareceu o mais pequeno indício de lesiva. Portanto, remetem-se os autos à Relação de Pernambuco, que designam para a revisão e novo julgamento.

Rio de Janeiro, 28 de fevereiro de 1866
BRITO, *presidente*
ALMEIDA
VEIGA
BARÃO DE MONTSERRAT
BARÃO DE PIRAPAMA
FRANÇA
PINTO CHICHORRO
MARIANI
SIMÕES DA SILVA
LEÃO, *VENCIDO*
CERQUEIRA
SILVA
VILARES
BRAGA[13]

Depois deste memorável monumento erguido pelos sábios ministros do Supremo Tribunal de Justiça à memória da jurisprudência pátria, seja-nos também permitido arvorar, às vistas do povo espavorido, estes empoeirados farrapos do roto estandarte da lei.

---

12. Leilão judicial, venda em hasta pública.
13. O acórdão confere com o original. Cf. Candido Mendes de Almeida e Fernando Mendes de Almeida. *Arestos do Supremo Tribunal de Justiça coligidos em ordem cronológica até hoje.* Rio de Janeiro: B. L. Garnier, 1883, p. 650.

CÓDIGO CRIMINAL — TÍTULO V — CAPÍTULO I — SEÇÃO VI

Falta de exação[14] no cumprimento dos deveres

Art. 160. Julgar ou proceder contra a Lei expressa.

Penas — De suspensão do emprego por um a três anos.

Art. 162. Infringir as leis que regulam a ordem do processo, dando causa a que seja reformado.

Penas — De fazer a reforma à sua custa e de multa igual à despesa que nela se fizer.

Art. 156. Deixar de fazer efetivamente responsáveis os subalternos que não executarem cumprida e prontamente as leis, regulamentos e ordens, ou não proceder imediatamente contra eles em caso de desobediência ou omissão.

Penas — De suspensão do emprego por um a nove meses.

Cumpre ainda observar que o Código Criminal estatui, no art. 153, "que tais delitos podem ser cometidos por ignorância, descuido, frouxidão, negligência ou omissão".[15]

ULTOR

---

14. Exatidão, correção, retidão.
15. As citações ao Código Criminal conferem exatamente com o original.

Capítulo 3
Apologia ao crime
A justiça no liberalíssimo Império de Santa Cruz[1]

Comentário   *Crônica forense. Exercício de crítica jurídica que utiliza excerto de um julgamento para discutir uma contradição normativa ou injustiça contra uma parte. Luiz Gama, por seu pseudônimo Ultor, investe contra outra decisão do Supremo tribunal de Justiça (STJ) do Império. Novamente, não se discute a fundo o mérito da causa, que é própria do direito comercial da época, mas tão somente a "apologia ao crime" que representava o acórdão do STJ, que, mesmo reconhecendo "fraude da lei", terminava por não punir os juízes fraudadores. A matéria é intrincada e pouco é dado ao leitor conhecê-la em detalhes. Sabe-se, contudo, que a causa trata do pagamento de uma dívida. A sentença do Tribunal do Comércio da Bahia mandou Emília Teixeira e seu marido pagarem uma quantia fora do prazo e em condições que lhes eram prejudiciais. Por "nulidade manifesta do processo e da sentença", o STJ mandou revisar a sentença. Como nos casos anteriores da série "A justiça no liberalíssimo Império de Santa Cruz", interessava ao autor expor "delitos gravíssimos perpetrados pela magistratura brasileira", sobretudo, da cúpula do Poder Judiciário brasileiro.*

Não cessaremos de dar à luz pública os documentos que possuímos, comprobatórios do desleixo, da desídia[2] e de muitos outros delitos gravíssimos perpetrados pela magistratura brasileira, à sombra da impunidade e dos galardões[3] corruptores do governo.

Não cessaremos de clamar contra o abuso costumeiro e contra o crime premeditado diante das provas irrefragáveis, que exibimos.

É com o suor do povo que se alimentam os inimigos do direito, que se apavonam[4] com as vestes sacerdotais da justiça.

1. *Democracia* (SP), 04 de janeiro de 1868, p. 3.
2. Negligência, irresponsabilidade.
3. Premiados, gloriosos.
4. Enfeitam, adornam.

É com o dinheiro dos ricos que se eles corrompem. O povo, como os antigos atenienses, paga para ser trucidado; cria inimigos no seu regaço⁵ e alimenta-os com o próprio sangue.

A preconizada civilização corrompe a moral, degrada o país, deturpa os bons costumes, enxovalha a honestidade, vende a consciência e tripudia delirante nas alboeras⁶ do vício e nas bacanais da aristocracia.

É em nome da moral e da consciência do povo, afrontadas, que escrevemos.

Não demoramos a prova das nossas asserções.

Eis mais um acórdão⁷ do Supremo Tribunal de Justiça.

Nº 6.799 — Vistos, expostos e relatados estes autos de revista cível entre partes, recorrente, Emilia Julieta de Araújo Teixeira, e recorrido, o dr. José Joaquim Monteiro dos Santos.

Concedem a revista por nulidade manifesta do processo e da sentença, fl. 60, v., confirmada pelos acórdãos de fl. 83 e fl. 93, v.

> 1º pela improcedência dos títulos ajuizados a fls. 4 e 5; porquanto, conforme determinaram os arts. 425 e 427 do Código Comercial, as letras de terras são em tudo iguais às de câmbio, e é igual o direito que regula umas e outras; é corrente em direito cambial que a letra de câmbio sacada à ordem do sacador, sem ser transferida a terceiro, não passa de uma obrigação civil, qualidade que conserva-se, se o endosso tem lugar depois do vencimento; sendo, pois, o recorrido quem sacou, e à sua ordem, não havendo endosso a favor de terceiro, é claro que os ditos títulos, fls. 4 e 5, não podem ser considerados como letras da terra;

> 2º pela incompetência do juízo comercial, porque, não passando os referidos títulos de letras promissórias, escritos, ou créditos particulares, não se reputam como letras da terra, da competência do foro comercial, por não ser negociante o executado devedor, como determina o art. 426 do Código citado;

5. Colo.
6. O mesmo que albufeiras, *i.e.*, represas, lagunas. Por metonímia e pelo contexto, as margens de uma represa, lagoa. O autor utiliza uma imagem natural para ilustrar seu argumento.
7. Decisões de tribunal, ou tribunais, que servem de paradigma para solucionar casos semelhantes.

3º porque, ainda que fossem títulos comerciais, pela sentença, fl. 14 de 25 de julho de 1864, o executado não podia ser condenado a pagar o valor constante do título, fl. 4, de 14 de janeiro, que ainda devia ser vencido a 14 de setembro do mesmo ano, dados os oito meses convencionados, sem que ao recorrido aproveite a escritura de hipoteca, fl. 7, v., que restringiu o tempo em falta de pagamento dos créditos vencidos, por ser evidentemente nulo, pela falta da assinatura da recorrente, mulher do devedor, em uma hipoteca, espécie de alienação compreensiva de bens de raiz de um casal indiviso, quer por direito civil, atenta a genérica disposição da Ord. Liv. 4º, Tit. 48, quer pelo Código Comercial, art. 267; no caso de que pudesse prevalecer esta escritura, não menos irregular, sem a execução nos bens hipotecados, por não estar preenchida alguma das condições essenciais da mesma hipoteca; esta, em fraude da lei, foi feita na meação do devedor, por sua morte, ou pela de sua mulher, ou por divórcio perpétuo, nenhum destes casos se verificou; a sentença de divórcio, obtida pela recorrente, não tinha passado em julgado, o casal estava indiviso, sem estar decidido, sem se saber qual era a parte adjudicada à meação do devedor, não podia o recorrido sobre ela mover a execução, seria assim sacrificada, como foi, a meação da recorrente, que os contratantes simularam salvar, e que a Ord. Liv. 3º, Tit. 86, § 13, manda atender nas execuções que se fazem.

Remetam-se os autos ao tribunal do comércio da Bahia, que designarão para revisão e novo julgamento.

Rio de Janeiro, 14 de abril de 1866
BRITO, *presidente*
ALMEIDA
VEIGA
FRANÇA
MARIANI
SIMÕES DA SILVA, *vencido*
LEÃO, *vencido*
CERQUEIRA, *vencido*
SILVA
BRAGA
MASCARENHAS

Este acórdão encerra uma apologia ao crime; porque, reconhecendo violações criminosas do direito, premia os seus autores com a baixa lisonja da impunidade.

É mais ainda. É a confissão orgulhosa de um novo crime; um escárnio lançado à face do país.

É uma afronta ao bom-senso; uma injúria irrogada[8] à móral pública.

Fale por nós a lei do país, violada.

CÓDIGO CRIMINAL

Art. 162. Infringir as leis que regulam a ordem do processo, dando causa a que seja reformado.

Penas — De fazer a reforma à sua custa, e de multa igual à despesa que nela se fizer.

Art. 156. Deixar de fazer efetivamente responsáveis os subalternos que não executarem cumprida e prontamente as leis, regulamentos e ordens, ou não proceder imediatamente contra eles em caso de desobediência ou omissão.

Penas — De suspensão do emprego por um a nove meses.

ULTOR

---

8. Imputada.

Capítulo 4

Tribunais de Justiça do Brasil: focos de imoralidades e corrupção
A justiça no liberalíssimo Império de Santa Cruz[1]

Comentário   *Crônica forense. Exercício de crítica jurídica que utiliza excerto de um julgamento para discutir uma contradição normativa ou injustiça contra uma parte. Luiz Gama, por seu pseudônimo Ultor, comenta dois acórdãos diferentes: o primeiro, do Supremo Tribunal de Justiça (STJ), e o segundo, do Tribunal da Relação da Bahia. Entretanto, a causa que ambas as instâncias judiciais julgavam era proveniente da comarca de Bananal, vale do Paraíba paulista. Dizendo que "os Tribunais de Justiça do Brasil são os mais perigosos focos de imoralidades e corrupção", Ultor-Gama apresenta uma evidência de sua afirmação. Era um processo-crime cuja sentença foi a pena de morte. Diferente dos casos anteriores, que se ocupam do "direito de propriedade", esse caso trata de um "objeto muito mais grave", isto é, "da vida do homem e da sua inviolabilidade". Filippe Pereira foi condenado à pena capital pelo Tribunal do Júri de Areias, jurisdição pertencente à comarca de Bananal. Ocorre que o Tribunal da Relação da Bahia, órgão revisor do processo, mandou que houvesse novo julgamento porque a decisão do Júri estava em "completa desarmonia com a prova resultante dos depoimentos das testemunhas". Com recurso ao STJ, o processo subiu de instância. A cúpula do Judiciário, por sua vez, constatou que houve vício processual no júri em Areias, além do fato de que não havia nenhuma testemunha ocular sobre a suposta autoria criminal de Pereira, "nem outra alguma prova suficiente para a pena capital que lhe foi imposta". Não se sabe o desfecho do caso. Contudo, chama a atenção que, além da unidade textual da série "A justiça no liberalíssimo Império de Santa Cruz", Ultor-Gama investia contra a magistratura de todos os níveis, sobretudo dos superiores, que não só acobertavam uma injustiça fatal, como incorriam em crime ao proteger o "juiz criminoso".*

1. *Democracia* (SP), 25 de janeiro de 1868, pp. 1-2.

> Parte de uma, a corrupção das partes.
> CONSELHEIRO S. LOBATO[2]

Em números precedentes desta folha, e sob esta mesma inscrição, dissemos, com toda a fidelidade, ao público, que os Tribunais de Justiça do Brasil são os mais perigosos focos de imoralidades e corrupção, e não o fizemos com declamações vagas, senão com documentos irrefutáveis, extraídos dos próprios Tribunais, contendo o Juízo e a mais solene confissão de seus ministros, os mais proeminentes e conceituados nas lides judiciárias do país.

Até aqui os nossos escritos têm versado sobre questões importantíssimas, relativas todas ao direito de propriedade; hoje, porém, nos ocuparemos de objeto muito mais grave: trata-se da vida do homem e da sua inviolabilidade, questão de alta ponderação, que deve merecer o maior cuidado e atencioso escrúpulo dos membros do Poder Judiciário.

Em matéria de tanta transcendência, devem falar, em primeiro lugar, as provas irrefragáveis; aí vão as que possuímos, cuja refutação pela imprensa, ou em juízo competente, se o quiserem, pedimos sem temor.

É um bem elaborado acórdão,[3] do qual se evidenciam, a toda luz, a ignorância e a malvadez da Relação da Corte, bem como a criminosa relaxação do Supremo Tribunal de Justiça, que o expediu, como mostramos, em face da nossa lei criminal.

Nº 1.728 — Vistos, expostos e relatados os presentes autos de revista crime, entre partes, recorrente, Filippe Eugenio Tavares Pereira, conhecido pelo nome de Joaquim José, e recorrida, a Justiça.

Concedem a pedida da revista por nulidade manifesta e injustiça notória do acórdão de fl. 68, v., que julgou improcedente a apelação interposta da sentença de fl. 64, v., que condenou o réu recorrente à pena de morte; porquanto nos autos se mostra que existem as seguintes nulidades.

---

2. Francisco de Paula Negreiros Sayão Lobato (1815-1884), natural do Rio de Janeiro (RJ), foi deputado sucessivas vezes, desembargador (1856), ministro da Justiça (1861 e 1871) e senador (1869-1884).
3. Decisão de tribunal paradigmática para solucionar casos semelhantes.

1º ter sido a verificação das cédulas a fl. 53 feita pelo escrivão e não pelo juiz, contra a disposição do art. 244 do Regulamento de 31 de janeiro de 1842;

2º não ter sido este julgamento, de que se recorre, presidido inteiramente pelo juiz substituto, contra a disposição dos artigos 457 e 463 do mesmo regulamento criminal, porque tendo o recorrente protestado por novo júri, devia ser este julgamento presidido todo pelo juiz substituto e não pelo juiz de direito, que presidiu ao primeiro julgamento, como vê-se à fl. 53.

E quanto à injustiça, *por não haver prova para a condenação do recorrente, não havendo uma só testemunha de vista, nem outra alguma prova suficiente para a pena capital que lhe foi imposta neste segundo júri, e que foi confirmada pelo acórdão de que se recorre*; e é também muito para notar que sendo este segundo julgamento requerido pelo recorrente, em consequência do seu protesto para novo júri, lhe fosse ainda agravada a pena de galés, que obteve no primeiro júri, com a pena de morte, que lhe foi imposta no segundo júri, quando não aparece ato algum por parte da Justiça contra aquele primeiro julgamento.

Portanto, concedida a revista pedida, sejam os autos remetidos à Relação da Bahia, que designam para a sua revisão e novo julgamento.

Rio de Janeiro, 9 de julho de 1862
BARÃO DO MONTSERRAT
P. C. FRANÇA
SIQUEIRA, *vencido*
PANTOJA
BRITO
PINTO CHICHORRO
SIMÕES DA SILVA
SILVA TAVARES, *concedi por injustiça, somente*
VEIGA, *vencido*
MACHADO NUNES
ALMEIDA

ACÓRDÃO DA RELAÇÃO REVISORA

Acórdão em Relação &, que, vistos, expostos e relatados estes autos crimes em que o réu, recorrente, Filippe Eugenio Tavares Pereira, conhecido por Joaquim José, e recorrida, a Justiça, é manifesto que o júri de sentença da cidade de Areias, na província de São Paulo, se pronunciara no julgamento de fl. 63, v., em completa desarmonia com a prova resultante dos depoimentos das testemunhas de fl. 5 a fl. 14, v., que não produzem aquele grau de evidência que o direito requer quando se trata de um crime a que é aplicável a pena capital.

Portanto, em presença do que se acha determinado no art. 456 do regulamento, seja o réu submetido a novo julgamento, remetendo-se para esse fim o processo ao juízo competente.

Condenam o sobredito réu nas custas.

Bahia, 3 de março de 1863
SILVA P.
SILVA GOMES
BAHIA
NETO
PEREIRA DE CASTRO, *vencido*
FIGUEIREDO
MARTINS
ARAÚJO GÓES
RABELLO
BARROS LACERDA
BARBOZA D'ALMEIDA,
vencido, por entender que neste caso não tem competência a Relação para conhecer do fato
TOURINHO
LINS

P.S. O juiz que presidiu o 1º julgamento deste processo e que interveio no 2º julgamento, dando causa à nulidade de que trata o 1º acórdão, foi o sr. dr. Frederico Augusto Xavier de Brito.[4]

Dos acórdãos supracitados conclui-se evidentemente, na frase dos egrégios ministros do Supremo Tribunal de Justiça, que a pena de morte estúpida e barbaramente imposta pelo Tribunal do Júri da cidade de Areias ao réu Filippe Eugenio Tavares Pereira foi sustentada pelo superior Tribunal da Relação da Corte contra

---

4. Frederico Augusto Xavier de Brito (1815–1884), nascido no Rio de Janeiro (RJ), foi advogado, juiz de direito, chefe de polícia e desembargador dos tribunais da Relação do Maranhão, São Paulo e da Corte.

manifesta nulidade patente dos autos; havendo, além disto, injustiça notória no julgamento; porquanto nenhuma prova existia nos autos para que se pudesse dar a imposição de tal pena.

Pelos erros insanáveis que foram causa primordial de tais nulidades, é réu indefeso o Juiz de Direito da Comarca de Bananal, de que faz parte o termo de Areias — dr. F. A. Xavier de Brito; e se em nosso país houvesse moralidade; se a justiça estivesse como emanação divina, colocada acima dos vis interesses e das cortesias fúteis; se o pudor, sem escárnio da sinceridade pública, ainda fosse apontado entre os sentimentos dos juízes altamente constituídos, ele teria sido mais do que um réu; seu nome designaria um sentenciado; a lei seria uma realidade; e a honestidade não teria de cobrir o rosto diante da magistratura.

Mais alto de que a cadeira do juiz criminoso deveria estar o:

Art. 162 do Código Criminal: Infringir as leis que regulam a ordem do processo, dando causa a que seja reformado.

Penas — De fazer a reforma à sua custa e de multa igual à despesa que nela se fizer.

Acima do orgulho, do erro apavonado[5] e da soberba fatuidade[6] dos desembargadores está o:

Art. 160 do Código: Julgar ou proceder contra a lei expressa.

Penas — De suspensão do emprego por um a três anos.

E, ainda para estes juízes, bem como para os ministros do Supremo Tribunal, que julgaram o processo a que nos referimos, existe o:

Art. 156 do mesmo Código: Deixar de fazer efetivamente responsáveis os subalternos que não executarem cumprida e prontamente as leis, regulamentos e ordens, ou não proceder imediatamente contra eles em caso de desobediência ou omissão.

Penas — De suspensão do emprego por um a nove meses.[7]

---

5. Presunçoso.
6. Vaidade.
7. As citações ao Código Criminal (1830) conferem exatamente com o original.

Em vista do que fica escrito, poderão as pessoas de bom-senso avaliar o grau de conceito em que devem ser tidos os Tribunais de justiça do Império.

Por nossa parte declaramos, em homenagem à verdade, que os salteadores não são mais perigosos do que os nossos magistrados; posto que sejam aqueles os emissários do crime, e estes os evangelizadores do direito.

ULTOR

Capítulo 5
O magistrado assassino
A justiça no liberalíssimo Império de Santa Cruz[1]

Comentário   *Crônica forense. Exercício de crítica jurídica que utiliza excerto de um noticiário para discutir uma contradição normativa ou injustiça contra uma parte. Último texto da série "A justiça no liberalíssimo Império de Santa Cruz". Como o leitor verá, é o mais incisivo e perturbador de todos: embora não discuta um acórdão de tribunal, Ultor-Gama tem os olhos voltados para o presidente da província do Paraná e o juiz municipal de Paranaguá, cidade onde ocorreu o crime que passa a discutir. Trata-se do julgamento do escravizado Adolpho pelo Tribunal do Júri de Paranaguá. Mais especificamente: trata-se do assassinato de um escravizado por ordem do juiz de execução da comarca de Paranaguá. Condenado pelo júri por tentativa de homicídio contra Manoel Miró, seu proprietário, a pena imposta a Adolpho era de 400 açoites, 50 por dia. Mas a sentença do júri foi desvirtuada pelo juiz de execuções, que determinou a substituição do instrumento de tortura, a chibata, por uma de nove "pernas", multiplicando a imposição da pena por nove. A pena de 400 açoites, por ordem do juiz de execuções, transformou-se em 3150. A troca do "chicote ordinário" por uma chibata com nove correias de couro cru, especialmente encomendada pelo juiz de execuções para a nefasta ocasião, não seria tachada de criminosa somente por figura retórica. Antes disso, o autor exploraria a dimensão técnico-jurídica de um magistrado que descumprira os limites da decisão que ele estava obrigado a cumprir e fazer cumprir. Se a sentença, bárbara e atroz desde o princípio, especificava a marca de 400 chibatadas repartidas em até 50 por dia, o juiz de execuções não tinha poderes, sem abdicar do cumprimento da pena tal qual imposta, para interpretar que de um chicote fossem feitos nove. Por arbítrio e ânimo assassino do juiz executor, em conluio com o tenente-coronel e vereador Manoel Miró, dizia Gama, o desumano castigo legal de quatrocentas chibatadas transformou-se em mais de três mil, fato que provocou a morte do preto Adolpho. Gama, que tanto clamava pela responsabilização dos juízes por decisões viciadas pela desídia e prevaricação, calava-se consternado nessa, como se não houvesse revisão técnica capaz de corrigir a conduta do magistrado.*

[1]. *Democracia* (SP), 08 de fevereiro de 1868, pp. 1–2.

> Os povos corrompidos pelos governos
> serão os seus juízes inflexíveis nos
> tribunais sanguinários das revoluções.
>
> ALFIERI[2]

O fato sobremodo grave que faz objeto deste artigo não é, como os demais de que nos temos ocupado sob a inscrição supra, oriundo de inadvertido desleixo ou de curteza de inteligência de apoucados juízes, nem partido de prejuízos arraigados ou de grosseiros sentimentos de emperrados[3] legisladores, convertidos em direitos e promulgados como leis do país.

O juiz pode ser réu de boa-fé, assim como a lei pode ser o registro funesto de aspirações e costumes de um povo inculto e orgulhoso, que desvairado demanda a liberdade sacrificando-se pela violência.

De tudo isto avultam exemplos não só nas legislações estranhas, como na de nosso país; e mais ainda no caos tenebroso dos arestos[4] revoltados de todos os tribunais.

Nisto vai estampado o grande quadro da luta ininterrompida travada providencialmente entre a civilização, que marcha iluminada pelo farol eterno da razão, e a tarda ignorância que para e perde-se enterrada nas trevas espessas do regresso, porque não marcha.

Hoje escreveremos compelidos pelo dever, sob a mais dolorosa impressão. O nosso trabalho é um martírio.

Arrastados pela fatalidade, estacamos maquinalmente diante do gabinete de um juiz, nosso companheiro de infância, magistrado de ontem, apregoador frenético dos princípios mais santos, dos sentimentos mais elevados e das ações mais nobres; moço

---

2. Ver n. 2, p. 186.
3. Empedernidos, obtusos.
4. Acórdãos, decisões de tribunal, ou tribunais, que servem de paradigma para solucionar casos semelhantes.

altaneiro que encarava ousado o porvir brilhante da nossa pátria, como o condor altivo mirando as cimeiras[5] geladas dos Andes elevados.

Há, porém, neste gabinete, um cheiro nauseabundo, ressumbra[6] melancolia, que entorpece; as estantes e os livros assemelham-se a catacumbas. Este aposento apresenta um aspecto fúnebre, à feição de cemitério, que contrista e acabrunha.

Vê-se de um lado a espada de Têmis[7] quebrada; um látego[8] de aguazil[9] ensanguentado; um cadáver sobre as aras do direito; e o juiz, em vez de toga, veste a blusa vermelha do carrasco.

Confrange-se-nos o coração e a pena se desprenderia de nossos dedos ao traçar estas linhas, se o que escrevemos não estivesse burilado em nossa alma, pela mão da consciência soberana, como o estigma infamante sobre a fronte do algoz, impresso pelo dedo da Providência.

Não sabemos, neste transe de torturas por que passa o nosso espírito, educado e desenvolvido à sombra benéfica do cristianismo, se temos em nossa presença um magistrado ou um assassino; um homem ou uma fera.

O povo que leia e, se puder, que dê a esse indivíduo o nome que lhe convier.

Os jornais do Paraná noticiaram, há cerca de dois meses, com ares da mais cândida ingenuidade, o falecimento, na cadeia de Paranaguá, do preto Adolpho, condenado pelo júri à pena de 400 açoites, por ter tentado contra a vida de seu senhor.

A *Revista Commercial* de Santos e o *Correio Mercantil* reproduziram a notícia do mesmo modo.

---

5. Cumeeiras.
6. O mesmo que ressuma, destila, transparece.
7. Divindade da Antiga Grécia que personificava as ideias de justiça divina, direito natural e bom conselho. Era comumente representada com uma balança em uma mão e uma espada na outra mão.
8. Chicote, chibata, azorrague, instrumento de tortura.
9. Nesse caso, o carcereiro ou agente policial cruel e violento.

Uma carta, porém, escrita por pessoa de superior conceito, assim explica o fato.

O escravo Adolpho tentou suicidar-se, na prisão, dando um profundo golpe na garganta, com o fim, seguramente, de evitar a aplicação da desumana pena que lhe fora imposta *por virtude da lei*; e ainda não estava cicatrizada a ferida quando o *juiz* das execuções mandou cumprir a sentença!...

No primeiro dia sofreu o condenado 50 açoites, dados com um chicote ordinário; *viu-se* logo que o açoite de uma só correia dificilmente produziria a morte do paciente, como era ardente desejo de seu senhor, o qual entendendo-se, então, com o seu dileto amigo *juiz*, mandou preparar um látego[10] (vulgo "bacalhau"[11]) de couro cru, com *nove* pernas, armado de um nó em cada uma das extremidades.

Desde então foi este o instrumento do atroz suplício; e, para que mais seguro fosse o resultado de tão feroz intento, o castigo era aplicado sobre as costas, com o fim, certamente, de ofender os pulmões.

E conseguiram o que pretendiam.

Ao terceiro dia de castigo, não se podia entrar na cadeia tal era o fétido que exalava a ferida que, em si, fizera o paciente, e que não fora curada, não sei se por malvadeza ou por impiedade.

Continuou, contudo, a aplicação dos 50 açoites por dia, ou antes, 450, graças ao novo instrumento.

Ao sétimo dia de penoso martírio exalou Adolpho o último suspiro, não tendo, durante todo esse tempo, recebido alimento algum.

....

Todos os dias, depois da moralizadora execução, o digno magistrado ia prazenteiro cumprimentar seu prezado amigo tenente-coronel; e ainda lhe foi dar parabéns no dia em que se consumou este lento e vergonhoso assassinato jurídico!

....

A imprensa calou-se; porque um juiz municipal em Paranaguá é um soberano. O povo indignado, mas estúpido, como desgraçadamente é, apenas murmurou; e consta que o presidente

---

10. Chicote, chibata, azorrague, instrumento de tortura.
11. Chicote, chibata usada para tortura.

da província pediu explicações do fato *ao próprio juiz executor* que, para escárnio dos bons sentimentos, é, ali, o mais ardente apóstolo da liberdade e da justiça!...

O que pretenderia o presidente da província do Paraná ouvindo o exímio juiz sobre os aterradores boatos levantados por este estranho acontecimento?

Proporcionar-lhe ocasião para fabricar valiosos documentos e, no seio de seu misterioso gabinete, urdir uma defesa que o inocente aos olhos do *Poder*?

Pode ser; mas a decência nos impõe de rejeitar a conclusão; porque imoralidades tais só por contra-senso se permitem.

Muitas e gravíssimas eram ainda as considerações que pretendíamos adicionar à carta que acabamos de transcrever para justificar a escolha da epígrafe que adotamos; mas é tal a indignação que neste momento nos agita o espírito, que preferimos a censura veemente à plácida eloquência dos túmulos.

Adolpho era um negro; um mísero escravo. Seu assassinato foi um exemplo sublime dado aos seus irmãos, que ficam sobre a terra.

Ele morto, repousa tranquila a consciência dos senhores.

A moral e a justiça exigiam este sacrifício, que há de perpetuar, na memória dos povos cultos, a grandeza do império de Santa Cruz.

ULTOR

Capítulo 6
Pena de morte[1]

Comentário   *Crônica forense. Exercício de crítica jurídica sobre um acontecimento sui generis ocorrido no curso de um processo-crime. O artigo é simultâneo à série "A Justiça no liberalíssimo Império de Santa Cruz", mas não é inscrito sob aquele título, nem firmado sob o pseudônimo Ultor, talvez pelo autor ter em vista uma outra série de crônicas específica sobre o assunto da pena capital. De todo modo, Gama volta à carga com o conhecido pseudônimo Afro. A matéria que embasa a discussão jurídica é o discurso de um carrasco às portas da execução da pena de morte de um réu escravizado. Por ordem do juiz municipal de Lorena, interior paulista, um preso da cadeia da capital foi requisitado — "em nome do direito, e por bem da segurança pública" — para executar uma sentença de pena de morte, provavelmente por decapitação, como sugere a expressão "cai por terra o cutelo". O algoz eleito pelo juiz municipal, contudo, surpreendeu o "público espetáculo" com uma "memorável declaração" à beira da forca. O discurso do candidato a algoz possuía uma carga moral poderosa para se combater a legitimidade da pena de morte. É disso que Afro-Gama cuida: utiliza a improvável força moral da declaração de um homicida aprisionado, que recusa a ordem do juiz de Lorena por considerá-la desumana e cruel, para fulminar a possibilidade da pena de morte ser qualificada legal e moralmente como uma pena justa. Afro-Gama joga com os contrastes da religião, da moral, da política e do direito. Os sacerdotes católicos, "enviados do Calvário", eram os reais algozes que pretendiam "lavar as úlceras do criminoso". O condenado, por sua vez, surgia da "obscuridade do cárcere" como "apóstolo convertido" e proclamava a paz e a inviolabilidade da vida humana "em nome do Evangelho". Os legisladores faziam da lei peça criminosa e os magistrados, satisfeitos, agentes do crime. Por fim, o imperador. Capaz de conceder graça e indulto, Pedro II parece ter sido chamado a intervir no caso. No entanto, não teria concedido a graça que livraria o réu escravizado da forca ou da guilhotina. Afro-Gama resumia a tragédia não só como arbítrio do juiz local, mas relacionava-a com esferas decisórias estruturais.*

---

1. *Democracia* (SP), 25 de janeiro de 1868, p. 1.

O sr. juiz municipal do termo de Lorena,[2] fiel observador dos preceitos legais, cedendo aos impulsos de seu coração piedoso e reto, requisitou a presença de um algoz para a execução de pena capital imposta a um réu escravo, que foi julgado indigno de graça[3] pelo Poder Moderador.[4]

Como é de antiga usança, foi-lhe remetido, das cadeias da capital, um desses homicidas perigosos que a sociedade veladora e previdente toma a seu cargo, em nome do direito, e por bem da pública segurança, para educá-los e corrigi-los, sob princípios humanitários e sãos preceitos da moral.

Ergueu-se o cadafalso[5] e agitou-se a curiosidade pública, ávida de escândalos e de torpezas; e os sacerdotes do Cristo, unidos estreitamente aos levitas[6] da justiça, em nome de Deus, da Paz e da Liberdade, já se preparavam para, em público espetáculo e à luz do dia, cometerem um desses atos que o bárbaro salteador pratica de máscara no rosto, à sombra da noite, e nos desvios ermos de longínquas estradas, quando o algoz escolhido os surpreendeu com esta memorável declaração.

Em um momento de loucura cometi um homicídio; condenaram-me em nome da Lei.

Hoje, ordenam-me, em nome da mesma Lei, que eu cometa um assassinato!

Condenaram-me porque matei um homem em renhida luta; agora, entregam-me um miserável manietado[7] e indefeso para que eu o mate!

Não quero! Não o matarei!

---

2. Município paulista localizado no Vale do Paraíba, distante 180 km da capital.
3. Ato jurídico pelo qual o imperador poderia extinguir, perdoar ou comutar determinada pena anteriormente imposta.
4. Instituído pela carta constitucional de 1824, o Poder Moderador definia a prevalência da vontade do imperador sobre os demais poderes do Império, podendo, entre outros privilégios, nomear o Senado, dissolver a Câmara dos Deputados, suspender magistrados, nomear e demitir ministros, sancionar decretos e intervir nas organizações provinciais.
5. Ver n. 18, p. 180.
6. Sacerdotes.
7. Amarrado, de mãos atadas.

Oh, minha pátria, que degraus te falta ainda percorrer na escala das degradações?

Os sábios legisladores, os diletos do povo, os escolhidos da nação defendem, da altura do parlamento, a pena de morte.

Os proscritos[8] da civilização, os exilados das prisões, os obreiros do crime proclamam a inviolabilidade humana.

Os magistrados erguem cadafalsos em nome da lei; os assassinos abatem-nos em nome da moral.

Os enviados do Calvário,[9] postos ao lado do algoz, em nome do bárbaro judaísmo, proclamam a efusão do sangue para lavar as úlceras do criminoso; os condenados surgem da obscuridade dos cárceres e, como o apóstolo convertido, proclamam a paz, em nome do Evangelho.

A lei consagra a pena de morte; o espírito público revolta-se contra ela.

O réu, espavorido pela enormidade da pena e aterrorizado pela hediondez do crime, prostra-se aflito nos degraus do trono; aí solevanta-se a régia infalibilidade trajada de púrpura e lhe diz: "Não há clemência para ti, morre!"

Na praça pública, rodeado pelas turbas, estremece o algoz perante o cadafalso; de sua mão cai por terra o cutelo;[10] e ele estendendo compassivo o braço por sobre a fronte do condenado, exclama: "Deus poupou a vida de Caim: vive!"

Invoca-se a piedade no coração do Monarca e lá se encontra a dureza, tão impenetrável como os diamantes da coroa, que lhe cinge a fronte excelsa; porque a clemência, foragida dos paços, abriga-se agora no peito do réprobo[11] sepultado no ângulo escuro de lôbrega[12] masmorra.

Misterioso contraste!

---

8. Banidos.
9. Ver n. 36, p. 71.
10. Instrumento cortante que compreende uma lâmina semicircular e um cabo de madeira, usado antigamente em execuções por decapitação.
11. Infame, malvado, aquele que foi banido da sociedade.
12. Diz-se do lugar sombrio, escuro, em que quase não há claridade.

No parlamento a mentira, nos tribunais a cólera, no trono a dureza, na Igreja trevas, fanatismo e sangue; nos cárceres a desgraça, na desgraça a humildade e o Evangelho, e no Evangelho a clemência e a regeneração.

Grandes do Brasil, boa noite. Cárceres da minha terra, eu vos saúdo.

AFRO

Capítulo 7
Execução da pena de morte[1]

Comentário   *Artigo político de crítica à pena de morte. O autor comenta uma notícia que informava que o parlamento inglês havia imposto restrições à pena de morte, tirando a conotação de espetáculo público. Ao citar o parlamento da Inglaterra, contudo, o autor logo estabelecia a comparação com o senado do "liberalíssimo império brasileiro", que teria aproveitado o "decreto inglês" e passaria a discutir projeto de lei de semelhante teor. Aparentemente, tal recepção do debate inglês poderia ser aplaudida pelos defensores do fim da pena de morte no Brasil. Não para o redator da Democracia, que indignava-se com uma espécie de oportunismo cínico dos senadores brasileiros. Mais até: o "egrégio legislador brasileiro" deveria ser comparado ao assassino de aluguel, alguém que punha fim à vida humana mediante pagamento. Embora sem assinatura, esse artigo pode ser visto como uma espécie de continuidade do artigo anterior, bastando que se note a ênfase na expressão "Ainda desta vez não é sem justa repugnância que, em defesa da moral e da razão, ferimos questão sobre", assim como a conclusão de ambos artigos. Aqui, o autor finaliza dizendo "Saudamos a monarquia brasileira"; lá, sob a firma de Afro, o texto termina com a frase "Grandes do Brasil, boa noite. Cárceres da minha terra, eu vos saúdo". A ironia estilística e o endereçamento são semelhantes. No entanto, esse é apenas um entre os traços aproximadores. A expressão "gládio dos helenos" pode ser lida, em diversas variações, em alguns artigos de Gama, a exemplo do originalmente intitulado "Juízo Municipal (Cousas do sapientíssimo sr. dr. Felício)", de 28 de julho de 1872, onde a expressão aparece como "gládio mitológico dos helenos". O mesmo ocorre com a invocação do "Sísifo da fábula", como se lê nesse artigo, e o "eterno Sísifo" da Carta a Ferreira de Menezes de 16 de dezembro de 1880. A referência ao escritor Lavicomterie, um exemplo a mais, também ocuparia outra epígrafe, agora no artigo "O Centro e os Radicais", de 07 de junho de 1869.*

---

1. *Democracia* (SP), 20 de junho de 1868, p. 4, s/a.

> Deixai que a venalidade, empenhando a tuba[2] canora[3] da poesia, decante os erros e os crimes dos príncipes.
> Quando quiserdes aferir a causa da grandeza ou da decadência dos estados, dai de mão aos mercadores de metáforas; compulsai[4] a sua história; estudai a sua legislação.
> Os atos são a revelação perpétua do caráter de seus autores.
>
> LAVICOMTERIE[5]

Foi ultimamente aprovado no parlamento inglês e sancionado pelo Poder Moderador[6] um decreto determinando que as sentenças de morte sejam executadas nos recintos dos cárceres e sem aparato algum.

Deste modo, caiu por terra a tão decantada *exemplaridade* de que faziam alardo[7] os eminentes jurisconsultos sustentadores da pena de morte.

Hoje na Inglaterra, a justiça já não cinge o gládio[8] dos helenos; como o assassino, traz sob as vestes o traiçoeiro punhal. Ascálafo[9] dos tempos modernos folga nas trevas, porque a luz é adversa ao criminoso.

No dizer do ilustre exilado de Jersey,[10] os grandes pensamentos são como as grandes montanhas: têm muitos ecos.

2. Flauta, trombeta de metal.
3. Melodiosa, que produz som agradável.
4. Consulte, examine.
5. Louis-Charles de Lavicomterie (1746–1809) foi um escritor e político francês de grande influência no período do regime político denominado Convenção Nacional, que vigorou entre 1792 e 1795, fundando a Primeira República Francesa.
6. Ver n. 4, p. 284.
7. O mesmo que alarde.
8. Punhal, espada.
9. Filho de Caronte, o barqueiro do Hades, morada dos mortos na mitologia grega.
10. Referência a Victor Hugo, que viveu, entre 1851 e 1855, exilado na ilha de Jérsei, possessão britânica no canal da Mancha.

Esta verdade acaba de ser testificada no parlamento brasileiro. Os egrégios senadores do liberalíssimo império do Brasil já se deram pressa de apresentar um projeto para execução dos sentenciados à pena capital, em tudo semelhante ao decreto inglês.

Revolta-se-nos o espírito sempre que temos de discutir questões desta ordem porque, para fazê-lo, precisamos rebaixar a nossa dignidade de homem livre e os nossos andrajos[11] de cristão perante os agaloados[12] vassalos do despotismo feroz.

Ainda desta vez não é sem justa repugnância que, em defesa da moral e da razão, ferimos questão sobre assunto já muito debatido e com triunfo completo e incontestável dos grandes princípios democráticos.

Os espíritos humanitários, inspirados pelas doutrinas do cristianismo, têm por toda a parte acoimado[13] de assassinos os sustentadores da pena de morte. Estes, por seu turno, procuram justificar-se perante a consciência dos povos iluminados pelo eterno luzeiro do Evangelho; e cada prova que exibem, para manifestar a pureza de suas convicções, é um novo documento de seu erro fatal.

É que a imoralidade, como o Sísifo[14] da fábula, faz, ao mesmo tempo, de algoz e vítima. É o Tântalo[15] cruento presidindo irado ao seu próprio sacrifício.

---

11. Trapos, farrapos.
12. Indivíduo que usa galão no vestuário. Espécie de adorno que sinaliza condecoração, distinção de patente, privilégio ou classe.
13. Tachado.
14. Na mitologia grega, Sísifo era o mais astucioso dos mortais e, por abusar da sua esperteza e malícia, foi condenado por toda a eternidade a empurrar montanha acima uma enorme pedra redonda de mármore e, quando já chegando ao cume da montanha, soltá-la montanha abaixo, tornando a carregá-la para cima e empurrá-la abaixo, num movimento incessante e contínuo. O autor alerta, portanto, para a imoralidade enquanto círculo vicioso.
15. O mito grego de Tântalo, nesse caso, sugere metaforicamente que o castigado fosse o próprio algoz do seu suplício.

O ignominioso[16] projeto, que se discute no Senado, encerra a prova solene dos nossos assertos.

Brevemente ele avultará sobranceiro[17] entre as páginas lúgubres[18] da moderna legislação do império.

Então poderemos dizer com afoiteza, em face do país:

Entre o egrégio legislador brasileiro e o nefando sicário[19] medeia[20] apenas o espaço em que sinistro se levanta o cadafalso.[21]

Na plataforma do patíbulo está gravada, em caracteres de sangue, a imortalidade de ambos.

A Câmara vitalícia não é mais o templo sagrado de Têmis.[22]

As aras da sabedoria foram substituídas pelo cepo[23] do carrasco.

Os legisladores vestem blusa vermelha e a paredes do santuário da justiça cobriram-se de pompas funerárias.

O paço do Senado transformou-se em cárcere tenebroso de paredes negras.

Realizou-se o grande pensamento do filósofo: "Felizes dos príncipes em cujos Estados os carrascos ditam leis. Então a soberania é legítima, porque é de sangue".

Saudamos a monarquia brasileira.

---

16. Humilhante, desonroso.
17. Elevado, proeminente.
18. Sinistras, macabras, fúnebres.
19. Assassino contratado, facínora.
20. Divide.
21. Ver n. 18, p. 180.
22. Ver n. 7, p. 279.
23. Pedaço ou tronco de árvore cortado transversalmente, onde se amarravam os executados.

Capítulo 8
O assassinato da justiça
A pena de morte[1]

Comentário   *Artigo político de crítica à pena de morte. O autor discute uma notícia internacional relacionada à reforma penal e possibilidades alternativas que punham fim à pena capital. De modo semelhante ao artigo anterior, quando comentou um fragmento do debate legislativo inglês sobre a matéria, aqui o articulista, sob a firma Democrata, espécie de assinatura editorial se tivermos em mente o nome do jornal de que tratamos, apresenta uma nota sobre a pena de morte no cantão suíço de Friburgo. Novamente, o autor tem o Brasil em vista. Assim, comenta brevemente o caso de Friburgo para defender que no Brasil também a sociedade deveria ser o "Poder Moderador" da reforma penal. Invertendo o sentido usual da expressão gravada na Carta política de 1824, o autor defende que a sociedade civil, através da imprensa, decida sobre tão importante tema civilizatório, ao qual a monarquia brasileira tinha uma doutrina consolidada — e que não era a do autor, frise-se. Mesmo que o formato seja curto, o artigo possui frases bastante inspiradas. Como é próprio das colunas anteriores, nesse mesmo assunto e periódico, o autor não tergiversa sobre o caráter da pena capital. Definia-a como "homicídio jurídico"; "assassinato escondido sob a hipocrisia do dever", onde "o mau instinto do criminoso é substituído pelo mau sofisma da justiça, que quer um pretexto decente para chegar à vingança". O autor até acena com possibilidades penais alternativas extremas, como a perpetuidade e a deportação, mas o faz, notoriamente, como chamado ao diálogo com posições diversas das suas que, como se lê no texto, defendiam e apostavam na "reeducação dos criminosos", na "educação da mocidade" e no "princípio da inviolabilidade do homem" como base para a vida civil.*

O grão conselho de Friburgo (Suíça) adotou uma proposta do sr. Vonder Weid, que consiste em se pedir a alguma potência marítima a cessão de uma ilha longínqua para onde se possam deportar os criminosos que a lei condena à pena última.[2] Desta negociação ficou incumbido o Conselho Federal.   5

1. *Democracia* (SP), 04 de julho de 1868, pp. 1–2.
2. O mesmo que pena capital.

Finalmente, no meio da sociedade surge o projeto de um ato de justiça humana, que respeita a vida do homem; e que deixa entrever que alguém que legisla admite o princípio da inviolabilidade do homem, até aqui desconhecido.

Se a punição não deve ser uma vingança, nem uma represália; mas uma reeducação, como entendem os legisladores mais humanos, ela é impossível desde que a justiça mata o seu educando. Este homicídio jurídico, sendo inútil para o fim proposto, é um assassinato.

Outros dizem que se deve sacrificar o criminoso ao exemplo. O criminoso seria o bode expiatório sacrificado à humanidade.

Mas se a vida humana é inviolável, não se pode sacrificar o indivíduo à sociedade; nem o criminoso pode ser exceção, porque pela sua condição de criminoso não perde a de homem.

Se ela não é inviolável, se um cadáver chama outro, a justiça deve ser a primeira a ser enforcada, porque indivíduo nenhum tem sobre a consciência os assassinatos que ela tem.

A pena de morte é um assassinato para cuja perpetração a justiça tomou conselho da sua indignação e não da razão. É uma vingança, é uma represália, natural no coração do homem mas que a justiça deita a cargo da sociedade, porque a consciência lho exprobra[3] como um assassinato. É um assassinato escondido sob a hipocrisia do dever.

Nesse ato, o mau instinto do criminoso é substituído pelo mau sofisma da justiça, que quer um pretexto decente para chegar à vingança. O indivíduo mata e a justiça faz outro tanto, e diz: "matei por ordem da sociedade; não sou criminoso como o assassino que matou por sua conta". Mata, pois, por delegação.

Mas quem lhe podia ter transmitido o poder de matar o homem, se ninguém o tem, nem mesmo a sociedade? Ela é composta de indivíduos, nenhum dos quais tem este poder; não podiam, pois, ter transmitido coletivamente um poder que não tinha individualmente, e nem o transmitiu.

---

3. Repreende, censura.

O homicídio jurídico é, pois, um assassinato de que a justiça é a criminosa responsável.

O indivíduo tem um direito que transmite à justiça; mas não é o de matar. É o de prover a segurança da sua vila e da sua propriedade, respeitando sempre a inviolabilidade do homem. Mas para obter este *desideratum*,[4] não é preciso matar, basta deportar o homem que atenta contra elas; é pôr em execução a proposta dos legisladores de Friburgo. Escolha-se uma ilha donde não seja permitido sair e faça-se dela o depósito dos criminosos de todas as nações. Nela, ou se reabilitarão ou se exterminarão. As sociedades que as expeliram de si não terão mais nada que ver com eles; não são mais seus filhos, nem cidadãos protegidos pelo pacto social da comunidade.

Muitos criminosos preferirão sujeitar-se a darem provas de si, a serem deportados.

A sociedade, *Poder Moderador*,[5] poderá impor-lhes como condições: a segregação do resto da sociedade enquanto não derem estas provas; a reeducação, se for preciso, e a sequestração perpétua ou a deportação obrigada dos incorrigíveis.

É como entendemos a ação do *Poder Moderador* que, como todos os atos da sociedade, deve ser exercido diretamente por ela.

O nosso *Poder Moderador* é companheiro da injustiça na sociedade. Suprima-se aquele e despeça-se esta, que é o que a razão manda.

Se ele perdoa um criminoso reabilitado pela pena que sofreu, mas que ainda sofria por mandado da lei, repara um injustiça.

Se perdoa ao não reabilitado, comete ele mesmo a injustiça. Solta um homem perigoso, ainda contra o preceito da lei.

Ou repara a injustiça, ou a comete; suprima-se a injustiça e o *Poder Moderador* ficará sem emprego, a não ter outro.

Não concluiremos sem dizer duas palavras sobre a reeducação dos criminosos. Se há alguém não educado na sociedade, a culpa

---

4. Determinado objetivo, desejo.
5. Ver n. 4, p. 284.

é das instituições, que não tomaram a si a educação da mocidade. Cada pai educa seu filho como pode, ou como sabe; e nem sempre pode ou sabe. O Estado deve ser o tutor de todos os jovens e deve distribuir por igual o pão da instrução e dos sentimentos nobres.

Mas uma vez o jovem chegado à maioridade, ninguém tem o direito de reeducá-lo contra a sua vontade; nem a mesma sociedade, porque ela representa uma coleção de indivíduos privados deste direito.

Numa sociedade bem organizada, todos os homens são iguais, nem deve haver graus entre emancipados, menores e pedagogos. A justiça, pois, não pode propor-se a fim de reeducar o homem contra sua vontade. Reeducará aquele que para escapar à deportação prefere sujeitar-se a uma nova menoridade, se é que precisa de ser reeducado.

O cantão de Friburgo, substituindo a pena de morte pela deportação, entrou no caminho da única justiça possível.

Resta fazer com que a deportação substitua todas as penas, e seja generalizada em todos os códigos.

Enquanto a consciência pública se revolta contra os assassinatos da justiça, esta, armada, esconde o seu crime no segredo do cárcere.

Esqueceu-se que a publicidade e o exemplo[6] eram os pretextos com que os legitimava. A Inglaterra abriu a porta da reforma que põe a descoberto a justiça do crime de assassinato, e um legislador brasileiro propõe ao seu país que adote esta reforma. Infeliz lembrança!

DEMOCRATA

6. No sentido de exemplaridade, como indicativo de não repetição do ato criminoso.

PARTE VII

NAS QUEBRADAS DO BAIXO IMPÉRIO

NOTA INTRODUTÓRIA   *Nem todo mundo andava pelas quebradas da cidade de São Paulo. Entre a a fina flor da elite intelectual paulista, ou mesmo entre a estudantada, certamente eram poucos os versados nas esquinas, becos e estradas da província. Numa frase que bem expressa sua visão de mundo, Gama resumia a sabedoria das ruas que era também um ditado popular: "Quem não tem peito não toma mandinga!". Noutras palavras, nem todo mundo tinha peito para apanhar o sereno da cidade da garoa. Nesse bloco de artigos, as cousas do Baixo Império dão liga aos escritos de Gama ao longo do paradigmático ano de 1869. Por "cousas do Baixo Império" o leitor pode entender aquilo que escapa da grande política e dos grandes interesses. Como num armarinho de miudezas, para lembrar o poeta de Amaralina, Gama inventaria um conjunto de casos que só o mais bem informado e sensível dos cronistas do seu tempo poderia se dedicar a escrever. Cenas ordinárias de uma cidade miserável, enfim, onde o abuso de poder contra os miúdos tomava a forma de terror institucional. Comerciantes achacados; pobres expulsos da Santa Casa de Misericórdia; réu preso cumprindo pena ilegal; cidadão preso sem culpa formada; empregado público sem receber salário; alunos escravizados e libertos ameaçados em não poderem ser alfabetizados; além, é claro, do mísero cidadão condenado pela mão do juiz prevaricador e ignorante. "Até com os mortos", a "amarga e satânica ironia" dos ricos e nobres botava o terror. Nem morrer em paz o pobre podia mais. Gama colhia relatos — e defendia o ofendido na imprensa, às vezes em nome próprio — nos mais inacessíveis redutos a um jovem estudante da Academia de Direito, como num "cárcere moribundo" ou num "imundo casebre" onde um casal de africanos livres morria de fome. Assim, com a ressalva de comentários sobre o Poder Moderador, por exemplo e, excepcionalmente, alguma crítica dirigida contra uma autoridade de alto prestígio, Luiz Gama costumava passar ao largo dos temas tidos como de maior relevância. As colunas intituladas "Cousas do Baixo Império", e outras que lhe são associadas por recorte temático, bem expressam aonde ia a mão do diretor de redação do Radical Paulistano. Em vez de debater um projeto de lei em tramitação na Câmara dos Deputados, locus por excelência do debate político nacional, Gama voltava os olhos para cenas da vida ordinária da pacata província. E delas tirava lições políticas.*

Capítulo 1
Cem dias sem salário
Tesouraria de fazenda I[1]

Comentário   *Crônica do Baixo Império. Pressão pública para processamento célere de requerimento administrativo. A intervenção de Gama em favor do peticionário, oficial da Guarda Nacional, sugere uma ligação entre o então amanuense e ex-militar com colegas da antiga carreira.*

Faz hoje *cem dias* que foi remetido à tesouraria de fazenda, pelo governo desta província, uma petição de Luiz Augusto da Silva, corneta da guarda nacional, impetrando pagamento de seus soldos pela coletoria[2] de Paraibuna,[3] sem que tenha obtido despacho.

Cem dias!!!

São Paulo, 23 de abril de 1869
LUIZ GAMA

---

1. *O Ypiranga* (SP), 24 de abril de 1869, p. 3.
2. Repartição local vinculada ao Ministério da Fazenda encarregada do lançamento e/ou arrecadação de tributos.
3. Município do interior paulista, localizado no Vale do Paraíba, distando 125 km da capital.

Capítulo 2
Reconhecendo a autoridade competente
Tesouraria de fazenda II[1]

Comentário *Crônica do Baixo Império. Apenas alguns dias após a pressão pública para processamento célere de uma petição administrativa, Gama voltava à imprensa para comunicar que o problema estava resolvido. Ponto para Gama, que lutava para se firmar como vencedor de demandas.*

Cessou, graças ao honrado sr. inspetor da tesouraria de fazenda, o pertinaz flagício de Luiz Augusto da Silva, corneta da guarda nacional de Paraibuna.[2]

S. S., tendo conhecimento, pelo nosso artigo publicado no *Ypiranga* de 24 deste mês, que a petição de Luiz Augusto da Silva jazia na sua repartição há cem dias, em uma das respectivas seções, providenciou, incontinenti,[3] para que os soldos do impetrante fossem pagos pela coletoria[4] de Paraibuna.

Se todos os chefes de repartição e autoridades, mormente[5] as de hierarquia superior, procedessem como o sr. inspetor da tesouraria, se atendessem, como devem, nos reclamos das partes, o martirizado povo não pagaria para ser vilipendiado pelos patafançudos[6] servidores do Estado.

L. GAMA

1. *O Ypiranga* (SP), A Pedido, 29 de abril de 1869, p. 3.
2. Município do interior paulista, localizado no Vale do Paraíba, distando 125 km da capital.
3. Imediatamente, sem demora.
4. Repartição local vinculada ao Ministério da Fazenda encarregada do lançamento e/ou arrecadação de tributos.
5. Sobretudo, principalmente.
6. Grosseiros, ridículos.

Capítulo 3
A ideia grandiosa do ensino popular
As aulas noturnas l[1]

Comentário   *Artigo editorial do* Radical Paulistano *em defesa da educação e da leitura. Certamente associado aos demais textos educacionais, esse artigo indica, de modo geral, o papel que a loja América vinha realizando pela alfabetização em São Paulo e a importância da leitura para o crescimento da inteligência individual.*

A emancipação do indivíduo é uma das grandes conquistas dos modernos tempos, é uma significação viva da liberdade constituída e, portanto, da realização dos direitos absolutos.

A inteligência precisa de esclarecer-se para guiar o homem na senda do direito e da justiça, para repelir o arbítrio e a força que nestas épocas de confusão e de anarquia só procuram levantar o gládio destruidor, para derribar a grande obra da civilização.

Outrora e ainda hoje, onde a vontade de um só homem se traduz em dogma tremendo em face de uma nação inteira; onde o capricho se legaliza e se escuda com as teorias do direito divino; onde não é dado ao povo que geme e desaparece, comprimido pelos ferros da tirania, apontar o destruidor do seu bem-estar e do seu futuro; é realmente grande e majestoso o espetáculo do indivíduo que se levanta pela inteligência e se robustece pela convicção, para sondar a fonte donde se desprendem os males e as desgraças que constantemente o fazem envergar.

É, com efeito, a instrução a verdadeira coluna da liberdade, é ela, e só ela que, esclarecendo os espíritos, os habilita para compreender o verdadeiro mérito, aquilatando com justiça o valor das ideias e a firmeza dos homens.

1. *Radical Paulistano* (SP), 07 de junho de 1869, p. 2.

A grande América aí está para confirmação desta verdade; as escolas, os jornais, essas válvulas por onde se transmitem as suas necessidades palpitantes, aí se apresentam impondo silêncio aos pessimistas calculados.

Entre nós, onde a iniciativa individual procura sacudir de si esse peso incômodo de um poder sem limites; a ideia grandiosa do ensino popular já vai alastrando as suas raízes.

As escolas já começam a surgir, para em seus braços afagar os espíritos necessitados do saber, entornando-lhes no seio a luz da verdade e da religião.

A caridade é o seu móvel,[2] a verdade, o seu fim.

A Loja América foi, nesta terra, quem primeiro ergueu o brado de semelhante ideia, a ela se deve essa concorrência esplêndida de um sem número de indivíduos, que ansiosos procuram estancar a sede de instrução, depois de ter acudido aos reclamos do trabalho material.

Aprender a ler é, na realidade, a maior das heranças que neste mundo se pode alcançar, é a maior das riquezas que o espírito pode possuir.

Saber ler é voar ao passado, descobrir dentre essas ruínas acumuladas sobre o coração do mundo alguma grande verdade assim oculta; é visar nos horizontes longínquos do futuro algum ponto certo, algum termo fatal dos esforços e trabalhos do presente; é reconhecer o grande todo da humanidade, alargando em esfera mais lata e mais franca as vistas da inteligência e não encerrando-a no estreito círculo de interesses pequenos e passageiros; é elevar-se até Deus, compreendê-lo não por uma fé cega e sem razão, mas pela inteligência e pelo coração, esclarecido e fortificado pelo saber.

Esperando que o exemplo seja imitado, saudemos com entusiasmo a Loja América. O mundo agradecido se curvará ante os seus esforços e Deus lhe distribuirá as bençãos merecidas.

---

2. Causa, motivo.

Capítulo 4
Em vez de escola, tarimba[1]

Comentário Comentário sobre matéria legislativa. O autor analisa uma lei discutida e aprovada pela Assembleia Provincial de São Paulo que criava um batalhão de menores, anexo ao quartel da polícia. Era, na visão do redator-chefe do Radical Paulistano, reflexo do "pensamento de militarizar o país" que dominava a política nacional durante o "regime da desassombrada ditadura atual dos saquaremas", isto é, com o país sob o controle do gabinete conservador que subiu ao poder através do golpe de Estado de 16 de julho de 1868. É de se notar que, no contexto da Guerra no Paraguai, o autor estabelece paralelos entre o imperador Pedro II e o presidente paraguaio Solano López, com a ideia de reforçar que ambos regimes despóticos militarizavam suas sociedades. Em São Paulo, os deputados liberais, prestando auxílio aos conservadores, davam um passo nessa direção ao decidir pela criação de uma milícia de menores, com quartel e comando próprios. O título do artigo, por sua vez, destaca com acurado poder de síntese quais oportunidades, afinal, se destinavam para os "órfãos pobres de toda a província e também para os filhos do voluntário da pátria".

O pensamento de militarizar o país é o sonho dourado do sr. d. Pedro II.

Em todas as situações políticas nunca perdeu ensejo de deitar uma pedra de mais neste magno baluarte, que tratam de erguer todas as monarquias em redor dos tronos.

Liberais e conservadores, salvas raríssimas exceções, têm em todos os tempos mais ou menos acedido a este *augusto* desejo.

E nem fez nisto nem um achado o nosso rei, porque é esse o caminho rotineiro que há sempre levado os monarcas ambiciosos ao absolutismo.

---

1. *Radical Paulistano* (SP), Colaboração, 25 de junho de 1869, p. 1, s/a.

É o sonho que tão aperfeiçoadamente realizou o presidente Solano López,[2] no Paraguai.

Ali, como se sabe, cada cidadão é um soldado, e ao pé de cada soldado está sentado um jesuíta. É o sistema em sua plenitude; a cegueira da consciência acrescentada à servidão da passiva obediência militar. Duas cegueiras.

E ainda diz o sr. d. Pedro II que o Paraguai não é feliz!

Quem quiser examinar de perto a marcha desta ideia *ordeira* entre nós, encontrará importante manancial de provas na história e no que está reduzida a nossa guarda nacional.

Sugeriu-nos estas considerações, e verão que muito a propósito a leitura do seguinte Projeto de Lei, formulado e aprovado pela nossa Assembleia Provincial:

DISPOSIÇÕES PERMANENTES

Art. Fica criada uma companhia de menores anexa ao corpo policial; nela serão admitidos unicamente órfãos pobres de toda a província e também filhos dos voluntários da pátria, de militares, de guardas nacionais e de soldados do corpo policial que tenham servido na presente guerra contra o Paraguai, até 60 [admitidos].

Art. A companhia terá quartel distinto do corpo policial e existirá sob diverso comando.

Art. Os referidos menores serão sustentados, vestidos e tratados, quando enfermos, à custa da província; e receberão, também, instrução primária elementar e ensino de ofícios mecânicos; e poderão ser empregados convenientemente no serviço policial.

Art.[3] O presidente da província fica autorizado para, no regulamento que expedir para execução do disposto nos artigos supra, determinar a organização da companhia [ilegível] admissão dos menores [ilegível]; o tempo que devem permanecer no corpo policial; e também

---

2. Francisco Solano López (1827-1870) foi presidente da República do Paraguai entre 1862-1870. O teor do comentário demonstra que o autor considerava López um déspota e, como era próprio da retórica republicana radical, o comparava ao imperador Pedro II, sugerindo que os pretensos antagonistas eram semelhantes no essencial: a ambição pelo poder absoluto.

3. Os quatro artigos foram citados sem numeração.

para criar a escola de instrução primária e as oficinas, estabelecendo provisoriamente os vencimentos dos professores e mestres; e igualmente ordenar todas as providências convenientes para o bom êxito da instituição.

O fato em si não admira, máxime[4] no regime da desassombrada ditadura atual dos saquaremas;[5] o que talvez há de no futuro ser motivo de pasmo é o ter semelhante lei saído de uma assembleia unânime de paulistas e, o que é mais, de paulistas liberais.

É um fato consumado, entretanto.

É uma das últimas obras que lega o domínio *liberal* à terra de Feijó.[6]

Coragem, Paulistas!

O dia da regeneração há de vir.

∽

Mas, sejamos justos até o fim:

Há uma atenuante em favor dos deputados liberais de São Paulo.

Aquela lei não foi lembrança deles: foi solicitada, e até solicitada instantemente,[7] pelo sr. Pires da Motta.[8]

---

4. Principalmente, especialmente.
5. O termo servia para designar os membros do Partido Conservador imperial.
6. Ver n. 26, p. 225.
7. O mesmo que insistentemente.
8. Vicente Pires da Motta (1799-1882), natural de São Paulo (SP), foi um sacerdote católico, político, professor e um dos mais longevos diretores da Faculdade de Direito de São Paulo (1865-1882). Figura de notório destaque na burocracia imperial, presidiu a província de São Paulo por sete períodos diferentes (1834, 1842, 1848-1851, 1862-1864, 1869, 1870, 1871). Além da presidência de sua província natal, Pires da Motta foi presidente das províncias de Pernambuco (1848), Ceará (1854-1855), Paraná (1856), Minas Gerais (1860-1861) e Santa Catarina (1861-1862).

Capítulo 5
Antes tarimbas que escolas[1]

Comentário *Embora incompleto, muito provavelmente em razão de erro tipográfico que não cuidou de imprimir a continuidade do texto na folha seguinte, o trecho a seguir pode ser considerado como parte da série de comentários sobre a educação no Brasil. A epígrafe, idêntica à de três outros artigos assinados por Afro, no periódico* Democracia, *reforça não só a linha programática dos liberais radicais de São Paulo, se não mesmo a autoria de Luiz Gama. Ainda que, lamentavelmente, não tenhamos o desenvolvimento e o desfecho do artigo, podemos observar o estilo peculiar de se introduzir o argumento, assim como o sugestivo uso da ironia para se nomear o artigo, lançando mão novamente da incomum palavra "tarimba" para criticar as prioridades governamentais.*

> Propagação de luzes, reformação de costumes, clamam por toda a parte os filósofos; e por toda a parte os déspotas e seus satélites tratam de corromper os costumes e impedir a propagação das luzes, deitando peçonha nas fontes onde o povo vai beber; e assim, onde ele busca a triaga,[2] aí encontra o veneno.
>
> ALFIERI[3]

Admiram-se e espantam-se maravilhados muitos sábios políticos, da cívica energia da nossa linguagem para com os eminentíssimos chefes do grande Partido Liberal, sem que, porém, a despeito da boa-fé que os anima, façam praça da franqueza e sinceridade que sempre manifestamos em os nossos escritos e discursos.

1. *Radical Paulistano* (SP), Colaboração, 03 de julho de 1869, pp. 2-3, s/a.
2. O mesmo que teriaga, espécie de antídoto contra mordida de animais peçonhentos.
3. Ver n. 2, p. 186.

Os que se espantam e admiram-se da nossa temerária ousadia são os arcanjos poéticos do liberalismo; as almas cândidas e ingênuas; os líricos hinógrafos[4] do imaculado governo imperialíssimo do Brasil.

Os portentosos corifeus do Partido Liberal,[5] na tribuna do parlamento e pela imprensa, têm explicado, com força de autoridade, que a ingenuidade em política é a manifestação de certa espécie de idiotismo.

Nós, porém, rejeitando cautelosos a explicação dos chefes, apesar de douta,[6]

---

4. Aqueles que compõem hinos. Pelo contexto, contudo, refere-se ironicamente a certos tipos de bajuladores.
5. O personagem-chave do teatro grego, corifeu, serve de metáfora, certamente irônica, para caracterizar os liberais brasileiros. Em contexto similar, Afro falou sobre "os corifeus invencíveis do liberalismo", e Gama escreveu que "os republicanos são como Corifeus olímpicos". Conferir, respectivamente, a segunda parte da "Carta ao exmo. sr. deputado dr. Tito A. P. de Mattos", em *Democracia* (SP), 25 de abril de 1868, e a "Carta aos cidadãos franceses", em *A Província de S. Paulo* (SP), 08 de setembro de 1878.
6. Nesse ponto, o artigo é abruptamente interrompido, muito provavelmente por erro tipográfico.

Capítulo 6
Alfabetização de libertos e escravizados
As aulas noturnas II[1]

Comentário   *Artigo editorial do* Radical Paulistano *em defesa das escolas noturnas de alfabetização das lojas maçônicas, sobretudo a escola da loja América. Bastante familiarizado com o tema e com a prática da educação, o autor dirige sua crítica à "imprensa conservadora" que, segundo argumenta, capciosamente vincularia as aulas noturnas com "reuniões de salteadores". É mais um indício de que educação e liberdade caminhavam juntas, seja na retórica republicana, como instrumento de emancipação individual e coletiva, seja na retórica conservadora, como possível ameaça à ordem vigente. "Nessas aulas se ensina a ler aos escravos, ainda dizem os inimigos encarniçados da instrução", informava o autor, para logo contornar a denúncia de que ali se ensinava subversão, acrescentando que assim faziam somente com o consentimento dos senhores. Embora sem assinatura, o artigo guarda correspondência não só temática, mas de estilo e referências políticas com o Afro da Democracia e o Gama dos relatórios da loja América.*

A imprensa conservadora acaba de soltar o grito de alarma contra as aulas noturnas, fundadas pelas maçonarias de São Paulo, chamando contra elas as atenções do governo; e de um modo tal que parecerá aos incautos que tais aulas são antes reuniões de salteadores do que focos de instrução.

Há neste modo de proceder um fundo de misérias e de infâmias que manifesta a toda a luz as vistas funestas e tenebrosas dos áulicos[2] que hoje se acham à frente do governo do país, conquistado pelo assalto do dia 16 de julho.

---

1. *Radical Paulistano* (SP), 11 de julho de 1869, p. 1, s/a.
2. No sentido de bajuladores, subservientes.

É sabido por todos que os conservadores, para poderem, de combinação com o imperador, plantar nesta infeliz nação o seu governo despótico, têm feito o possível para que a instrução do povo se amesquinhe cada vez mais. É esta uma de suas armas, e que eles têm jogado em todos os sentidos, não só escravizando e onerando o ensino superior, como também o ensino primário.

Nestas condições, não era de se estranhar o fato desses homens rubros, que só podem aparecer nas trevas e conservar o poder mantendo o povo na ignorância, se erguerem contra as lojas maçônicas de São Paulo; que, levadas por um santo amor patriótico e por um sentimento verdadeiramente cristão, procuram salvar o Brasil das ruínas em que os déspotas da nação e os inimigos de Deus e da humanidade o lançaram, erguendo o povo à sua verdadeira altura, ensinando-lhe a ler, para que ele, por este meio, conheça melhor os seus direitos e saiba o modo por que procede o governo do seu país.

Os áulicos, para governar, precisam a todo custo impedir a instrução pública; as lojas maçônicas de São Paulo, querendo a regeneração do cidadão e do indivíduo, procuram ilustrá-los.

Veja o público o contraste destas duas ideias e colija, por aqui, o merecimento de ambas, bem como a natureza do alvoroço que fazem os inimigos deste país, falando contra a criação das aulas noturnas; sobre as quais chegam até a convidar a inspeção da polícia e, mais ainda, querem que o governo as mande fechar.

A torpeza deste ato não tem qualificação.

Se nas aulas noturnas ensinam princípios subversivos, por que não os apontam esses arautos do absolutismo, esses apóstolos da ignorância do povo? Para que não vão assistir ao ensino dessas aulas? Ele se faz de portas abertas, pelas quais podem todos entrar, tanto os arqueiros como os aguazis[3] do sr. d. Pedro II.

Nessas aulas se ensina a ler aos escravos, ainda dizem os ini-

---

3. Oficiais de baixo escalão. Pode ser lido, também, como oficiais subservientes.

migos encarniçados da instrução; é verdade, mas com o consentimento de seus senhores; e quem poderá impedir este ato? Que imoralidade e desrespeito às leis há aqui?

A imoralidade, o desrespeito às leis, a conspiração, a infâmia, existem naqueles que o querem impedir, naqueles que procuram esmagar o povo, conservando-o na ignorância. E é para esses que se devia chamar a atenção da polícia, se neste país existisse governo.

Blasfemam os srs. conservadores contra a aula noturna da loja América, porque esta loja é composta de liberais. Mas a Loja Amizade vai também abrir brevemente uma aula sob as mesmas bases daquela; a Loja Amizade, composta em sua maior parte de estrangeiros, e que nenhum interesse têm na política do nosso país.

O que dizem os srs. conservadores a isto?

Nada, a não ser o seguinte: "que os estrangeiros têm mais amor a este país, desejam mais a sua prosperidade do que o *paternal* governo que desgraçadamente o dirige".

Eis porque nós vos apresentamos, srs. conservadores, em face do mundo, como os verdugos[4] desta pobre nação, e nos curvamos, possuídos de respeito e consideração, ante a respeitável Loja Amizade, pelos grandes serviços que ela vai, dentro em pouco, prestar a este povo, e o fazemos principalmente por ela ser composta em sua maioria de muito dignos cidadãos que não pertencem a esta terra brasileira.

Quando o benefício nos é dado pelo nosso compatriota, este merece a nossa gratidão, mas quando nos vem do estrangeiro, tem duplo valor.

---

4. Carrascos, algozes.

Capítulo 7
Ordens injurídicas
Tribunal do Júri da capital[1]

Comentário *Literatura normativo-pragmática. O autor manifesta estar a par da rotina do Tribunal do Júri de São Paulo e, mais do que isso, conhecer a multinormatividade que regulava o funcionamento dessa jurisdição. Embora não cite expressamente o nome do juiz presidente do Tribunal do Júri, o artigo aponta "transgressões do nosso direito escrito" praticadas pelo magistrado, quando, ao contrário, lhe competia "desobedecer, com a dignidade que lhe infundem a lei e a independência do Poder Judiciário, as ordens injurídicas do Poder Executivo".*

Contra expressa disposição de lei hão sido, por duas vezes na presente sessão, interrompidos os trabalhos do Tribunal do Júri.

Tem sido causa destas estranháveis interrupções o fato de haver o meritíssimo presidente do tribunal de comparecer às juntas de justiça, convocadas pelo governo para julgar réus militares.

São ilegais estas interrupções, além de altamente prejudiciais aos direitos dos réus, porque as sessões do júri devem durar 15 dias sucessivos,[2] incluídos os dias santos, e só poderão ser prorrogadas por mais 3 até 8 dias, quando o conselho de jurados, por maioria absoluta de votos, decidir que isto convém, para ultimação de alguns processos pendentes (Código de Processo Criminal, art. 323).[3]

A suspensão dos trabalhos do júri aos domingos tem, por fundamento, serem tais dias guardados em honra de Deus (Aviso de 20 de outubro de 1833).

1. *Radical Paulistano* (SP), 16 de julho de 1869, p. 3.
2. A pauta dos processos, portanto, deveria se encerrar em até 15 dias, admitida prorrogação conforme a lei.
3. Por evidente erro tipográfico, corrigi o número de 223, como se lê no original, para 323, referência exata ao comando normativo que o autor de fato cita. A transcrição, inclusive, confere com o texto do Código.

Findos os dias de prorrogação, *ultima-se a sessão, ainda que haja processos preparados para serem submetidos a julgamento* (Aviso de 26 de outubro de 1833).

Por primeiro dia de sessão do júri se deve contar aquele em que começar o exercício efetivo de suas sessões (Aviso de 02 de abril de 1836).[4]

As sessões do júri *devem efetivamente ser diárias e sucessivas, ainda que aconteça não haver que fazer em algum dos dias, lavrando-se a ata com a declaração de se haverem reunido o juiz, escrivão, promotor e jurados, e ter-se levantado a sessão* por não haver sobre que deliberar o júri (Aviso de 16 de outubro de 1838).[5]

Destas claríssimas disposições, evidencia-se que os prazos dentro dos quais funciona o júri são fatais, e que os réus que não forem submetidos a julgamento em uma sessão, ainda que por motivos alheios da sua vontade, ficarão presos por mais 4 meses,[6] até a sessão seguinte, em que serão julgados.

Não cabe, pois, nas atribuições do governo, interromper os trabalhos do júri, ao seu alvedrio,[7] privando destarte que os réus presos sejam de pronto julgados e venham a sofrer prisão injusta.

Nem deve o distinto magistrado, presidente do Tribunal do Júri, prestar-se a semelhantes transgressões do nosso direito escrito; mas desobedecer, com a dignidade que lhe infundem a lei e a independência do Poder Judiciário, as ordens injurídicas do Poder Executivo.

Os magistrados são pagos pela nação para servirem ao povo, executando estritamente as leis, e não para cumprirem submissos as ordens desarrazoadas dos governos com menoscabo da justiça, detrimento das partes e afronta à moral!

4. Aviso nº 206, de 02 de abril de 1836, em que o ministério da Justiça emitia mais de vinte instruções "a fim de poder regular-se na sessão do juri".
5. Aviso nº 108, de 16 de outubro de 1838, em que o ministério da Justiça interpretava alguns artigos do Código de Processo Criminal, a exemplo do art. 245 e art. 248. O autor transcreveu parte do terceiro ponto do aviso.
6. Nota-se que o Tribunal do Júri de São Paulo se reunia três vezes ao ano. Como expõe a crítica, se um processo ficasse pendente de julgamento, o réu aguardaria preso, por quatro meses, até retornar à presença do juiz e do conselho de jurados.
7. Arbítrio.

Capítulo 8
Bofetada na cara de um estrangeiro pacífico
Mais um escândalo[1]

Comentário *Literatura normativo-pragmática. O autor explora o tema da necessidade de punição de agente público arbitrário e prevaricador. Como nas crônicas forenses de* Democracia, *o redator do* Radical Paulistano *expõe a má conduta de um superior hierárquico que acoberta a ilegalidade cometida por um subalterno seu. "O cidadão português Bento Pinheiro Cardoso", descreve o autor, "foi grosseira e violentamente recrutado pelo delegado de polícia da cidade de Mogi das Cruzes e remetido para a capital". Embora não especifique o contexto, o emprego da expressão "recrutado" e a ênfase na nacionalidade da vítima podem indicar o alistamento compulsório no esforço de guerra que o Brasil vivia à época, nas últimas e decisivas batalhas da Guerra do Paraguai. Na cidade onde vivia, Mogi das Cruzes, Pinheiro Cardoso era "muito conhecido" e "ninguém ignorava a sua nacionalidade". Em razão das opiniões políticas do português, o delegado de polícia local deu o que Gama qualificou de uma "bofetada dada com a lei nas faces de um estrangeiro pacífico". O português, por sua vez, em sua defesa contra o recrutamento, "exibiu títulos pelos quais mostrava-se não ser brasileiro". Na penitenciária da capital, para onde foi remetido por ordem do delegado de polícia de Mogi das Cruzes, o português requereu sua soltura, no que foi atendido diretamente pelo presidente da província. Provada a nacionalidade estrangeira e afastada, portanto, a obrigação do serviço militar em pleno esforço de guerra, Pinheiro Cardoso viu-se liberado da penitenciária da capital. É digno de nota que, no mesmo período desse caso, Luiz Gama defendia um cidadão oriundo de Mogi das Cruzes e preso em São Paulo. A defesa dos dois casos ou, antes, o modo pelo qual tomou conhecimento de um e outro caso, vincula ambos textos.*

O cidadão português Bento Pinheiro Cardoso, que teve a desgraça de prestar homenagem às ideias liberais e que, sem intrometer-se nas lutas políticas do país, aplaude moralmente os progressos e triunfos da grande causa da democracia, foi grosseira e violentamente recrutado pelo delegado de polícia da cidade de Mogi das Cruzes[2] e remetido para a capital.

1. *Radical Paulistano* (SP), 16 de julho de 1869, p. 3.
2. Município paulista que hoje pertence à Região Metropolitana de São Paulo.

Este cidadão é muito conhecido na pequena cidade de Mogi das Cruzes, onde ninguém ignora a sua nacionalidade; além de que exibiu títulos pelos quais mostrava-se não ser brasileiro. A tudo isto, porém, não atendeu a autoridade, porque seu exclusivo intento, que ostensiva e impunemente realizou, era remeter a vítima, sob prisão, para esta cidade.

Foi uma desfeita policial; uma bofetada dada com a lei nas faces de um estrangeiro pacífico.

S. Excia. o sr. presidente da província mandou pôr o paciente em liberdade; mas esqueceu-se, ou de propósito deixou de mandar responsabilizar o delegado prevaricador[3] pela violação manifesta do que se acha disposto nas Instruções de 10 de julho de 1822, Decreto nº 2.171 de 1º de maio de 1858, e Ordem do dia nº 276 de 26 de agosto de 1861.[4]

É verdade que S. Excia., correligionário político do delegado de polícia de Mogi das Cruzes, não ousará punir a malversação do seu digno agente, que por modo tão indigno e capcioso vinga-se dos seus desafeiçoados políticos.

Tal é a triste administração de justiça, que desmoraliza e corrompe os brasileiros.

Deixemos, porém, passar este esquálido cortejo de Sardanápalos,[5] togados, que, dominados pela devassidão governamental, arrastam por sobre o lodo do imperialismo a trábea[6] de Têmis.[7]

Não nos assustem as iniquidades dos déspotas porque grande é a justiça de Deus.

3. Corrupção, descumprimento do dever por interesse ou má-fé.
4. Instruções do Ministério da Guerra, nº 67, que marcavam o modo como se devia fazer o recrutamento militar. Cf. Brasil. *Coleção das decisões do governo do império do Brasil de 1822*. Vol. 3. Rio de Janeiro, 1887, pp. 56–59; o decreto citado estabelecia regras sobre o recrutamento e o modo de distribuição dos recrutas pela Corte e províncias; não localizei a ordem do dia mencionada.
5. Referência a Sardanápalo (690–627 a.C.), que foi rei da Assíria e passou à história clássica retratado como libertino e luxurioso.
6. Manto ou toga romana de cor branca e púrpura usada por reis, magistrados, cônsules.
7. Ver n. 7, p. 279.

Capítulo 9
Direito em linguagem enérgica
Foro da capital[1]

Comentário   Literatura normativo-pragmática. *Luiz Gama discute a ilegalidade da prisão de Antonio Encarnação pelas entranhas de um processo penal de que tomou conhecimento, provavelmente, por visita ao réu preso na Casa de Correção de São Paulo. Depois de não obter resposta do juiz municipal ao seu pedido de alvará de soltura em benefício de Encarnação, Gama dirigiu outro pedido, agora um* habeas-corpus, *ao juiz de direito da comarca. Não só o* habeas-corpus *foi recusado, como o juiz de direito ameaçou Gama, avisando-o do "perigo que corria" ao agir naquelas causas e com a linguagem que adotava. Gama responde aos juízes — e ao público — em termos fortes e fundamenta sua ação judiciária com bastante erudição. A discussão se dá no campo da técnica processual-penal. Mas avança para outros territórios de sua predileção, como o debate sobre a boa-fé e os limites da interpretação do julgador. Embora a técnica jurídica fosse invocada, haja vista a articulação entre princípio constitucional e regra de processo penal, o conflito assumia uma proporção muito mais dura. Juiz e carrasco se fundiam em uma só figura e o caso Encarnação passava a expressar a luta pelo direito ao cumprimento da pena nos limites da lei — e da sentença —, assumindo, ainda, a conotação da luta pela dignidade do cidadão.*

1. *Radical Paulistano* (SP), Radical Paulistano [editorial], 29 de julho de 1869, p. 1.

> Em fazer a lei tão clara que seja
> a mesma para todos os espíritos
> vai grande sabedoria dos governos
> cultos.
>
> PADRE ANTONIO VIEIRA[2]

Impus-me espontaneamente a tarefa sobremodo árdua de sustentar em juízo os direitos dos desvalidos, e de, quando sejam eles prejudicados por má inteligência das leis, ou por desassisado[3] capricho das autoridades, recorrer à imprensa e expor, com toda a fidelidade, as questões e solicitar para elas o sisudo e desinteressado parecer das pessoas competentes.

Julgo necessária esta explicação para que alguns meus desafeiçoados, que os tenho gratuitos e rancorosos, deixem de propalar que costumo eu, como certos advogados, aliás considerados, clamar arrojadamente contra os magistrados por sugestões odientas, movidas pelo malogro desastrado de pretensões desarrazoadas.

Fique-se, pois, sabendo, uma vez por todas, que o meu grande interesse, interesse inabalável, que manterei sempre, a despeito das mais fortes contrariedades, é a sustentação plena, gratuitamente feita, dos direitos dos desvalidos que recorrerem ao meu tênue valimento intelectual.

~

No dia 1º do corrente, cansado de requerer, em vão, ao meritíssimo juiz municipal suplente desta cidade — o sr. dr. Antonio Pinto do Rego Freitas[4] — alvará de soltura em favor do preso

2. Antonio Vieira (1608-1697) foi um sacerdote católico, filósofo e escritor português que exerceu imensa influência no mundo religioso e político do século XVII e seguintes. Há muitas citações diretas de Vieira nos escritos de Gama, o que revela que este era um de seus autores prediletos.
3. Desatinado, desajuizado, insensato.
4. Antonio Pinto do Rego Freitas (1835-1886), nascido em São Paulo (SP), foi um político e juiz de destaque no cenário local. Durante as décadas de 1860 e 1880, foi presidente da Câmara Municipal de São Paulo, juiz municipal, inspetor do tesouro provincial e diretor de banco. Rego Freitas foi um dos mais encarniçados adversários que Luiz Gama encontrou. Cf., nesse volume, "Uma proveitosa lição de direito", p. 439.

Antonio José da Encarnação, dirigi ao muito distinto e honrado juiz de direito interino da comarca — sr. dr. Felicio Ribeiro dos Santos Camargo[5] — a seguinte petição de *habeas-corpus*:

> Ilm. Sr. Dr. Juiz de Direito,
> O abaixo assinado vem respeitosamente perante V. S., fundado na disposição do artigo 340 do Código do Processo Criminal, impetrar ordem de soltura em favor de Antonio José da Encarnação, que se acha ilegalmente preso na Casa de Correção desta cidade, à disposição do respectivo juiz municipal.[6]
> Ao detido, foi pelo Tribunal do Júri do termo de Mogi das Cruzes,[7] a 23 de setembro de 1864, imposta a pena de quatro e meio anos de prisão com trabalho; e, nos termos da lei, remetido para a capital a fim de cumprir, na penitenciária, a pena imposta.
> Chegado à capital, foi posto na respectiva cadeia por muito tempo; e, ao depois, remetido para a Casa de Correção, onde ainda se acha irregularmente.
> Contando-se o tempo de cumprimento da pena, nos termos de direito, desde o dia em que foi ela imposta (Aviso de 14 de junho de 1850), terminou o prazo da condenação e deu-se o cumprimento da pena a 23 de março deste ano.[8]
> Nesta conformidade, requereu o detido ao sábio dr. juiz municipal alvará de soltura, que foi-lhe negado sob o fútil e absurdo pretexto de

---

5. Felicio Ribeiro dos Santos Camargo (?-?), nascido em São Paulo (SP), foi um político e juiz que, a exemplo de Rego Freitas, foi um dos principais adversários de Luiz Gama.
6. Base normativa para o pedido de *habeas-corpus*. Cf. Art. 340. "Todo o cidadão que entender que ele, ou outrem, sofre uma prisão ou constrangimento ilegal em sua liberdade, tem direito de pedir uma ordem de *habeas-corpus* em seu favor."
7. Município paulista que hoje pertence à Região Metropolitana de São Paulo.
8. O aviso disciplinava que a pena de prisão com trabalho, nas localidades onde houvesse Casa de Correção, só deveria considerar-se iniciada em execução da sentença, depois que o réu condenado estivesse dentro da Casa de Correção, isto é, no local em que pudesse de fato cumprir a pena de prisão com trabalho.

estar aquele impetrante sujeito mais ainda ao acréscimo da sexta parte do tempo da mencionada pena, que cumpriu em prisão simples, devido isto a mero arbítrio ou desídia[9] do juiz, na cadeia em que foi posto!...
   Esta extravagante e curiosa interpretação, inteiramente incabível, do esclarecido juiz municipal, alheia completamente à doutrina do Aviso de 26 de janeiro deste ano, encontra de frente a disposição terminante do artigo 49 do Código Criminal, que sujeita os sentenciados a este acréscimo de pena tão somente *enquanto se não estabelecerem as prisões com as comodidades e arranjos necessários para os trabalhos dos réus*.[10]
   No artigo supracitado não está, por certo, conferida ao juiz executor das sentenças faculdade para alterar as penas a seu talante,[11] quando às penitenciárias faltarem células[12] para conter-se os réus, ou quando não forem eles, por qualquer motivo alheio aos preceitos legais, remetidos para tais Estabelecimentos.
   Semelhante ilação odiosa, contrária ao preceito constitucional — A Lei será igual para todos quer proteja, quer castigue — e sobretudo iníqua,[13] repugna ao caráter ilibado do jurisconsulto, que não foi talhado seguramente para carrasco dos infelizes.
   O abaixo assinado oferece à consideração de v. s. os dois documentos juntos, jura a presente alegação e

Pede benigno deferimento
E. R. M.
LUIZ GAMA

9. Negligência, irresponsabilidade. Sem esquecer que o autor utilizava termos jurídicos como esse para imputar a culpa objetiva na autoria de um crime.
10. O aviso nº 56, de 26 de janeiro de 1869, declarava que o ministério da Justiça não interviria, até lei específica sobre a matéria, na atribuição então reconhecida às Assembleias Provinciais em "estabelecer penalidades e processo especial para a força de polícia" de suas jurisdições. O art. 49 do Código Criminal (1830) estipulava condições para aplicação da pena de prisão com trabalho. Cf. Art. 49. "Enquanto se não estabelecerem as prisões com as comodidades e arranjos necessários para o trabalho dos réus, as penas de prisão com trabalho serão substituídas pela de prisão simples, acrescentando-se, em tal caso, à esta, mais a sexta parte do tempo, por que aquelas deveriam impor-se."
11. Arbítrio.
12. No sentido de celas.
13. Perversa, contrária ao que é justo.

Nesta humilde petição, posto que concebida em linguagem conscienciosa e enérgica, depois de ouvido o juiz detentor[14] e de madura reflexão do juiz *ad quem*,[15] foi exarado o despacho que segue-se.

À vista da informação do juiz das execuções, que subiu acompanhada dos próprios autos de liquidação da pena que cumpre o suplicante,[16] não tem lugar o que ora requer, visto que a mesma não se acha cumprida, e a prisão do mesmo não é de modo algum ilegal.

A ele lembrarei o respeito que deve aos atos do juiz executor tão irregularmente tratado na presente petição, *e, fazendo-lhe esta lembrança, noto-lhe também o perigo que corre, quando por este modo procede.*

São Paulo, 5 de julho de 1869
SANTOS CAMARGO

I

Não sou eu graduado em jurisprudência e jamais frequentei academias. Ouso, porém, pensar que para saber alguma cousa de direito não é preciso ser ou ter sido acadêmico. Além de que sou escrupuloso e não costumo intrometer-me de abelhudo em questões jurídicas sem que haja feito prévio estudo de seus fundamentos.

Do pouco que li relativamente a esta matéria, colijo[17] que as enérgicas negações opostas às petições que apresentei, em meu nome e no do próprio detido, são inteiramente contrárias aos princípios de legislação criminal e penal aceitos e pregados pelos mestres da ciência.

Examinemos a questão.

---

14. O mesmo juiz executor da sentença, nesse caso, o juiz municipal Rego Freitas.
15. O juiz a que Gama recorreu da decisão de Rego Freitas, isto é, o juiz de direito interino da comarca, Santos Camargo.
16. Nota do autor, inserida na publicação original: "Houve grave equívoco da parte do meritíssimo juiz; o peticionário não está, nem nunca esteve sujeito à pena alguma."
17. Concluo.

É corrente em direito criminal:

1º que as leis sejam claras e positivas;

2º que as suas disposições não contenham frases ou termos ambíguos que deem causa à controvérsia;

3º que especifiquem os fatos, as espécies e os gêneros submetidos à ação criminal, em linguagem técnica e terminante;

4º que a clareza e precisão da textura seja tal que obste completamente dualidade na inteligência das disposições e perniciosa diversidade nos julgamentos;

5º que as disposições sejam inequívocas e que se não prestem a acepções diferentes;

6º que os magistrados sejam meros executores delas;

Porquanto,

Se aos magistrados couber o poder de interpretarem as leis, não sendo estas positivas e claras, nula será a liberdade dos acusados e arbitrários completamente os julgamentos.

II

Nenhum fato voluntariamente praticado pode ser considerado criminoso sem que lei precedente o tenha qualificado tal.[18]

Nenhuma pena poderá ser imposta, restringida ou dilatada por indução ou dedução de princípios, ainda que verdadeiros sejam, desde que o legislador os não tenha estabelecido terminantemente.

Desta incontestável doutrina decorre:

---

18. Excelente definição doutrinária para o princípio da reserva legal (ou princípio da legalidade), pedra-angular do direito penal moderno. A citação pode significar que tal definição foi retirada de algum conhecido manual ou texto de outra natureza jurídica, ou mesmo, ao contrário, reforçar sua própria autoria.

1º que os juízes, em matéria criminal, não podem interpretar leis;

2º que tal interpretação só pode ser autêntica;

3º que a inteligência e compreensão das leis criminais não alcançam o fato especial da interpretação;

4º que o juiz não pode interpretar porque não possui o poder de estatuir;

5º que o juiz é o rigoroso observador da estrita disposição das leis;

6º que se a lei penal for obscura, não pode ele ampliar a coação, e apenas excepcionalmente aceitar a acepção menos lata,[19] conforme os ditames equitativos, só em tal caso admissíveis;

7º que deve solicitar ao poder competente[20] a interpretação dos textos obscuros ou difusos.

III

Isto posto, evidencia-se:

1º que o aumento ou diminuição de pena, praticado por interpretação dos executores das sentenças, constitui abuso culpável em face da opinião dos legisperitos;[21]

2º que semelhante abuso tornar-se-ia impunível se o poder de interpretar coubesse aos executores;

19. Ampla, extensa.
20. Diversas vezes o autor refutou a possibilidade e a capacidade do Poder Executivo e do Poder Moderador em interpretar leis. Nada cabendo ao Poder Judiciário, como se nota nesse artigo, Gama compreendia que o Poder Legislativo era o único que possuía competência para interpretar obscuridades e ambiguidades dos textos legais.
21. Perito no exame das leis.

3º que dados os mesmos fatos revestidos das mesmas circunstâncias, verificada a imposição das penas, dar-se-ia o absurdo de tornarem-se elas variáveis na execução;

4º que o direito criminal seria uma ciência arbitrária, diferindo a aplicação de suas disposições na razão da inteligência dos juízes; o que admitido teríamos;[22]

5º que dois ou mais indivíduos acusados pelo mesmo delito, julgados por juízes diversos, sem que variassem as circunstâncias qualitativas do grau de criminalidade, seriam regularmente condenados por diversas penas;

6º que ainda quando uniformidade houvesse na imposição das penas poderiam estas facilmente variar na execução.

Daqui conclui-se que a interpretação das leis criminais não cabe aos magistrados; e que a por eles dada é arbitrária e ilegal, como juridicamente afirma o Aviso de 26 de janeiro deste ano.[23]

Examinemos agora detalhadamente, em suas perniciosas consequências, a bárbara interpretação, senão perigosa ampliação, dada pelos ilustres magistrados de que trata o artigo 49 do nosso Código Criminal.[24]

Antonio José da Encarnação cumpriu certo tempo da pena que lhe foi imposta na cadeia da capital.

A este tempo, dizem os meritíssimos juízes, acrescentou-se a sexta parte, que ainda o réu está cumprindo na Casa de Correção.

Ora, é incontestável que o tempo de sentença cumprida na cadeia, na própria opinião dos doutos executores, é de prisão simples; e, sendo assim, o adicionamento que livremente fizeram-lhe — da sexta parte — deve ser também de prisão simples; porque é princípio incontroverso que as partes de um todo participam da mesma natureza.

22. Os próximos pontos, respectivamente 5º e 6º, podem ser lidos como espécies do 4º ponto, o que se infere da oração "o que admitido teríamos".
23. Ver nota acima.
24. Ver nota acima.

Entretanto, não poderão negar os honrados juízes, perante a sua própria consciência, que o infeliz Antonio José da Encarnação está cumprindo sentença na Casa de Correção desta cidade.
 Dirigindo eu ao digno sr. dr. Juiz de direito interino a petição de *habeas-corpus* que transcrevo no começo deste artigo, julgo haver cumprido com recardo[25] o meu sagrado dever; e fico certo de que o ilustrado juiz indeferindo-a deu mais uma prova de sua inabalável coerência.

São Paulo, 22 de julho de 1869
LUIZ GAMA

---

25. Do verbo recardar, o ato de cardar muitas vezes, a palavra, sacada dos confins do vocabulário da época, bem expressa o ofício intelectual de Gama. Tanto pode significar o deserendar, destrinchar ou desembaraçar algo, coisa que Gama se propunha a fazer ao desemaranhar a caótica fiação legal da jurisprudência de juízes da laia de Santos Camargo e Rego Freitas, quanto pode significar — e significava! — advertência ríspida, repreensão dura e veemente, ações que ficam patentes em diversos parágrafos desse artigo.

Capítulo 10
Uma certidão de óbito extravagante
Cousas do Baixo Império I[1]

Comentário   *Crônica da vida paulista. De uma certidão de óbito redigida grosseira e equivocadamente pelo vigário de Juqueri, um sacerdote italiano com baixo conhecimento de língua portuguesa, o redator-chefe do* Radical *discutia o contrassenso da política imperial que, favorável à imigração de sacerdotes estrangeiros, "proibia ao cidadão brasileiro de fazer-se frade". Era, como se verá, um duplo ataque ao governo imperial, que, segundo o autor, patrocinava a imigração de sacerdotes e fechava seminários que oportunizariam a educação de uma parcela da juventude.*

Que a invasão lenta e civilizadora do progresso moral dos povos de Europa, e principalmente da América, vai acantoando[2] os conventos e cobrindo de trevas as suas velhas doutrinas, é verdade inconcussa,[3] que só os néscios[4] ousam contestar; assim como não é menos verdade que a causa real deste admirável fenômeno provém exclusivamente do emperramento[5] do clero, que abandonou os grandes princípios do cristianismo para transformar-se em marco miliário.[6]

No Brasil, estas grandes verdades subiram até as eminências do trono; pois que de lá desceu a ordenação suprema que mandou extinguir os conventos.

1. *Radical Paulistano* (SP), Radical Paulistano [editorial], 29 de julho de 1869, p. 3.
2. Por extensão de sentido, cerceando, impondo limites.
3. Inabalável, incontestável.
4. Ignorantes, estúpidos.
5. Capricho, teimosia.
6. Histórico. O contexto sugere que, por ação do clero, o cristianismo teria deixado de se elevar pelos princípios, passando a servir apenas como marca miliária, isto é, marcação temporal de datas.

Um fato extraordinário, entretanto, dá-se entre nós, que cumpre observar com sisudeza e atilamento.[7]

O sábio governo de nosso pai e imperador mandou, por alta clemência, trancar as portas dos conventos; mas ao passo que liberalmente proíbe ao cidadão brasileiro de fazer-se frade, dá largas à imigração perniciosa dos lazaristas,[8] e substitui destarte o frade inofensivo, nascido em nosso país, pelo felpudo samarra,[9] que nos impingem da crapulosa[10] Roma!

Este refletido procedimento bem deixa ver aos menos incautos que o nosso adorado monarca, com perspicácia e sagacidade irresponsável, vai cauteloso povoando de imbecis as suas colônias religiosas.

Isto parece-nos tão claro como a luz meridiana.

Há por aí gente crédula, porém, que duvidará do que temos dito.

Como, entretanto, julgamos conveniente desiludir os crédulos, publicamos a seguinte certidão de óbito, passada por um dos sábios barbadinhos contratados na Itália para civilizarem os estúpidos brasileiros: eis a obra prima.

JOAQUIM DE ALMEIDA

Aos 24 de janeiro, sepultou-se o *cadáver* de Joaquim de Almeida, conhecido por Joaquim Campanha, de idade de 50 anos, solteiro, no pátio da Igreja Matriz, e morreu de *ofensa física por esmola*.

O vigário *encomendado*
DECIO CHEFALOS[11]
(É vigário de Juquery)

---

7. Bom senso, escrúpulo.
8. Sacerdotes ou demais membros da ordem religiosa de São Lázaro.
9. Membro do clero.
10. Devassa, libertina.
11. Decio Augusto Chefalos (?–?), nascido na Itália, foi um sacerdote católico que obteve naturalização brasileira por meio do Decreto nº 1.901 de 17 de outubro de 1870.

Capítulo 11
A nem tão misericordiosa Santa Casa
Filantropia exemplar[1]

Comentário *Crônica do Baixo Império. O artigo ataca a irmandade da Santa Casa de Misericórdia de São Paulo, acusando-a de receber diversos "privilégios e isenções especiais", mas, em contrapartida, repelir e enxotar de suas instalações pobres "acometidos por moléstias incuráveis". Um mês depois, o redator do* Radical Paulistano *voltaria à carga contra a Santa Casa de Misericórdia de São Paulo num artigo que se conecta com esse, na medida em que denuncia que um "casal de africanos livres" foi repelido pelo hospital da entidade filantrópica. As marcas estilísticas combinadas e o teor da crítica política (e religiosa) reforçam que a autoria seja de Gama, o mais experiente dentre os redatores do* Radical Paulistano.

A pia irmandade da Santa Casa de Misericórdia desta heroica e imperial cidade de São Paulo:

Não paga décima[2] dos legados e pingues[3] heranças, que mui religiosamente empolga, por amor de Deus e de Nosso Senhor Jesus Cristo;

Não paga décimas dos muitos prédios que possui e aluga por bom preço;

Goza de proveitosos privilégios e isenções especiais;

Obteve ultimamente da Assembleia Legislativa Provincial um donativo de 3:000$000 de réis.

Em paga[4] de todos estes rasgos generosos com que há sido felicitada pelo nosso paternal governo, à custa do povo:

---

1. *Radical Paulistano* (SP), Radical Paulistano [editorial], 29 de julho de 1869, p. 3.
2. Contribuição ou imposto equivalente à décima parte de um rendimento.
3. Volumosas, fartas.
4. Retribuição, recompensa.

Faz voltar das portas do seu hospital, quando não enxota com desabrimento,[5] enfermos pobres, que vão morrer ao desamparo, à míngua de todos os recursos!

E quando é acusada por atos de tão revoltante barbaridade, exclamam espantados os seus dignos prepostos:

Nós só rejeitamos os enfermos quando é duvidoso o estado de pobreza dos mesmos, ou, sendo pobres, quando se dão acometidos por moléstias incuráveis!...

Depois desta lição sublime de filantropia evangélica, devemos exclamar com entusiasmo:

Vivam os mordomos da Santa Casa de Misericórdia!

Glória aos pobres de espírito, porque deles é o Reino do Céu!!!

---

5. Desprezo, desaforo.

Capítulo 12
Abusos da vigilância sanitária
*Higiene pública*¹

Comentário *Crônica do Baixo Império. O artigo editorial do* Radical Paulistano *trata da competência do chefe de polícia em fiscalizar o comércio da cidade. Com sólido conhecimento da multinormatividade administrativa, o autor distinguia os limites de cada agente público — fiscais da Câmara, juízes e o chefe de polícia. De uma batida policial para vigilância sanitária em algumas lojas da rua do Comércio, centro de São Paulo, surgiu uma reflexão sobre abuso de poder e competência jurisdicional. Como saldo da inspeção sanitária, além dos produtos violados lançados ao lixo, os vendedores foram multados. Um fato ordinário como esse, no entanto, serviu de mote para as seguintes perguntas: "Em que lei o exmo. sr. dr. chefe de polícia interino fundou-se para multar os negociantes que vendiam bacalhau úmido, cerveja, latas de peixe, café e arroz de ínfima qualidade? Que autoridade ou conhecimentos profissionais tinha S. Excia. para assim proceder?" Definir se a visita sanitária tinha ou não ocorrido sob fundamento normativo adequado decidiria a legalidade do ato administrativo. Essa linha de argumentação, como sabemos, não era desprezível, ao contrário, fazia parte da estratégia de Gama em discutir publicamente a competência de autoridades administrativas, policiais e judiciárias.*

Não somos inimigos da fiscalização, quando ela se faz nos termos da lei e da justiça.

Há dias foram visitadas algumas casas de negócio à rua do Comércio,² por uma comissão de peritos nomeada e sob a direção imediata de s. excia. o sr. dr. chefe de polícia interino; e nessa ocasião praticou-se, em nome da lei, notáveis abusos contra a liberdade de comércio e o direito de propriedade.

1. *Radical Paulistano* (SP), 05 de agosto de 1869, p. 3, s/a.
2. Importante rua do antigo traçado do centro de São Paulo, onde atualmente está localizado o Largo do Café.

Assim o afirmamos, porque não podia, como fez o exmo. sr. dr. chefe de polícia, exigir que fossem abertas latas e garrafas em que se continham gêneros de subidos preços que, além de ficarem assim inutilizados, com pleno prejuízo dos proprietários, foram importados de país estrangeiro e, por consequência, despachados nas alfândegas como capazes de serem comerciados;[3] e bem assim não podiam ter sido condenados ao lixo outros gêneros, como fossem, café e arroz, por serem de inferior qualidade, multando-se rigorosamente os vendedores.

Acatamos os distintos cidadãos que fizeram parte dessa comissão, mas não podemos deixar de censurar aos dois srs. médicos que, incompetentemente e sem compenetrarem-se da independência e dignidade de sua profissão, prestaram-se, contra a lei, a um serviço a que não estavam obrigados; e por isso concorreram para um abuso criminoso, de que são irremissivelmente responsáveis.

Compulsamos[4] a legislação vigente, que rege a espécie em questão, e por ela chegamos à conclusão de que a autoridade do exmo. sr. dr. chefe de polícia não podia ingerir-se em as atribuições especiais que a mesma legislação conferiu a certa classe distinta de funcionários.

A partir do ponto culminante nesta questão temos, em primeiro lugar, a Lei de 1º de outubro de 1828, que dispõe o seguinte, com relação às Câmaras Municipais:

POSTURAS POLICIAIS

Art. 66. Terão a seu cargo tudo quanto diz respeito à polícia e economia das povoações, e seus termos, pelo que tomarão deliberações e proverão por suas posturas sobre os objetos seguintes:

§ 10. Proverão igualmente sobre a comodidade das feiras e mercados, abastança[5] e salubridade de todos os mantimentos e outros objetos expostos à venda pública, tendo balança de ver o peso e padrões de

3. O mesmo que comercializados.
4. Consultamos, examinamos.
5. Provimento suficiente.

todos os pesos e medidas para se regularem as aferições, e sobre quanto possa favorecer a agricultura, comércio e indústria dos seus distritos, abstendo-se absolutamente de taxar os preços dos gêneros ou de lhes pôr outras restrições à ampla liberdade, que compete a seus donos.

§ 11. Exceptua-se a venda da pólvora e de todos os gêneros suscetíveis de explosão, e fabrico de fogos de artifício, que pelo seu perigo só se poderão vender e fazer nos lugares marcados pelas câmaras, e fora do povoado, para o que se fará conveniente postura, que imponha condenação aos que a contravierem.

Art. 71. As câmaras deliberarão em geral sobre os meios de promover e manter a tranquilidade, segurança, saúde e comodidade dos habitantes; o asseio, segurança, elegância e regularidade externa dos edifícios e ruas das povoações, e sobre estes objetos formarão as suas posturas, que serão publicadas por editais, antes e depois de confirmadas.[6]

Das disposições supracitadas e, ainda mais, das que em seguida citaremos, conclui-se que os chefes de polícia, não sendo fiscais das câmaras municipais nem tampouco agentes de qualquer espécie dessas corporações essencialmente administrativas, não podem ingerir-se nas atribuições a elas conferidas, tomando a si, por mera vontade própria, a prática de atos que por lei não lhes são conferidos.

As visitas sanitárias às casas de negócio feitas pelos chefes de polícia são arbitrárias, porquanto o julgamento das contravenções às posturas das câmaras não são o mesmo que impor multas aos contraventores administrativamente; visto como o fato do julgamento às contravenções pertence ao ramo da polícia judiciária e é da exclusiva competência dos magistrados, porque é ato de judicatura; ao passo que a simples imposição de multa, que é ato puramente administrativo, cabe aos fiscais que não têm o poder de julgar as contravenções.

---

6. A lei de 01 de outubro de 1828 marcava as atribuições das Câmaras Municipais e regulava o modo pelo qual se daria seu processo de eleição. A seção das posturas policiais cuidava de um mundo de áreas da vida civil — saúde, segurança, obras, educação, comércio, etc. — que cabia às Câmaras ordenar e legislar. As transcrições do art. 66, caput, § 10 e § 11, assim como as do art. 71, conferem exatamente com o original.

O Código de Processo Criminal, no art. 12, § 7º, dispõe claramente sobre a matéria e estabelece a linha divisória que separa os poderes do magistrado dos simples impositores de multas.[7]

Baseado no princípio de que "os chefes de polícia só podem *julgar* as contravenções às posturas municipais", o Decreto sob nº 828 de 29 de setembro de 1851, art. 62, dispõe que aos chefes de polícia cumpre executar as decisões sobre a condenação imposta aos donos de substâncias falsificadas, corrompidas, etc., devendo para esse fim as autoridades sanitárias remeter-lhes cópia de todos os papéis, etc., etc.[8]

O exmo. sr. dr. chefe de polícia, portanto, só podia exercer autoridade em tais casos, julgando apenas as contravenções às posturas municipais.

Às Câmaras Municipais, por seus agentes, aos inspetores de saúde cabe cumulativamente o serviço das visitas sanitárias às casas de negócio, por força da Lei de 1º de outubro de 1828 e do Decreto de 29 de setembro de 1851, modificado pelo de nº 2.052 de 12 de dezembro de 1857.[9]

À vista, pois, do exposto, perguntaremos:

Em que lei o exmo. sr. dr. chefe de polícia interino fundou-se para multar os negociantes que vendiam bacalhau úmido, cerveja, latas de peixe, café e arroz de ínfima qualidade?

---

7. Art. 12. "Aos juízes de paz compete: § 7º. Julgar: 1º, as contravenções às posturas das Câmaras Municipais; 2º, os crimes a que não esteja imposta pena maior que a multa até cem mil réis, prisão, degredo, ou desterro até seis meses, com multa correspondente à metade deste tempo, ou sem ela, e três meses de Casa de Correção ou oficinas públicas, onde as houver."
8. O decreto executava um conjunto de normas sanitárias. Cf. Art. 62. "A execução destas decisões será determinada pelos chefes de polícia, devendo para esse fim as autoridades sanitárias remeter-lhes cópia de todos os papéis, ficando os originais nos arquivos."
9. O decreto de 12 de dezembro de 1857 revogava parte das disposições do decreto de 29 de setembro de 1851 e estipulava novos provimentos sanitários e de saúde pública.

Que autoridade ou conhecimentos profissionais tinha S. Excia. para assim proceder?

Os negociantes que aceitaram a imposição de multas, feita por S. Excia., e que com timidez satisfazeram-na, foram vítimas de um pânico inexplicável; cederam ao terror, foram sacrificados ao arbítrio.

Eles deveriam opor-se ao pagamento das multas, sujeitarem-se ao processo competente e recorrerem aos tribunais superiores, em nome do seu direito, que certamente sairia triunfante do templo da justiça.

Não somos inimigos da fiscalização, nós o repetimos, não acoroçoamos a venda de gêneros falsificados, não apoiamos a avidez de alguns negociantes, que pouco se importam de envenenar o povo contanto que ganhem dinheiro.

Queremos que a lei vede as malversações; que o magistrado seja um sacerdote; que seja o rigoroso observador das suas disposições e não o violador do direito, por amor das condenações.

Queremos a punição, mas detestamos a vindita;[10] porque a punição deve dar-se nos termos que a lei determina; para a vindita todas as pessoas são competentes.

Queremos que a justiça puna a contravenção e não que o arbítrio, que em si é um erro grave, se alevante para vingar os desregramentos dos especuladores.

Queremos, finalmente, o juiz com a lei na mão, e não o *paladino* vingador de afrontas.

---

10. O mesmo que vingança.

Capítulo 13
A fuga das galinhas
Foro da Capital – juízo de paz do distrito norte[1]

Comentário   Crônica do Baixo Império e literatura normativo-pragmática. A briga entre Francisco Thomaz e Antonio Praxedes foi parar no gabinete do juiz de paz do distrito norte da Sé. Para guardar cinquenta galinhas, Thomaz alugou um quarto no mercado municipal. Embora tenha firmado o acordo, Praxedes, o administrador do mercado, logo mudou de ideia e quis substituir o quarto alugado por outro. Thomaz não aceitou. Inconformado, o administrador Praxedes despejou Thomaz e suas cinquenta galinhas do quarto que tinha alugado. Gama, como o leitor já pode imaginar, foi chamado a defender o dono das galinhas. Sem adiantar qual o resultado final da contenda, pode-se afirmar, desde logo, que Gama fez de um caso ordinário do "Baixo Império", literalmente baseado na fuga de galinhas, uma consistente denúncia do abuso de poder e uma crítica fundamentada sobre "o modo extravagante pelo qual se administra justiça no Brasil".

Ilm. Sr. Juiz de Paz do Norte,[2]

O abaixo assinado tomou de aluguel ao administrador da praça do mercado,[3] Antonio Pinto Praxedes Guimarães, um dos quartos (o de nº 20) por três ou quatro dias, na razão de trezentos réis diários, isto no dia 13 do corrente, pelo meio-dia.

Nesse mesmo dia e hora mencionados, o abaixo assinado recebeu a chave do quarto e nele recolheu 50 galinhas.

---

1. *Radical Paulistano* (SP), Radical Paulistano [editorial], 12 de agosto de 1869, p. 1.
2. A jurisdição do juiz de paz, função eletiva da que se encarregavam os chamados "homens bons da paróquia", era competente para resolver conflitos locais, conciliando partes, impedindo desordens e julgando demandas de baixo valor financeiro. Nesse caso, Gama se dirige ao juiz de paz do distrito norte da freguesia da Sé.
3. Estabelecida em 1867, a praça do mercado da rua 25 de março foi o mais importante centro de abastecimento da capital.

Às 3 horas da tarde, o administrador Guimarães propôs ao abaixo assinado troca do quarto aludido por outro desconsertado e sem segurança.

Recusou o abaixo assinado a troca oferecida, para não arriscar-se a perder, por falta de segurança, as aves de sua propriedade.

O administrador Guimarães despoticamente, em face do peticionário, dirigiu-se ao quarto, abriu a porta, soltou as galinhas, e alugou o aposento a outra pessoa; e, com este procedimento deu lugar a que as ditas aves se extraviassem, pelo que prejudicou o peticionário na quantia de 40$000 réis, conforme o preço regular do mercado da capital.

E, pois, à vista do alegado, requer o suplicante à v. s., que se digne mandar citar o suplicado para a primeira audiência deste juízo, a fim de conciliar-se e, caso não compareça, proceder contra ele nos termos da lei, ouvindo as testemunhas à margem indicadas e condenando-o em principal e custas, como é de direito.

Pede benigno deferimento,
FRANCISCO PEREIRA THOMAZ
São Paulo, 15 de março de 1869

Provada esta alegação com depoimentos de testemunhas, requereu, em seguida, o suplicado[4] provar não só a inexatidão do contexto da petição supra, como ainda a falsidade dos depoimentos.

Isto foi-lhe concedido; as testemunhas, porém, apresentadas pelo réu, depuseram o contrário do que ele pretendera provar e confirmaram os assertos do autor.

A 1º do corrente, *três meses e meio depois de iniciada a causa*, lavrou o meritíssimo sr. juiz de paz a seguinte memorável sentença, para a qual ouso invocar a sisuda atenção dos homens de bom senso:

Vistos e examinados estes autos entre partes, Francisco Pereira Thomaz — autor —, e Antonio Pinto Praxedes Guimarães — réu —, e *refletindo que este, pelo fato de soltar as aves, não destruiu nem prejudicou* a propriedade do autor, e sendo certo, *por provado e confessado,* que ao autor *era indiferente utilizar-se do quarto arruinado, pois que o aceitaria se lhe fosse dado gratuitamente,* depreende-se que, *sem fundamento e nem*

---

4. Aquele que recorre de sentença, que interpõe recurso.

razão, tomou deliberação de abandonar sua incontestada propriedade, *fácil de ser de novo recolhida, para fazer ou tentar fazer pesar ao réu* indenização *inaplicável e injusta*.

Absolvo, pois, o réu da indenização pedida e condeno o autor nas custas.

Dou esta por publicada em mão do escrivão, que fará as precisas intimações.

São Paulo, 21 de junho de 1869
DR. FRANCISCO HONORATO DE MOURA

Sentenças destas tenho eu lido muitas em comédias e em outros escritos burlescos próprios para provocar o riso e a galhofa. O que jamais pensei, confiado sinceramente na civilização do meu país, é que, na importante cidade de São Paulo, às portas de uma egrégia faculdade jurídica, em autos ordenados em nome da justiça, para manutenção do direito, um cidadão respeitável pelas suas luzes e pela sua honradez, pusesse termo a uma lide[5] com essa irrisória peça de entremez.[6]

Era minha intenção dar à estampa o processo inteiro, para que o povo bem admirasse o modo extravagante pelo qual se administra justiça no Brasil. A sentença, porém, que venho de inserir, é tão fértil de brilhantes fundamentos que dispensa-me de maior trabalho.

Ela por si prova que o meritíssimo juiz, depois de *prolongada reflexão*, resolveu-se a amputar sem piedade os direitos do infeliz Francisco Pereira Thomaz.

São Paulo, 30 de julho de 1869
LUIZ GAMA

---

5. Contenda judicial, litígio.
6. Representação teatral burlesca ou jocosa, de curta duração.

Capítulo 14

A corrupção come pelas beiradas
Cousas do Baixo Império II[1]

Comentário   *Crônica do Baixo Império. O autor discute um acontecimento marginal ocorrido no Tribunal do Júri de Juqueri, comarca da capital. A dispensa de um cidadão da composição do conselho de sentenças do júri por não saber ler e escrever indignou o autor do artigo. Como Afro em* Democracia, *o redator do* Radical Paulistano *invocou um exemplo da Prússia para argumentar sobre o dever de agir da autoridade competente diante da constatação de que um súdito ou cidadão fosse analfabeto. A autoridade, sugere indiretamente o autor, não poderia se abster de repreender ou corrigir o cidadão analfabeto.*

Quando os governos não representam a livre e soberana vontade dos povos, são eles as causas eficientes da depravação dos bons costumes e o elemento deletério e corruptor das nacionalidades.

Tal é o governo brasileiro, agregação monstruosa de inépcia, de egoísmo, de sórdidas ambições e de inqualificável depravação.

Neste país desditoso,[2] não certamente por culpa do mísero povo ignorante, escravo de fato, Spartacus[3] imbele[4] e submisso, atado ao caucaso imóvel da subserviência, onde o abutre sedento da tirania dilacera-lhe cotidianamente a liberdade, mas por desmedida ambição dos potentados, aventureiros políticos de todos os partidos militantes, elevou-se à categoria de isenção legal a crassa estupidez do néscio[5] alvar.[6]

À sombra do trono americano a estupidez é uma virtude!

1. *Radical Paulistano* (SP), [editorial], 19 de agosto de 1869, pp. 1-2.
2. Infeliz.
3. Ver n. 61, p. 74.
4. Pusilânime, medroso.
5. Ignorante, idiota.
6. Que é próprio do tolo.

Vem aqui a ponto dizer-se: quando a infâmia, em divina apoteose, plácida e soberana firma-se imperturbável no altar da pátria, os cidadãos transformados em esquálidos autômatos adoram-na de joelhos, e os levitas[7] do direito, de turíbulo[8] em punho, deslumbrados pela misteriosa maravilha, modulam cânticos ao absurdo.

Em plena sessão do Tribunal do Júri desta cidade, no dia 12 do corrente, foi apresentada uma reclamação, em nome de Manoel Bueno de Moraes, agricultor importante, segundo nos informam, residente na paróquia de Juqueri, a 5 léguas[9] da capital, impetrando, como valioso direito, dispensa de servir o honroso cargo de juiz de fato, por ser analfabeto, o que estando legalmente provado, declarou o meritíssimo presidente do tribunal:

Que nos termos da Lei nº 261 de 3 de dezembro de 1841, e mais disposições em vigor, dispensava de comparecer aos trabalhos do júri o mencionado cidadão, por não saber ler nem escrever!...

Este lamentável fato passou quase despercebido, provocando apenas o riso de dois cidadãos jurados e a revoltante indignação do autor destas linhas.

No reino da Prússia, onde abundam os súditos humildes e os cidadãos são raros, há 8 anos, tendo aparecido em um dos batalhões do grande exército, que conta centenares deles, dois recrutas analfabetos, tomou-se o governo de extraordinário espanto, e nomeou imediatamente uma comissão de inquérito para averiguar com critério da causa de tão extraordinário acontecimento.

E cumpre notar que na Prússia, como nos [ilegível] Estados da Europa, o exército [ilegível].

No liberalíssimo império do Cruzeiro, êmulo[10] distinto, se

---

7. Sacerdotes.
8. Incensário, recipiente de metal usado em funções litúrgicas, para se queimar incenso.
9. Medida de distância. No Brasil, cada légua equivale aproximadamente a seis mil e seiscentos metros. Da paróquia de Juqueri até a capital, portanto, a distância é de pouco mais de 30 km.
10. Que se esforça para igualar a outro.

não superior a muitos respeitos da grande República dos Estados Unidos da América do Norte — no dizer parenético[11] dos Corifeus[12] da monarquia —, um benemérito concidadão do primeiro dos monarcas do mundo solicita dispensa de servir o importante cargo de membro do Poder Judiciário, para o qual fora qualificado pelas autoridades, em vista dos seus teres, idade madura e posição de família, por não saber ler nem escrever!

E um fato lamentável desta ordem, tal é o estado de ínfima abjeção deste grande povo, passa quase despercebido por entre as classes elevadas da sociedade, como cediça[13] trivialidade!...

E há escritores brasileiros que, apavonados,[14] proclamam-se defensores natos do trono e das públicas liberdades, que não se pejam[15] de profligar[16] as mais nobres instituições organizadas nesta cidade, no intuito louvável de difundirem a instrução literária pelo povo!

É que os tronos, como a superstição religiosa, pela degradação moral, levam os homens à adoração da ignomínia[17] torpe, que os envilece aos olhos da divindade.

Assim como os fanáticos religiosos adoram os ídolos ignóbeis,[18] que são a injúria flagrante irrogada[19] ao Supremo Criador, na ingênua convicção de que prestam cultos ao verdadeiro Deus, os servos aviltados das monarquias fazem alarde da estupidez, que os degrada, convictos de que se elevam na consciência da história e dos povos cultos.

A superstição religiosa habilmente incutida no espírito público pelo jesuitismo astuto; e o despotismo radicado no país

11. Grandiloquente, retumbante.
12. Personagem-chave do teatro grego, que ironiza, nesse contexto, os propagandistas e bajuladores do regime monárquico.
13. Entediante.
14. Vaidosos, presunçosos.
15. Envergonham.
16. Fustigar, atacar.
17. Humilhação.
18. Repugnantes, deploráveis.
19. Imputada.

pela sagacidade irresponsável dos reis divinizados, são princípios governamentais personificados, e que sob as formas de "rei e frade" trabalham incessantemente como obreiros incansáveis do regresso moral das nações.

Sua missão exclusiva é o calculado embrutecimento dos povos; consiste a sua política em realizar a morte moral dos Estados, por entre os aplausos frenéticos das populações rendidas; aplausos inconscientes, adquiridos pelo ouro, pela sedução e pelo terror.

O rei e o jesuíta são dois corpos distintos, aviventados e robustecidos por uma só alma, a alma de Judas[20] acrisolada[21] na perfídia.

O beijo fraternal dado por eles na fronte dos povos avassalados é a marca indelével da venalidade e da escravidão.

A liberdade, que é a vida social dos povos, foi há muitos séculos decapitada pelos déspotas, na pessoa do Cristo, que, semelhante à luz do Sol, percorre cotidianamente a superfície da terra em martírio perene.

É preciso pôr termo a esta degradação corruptora dos tronos, elevando bem alto o facho luminoso da instrução.

Trabalhemos com esforço para que, pela emancipação dos súditos, pelo enobrecimento das inteligências, se realize no futuro a verdadeira ressurreição do Cristo e da liberdade.

---

20. Judas Iscariot foi um dos doze primeiros discípulos de Jesus. De acordo com os Evangelhos, Judas traiu e entregou Jesus para seus captores em troca de trinta moedas de prata.
21. Apurada, aperfeiçoada.

Capítulo 15

O que dá acreditar no poder da lei
Viva a Turquia americana![1]

Comentário   *O autor relata uma tentativa de homicídio ocorrida na cidade de Jundiaí, cujo agressor foi o próprio suplente do delegado de polícia local. Provocadas pela vítima, através de queixa-crime, nenhuma autoridade competente pôde atuar, dada a alegada suspeição a que cada autoridade teria invocado. O artigo sugere, portanto, que as autoridades policiais e judiciárias prevaricaram ao protegerem o delegado suplente.*

Há dias, na cidade de Jundiaí,[2] foi sorrateiramente atraído a uma casa, com simulada bonomia,[3] o súdito português Luiz José Martins Vieira; e recolhido amistosamente em um quarto, o surpreendeu o capitão Manoel Maria de Castro Camargo, suplente do delegado de polícia, que achava-se preparado, disparando-lhe um revólver que foi desviado por alguém, no momento em que o agressor desfechava o tiro.

A vítima, que tem a infelicidade de acreditar no poder da lei contra os figurões de aldeia, apresentou sua queixa às autoridades competentes da importante cidade de Jundiaí, as quais *todas* deram-se de suspeitas!...

---

1. *Radical Paulistano* (SP), [editorial], 02 de setembro de 1869, pp. 1–2, s/a.
2. Jundiaí, município paulista que fica 50 km distante de São Paulo (SP), era a principal cidade ao limite norte da capital.
3. Procedimento de pessoa bondosa.

Abençoado império de Santa Cruz; pátria excelsa dos Andradas,[4] Paulas Souzas[5] e Feijós;[6] terras libérrimas[7] do afortunado Cabral, nós te saudamos com júbilo, em nome do direito, da razão, da justiça e da moral!

Feliz colônia dos imortais Bourbons, onde o arrogante capitão da guarda nacional e suplente da polícia pode impunemente tentar contra a vida do cidadão!

Celeste paraíso das santas conveniências, onde as autoridades, por modéstia, por influxos de amor, deixam passar incólumes os assassinos, que envergam as librés[8] do nosso adorado Rei e Senhor!

Luminoso alcáçar[9] da divina prevaricação,[10] em nome do crime e da torpeza, nós te saudamos!...

---

4. Referência provável a, entre outros Andradas, José Bonifácio de Andrada e Silva (1763-1838). Nascido em Santos (SP), José Bonifácio passou para a crônica político-histórica como o Patriarca da Independência do Brasil. Foi um célebre político, naturalista e poeta que exerceu diversos postos-chave na política da primeira metade do século XIX, dentre eles o de deputado constituinte em 1823.
5. Francisco de Paula Souza e Mello (1791-1854), nascido em Itu (SP), foi um fidalgo e político brasileiro, tendo sido deputado na Assembleia Constituinte de 1823, presidente da Câmara dos Deputados em 1827 e ministro da Fazenda do Império em 1848.
6. Ver n. 26, p. 225.
7. Superlativo de livre, algo como muitíssimo livre, muitíssimo liberal.
8. Fardamento solene, tipo de capa sem manga antigamente utilizada por servos e/ou criados de casas senhoriais.
9. O mesmo que alcácer, palácio, fortaleza.
10. Corrupção, perversão.

Capítulo 16
Quem legisla no Brasil é o Poder Executivo
Cousas do Baixo Império III[1]

Comentário *O autor expõe muito brevemente uma evidência cabal — aliás, "escândalo incontestável" — da predominância do Poder Executivo na produção normativa do Império. Embora concisa, a narrativa permite ao leitor imaginar o espanto que deu no autor ao folhear a* Coleção de Leis do Brasil *e constatar o desequilíbrio e a confusão de finalidades de um poder político sobre o outro.*

Acha-se publicada a *Coleção de Leis do Brasil*, pertencente ao ano de 1868, em dois volumes.

O 1º volume subdivide-se em duas partes e contém 664 páginas.

A primeira parte, que encerra os atos do Corpo Legislativo, consta de 25 *páginas*.

A segunda parte, conjunto dos decretos do Poder Executivo, ocupa 639 páginas!

O segundo volume é o acervo de decisões do governo, e conta 583 *páginas*!

À vista deste escândalo incontestável, pode-se com afoiteza afirmar que no Brasil governa exclusivamente o Poder Executivo, iluminado pelo divino imperador; e que o parlamento não passa de uma triste e degradante comédia, que representa-se todos os anos com o fim único de dar ocasião ao nosso soberano rei e senhor, de cingir[2] a sua magna capa de Grão-Sultão, enfeitada de papos de tucanos.

---

1. *Radical Paulistano* (SP), [editorial], 02 de setembro de 1869, p. 2, s/a.
2. Vestir.

Capítulo 17
Africanos livres na miséria
Aos grandes senhores[1]

Comentário *Crônica do Baixo Império. O artigo editorial descreve uma cena da miséria urbana de São Paulo, onde "um casal de africanos livres" encontrava-se atirado à fome e ao abandono. O autor dirige seu protesto, genericamente, à "gente rica e poderosa" de São Paulo, mas, de modo particular, critica a Santa Casa de Misericórdia da capital, instituição que contava com subsídios do governo para socorrer os desvalidos, mas que teria repelido o casal de africanos livres sob pretexto fútil. Interrompido abruptamente, certamente por erro tipográfico não corrigido na edição seguinte, o artigo carrega metáforas, jargões e marcas autorais que se identificam com os escritos de Gama.*

Há nesta opulenta cidade muita gente rica e poderosa que não se faz esperar, sempre que é preciso concorrer com algumas dezenas de contos de réis para compra de baronatos, de comendas, de distintivos de fidalguia ou de votos nas bacanais políticas.

Que possui formosos palácios, vistosos coches,[2] cavalos de ilustre raça das mais cultas cavalariças[3] do mundo e que, para sua salvação eterna e progressivo aumento dos seus teres, não cessa de orar devotamente a Deus.

A estes grandes senhores da nossa terra queremos prestar um valioso serviço, sem que deles exijamos retribuição.

Na rua da América, adiante do Arouche, acha-se em um imundo casebre, há cerca de quatro meses publicamente abandonado à fome, à nudez e aos rigores de dolorosa enfermidade, sem que receba medicamento algum, prostrado no chão, de onde se não pode erguer, um casal de africanos livres.

1. *Radical Paulistano* (SP), [editorial], 02 de setembro de 1869, p. 2, s/a.
2. Carruagem fechada.
3. Estrebarias, estábulos. Mais do que o estabelecimento, a expressão possui o sentido da cocheira como significante do prestígio dos cavalos e seus donos.

Estes desgraçados são repelidos da *Santa Casa de Misericórdia* porque ela não admite no seu hospital, *subvencionado pelo governo*, pobres acometidos de moléstias incuráveis!...
Foram estes infelizes caridosamente enxotados pelo proprietário da casa em que habitavam, por falta de pagamento dos aluguéis que deviam!...
E estariam abandonados no campo se um cidadão piedoso, porém pobre, não lhes prestasse uma choupana para abrigá-los.
Isto dá-se na imperial cidade de São Paulo, à face do paternal governo, da previdente polícia, dos estabelecimentos de caridade, dos Cresos[4] capitalistas, dos barões que compram títulos de nobreza por elevados preços, dos seminários e dos conventos, que apregoam piedade cristã!
Antes de escrevermos estas linhas, dirigimo-nos a um dos mais ricos negociantes desta praça e lembramos-lhe a ideia generosa de correr-se uma subscrição,[5] pelas pessoas abastadas, para fundação de um modesto hospital de caridade nesta cidade, onde já se pode morrer à míngua.
Respondeu-nos "que mais acertado entendia é que representássemos ao governo, que defrauda cotidianamente o país com impostos enormes, para manutenção do luxo asiático que ostentam a Família Imperial e os bem-aventurados do império!"
Esta áspera resposta, que revoltou-nos o espírito e encheu-nos de indignação, é, entretanto, uma fatal verdade, atirada com arrojo à face da nação inteira; verdade amarga, que exuberantemente prova não só o despejado cinismo do gover-[6]

---

4. Significa homem muito rico, abastado. A expressão remete ao último rei da Lídia, na Anatólia, de nome Creso (596-546 a.C.).
5. Compromisso assumido por escrito pelo qual o subscritor contribui com determinada quantia para alguma empresa, obra filantrópica ou homenagem. Nesse caso, a subscrição visava a fundação de um hospital de caridade.
6. Por evidente erro tipográfico, o artigo não foi reproduzido na íntegra.

Capítulo 18
«Todos os poderes no Brasil zombam impunemente do povo»
Até os lazaristas![1]

Comentário   *Crônica do Baixo Império. O autor responde a um excerto de uma prédica ministrada por um padre na igreja da Sé, "por ocasião de administrar-se o sacramento da eucaristia às jovens alunas de diversos colégios desta cidade". Um fragmento de um discurso, portanto, serviu de mote para que o* Radical Paulistano *assacasse como hipócrita a ideia de liberdade de consciência que o "reverendo orador, mais astuto do que eloquente", sustentava no púlpito da Sé.*

De longa data zomba o fatal governo deste mísero povo, a quem ironicamente apelida de *"ordeiro, pacífico e submisso"* aos ditames sublimes da divina monarquia que nos honra.

Os corrompidos chefes dos partidos políticos, quando gozam as delícias do poder, zombam do povo, decantando em hinos festivais, entoados ao monarca, a sua inexcedível liberdade legal; e quando apeados, na oposição, escarnecem da boa fé dos infelizes e prometem-lhes a grandeza e a liberdade de que jamais gozaram sob o fero domínio do governo despótico que nos barbariza!...

A poluta fidalguia zomba hipocritamente do povo, apregoando-se impudica, em perene sacrifício para salvá-lo de iminentes desgraças.

O parlamento, agregado informe[2] de farsolas teatrais, zomba do povo qualificando-se seu legítimo representante, quando é certo que não passa de um conjunto de pensionistas avaros, designados do sáfaro[3] governo do imperador.

1. *Radical Paulistano* (SP), [editorial], 16 de setembro de 1869, p. 1, s/a.
2. Disforme, grosseiro, grotesco.
3. Tosco, grosseiro.

Os funcionários prevaricadores[4] zombam galhardamente da moral e da justiça; comprimem[5] ilegalmente o povo, por amor do despotismo e da corrupção que idolatram, nomeando-se de levitas[6] do santuário da honra e da liberdade.

Todos os poderes no Brasil zombam impunemente do povo e conculcam[7] os seus direitos inalienáveis; só este agrilhoado Prometeu[8] não zomba de cousa alguma.

Agora, para cúmulo de escândalos e de infelicidades, os padres lazaristas,[9] os roupetas[10] imigrados do governo do imperador, zombam do incauto povo, como zomba da vítima inocente o assassino astuto, que emborcado espreita-a, quando descuidosa, a passos lentos e inadvertida vai caminho do sepulcro!...

Na prédica[11] havida há poucos dias, na catedral, por ocasião de administrar-se o sacramento da eucaristia às jovens alunas de diversos colégios desta cidade, o reverendo orador, mais astucioso do que eloquente, escarnecendo, com requintada dissimulação, da congênita ingenuidade do povo, e vituperando[12] com estudada acrimônia[13] os democratas brasileiros, exclamou com calculado entusiasmo:

Nós quisemos sempre, e ainda queremos, deveras e com ardor, a liberdade de consciência e todas as liberdades indispensáveis e essencialíssimas ao homem!

Chamam-nos de jesuítas para obscurecerem a grandeza das nossas ideias!...

4. Corruptos, que faltam ao cumprimento do dever por interesse ou má-fé.
5. Oprimem.
6. Sacerdotes.
7. Pisoteiam, espezinham.
8. Na mitologia grega, Prometeu é um titã de importância capital pois, desafiando os deuses, roubou o fogo sagrado e o deu para a humanidade. Por metonímia, "este agrilhoado" Prometeu é o povo brasileiro que, à diferença do titã, não ameaça nem subverte a ordem estabelecida.
9. Sacerdotes da ordem religiosa de São Lázaro.
10. Batina, aqui como metonímia do próprio sacerdote.
11. Pregação.
12. Difamando, insultando.
13. Aspereza, indelicadeza.

Admirável hipocrisia!...
Os padres lazaristas querem completa liberdade de cultos; querem a livre manifestação de todos os cultos religiosos,[14] querem a autonomia de todas as seitas e proclamam a emancipação da consciência porque amam com estremecimento as vitórias imorredouras!...
Grosseira irrisão![15]
Querem tudo isto os santos padres jesuítas; almejam todos estes maravilhosos progressos sociais, mas, para consegui-los, vendem-se ignominiosamente ao corruptor governo do país, de quem são os melhores agentes!
Desgraçada nação, em que todos menosprezam o povo.
Até os Lazaristas!

---

14. Na edição consultada, essa frase encontra-se bastante danificada, de modo que a transcrição pode ter incorrido em erro em duas ou três palavras.
15. Zombaria.

Capítulo 19
No último suspiro, surge a liberdade
Grandeza d'alma[1]

Comentário *Crônica do Baixo Império. Dois redatores do Radical Paulistano estiveram na penitenciária de São Paulo para servirem de testemunha de uma declaração de vontades feita por um preso. No entanto, o que era para ser apenas um ato jurídico solene e ordinário tomou a proporção de defesa moral da liberdade. "Aprendam também os grandes senhores esta sublime lição de moral", dizia o redator que, ao que parece a partir do cotejamento de estilo e interesses, seria o próprio Gama.*

Há poucos dias, dois dos redatores desta folha, achando-se em visita na penitenciária desta cidade, foram convidados pelo sr. tabelião Gomes para testemunhas da aprovação do testamento de um preso.

Era o testador um velho artista, da província de Minas, maior de 50 anos, inteligente e altivo, condenado a seis anos de prisão com trabalho por crime de homicídio.

Sofria ele de um fortíssimo ataque de *disuria*,[2] que a juízo da medicina ia reduzir-lhe a poucos dias os 3 anos de reclusão que ainda lhe faltava cumprir.

O estado aflitivo do mísero encheu a todos os circunstantes de compaixão, e um dos nossos colegas presentes lembrou-se de oferecer-lhe um médico de sua amizade para auxiliar o facultativo[3] do estabelecimento no curativo.

---

1. *Radical Paulistano* (SP), Crônica, 23 de setembro de 1869, p. 3, s/a.
2. Enfermidade que provoca dificuldade e dor ao urinar.
3. O mesmo que médico, indivíduo que exerce legalmente a medicina.

Sabendo aquele nosso colega que o preso libertara no seu testamento dois escravos que possuía, na ocasião em que veio entender-se com ele sobre a proposta de trazer-lhe o médico, meteu-o à bulha[4] sobre a alforria dos escravos, interrogando-o acerca da razão do fato.

O velho sentenciado, encarando o nosso colega com aspecto entre repreensível e surpreso, respondeu-lhe:

Meu caro, é preciso ter perdido a liberdade para saber o que ela vale!

O mísero não compreendia ao certo a eloquente sublimidade daquele conceito, que aprendera sem o saber nos anseios e sofrimentos da prisão, e que resumia a elevação de sua alma.

Mas nós o recolhemos reverentes.

....

Aprendam também os grandes senhores esta sublime lição de moral, que lhes envia do cárcere um moribundo.

---

4. Colocou-lhe a questão espinhosa.

Capítulo 20
Respeito é bom e o funcionário público gosta
Correio de São Paulo[1]

Comentário *Crônica do Baixo Império. Artigo editorial que defende funcionários públicos do Correio que haviam sido criticados pelo jornal conservador* Diário de São Paulo. *A defesa dos funcionários, contudo, passa pelo ataque à redação do* Diário, *que teria sido imprudente em julgar um ocorrido sem analisá-lo com o cuidado necessário.*

Jamais deixamos de assumir a defesa dos funcionários públicos, sempre que são eles acusados sem fundamento ou com impensada precipitação.

Isto prova não só que a nossa adesão aos acusadores judiciosos[2] é sempre segura e imparcial, como ainda que o nosso móvel[3] em tais contendas foi e será sempre a justiça.

A distinta redação do *Diário de São Paulo*, em o nº 1.219 deste jornal, publicado a 28 do mês findo, inseriu o seguinte artigo:

CORREIO

De uma carta de um nosso assinante de Batatais, extraímos o seguinte tópico: "Mandando por no correio uma carta registrada para V. S., com 15$ réis, de minha assinatura do *Diário de São Paulo*, pertencente ao ano findo, o agente do Correio não a quis receber, dizendo que não aceitava mais remessa de dinheiro em carta registrada, *sob sua responsabilidade*, porque tendo há pouco remetido uma carta registrada com dinheiro, este não apareceu aí e ele teve de pagá-lo ao remetente".

Serve isto para corroborar o que por muitas vezes temos dito.

1. *Radical Paulistano* (SP), [editorial], 07 de outubro de 1869, p. 1, s/a.
2. Sensatos, ponderados.
3. Motivo.

Esperamos que o sr. administrador interino há de nos esclarecer a respeito.

Temos necessidade de saber o que houve e como se tolhe assim o direito das partes.

E depois não quer que nos queixemos de sua infeliz administração!

A este cortês apelo respondeu o sr. Americo Alves Pinto de Mendonça, administrador interino do Correio, nestes termos:

Como empregado público, julgo dever dar satisfação de todas as faltas que são imputadas à repartição que interinamente dirijo. É por isso que venho explicar o fato narrado em o artigo da gazetilha[4] no *Diário de São Paulo* de hoje.

Tendo a agência de Batatais registrado uma carta em 12 de maio próximo passado, dirigida por Manoel Theodolindo do Carmo ao sr. capitão Joaquim Roberto de Azevedo Marques, com declaração de conter a mesma a quantia de 14$300 réis, foi no ato da entrega verificado que faltavam para o complemento daquela importância 10$000 réis.

Ora, determinando clara e expressamente o art. 81 das Instruções de 1º de dezembro de 1866, que os remetentes declarem ao lado do fecho da carta a quantia que incluem e, ao entregarem no correio, mostrem o objeto ou valor, que deve ser exatamente o declarado, era o dito agente o único responsável, visto que a dita carta chegou a esta repartição intacta, e por isso foi obrigado à indenização dos 10$000 réis.

Esta repartição jamais permitiu que seus subordinados tolhessem o direito das partes; entretanto, vai ouvir o dito agente a respeito do aludido.

O contador, servindo de administrador,
AMERICO ALVES PINTO DE MENDONÇA

Analisando com calma, e sem amarga prevenção, estes dois escritos, conclui-se que o intumescido[5] assinante do *Diário*, antes por ignorância do que por maledicência, no intuito que bem revela de censurar, com alguma mordacidade, o agente do Correio da vila de Batatais, increpa-o,[6] em termos genéricos, por

---

4. Seção noticiosa, literária e/ou humorística de um jornal.
5. Orgulhoso, envaidecido.
6. Acusa-o.

haver-se recusado à recepção e ao lealdamento⁷ de uma carta, que mandara àquela agência, com endereço ao sr. editor do *Diário*, incluindo a importância de 15$000 réis, fato este que bem poderia dar-se com rigorosa observância do preceito legal.

E muito é de notar-se que o informante do *Diário* refere, em termos vagos, uma ocorrência que não presenciou e que poderia ter sido adulterada, sem má fé, por quem lh'a transmitiu.

Da sincera resposta firmada pelo sr. administrador interino do Correio, conclui-se não só o que havemos dito, como ainda a necessidade que há de aguardar-se as informações por ele exigidas, [por meio das quais se] fará esclarecimento da estranha ocorrência referida tão obscuramente pelo assomado⁸ assinante do *Diário*.

A prudência mandava esperar pelas últimas declarações do sr. administrador interino do *Correio*; declarações a que ele, com lhaneza⁹ louvável, havia-se comprometido, para abrir-se com segurança discussão leal e franca sobre o procedimento do seu subalterno e dele, se houvesse apoiado malversações que lhe cumpre punir.

Assim, porém, infelizmente não aconteceu.

Em artigo publicado a 30 do mês passado, a distinta redação do *Diário*, sem esperar, como era do seu rigoroso dever, esclarecimentos do seu dileto assinante e, menos ainda, as explicações oficiais prometidas pelo sr. administrador interino, traz à baila um acervo de gratuitas conjecturas e considerações imaginárias, completamente despidas de fundamento, com as quais pretende provar o *irregular procedimento* da repartição do Correio.

A madureza e a reflexão nunca prejudicaram aos devotados e sinceros defensores da causa pública, mormente¹⁰ em questões como esta, que envolvem a reputação de funcionários honestos.

---

7. Ato de registrar, declarar a legalidade de algo.
8. Enraivecido.
9. Franqueza, sinceridade.
10. Sobretudo, principalmente.

Cumpre, pois, que a respeitável redação do *Diário*, pondo de parte as concepções ardentes e as sugestões hiperbólicas de supersticioso publicista, se bem que justificáveis, aguarde oportuno ensejo para julgar, despida de injustificável antipatia, os seus concidadãos, empregados da repartição do Correio.

Capítulo 21
Até com os mortos[1]

Comentário *Crônica do Baixo Império. O artigo editorial do* Radical Paulistano *discute uma decisão da Câmara Municipal de São Paulo, em que se votou um tributo para enterros no cemitério municipal. Embora sem assinatura, o texto possui diversas marcas estilísticas, referências e metáforas recorrentes no repertório de Gama. Irado com os vereadores, o autor do artigo qualificou os mesmos legisladores como "coveiros da desgraça pública". Mas, além da retórica inflamada, o autor também julgava que aquele era um problema administrativo. "Jurisdições mal discriminadas, todos os poderes exorbitando da esfera de sua ação", dizia o* Radical Paulistano, *sugerindo que a Câmara não teria poderes para deliberar um imposto na forma como deliberou.*

A voracidade dos executores da *feitoria d'el rei nosso senhor*, descendo das altas regiões, já contamina até os edis[2] que o povo elege para guarda de suas imunidades municipais.

Em sessão ordinária da Câmara Municipal, de 9 do mês passado, entre outras, o sr. major Luiz Pacheco de Toledo arremessou à tela da discussão a seguinte indicação:

Que se procure fiscalizar sobre os enterramentos de pessoas no cemitério com guia de pobres, ao passo que são enterrados em caixão e não podem pagar os direitos devidos.

O sr. tenente-coronel Rodovalho,[3] não consentindo que visse à luz esse parto das *elucubrações heréticas*[4] do seu amigo sem o

---

1. *Radical Paulistano* (SP), [editorial], 27 de novembro de 1869, pp. 1–2, s/a.
2. O mesmo que vereadores.
3. Antonio Proost Rodovalho (1838–1913), natural de São Paulo (SP), foi político e empresário de relevo na capital paulista. Fundador e diretor de diversas associações comerciais, bancárias e industriais, exerceu cargos na política local, como vereador e presidente da Câmara Municipal. Foi, também, coronel da Guarda Nacional, promovido após o desfecho da Guerra do Paraguai (1870).
4. Relativo à heresia, espécie de despautério desrespeitoso à religião.

usual batismo, levantou-se e, com voz troante,[5] acrescentou que, "para prevenir qualquer abuso a respeito, lembrava a conveniência de ficar o sr. presidente encarregado de se entender com os párocos das freguesias, a fim de serem cautelosos nos atestados que derem".

O culto que inspira a miséria, a santidade da morte e a fé no juramento, tudo isso foi esquecido.

Indicação e aditivo foram aprovados, exultando de júbilo o magno concílio cuja inspiração *cristianíssima* patenteou sua propensão para o *judaísmo*, pois se tratava de alçar a receita de seus cofres.

A pobreza, abatida pelos impostos sobre a indústria nascente de nosso país, desanimada pelo tributo de sangue que derrama há 6 anos, envenenada pelas águas infectas únicas a seu alcance, enferma pelos alimentos de ruim qualidade que encontra na praça, asfixiada pela atmosfera mefítica[6] das ruas, vai ser *fiscalizada* à boca da sepultura pelo *ilustrado, católico* e venerando senado municipal da *imperial* cidade de São Paulo.

Sua natural propensão para *coveiros da desgraça pública* levou-os a tratar dessa tão importante *califórnia*[7] da receita municipal, ao passo que necessidades do município, desprezadas, denunciam a incúria[8] com que cumprem o mandato do povo.

Cooperam indiretamente para os males que sofre a pobreza e, quando ela cai, muitas vezes viciada pelo desespero e morta pela fome, barram-lhe a vala do repouso dizendo: "*Aqui só descansa a pobreza que não teve amigos ou a opulência que os comprou, servis!!*"

Que amarga e satânica ironia, à face dessa mesma pobreza a cuja porta se suplicou votos para a posição donde hoje se fulmina interdição ao morto sem dinheiro!

5. Sonora, estrondosa.
6. Tóxica, fétida, pestilenta.
7. Por metonímia, grande riqueza, fortuna.
8. Negligência, desleixo.

Quantos tens, quanto vales, diz a conceito; o pobre, já cadáver, que nada teve, arroja-se aos cães de vossos portões, fora melhor: que nédios rafeiros não teriam os ricos, os nobres, alimentados pela carne da *canalha*!

E, bofé,[9] estamos em tempos tempestuosos, como prega uma *folha católica*, pouco tempo há que a igreja, de mansidão, de paz e tolerância, segundo seu instituidor, negava sepultura a um benemérito da pátria, hoje é uma municipalidade que *excomunga* o pobre de dinheiro, e julga *graciosa, indigna de crédito, menos verdadeira*, a certidão de um membro da igreja, dada sob juramento!

Jurisdições mal discriminadas, todos os poderes exorbitando da esfera de sua ação, são pródromos[10] de grave moléstia no corpo governamental! O *diesirae*[11] sobre nossas cabeças se aproxima hórrido e inexorável!

Somos povo e comungamos da hóstia da pobreza que nobilita, e a esses sacrílegos, aos quais um pouco de ouro e vaidade fez [sic] esquecer que o ósculo da morte torna sagrada a carne apodrecida, só diremos:

Não temos marmórea lousa, dourados brasões, esquifes de bracado para nossos mortos, porque não os queremos obtidos pela simonia,[12] pela fraude, pela usura e lágrimas de mil infelizes!

Se a caridade ou a mão do amigo nos der um caixão, uma nesga[13] de negro burel,[14] deixai-nos, ao menos na última jazida, descansar a cabeça sobre o talismã desses nobres sentimentos que desconheceis!

Ou se quereis que, já cadáver, curvemos a cerviz[15] ante vossa grandeza, ou que ela se ostente até no quadrilongo dos sepulcros, fazei de nossa carne, sangue e ossos, argamassa para vossos mausoléus.

....

9. À boa-fé.
10. Precursores.
11. O mesmo que "dia de ira", referência da Roma Antiga que designa horror e infortúnios.
12. Comercialização de coisas sagradas.
13. Tira, pedaço.
14. Roupa de luto feita com esse tecido.
15. Cabeça.

Roma, a imperial, a decadente cidade dos Gracos,[16] com a espuma sangrenta de circo, lavava a pústula[17] gangrenosa que lhe ia pelo corpo, e que apressou sua queda.

Fazei o mesmo ao vosso Nero,[18] que nós, ficai certo, não exclamaremos:

Ave César!...

---

16. Refere-se aos irmãos Gracos, Tibério Graco (169-133 a.C.) e Caio Graco (154-121 a.C.), políticos e oradores plebeus que tiveram influência decisiva nos rumos da República romana, advogando reformas sociais e aumento da participação popular no governo do estado. A admiração de Luiz Gama pelos Gracos é notória, a ponto de que seu filho único é batizado com o nome de Benedicto Graccho, conservando a grafia latina.
17. Ferida, tumor.
18. Nero (37-68) foi imperador de Roma e passou à história como símbolo de tirania e violência.

Capítulo 22
Plena barbaria em Jundiaí[1]

Comentário *Crônica do Baixo Império. O artigo editorial do* Radical Paulistano *denuncia a violência religiosa contra um culto evangélico que se realizava na cidade de Jundiaí. Um "bando de fariseus, desalmados", assim o redator do* Radical *qualificava os agressores do conhecido pastor Chamberlain, fundador da Igreja Presbiteriana do Brasil. O autor, contudo, direciona a crítica ao "juiz municipal e delegado de polícia daquela cidade", que não garantiu o que se esperava dele, isto é, assegurar o direito ao culto religioso em ambiente privado. Nas palavras do autor, "em vez de erguer-se contra os criminosos", o juiz-delegado "propôs e conseguiu fazer com que o sr. Chamberlain interrompesse o culto, alegando não poder reagir contra os turbulentos e não querer perder a sua força moral". Num plano geral, o artigo se alinha com a estratégia editorial do* Radical *de atacar o "catolicismo arvorado em arma política" e, num plano particular, denuncia violações de direitos no "Baixo Império" da província de São Paulo.*

Mais uma cena bárbara de intolerância religiosa registra a cidade de Jundiaí nos anais históricos desta província.

Foi ameaçado e insultado covardemente o revdmo. sr. Jorge Chamberlain,[2] ministro da religião evangélica presbiteriana, por um bando de fariseus desalmados, na ocasião em que aquele senhor celebrava o culto de sua religião, no interior de uma casa particular.

---

1. *Radical Paulistano* (SP), [editorial], 27 de novembro de 1869, p. 2, s/a. Jundiaí, município paulista que fica 50 km distante de São Paulo (SP), era a principal cidade ao limite norte da capital.
2. George Whitehill Chamberlain (1839-1902), missionário norte-americano, foi um dos fundadores da Igreja Presbiteriana do Brasil. Entre diversas obras sociais, fundou a Escola Americana, que viria a ser conhecida alguns anos depois como Mackenzie College, sede da futura Universidade Presbiteriana Mackenzie.

Recorrendo o sr. Chamberlain ao dr. Estevão José de Siqueira,³ juiz municipal e delegado de polícia daquela cidade, no intuito de fazer-se respeitar e garantir a sua tranquilidade e a das famílias que ali se reuniam para a celebração do referido culto, aquela autoridade declarou-lhe que iria assistir à 2ª reunião e que era isto suficiente para restabelecer-se a ordem e prevenir a perpetração de novos desacatos.

Com efeito, assim aconteceu; porém, mau grado dos que nutriam lisonjeiras esperanças, compareceram impávidos os criminosos, ainda mais audazes do que anteriormente, com as mesmas ameaças e dispostos a dissolver a reunião por meio da força, na presença da própria autoridade!

O dr. delegado, cedendo, bem ou mal, o terreno da sua jurisdição e energia bem entendida, em vez de erguer-se contra os criminosos, propôs e conseguiu fazer com que o sr. Chamberlain interrompesse o culto, alegando *não poder reagir contra os turbulentos e não querer perder a sua força moral...*

Que espécie de força moral ganhou o juiz com aquele alvitre, que chamará, talvez, *prudência*, é o que não sabemos nem desejamos saber, porque, afinal de contas, não discutimos agora esse ato, e até certo ponto estamos resolvidos, se não a justificar, ao menos a *desculpar* seus temores.

Não é a primeira vez que a cidade feudal dos srs. Queirozes⁴ *ilustra-se* com cenas tais.

Há mais ou menos um ano, iguais *florões* teceu ela para as glórias deste Baixo Império.

Vai-se tornando uma terra *assinalada*. Agora mesmo o seu

---

3. Estevão José Siqueira (1843–1919), nascido em Vassouras (RJ), foi juiz de direito em Jundiaí, Botucatu, Paraibuna e Caçapava, desembargador, procurador-geral e chefe de polícia do estado do Espírito Santo.
4. Refere-se a Jundiaí, onde Antonio Queiroz Telles (1789–1870), o barão de Jundiaí, e seus familiares gozavam de grande influência política.

vigário, "o exemplo vivo da caridade cristã, que todos amam e admiram ali",[5] acaba de ser contemplado pela munificência[6] régia com as honrarias de sagrado cônego...

O que é para notar é que o sr. presidente da província, desde o dia 11, em que se deu o fato, até hoje, ainda não se tenha resolvido a mandar processar os criminosos desordeiros, com os quais *não pode* a polícia local.

Dar-se-á o caso que esteja resolvido a fazer tragar à generosa província de São Paulo a vergonha da impunidade desse crime, que vai repercutir fora do país como um lábeo[7] infamante?...

Pois bem. Nós protestamos em nome dos paulistas contra aquela amostra de degradante barbaria, e mais, contra a não menos criminosa cumplicidade do silêncio presidencial! O futuro e a civilização nos hão de ouvir.

E para que o quadro de vergonhas e o nosso protesto sejam completos, aqui damos mais o seguinte, tal como nos comunica um correspondente daquela cidade, aonde [sic] (cabe aqui dizer) ao par dos cegos e furiosos instrumentos do catolicismo arvorado em arma política, há homens livres e honestos.

Diz ele, em continuação ao mesmo fato que acima deixamos narrado por nossa conta:

Cotejemos, porém, esse escândalo com o que poucos dias antes ocorrera nesta mesma cristianíssima cidade.

Tinha sucumbido ao chegar aqui um infeliz moço nimiamente[8] pobre, cuja família não tinha meios para enterrá-lo. Foram pedir ao respectivo vigário, em nome da caridade, alguns palmos de terra para o mísero cadáver, e meios para conduzirem-no à sepultura. O ilustre representante de Cristo, porém, duro de coração, como é duro o metal que possui em larga cópia, negou-se obstinadamente a tão justa súplica; e, se não fora a caridosa alma de um honrado português, aliás pobre, que pagou com caridade sua, ficariam insepultos os restos mortais daquele filho... Da Igreja Católica!

5. Provável citação de alguma notícia publicada naquela semana.
6. Generosidade, magnanimidade.
7. Descrédito, desconsideração.
8. Demasiadamente, excessivamente.

Este fato, que seria ainda mais horroroso se o relatássemos circunstanciadamente, consternou os corações bem formados daqueles que testemunharam o menosprezo e a falta de piedade que um povo fanático vota aos seus semelhantes.

Estas lamentáveis ocorrências, estas torpezas degradantes, estes escândalos inauditos,[9] não mencionam os especuladores políticos hoje tão interessados na manutenção do fanatismo! Elas ficam, porém, inscritas na memória das pessoas honestas, para eterna vergonha da venalidade clerical.

Continuem os inimigos da liberdade de consciência e de cultos a sua missão tenebrosa: outros irão levantando no topo dos marcos do seu caminho, como fachos inapagáveis, estes rasgos luminosos de moral suprema!

---

9. Sem precedentes.

PARTE VIII

TEXTOS REPUBLICANOS

NOTA INTRODUTÓRIA   *No contexto da luta partidária de meados de 1869, Gama, enquanto redator-chefe do* Radical Paulistano, *se ocupou de alguns textos de propaganda republicana. Embora fosse o orador que inaugurou as célebres conferências radicais do Clube, versando sobre o Poder Moderador, assunto de excelência na grande política, não era exatamente esse o locus preferencial de sua intervenção na imprensa. Ainda assim, pode-se ler a sua pena em textos dessa natureza, seja criticando a agenda política do Centro Liberal, órgão do Partido Liberal, novo e encarniçado opositor dos republicanos, ou produzindo novos sentidos sobre a memória do liberalismo brasileiro enquanto expressão da hegemonia imperial.*

Capítulo 1
Monstro fabuloso[1]

Comentário   *O redator-chefe do* Radical Paulistano *percorre caminhos sombrios do "nosso edifício constitucional", construindo um raciocínio que só os mais versados na leitura crítica da Constituição de 1824, articulada com o recorte antimonárquico da história política do Império, poderiam elaborar para tratar do Poder Moderador. Não à toa, pouco tempo depois do artigo, Gama proferiu uma conferência pública — a primeira, aliás, do clube radical de São Paulo —, em que tratou da natureza desse poder constitucional, "que impropriamente chamamos de* moderador*". O paradoxo que o autor apresenta, ou enigma que convida o leitor a decifrar, morava na conciliação entre a absurda concentração de poder nas mãos do imperador e, ao mesmo tempo, a ausência total de responsabilidade constitucional do mesmíssimo monarca, ironicamente chamado de esfinge, quiçá para lembrar o público que, senão o decifrasse, seria por ele devorado. "A solução do enigma está na palavra irresponsabilidade", dirá o autor, destacando que alguém que tinha poderes para abrir e fechar o parlamento quando bem o quisesse, nomear e demitir ministros, suspender juízes e invalidar sentenças, ou seja, interferindo em todos os demais poderes constitucionais, deveria urgentemente ter os seus poderes limitados. E, por esse estado de coisas, e sendo o povo soberano, a nação tinha "o direito incontestável de retirar-lhe o mandato". Retirar o mandato do imperador, nas palavras do líder dos republicanos paulistanos, significava revolução. Isso mesmo. "O direito de revolução é a palavra do enigma", e ponto final.*

A Esfinge denunciada ao país pelo sr. Tito Franco de Almeida,[2] e por ele chamada de imperialismo, nos propõe, há dezoito anos, do alto de seu trono, o seguinte enigma:

1. *Radical Paulistano* (SP), [Editorial], 02 de maio de 1869, p. 1.
2. Tito Franco de Almeida (1829–1899), nascido em Belém do Pará, foi advogado, político e historiador. Escreveu obras que certamente chamaram a atenção de Gama, como o livro *O Brasil e a Inglaterra, ou o tráfico de africanos*, lançado em 1868.

Em conformidade dos artigos 98, 99, 102, 64 e 101 da nossa Constituição, eu sou o chefe supremo do Brasil, a chave de nossa organização política; e exerço os poderes moderador, executivo, legislativo e judiciário, sem responsabilidade alguma.

Em conformidade do art. 1, os brasileiros são livres e independentes.

Conciliai o art. 1 com os anteriores e provai-me vossa independência; quando não, sois meus escravos!

Na impossibilidade de resolver aquele enigma, os estadistas mais eminentes, deixando-se prender no laço armado pela Esfinge, tornam-se dóceis instrumentos de sua vontade soberana.

Mais de um *Alexandre* tentou cortar o *nó górdio*, iludindo as dificuldades insuperáveis, que todos reconhecemos.[3]

A Esfinge encarou-os sorrindo!...

Cegados pela onda magnética, em que os envolveu aquele olhar feiticeiro; embriagados pelo sorriso da sereia; foi-lhes impossível fugir aos ferros do cativeiro.

A Esfinge é o sr. d. Pedro II!

Os brasileiros escravizados organizam hoje diversos clubes para conferenciarem. Fazem bem.

O que cada um de nós não pode conseguir isoladamente talvez consigamos unindo nossos esforços. A solução do enigma está na palavra *irresponsabilidade*. Criando a Constituição outros direitos e outros poderes, seria incompatível a existência destes com a irresponsabilidade do mais importante.

É ele a chave do nosso edifício constitucional, abre e fecha o parlamento, dissolve-o quando lhe apraz, nomeia e demite ministérios, suspende magistrados, inutiliza suas sentenças. É um poder imenso, absoluto, que impropriamente chamamos *moderador*!

3. Para a metáfora do nó górdio, cf. n. 58, p. 209. Gama utilizou a metáfora em outras oportunidades. Confira, por exemplo, os três primeiros artigos referentes ao episódio de sua demissão da secretaria de polícia da capital: "Um novo Alexandre", "O novo Alexandre" e "Ainda o novo Alexandre", todos de novembro de 1869.

Suas atribuições emanam diretamente da soberania popular, da qual é um simples mandatário. O povo, delegando o exercício de sua soberania, não se despoja dela, continua a ser o verdadeiro soberano.

O delegado ficou *irresponsável* por ser o representante da soberania nacional, e porque a nação tem o direito incontestável de retirar-lhe o mandato.

Eis aí a decifração do enigma: *a irresponsabilidade está na soberania e não no soberano, que a exerce só enquanto convém ao povo.*

No reinado da Esfinge, notamos duas fases importantíssimas.

Na primeira, afivelando a máscara do patriotismo, afeta o mais profundo respeito à origem da lei.

Na segunda, aplanadas as asperezas do caminho pela corrupção das ideias, ela se desmascara e aponta, ousadamente, para um fim sinistro: o absolutismo.

Atravessamos a primeira fase quando o nosso jovem monarca, querendo coroar-se antes do prazo legal, fez-se revolucionário com seus súditos, nos quais reconheceu a origem de toda a soberania.

Chegamos à segunda fase no momento em que ordenou a um notável estadista, depois de multiplicadas recusas, a aceitação da presidência do conselho, dizendo-lhe:

Ide declarar ao parlamento brasileiro, que organizastes um ministério composto de instrumentos da minha régia vontade, porque eu assim o exigi!

Entre estas duas épocas sucederam-se os ministérios, repetiram-se as dissoluções, sem que fosse dado aos representantes da nação penetrar os motivos ocultos de tão estranhos sucessos.

E quando alguma voz corajosa, afastando os reposteiros[4] de

---

4. Pode ser lido como cortinas, que separam ambientes interiores de uma casa, ou então como o empregado de um palácio que tinha por função correr essas cortinas.

São Cristóvão, [5] mostrava a fonte do mal na *pessoa inviolável*,[6] a turba dos áulicos[7] abafava aquela voz, impondo-lhe o dever de *não descobrir a coroa*.[8]

O legislador, criando a *pessoa inviolável*, ou acreditou que o imperante recebia diretamente de Deus seu mandato; ou consagrou o *direito de revolução* como corretivo aos desmandos do monarca.

A teoria do direito divino caiu para nunca mais erguer-se. Hoje todos sabem que o Imperador é um homem sujeito às paixões e que convém restringir tanto mais o seu poder, por ocupar ele uma posição na qual *pode fazer todo o mal*.

Se o imperador fosse um verdadeiro patriota, que preferisse a tudo o bem do seu país, inspirado pela justiça divina, ele poderia manter harmonioso equilíbrio entre os diversos poderes, conciliando todos os interesses.

No caso contrário, a própria Constituição, dando-nos o direito de reformar nossas leis, facilita a solução do enigma.

O direito divino, se fosse admissível, explicaria a *irresponsabilidade*, porque, recebendo o Imperador do próprio Deus o seu mandato, essa autoridade suprema se concilia perfeitamente com nossa independência e liberdade.

---

5. O paço de São Cristóvão foi uma das residências da família real portuguesa quando da transferência da Corte de Lisboa para o Rio de Janeiro. Após a Independência do Brasil até a Proclamação da República, o paço foi a residência da família imperial, local, inclusive, onde nasceu o segundo e último monarca do Império, Pedro II. Atualmente, o lugar abriga o Museu Nacional de Arqueologia e Antropologia, na Quinta da Boa Vista.
6. O grifo em itálico, nesse particular, remete à redação do art. 99 da Constituição de 1824, onde se lê: "A Pessoa do Imperador é inviolável e Sagrada; Ele não está sujeito a responsabilidade alguma".
7. Cortesões, aqui tomados como bajuladores, subservientes.
8. Cotejando com uma imagem um pouco mais popular, repetida até os dias de hoje na forma de uma conhecida lição de moral de um conto de fadas, "descobrir a coroa" pode ser lido como "deixar o rei nu", do que decorre a célebre expressão "o rei está nu".

Mas, partindo aquele mandato diretamente do povo, só podemos admitir a *irresponsabilidade limitada pelo direito de revolução*.

A Esfinge está vencida. Se não desatamos completamente o *nó*, provamos que não faltam *Alexandres* para solvê-lo. *Nihil interest quomodo solvantur!*⁹

O direito de revolução é a palavra do enigma.

A onda revolucionária não tarda a precipitar no abismo o *monstro* que nos tem devorado.

Brasileiros, não nos equivoquemos.

O Primeiro Reinado começou no perjúrio e acabou na devassidão.

O Segundo Reinado começou no *jesuitismo* e vai abismar-se na tirania.

O terceiro..[10]

A família Orleáns distingue-se por seus sentimentos ambiciosos encobertos na doçura e maviosidade[11] do trato.

> *Mel in ore, verba lactis*
> *Fel in corde, fraus in factis.*[12]

Não nos iludamos com o canto da nova sereia!

O Terceiro Reinado seria a encarnação dos dois primeiros.

Reformemos nossas instituições e estabeleçamos em toda a sua plenitude *o governo do povo pelo povo*.

---

9. Em tradução livre, o brocardo latino pode ser lido como "não importa como isso possa ser resolvido!".
10. Referência oblíqua ao sucessor dinástico do trono do Império do Brasil, Luís Filipe Gastão de Orléans (1842–1922), o conde d'Eu, fidalgo francês e príncipe imperial consorte do Brasil.
11. Suavidade, ternura.
12. Em tradução livre, o provérbio pode ser lido como "Mel na boca, as palavras de leite / Mas fel no coração corrompe os feitos".

Capítulo 2
O juiz que vendeu a toga para os vândalos do governo
O processo de Lorena[1]

Comentário *Artigo político de crítica ao chefe de polícia da província, Ignacio Guimarães. O autor comenta a revisão de uma sentença de pena de morte em Lorena, vale do Paraíba paulista, por ordem do Tribunal da Relação do Distrito. O texto talvez tenha ligação direta com o caso denunciado por Afro-Gama em 25 de janeiro de 1868, nas páginas da* Democracia. *Provavelmente por qualificar de "chicana política" a conduta do superior hierárquico do amanuense Luiz Gama, o texto não levou assinatura direta. Contudo, por sua posição cumulada de redator-chefe do* Radical Paulistano *e funcionário público, é evidente que a responsabilidade pelo teor crítico não seria transferida para outrem. Não assiná-lo, embora fosse certo quem atacava, preservaria o crítico e garantiria o sucesso da tática.*

A obra do chefe de polícia, o sr. Ignacio Guimarães,[2] desmoronou sob o próprio peso.

As vítimas de sua sanha inquisitorial, os cidadãos liberais de Lorena[3] que o magistrado-manivela enredara acintosamente em uma sentença de pronúncia, como incursos na pena de forca, encontraram, felizmente, pronta e unânime absolvição perante a Relação do Distrito.[4]

Ainda bem!

Ainda em nossa terra há juízes que não trocaram a toga de magistrado pela farda de lacaio do cínico e monstruoso governo do sr. d. Pedro II!

1. *Radical Paulistano* (SP), A Pedido, 17 de maio de 1869, p. 1, s/a
2. José Ignacio Gomes Guimarães (?-?) foi advogado, chefe de polícia, juiz na comarca de Limeira e desembargador do Tribunal da Relação de São Paulo, onde serviu como presidente (1888-1890).
3. Município paulista localizado no Vale do Paraíba, distante 180 km da capital.
4. Tribunal de segunda instância.

Se há casos em que é a cadeia um Pantheon,[5] tal é o caso em que estão os proeminentes cidadãos de Lorena.

Qualificando-os de assassinos, por simples chicana[6] política, o sr. Ignacio Guimarães glorificou-os perante o país.

É uma lei social que realiza-se.

O arbítrio santifica!

A mão do carrasco, em vez de aviltar, sagra perante o mundo os mártires inocentes que toca!

Trocaram-se os papéis no processo de Lorena.

Página característica do governo de vândalos de que acercou--se o sr. d. Pedro II, na luta aberta que travou com o espírito democrático do Brasil, os que eram réus naquele processo são hoje acusadores e o juiz foi condenado, por sua vez, a ser réu.

É o país o tribunal.

Diante dele está o magistrado, que vendeu a toga porque era aquele manto sagrado a única cousa que lhe restava para sacrificar aos favores políticos, de que vive.

Não há dúvidas de qual seja a sentença...

É a justiça da história que começa para o juiz infamado.

---

5. O mesmo que panteão, templo dedicado aos deuses, entre os antigos gregos e romanos.
6. Astúcia, manobra capciosa.

Capítulo 3
O centro e os radicais[1]

Comentário   *O artigo insere-se no contexto da divisão do Partido Liberal. Embora sem assinatura, pode-se ler através de marcas estilísticas e metáforas recorrentes ao repertório de Gama que essa tende a ser uma manifestação partidária de sua lavra. Por recursos retóricos, o autor procura demarcar a diferença programática — fundamentalmente, a democracia republicana — entre o Clube Republicano e o Centro Liberal.*

> As meias medidas e as irresoluções, em política, provam a fraqueza dos partidos e a sua incapacidade perante as nações.
>
> LAVICOMTERIE[2]

Os programas dos partidos são os estandartes arvorados para os certames[3] das ideias, e pensadamente postos na vanguarda das falanges combatentes.

A diversidade das ideias contidas nos programas, provenientes de omissões, de restrições ou de acréscimos de exigências, constitui diferença de vistas, que tendem a extremar-se; esta diferença assinala e caracteriza as aspirações dos grupos, das facções e dos partidos.

O aumento ou a diminuição de exigências inscritas nos programas é o calculado estabelecimento da linha divisória entre os grupos ou frações partidárias, que vivem da reflexão e do patriotismo, ainda quando provenham de um ponto comum e almejem o mesmo *desideratum*.[4]

1. *Radical Paulistano* (SP), 07 de junho de 1869, p. 2, s/a.
2. Ver n. 5, p. 288.
3. Debates.
4. Determinado objetivo, desejo.

Os partidos nada mais são do que os meios diretos ou indiretos de atingir a um certo e determinado fim; e, à semelhança dos exércitos, servem tanto para derruir as nacionalidades, como para a justa defesa dos países.

Tais grupos ou facções formam espécies na ordem política social; os [ilegível] centros que servem-lhes de ponto de partida.

É tão absurda a identidade entre o gênero e as espécies, que dele decorrem, como a similitude entre estas, que são notadas pela sua dessemelhança.

Assim como a modificação de um pensamento importa precisamente a alteração de certa ordem de ideias pré-estabelecida, e constitui outra diferente, a modificação dos programas acarreta a desmembração ou fracionamento dos partidos.

Como em matemáticas o aumento ou a diminuição de uma unidade importa alteração manifesta das quantidades, nos programas políticos, o aumento ou a diminuição de aspirações precisam, de modo terminante, as diferenciais das frações.

A prova inconcussa[5] destes assertos importa, com aplicação ao Clube Radical e ao Centro do Partido Liberal, a mais formal negação do sincronismo, que estadistas e escritores, aliás notáveis, procuram mostrar, com suma habilidade, entre estas duas importantes porções do grande Partido Liberal.

O Clube Radical, visando os extremos da sociedade no Brasil, pretende e quer a realização do ebionismo[6] político em toda a sua plenitude; o Centro, porém, evitando as lides terminais, propõe com estudado atilamento[7] uma aliança amistosa entre o Olimpo[8] e o Gólgota.[9]

O Centro não pode aceitar o programa do Clube sem declarar-se democrata.

5. Incontestável, indiscutível.
6. Referência ao movimento cristão ebionita, de matriz etíope, evocando pureza de crenças e convicções.
7. No sentido de astúcia, malícia.
8. Lugar sagrado, morada dos deuses.
9. Gólgota, ou Calvário, é a colina na qual Jesus foi crucificado.

O Clube não pode submeter-se às doutrinas do Centro sem que cometa um suicídio formal.

O Clube procura, com afoiteza,[10] reivindicar as glórias da nação nobilitando um grande povo abatido pelo Cesarismo,[11] e resgatando, com esforço, a autonomia individual usurpada pelas oligarquias partidárias.

O Centro, esclarecido pelas lições da história, veste-se de burel,[12] à guisa dos frades paladinos da Idade Média, leva do trabuco[13] e ameaça iracundo[14] os ditadores arrogantes da situação.

O Clube tem por fim de sua nobre missão o governo do povo pelo povo e proclama, sem rebuço, a independência do cidadão; o Centro almeja, sinceramente, e envida esforços pela obtenção de um governo livre, para felicitar um povo degradado pelo trono.

O Clube repele as fusões como a causa primordial do enfraquecimento dos princípios; o Centro decanta com a mais profunda sinceridade as alianças como necessário meio de suprema salvação dos fracos.

Um prefere o martírio dos paliativos das ignóbeis[15] conciliações que aviltam, e marcha impávido ao encontro da vitória ou da derrota.

O outro modifica-se para viver, antepõe às hecatombes da derrota o salvatério[16] dos armistícios e aos acasos do futuro confia o resultado final de sua causa.

Eis a diferença que distingue do Centro Liberal o Clube Radical. Identificá-los fora empresa de néscio.[17]

Lutar pela vitória da democracia é a causa radical; cumpramos o nosso dever.

---

10. Atrevimento, coragem.
11. Aqui no sentido de despotismo, absolutismo.
12. Tecido de que são feitas as vestimentas de frades, freiras e penitentes.
13. Bacamarte, espingarda de um só cano curto e de boca larga.
14. Furioso.
15. Vexatórias, deploráveis.
16. Escusa, expediente, recurso para escapar.
17. Ignorante, estúpido.

Capítulo 4

Zacarias e Nabuco são tão sabidos quanto inconfiáveis

O caxias do Centro Liberal[1]

Comentário *Artigo editorial do* Radical Paulistano *que pertence ao contexto da luta política entre o Partido Liberal e o Clube Republicano. Embora sem assinatura, pode-se ler marcas estilísticas e o repertório político mobilizados, em outras passagens, sobretudo no jornal* Democracia, *por Afro e Luiz Gama. O mote central do artigo é tratar da "grei Zacarias" (e Nabuco de Araújo), isto é, a fração hegemônica do Partido Liberal à época, em tudo semelhante ao Partido Conservador e a um de seus grandes expoentes, o general Caxias.*

Nós, democratas por princípio, não para fazer carreira, estamos há muito afeitos a discernir o verdadeiro sentido das evoluções partidárias com que os áulicos[2] de todas as cores *fazem política* em torno do sólio[3] pontifício de d. Pedro II.

Estamos, da mesma sorte, afeitos a denunciar ao país o mau intento daquelas manobras, cumprindo assim um rigoroso dever de sinceridade e patriotismo.

Em cumprimento desta tarefa, devemos chamar a atenção do país para as estranháveis bajulações com que os recentes de-

---

1. *Radical Paulistano* (SP), Colaboração, 03 de julho de 1869, p. 1, s/a. Republicado no *Correio Paulistano* (SP), A Pedido, 06 de julho de 1869, pp.1–2.
2. No sentido de bajulador, subserviente.
3. Trono.

mocratas da grei[4] partidária, organizada pelos srs. Zacarias[5] e
Nabuco,[6] estrugem[7] os ecos da pátria em honra do nosso futuro
rei, o sr. conde d'Eu.[8]

A *Reforma*, órgão oficial daquela grei, não omite ensejo de
elevar o rei de amanhã às maiores alturas; sua linguagem e a
linguagem individual dos mais conspícuos chefes da grei correm
parelhas e em muitos pontos excedem *às ladainhas* erguidas pelos
conservadores ao general Caxias,[9] antes e depois de sua deserção
do teatro da guerra.

Um dos mais distintos ornamentos da grei progressista reformada, entre outros pedaços característicos, escreveu na *Reforma*
as seguintes linhas a respeito do novo Caxias:

Parece não desejar (o sr. Gastão de Orléans)[10] que a adulação lhe chame

---

4. Comunidade, grêmio.
5. Zacarias de Góis e Vasconcelos (1815-1877), natural de Valença (BA), foi um advogado e político de destaque em meados do século XIX. Foi presidente das províncias de Pernambuco (1845-1847), Sergipe (1848-1849) e Paraná (1853-1855), além de ministro de diversas pastas, entre elas, Justiça e Fazenda. A "grei partidária" a que se refere o autor é o Partido Conservador, agremiação em que Zacarias e Nabuco figuravam como principais expoentes.
6. José Thomaz Nabuco de Araújo Filho (1813-1878), nascido em Salvador (BA), foi um político que exerceu diversos cargos na alta burocracia imperial. Foi presidente da província de São Paulo (1851-1852), ministro da Justiça (1853-1859) e senador do Império (1857-1878). Pai de Joaquim Nabuco, a referência nesse caso, no entanto, não é ao filho que, à época, possuía relevância política ínfima se comparada à do pai, Nabuco de Araújo.
7. Estrondam, vibram fortemente.
8. Luís Filipe Gastão de Orléans (1842-1922), o conde d'Eu, foi um fidalgo francês e príncipe imperial consorte do Brasil.
9. Luís Alves de Lima e Silva (1803-1880), o duque de Caxias, nascido nos arredores do Rio de Janeiro (RJ), foi um militar que comandou numerosas expedições de guerra, entre elas, a que foi vitoriosa no maior conflito internacional do Império, a Guerra do Paraguai (1865-1870).
10. Ver n. 8, acima.

de Aníbal,[11] César[12] ou Napoleão;[13] mas com o seu jovial temperamento e dotes militares, faz lembrar que é descendente de Henrique IV.[14]

Se tais homens fossem os seus verdadeiros representantes, a democracia brasileira estaria perdida e, com ela, o futuro da causa popular.

Um democrata, um patrono na liberdade americana, não pode fazer genuflexões[15] tais à raça maldita dos déspotas europeus, sem grande abjeção.

Quem autorizou aos áulicos da grei Zacarias a arrastar tão baixo os brios americanos da nação brasileira?!

Quem lhes deu o direito de afivelar no rosto a máscara da democracia, transformando, de tal arte, em abjeta comédia de truões[16] a causa sacrossanta de um grande povo americano?!

Se querem a todo transe um senhor, é fácil a realização do empenho: tomem a libré[17] do descendente de Henrique IV mas dispam antes a clâmide[18] dos Gracos.[19]

---

11. Aníbal Barca (247–183 a.C.) foi um general e estadista cartaginês. É considerado um dos maiores estrategistas militares da história mundial.
12. Ver n. 4, p. 112.
13. Ver n. 5, p. 112.
14. Henrique IV (1553–1610) foi rei da França entre 1589–1610, sendo o primeiro monarca francês da Casa de Bourbon, casa nobiliárquica a que pertencia o conde d'Eu, Luís Filipe Gastão de Orléans. A manifesta ironia do comentário deve-se, em parte, ao fato de Henrique IV ter sido assassinado no exercício de seu reinado, o que, para o autor, de notório viés republicano, em um periódico intitulado "radical", significava a metáfora adequada para expressar sua crítica ao príncipe consorte imperial do Brasil.
15. Ato de ajoelhar-se.
16. Palhaços.
17. Fardamento solene, tipo de capa sem manga antigamente utilizada por servos e/ou criados de casas senhoriais.
18. Indumentária que remete à Grécia Antiga, um manto que se prendia por um broche na altura do pescoço ou dos ombros.
19. Ver n. 16, p. 364.

O povo brasileiro não precisa de Aníbales ou Césares; prefere um Washington[20] ou um Lincoln.[21]

Na América, o símbolo da força social não é a espada, é o arado. O símbolo da soberania não é o brasão dinástico, é o gorro frígio.[22]

Os conservadores, áulicos por princípio e doutrina, estavam no pleno direito de endeusar o general Caxias e *subir pela sua espada aos andaimes do poder*. Se fizeram com isso um grande mal à nação, foi um mal lógico, um corolário[23] de seu sistema político. Em rigor, não se lhes pode atribuir um crime, porque o seu ato está mais ou menos acoberto pela intenção doutrinária.

Mas, aos que pretendem-se democratas, chefes ou sectários da doutrina liberal, um fato semelhante é cousa mais séria: é uma infâmia e uma traição.

Infâmia, porque é a venda degradante dos brios de tribuno popular em troca dos sorrisos e favores de um príncipe, rei de alcova.[24]

Traição, porque é vender o povo, como Cristo foi vendido por Judas,[25] como Benjamin foi entregue ao senhorio dos mercadores egípcios.

— Mas o sr. conde d'Eu é liberal, dizem os áulicos!

É argumento de traidores.

Gaston de Orléans é um instrumento dinástico de d. Pedro II. Seu destino na América é prolificar[26] a raça de Bragança; é dar senhores ao povo brasileiro e ser ele mesmo senhor, embora através dos cortinados do leito conjugal.

20. George Washington (1732-1799) foi um comandante militar e líder político que foi eleito o primeiro presidente da República dos Estados Unidos da América (1789-1797).
21. Ver n. 17, p. 107.
22. Ver n. 14, p. 200.
23. Resultado.
24. Referência imprecisa, talvez remeta ao sentido da alcova como ambiente escuro, escondido.
25. Ver n. 20, p. 344.
26. Proliferar, gerar prole.

O lencinho branco de seu liberalismo e as intrigas palacianas entre o rei de hoje e o rei de amanhã são embustes, ou nascidos de ambições próprias, ou de capciosa combinação firmada entre sogro e genro.

Os novos liberais da Fênix,[27] Zacarias e Nabuco, são bastante sabidos em política para que seja havida como simpleza de papalvos[28] a santa ingenuidade com que curvam o joelho diante do liberalismo do descendente de Henrique IV.

Iludem-se a si mesmos os inocentes turiferários[29] do rei libérrimo;[30] não iludem o povo, que através do manto plebeu enxerga os galões[31] da farda palaciana, que ainda conservam da quadra[32] feliz em que montavam guarda nas escadas de S. Cristóvão.[33]

Já se foi o bom tempo da política pretoriana.[34]

Hoje o povo tem os olhos abertos, e a luz da liberdade ilumina os horizontes da pátria.

Os saltimbancos podem embrulhar a trouxa e despejar a feira.

27. Por metonímia, pode ser lido como o Partido Liberal, num aludido ressurgimento, como o pássaro mitológico grego, das cinzas do ostracismo político.
28. Patetas, tolos.
29. Bajuladores, aduladores.
30. Superlativo de livre, algo como muitíssimo livre, muitíssimo liberal.
31. Tiras douradas aplicadas em uniformes como distintivos de patentes e honrarias militares.
32. Época.
33. Ver n. 5, p. 374.
34. Por metonímia, e com evidente carga de ironia, administração despótica que remete ao tempo da tirania do Império romano.

Capítulo 5
Engodos constitucionais
O sr. Sayão Lobato[1]

Comentário *Artigo editorial do* Radical Paulistano *que critica um discurso do senador Sayão Lobato sobre o tema da soberania nacional. O protesto republicano ataca um dos fundamentos da monarquia brasileira — o Poder Moderador —, articulando o art. 10 com o art. 12 da Constituição para concluir que todos os poderes políticos, inclusive o poder do imperador, eram provenientes de "delegação da nação". Para a hermenêutica constitucional do* Radical Paulistano, *soberania nacional e soberania do povo, portanto, seriam equivalentes. Levando-se em conta o estilo, metáforas e o raciocínio jurídico empregado na construção do argumento, pode-se atribuir o texto àquele que era o mais experiente dos Redatores do* Radical Paulistano, *Luiz Gama.*

O sr. Sayão Lobato, verdadeiro anacronismo em um país que se governa pelo sistema representativo, perfeito fóssil dos tempos do absolutismo e da divindade dos reis, procura a todo o custo fazer reviver em uma época de liberdade essas teorias que a ciência já condenou, e que a experiência dos povos já conheceu como inteiramente contraditórias aos seus direitos e à sua prosperidade.

No meio de tudo isto, nós reconhecemos no senador novato uma tenacidade de convicções que denotaria certo mérito, se não estivesse em oposição com o senso comum.

Querer restaurar o domínio do passado, tentando pôr uma barreira à marcha da humanidade; fazer esforços para reconstruir o sistema que foi o flagelo dos povos, e que estes já condenaram na sua alta sabedoria, é uma dessas aspirações que, tocando as raias do impossível, vai ferir muito de perto os ditames da boa razão.

1. *Radical Paulistano* (SP), Colaboração, 03 de julho de 1869, p. 2, s/a. Para a biografia de Sayão Lobato, ver n. 2, p. 272.

Mas o sr. Sayão Lobato é daqueles que não param, senão quando encontram à sua frente um manto real, aquele que dá condecorações, que faz ministros, deputados, conselheiros e até senadores; e firme nesta estacada,[2] S. Excia. não trepidou em negar, no Senado brasileiro, a soberania do povo, o que já em outros tempos ousou falar na câmara temporária.

Há neste modo de proceder do apregoado Catão[3] do Partido Conservador um fundo de ridículo e de contradições, mais digno de dó do que de rancor.

O sr. Sayão Lobato diz que "não consentirá que mãos *sacrílegas* toquem em um só artigo da Constituição, que é a *arca santa* da ordem e da felicidade pública", entretanto, S. Excia., que tanto se blasona de coerente, que constantemente fala na sua firmeza de convicções e no seu amor e dedicação pela Constituição do império, é o seu mais encarniçado inimigo, é aquele que com mais desabrimento[4] tem procurado destruí-la em sua base fundamental: a soberania do povo.

A nossa Constituição diz, no art. 10: "os poderes políticos reconhecidos pela Constituição do império do Brasil são quatro: o Poder Legislativo, o Poder Moderador,[5] o Poder Executivo e o Poder Judiciário" e, pouco adiante, no art. 12, diz: "Todos estes poderes no império do Brasil são delegações da nação".

De duas, uma: ou o sr. Sayão Lobato não leu ainda estes artigos da Constituição, que diz defender a todo o custo e, neste caso, deve fazê-lo, para não continuar a soltar descomedidamente heresias, ou, se os leu, não teve a felicidade de compreendê-los, e nestas condições, pode pedir ao cidadão mais ignorante deste país a sua explicação, e ele lhe dirá que esses artigos não fazem mais do que proclamar a soberania do povo como princípio fundamental do nosso governo.

2. No sentido de trincheira.
3. Ver n. 8, p. 199.
4. Desprezo, desaforo.
5. Ver n. 4, p. 284.

É verdade que essa soberania nunca foi respeitada, e a própria Constituição, em outros pontos, estabelece regras que a destroem completamente; mas nem por isso o princípio deixa de existir e o sr. Sayão Lobato, que se intitula soldado do partido constitucional, não pode, de modo algum, furtar-se à sua obediência e ao seu respeito.

Mas o sr. Sayão Lobato entende as cousas por outro modo; para S. Excia., a Constituição, bem como todo este vasto império, se resumem no imperador, e somente nele; a nação, no entender do rubro senador, não tem direitos, senão aqueles que se referem às prerrogativas da coroa, e a Constituição só deve ser respeitada naquelas partes que dão direitos ao monarca, porque tudo o mais nem é constitucional, nem se quer lei que mereça o menor respeito e muito menos uma execução qualquer.

Não somos nós que dizemos isto, é o próprio sr. Sayão no seu impagável discurso, quando, no meio de trovões e raios, soltou a seguinte blasfêmia: "a monarquia é nosso *norte* e a fonte de *todas* as nossas esperanças".

O que é, pois, o povo neste país? Para o sr. Sayão Lobato, nada, porque a monarquia é tudo.

Mas nem a Constituição diz semelhante absurdo; e o que tem o senador em questão com isto? Quando tudo para ele se resume no sr. d. Pedro II, porque este é o senhor, aquele que põe e dispõe das cousas desta desgraçada nação, aquele que pode levar o nosso caricato Catão às altas regiões do poder, que tanto ambiciona.

É preciso, pois, incensar o trono, ainda que para isso seja indispensável cuspir na face do povo; o sr. Sayão Lobato tem a coragem de tudo afrontar e de tudo ofender, quando tem por fim agradar ao sr. d. Pedro II e conseguir suas ambições; não trepida, portanto, nem mesmo em face desta circunstância.

Muitas vezes o apregoado Catão solicitou e obteve o voto do povo para ser eleito deputado e senador, desejando, assim, fazer parte de um poder concedido pelo povo; ocupa no Senado, hoje, um lugar que o povo lhe deu, ainda que coagido pela força do governo, e no entanto, é este homem que, na ocasião em que esmolava ainda o voto do povo, ergueu a voz para sustentar que a sua soberania era uma mentira, e hoje, que acabou de esmolá-lo, continua a dizer que "a monarquia é nosso *norte* e a *fonte* de todas as nossas esperanças", não tendo nem sequer uma palavra, já não dizemos de justiça, mas de gratidão para esse povo que tanto lhe deu e lhe acabou de dar.

É bom que a nação vá vendo estes exemplos, e que se não esqueça de que eles partem daqueles que vivem quebrando lanças pelo sr. d. Pedro II.

A época é da monarquia, o sr. Sayão está pois no seu posto de *honra*, representando um papel importante na grande comédia pela qual o país atravessa, mas amanhã o povo há de fazer justiça por si, já que o não pode fazer pelos seus *delegados*, enxotando da cena os comediantes de hoje; e então o sr. Sayão Lobato, bem como todos os áulicos[6] que acompanham a corte laudatória do sr. d. Pedro II, verão quem é o soberano, se este, se ele.

---

6. No sentido de bajulador, subserviente.

Capítulo 6
Escola com partido
Política radical[1]

Comentário *Pelo menos desde 1867, Gama demonstrava grande admiração pelas opiniões políticas de Victor Hugo. Nesse artigo, o redator-chefe do* Radical Paulistano *abria e fechava o texto citando o célebre romancista francês e a ideia central de que a escola deveria impulsionar a "regeneração dos povos". A linha programática é a mesma das cartas de Afro. Seja na reivindicação criativa da tradição liberal antimonárquica, ou mesmo na compreensão da função da escola pública na sociedade, a "política radical" de hoje, 1869, era aquela que, tempos atrás, em 1867 e 1868, Afro defendia nas páginas do* Democracia. *Numa época em que a criação de escolas públicas, sobretudo quando entendidas como gratuitas e universais, estava sob constante ataque, para matá-la no ninho, o radicalismo de Gama morava em uma simples questão: que a escola devia, sim, ter partido, qual seja, o da regeneração dos povos.*

> É das escolas que deve partir a regeneração dos povos.
>
> V. HUGO[2]

Proclama-se, hoje, com afã, como já em épocas anteriores apregoou-se com delírio, a autonomia do indivíduo, a emancipação do município, a confederação das províncias e a independência do país.

Grande é, por certo, e nobre, o espírito restaurador de todas estas belas concepções, como pequenino e frágil o pedestal em que procuram os eminentes evangelizadores do futuro firmar a obra magnífica da regeneração social e política do Brasil.

O povo de hoje é base mui diminuta para sustentar, com robusteza, edifício de tão agigantadas proporções.

1. *Radical Paulistano* (SP), [Editorial], 03 de julho de 1869, p. 2.
2. Ver n. 19, p. 107.

O fundamento de todas as reformas políticas, iniciadas pela democracia, deve ser a moral; os móveis[3] de ação, a tenacidade e o civismo; obreiros, a razão e a vontade; diretor, o tempo; e conselheira, a história.

É em nome do povo e para o povo que o esforçado partido radical soergue-se e altaneiro exige, com a autoridade inabalável das puras consciências, reformas importantes, reformas salutares, que mantenham e resguardem os verdadeiros princípios democráticos, tão vilipendiados pelas oligarquias partidárias e pelas ditaduras despóticas.

Respeitamos sinceramente as nobres aspirações dos denodados propugnadores do radicalismo.

Somos radicais também; combatemos pela vitória dos mesmos princípios; nutrimos com firmeza imperturbável as mesmas crenças e descansamos confiados à sombra do mesmo estandarte.

Temos, pois, o direito de perguntar aos novos batalhadores, à face do país inteiro:

Que povo é esse pelo qual nos movemos?

Donde vem ele?

Quais são as suas ideias?

Que crenças tem?

Nos certames políticos, como nas lutas sanguinolentas dos campos de batalha, deve preceder às pugnas[4] que abrem caminhos ínvios[5] às laureadas vitórias um plano de campanha maduramente considerado.

Para as batalhas, arregimentam-se os indivíduos com os quais, convenientemente instruídos, formam-se os batalhões disciplinados, os corpos de guerreiros e os grandes exércitos invencíveis.

Nas justas[6] políticas, deve dar-se a mesma refletida previdência; e, sobretudo, ter-se conhecimento íntimo da força moral dos correligionários de hoje, que serão os paladinos homéricos de amanhã.

3. Motivos.
4. Discussões, polêmicas.
5. Intransitáveis, fechados.
6. Contendas, disputas.

Nós, que somos uma fração do povo, que lutamos corajosamente pela defesa da nossa própria causa, devemos conhecer a fundo os nossos irmãos de sacrifícios.

O povo brasileiro, digamo-lo com franqueza e sem injúria, é ignorante.

É um agregado de entes sem vida; uma espécie de arma terrível, da qual, em todos os tempos, se hão servido os chefes dos partidos dominantes, para impor silêncio aos carácteres distintos, que se têm revoltado contra a prepotência e contra os desmandos infrenes do poder.

A simples inversão dos automático-manequins policiais e da agaloada[7] alcaiadaria[8] da Guarda Nacional, só por si, é bastante para mudar de chofre[9] a feição política deste vastíssimo Império!

É um povo que se deixa governar pelos aguazis[10] impudicos[11] do imperialismo e que se curva humilhoso na presença de alvares[12] inspetores de quarteirão; que consente em ser por eles manietado,[13] como besta ou escravo fugitivo; que cruza os braços perante o assassinato bárbaro de seus filhos, perpetrado alta noite, dentro do próprio lar doméstico, pela autoridade insana e desmoralizada; que sofre paciente no sagrado recinto de sua habitação os ataques cínicos da infâmia legalizada contra a honra das esposas e o pudor das filhas; e que vem mais tarde querelar de tais torpezas aos seus despejados algozes.

A grandeza dos povos, como a dos indivíduos, tem a sua origem no berço; porque é no berço e com a infância que começa a obra edificadora da educação.

O povo brasileiro teve, desgraçadamente, por berço de sua

---

7. Condecorada, portadora de medalhas distintivas de privilégio de classe.
8. Por sentido figurado, e evidentemente pejorativo, autoridades, oficiais.
9. De um só golpe, de uma só tacada.
10. Oficiais de baixo escalão. Pode ser lido, também, como oficiais subservientes.
11. Imorais, sem-vergonha.
12. Tolos, idiotas.
13. Imobilizado, preso.

moral, os cárceres tenebrosos do Limoeiro;[14] para exemplo de costumes, a história criminal dos seus maiores; por escola doutrinal, a crápula descabelada da dissoluta fidalguia lusitana; e por mestre na política, a devassidão dos governos, que ainda perdura em pleno domínio.

Tal é o povo brasileiro, administrado dileto do esplêndido governo da única monarquia americana.

Será com este povo, instruído, há perto de cinquenta anos, pelos chefes dos partidos militantes, adoradores servis do bourbonismo;[15] será com este povo, perguntamos, que travaremos luta contra o cesanismo[16] fortificado?

Não.

Construamos com cuidado a larga base do vasto edifício, que pretendemos levantar.

Com o facho da verdade em punho, espanquemos impávidos as trevas da ignorância condensadas pelos pregoeiros do erro.

Combatamos a peito descoberto a imoralidade com as armas inquebrantáveis da virtude.

Lavemos a lepra moral, que dilacera a grande alma deste infeliz povo, nas fontes cristalinas do Evangelho.

Mergulhemos as práticas sinistras do governo do Império nas águas lustrais do Jordão da democracia.

---

14. A cadeia do Limoeiro, em Lisboa, Portugal, foi uma das principais prisões do sistema penal português. Provavelmente, o autor fazia referência ao encarceramento de revolucionários pernambucanos de 1817 na temida cadeia portuguesa. Gervásio Pires, um dos principais líderes da Revolução de 1817, por exemplo, cumpriu pena na cadeia do Limoeiro. Cf. Maria do Socorro Ferraz Barbosa. "Liberais constitucionalistas entre dois centros de poder: Rio de Janeiro e Lisboa". In: *Tempo*, 12 (24), 2008, pp. 98-125.
15. Referência à Casa de Bourbon, família nobiliárquica a que pertencia o conde d'Eu, Luís Filipe Gastão de Orléans (1842-1922), fidalgo francês e príncipe imperial consorte do Brasil.
16. Provável variação de cesarismo, ideologia que define um governo autoritário e baseado no culto do personalidade do líder político, geralmente um chefe militar.

Novos batistas, embrenhemo-nos pelo laborioso deserto da meditação; eduquemos cuidadosamente o povo longe dos olhares deletérios do hidrópico[17] faraó de São Cristóvão.[18]

Lembremo-nos de que, sem um grande povo, jamais poderemos gozar de grandes instituições.

Envidemos esforços para a fundação de um governo democrático; porque não será o imperialismo, nem os seus deslumbrados adoradores, por certo, quem há de preparar o povo para a magna felicidade social.

Nos livros magníficos da história sagrada, deletreemos[19] as lições sublimes que legou-nos o gênio fundador da liberdade moderna e encetemos[20] resolutos a nossa difícil peregrinação aos páramos[21] felizes da moderna Canaã.[22]

A civilização, como todas as obras supremas do criador, prossegue vagarosa, deixando, após si, os séculos, as lendas e os monumentos; e guiando à frente o plaustro tardio do progresso e rasgando cimeira[23] o espalto[24] imenso do porvir.

Os povos, à semelhança dos ovíparos,[25] rompem a custo a clausura espessa da ignorância que os detém nesses ninhos vastíssimos em cuja superfície o despotismo inscreveu a palavra centralização.

Os tribunos sinceros, profetas inspirados da nova religião política, marcham na vanguarda dos modernos israelitas que vão a caminho da escola.

---

17. Por sentido figurado, opulento, faustuoso.
18. Referência indireta e pejorativa ao imperador Pedro II (1825–1891), que residia no palácio de São Cristóvão, no Rio de Janeiro. É de se sublinhar que, em afiada metonímia, o autor substituiu imperador por faraó, gerando repulsa naqueles que viam no monarca brasileiro a figura de um estadista moderno.
19. Aprendamos, não sem dificuldades.
20. Iniciemos.
21. Planaltos.
22. Por metonímia, terra de riqueza e prosperidade coletiva.
23. Por cima, pela cúpula.
24. Uma camada de cor, a um só tempo escura, transparente e suave.
25. Animais que põem ovos e se reproduzem por meio deles.

A escola é a promissão dos povos que aspiram à liberdade.

Os publicistas abatem a imprensa ao nível das mais humildes concepções e, por meio do jornal, espargem as sementes do Evangelho da democracia.

O ângulo facial do povo dilata-se;[26] os cérebros iluminam-se, os servos nobilitam-se; os Spartacus[27] emancipam-se; o astro ensanguentado dos Césares obumbra-se[28] nos amplíssimos declives do ocaso;[29] as monarquias enublam-se; e os estados purpureiam-se com as galas da aurora, porque o maravilhoso mistério da regeneração dos povos aproxima-se.

No seio do infinito, paira sobranceiro o arcanjo da liberdade e à sombra de suas asas ebúrneas[30] quebram-se as algemas dos escravos e incendeiam-se os cadafalsos[31] reais.

Marchemos, pois, a caminho do deserto.

Para nós, o deserto é a escola; e é das escolas, disse o imortal evangelista da democracia, que deve partir a regeneração dos povos.[32]

PHILODEMO[33]

---

26. Expressão de difícil interpretação que, no ano anterior, em 1868, Afro empregou em contexto crítico similar. Na frase de Afro: "Dilatar o ângulo facial do homem é o dogma sagrado da política norte-americana". Cf., nesse volume, "Eles não querem um camponês letrado", p. 197.

27. Ver n. 61, p. 74.

28. Esconde-se, fica encoberto.

29. A frase relaciona a imagem do pôr-do-sol com o fim de uma época histórica. Assim, a conhecida associação entre o astro-rei e a figura imperial — os "Césares" — é vista como o sol em ocaso, isto é, como o sol avermelhado — "ensanguentado" — que fatalmente cairá no horizonte oeste para o levantar da noite, aqui tomada como imagem natural de dias melhores.

30. Brancas, de textura ou espessura fina de marfim.

31. Lugar, geralmente um palanque montado a céu aberto, onde se erguia o instrumento de tortura (forca, garrote ou guilhotina) para a execução dos condenados à pena capital. O mesmo que patíbulo.

32. A conclusão retoma a epígrafe do texto e, indiretamente, reverencia a figura do político e romancista Victor Hugo.

33. Ver n. 4, p. 53.

Capítulo 7
Epitáfio para um traíra
Meditação[1]

Comentário *Artigo editorial do* Radical Paulistano *que serve de obituário bastante crítico ao legado do político liberal Coelho da Cunha. Preocupado com a demarcação ideológica entre republicanos e liberais, o autor associa fragilidade moral com o liberalismo político, relacionando a trajetória de Paes de Andrade, ex-revolucionário de 1824, com o revoltoso Coelho da Cunha, de 1842, ambos liberais que capitularam diante das "senatorias vitalícias" ofertadas pelo imperador.*

Faleceu, há pouco, na heroica província de Minas Gerais, um dos chefes mais proeminentes do antigo Partido Liberal do império, o honrado sr. José Feliciano Pinto Coelho da Cunha,[2] barão de Cocais, largamente condecorado por S. M. o Imperador.

Foi um dos mais íntegros republicanos do Brasil, e baixou à campa[3] tendo o peito recamado[4] de medalhas cunhadas pelo nefasto imperialismo...

O benemérito mineiro, diretor principal da famosa revolução de 1842, em a sua legendária província, foi o êmulo[5] mais

1. *Radical Paulistano* (SP), [editorial], 26 de agosto de 1869, p. 1.
2. José Feliciano Pinto da Cunha (1792–1869), nascido na antiga vila de Cocais (MG), foi fidalgo, militar e político. Foi comandante-chefe da chamada revolução liberal de 1842 e assim ocupou interinamente a presidência da província de Minas Gerais. Após a retomada do poder pelas forças imperiais, teve os direitos políticos cassados por dois anos, mas, anistiado, voltou ao poder como deputado, sendo depois agraciado com o título nobiliárquico de "barão de Cocais" (1855).
3. Sepultura, laje sepulcral.
4. Recoberto.
5. Alguém que se esforça para igualar o exemplo de outro.

distinto do cidadão Paes de Andrade,[6] presidente da memorável república do Equador, o qual, depois de haver-se expatriado, morreu senador e grande do império...

Estes varões ilustres da democracia baixaram ao túmulo cobertos de distinções honoríficas enquanto a grande causa, que com tanto denodo e civismo defenderam, ainda hoje se estorce[7] no leito de Procusto[8] que prepararam-lhe o imperador e seus liberais.

O povo desceu à ignominiosa[9] condição de escravo, onde sofre a pena infamante da degradação; os seus dignos chefes, porém, subiram ao fastígio[10] das grandezas heráldicas[11] e das senatorias vitalícias.[12]

O brilho dos diamantes da coroa de César[13] deslumbra as vistas e conturba o siso dos crentes que buscam, pela corte, o caminho da promissão.

Proveitosa lição de política é esta para os moços democratas de hoje, que serão os Palínuros[14] certeiros do porvir.

Eles terão de escolher, na árdua tarefa para a qual se apres-

6. Manoel de Carvalho de Paes Andrade (1774-1855) participou da Revolução Pernambucana de 1817 e foi o principal líder da Confederação do Equador, em 1824. Apesar do passado revolucionário, em razão do qual ficou exilado na Inglaterra, voltou ao Brasil e ocupou cargos importantes na alta burocracia imperial. Foi presidente da província de Pernambuco (1834) e senador do Império (1831-1855). Para o autor, a capitulação de Paes de Carvalho representa a traição dos princípios republicanos e democratas, comportamento este imitado por seu "êmulo", José Feliciano Pinto Coelho da Cunha.
7. Contorce.
8. Ver n. 10, p. 169.
9. Humilhante, desonrosa.
10. Pico, topo.
11. Nobiliárquicas, referem-se às alegadas origens da nobreza.
12. Aponta, com isso, que os mandatos de senador eram vitalícios e representavam o topo da hierarquia burocrática no Império.
13. Imperador.
14. Figura mitológica romana que representa um navegador, guia, dirigente.

tam, entre o cruento martírio de Ratcliff[15] e a faustosa felicidade cortesã, que os pode transformar em regenerados egressos do liberalismo.

Que os ilumine a sacrossanta auréola do Calvário.[16]

---

15. Ver n. 26, p. 70.
16. Calvário, ou Gólgota, é a colina na qual Jesus foi crucificado. A referência sugere uma mística gerada pelo acontecimento histórico da crucificação.

PARTE IX

PRODUÇÃO DE LIBERDADE EM TEMPOS DE ESCRAVIDÃO

NOTA INTRODUTÓRIA *Esta série é composta de oito textos. Seis deles levam o nome de Luiz Gama em firma própria e os dois restantes, embora sem assinatura, notoriamente têm a mão do redator-chefe do* Radical Paulistano. *Ainda que "Abolicionistas contra a posse de africanos livres" se destaque pela quiçá pioneira vinculação na imprensa paulista entre "movimento abolicionista" e lei proibitiva do tráfico, todos os textos podem ser lidos como literatura normativo-pragmática. E o que singulariza o conjunto de textos: uma literatura normativo-pragmática em tempos de escravidão. Não só as linhas gerais, mas verdadeiras minúcias de um raciocínio jurídico sofisticado podem ser lidas em cada um dos casos que Gama sustenta. Engana-se, todavia, quem supõe encontrar um jurista em formação atado ou ao legalismo raso ou à confusão de categorias afeitas ao domínio da moral e da política. Gama revela-se como jurista de primeira grandeza já na articulação de prática judicial intransigente e formulação de resposta normativa baseada no uso criativo das fontes do direito. As defesas — e as teses! — relacionadas às causas de liberdade de Rita, Lucina, Benedicto, Jacyntho e Anna, por exemplo, inauguravam um modo de intervenção na esfera pública. Mais do que um estilo de ativismo difuso, a literatura normativo-pragmática de Gama falava com as urgências do tempo presente e projetava uma obra intelectual de liberdade para o futuro.*

Capítulo 1

«Em nome de três milhões de vítimas»
Carta ao muito ilustre e honrado sr. comendador José Vergueiro[1]

Comentário   *Luiz Gama dirige uma carta aberta que, mais do que ao destinatário individual, o comendador Vergueiro, tinha por endereço os círculos letrados da província. O autor debate a agenda política da Sociedade Democrática Limeirense, organização liberal que passou a encampar um programa para a abolição da escravidão gradual e com indenização aos senhores escravocratas. Gama critica dois aspectos do programa limeirense: a ideia de democracia constitucional e a proposta da "emancipação gradual dos escravos, dentro do extraordinário prazo de trinta e dois anos!". Para o autor, o estabelecimento de um prazo para o fim da escravidão era uma ideia detestável. Estabelecê-lo para além de uma geração tornava a medida um "escárnio imundo", ainda mais repugnante. "Trinta e dois anos ainda de torturas, de usurpações e de misérias?!", perguntava Gama, para depois propor uma solução que passava pelo cumprimento da multinormatividade antitráfico, seguida da "emancipação pronta, e sem indenizações", restituindo "o que os nossos avós roubaram com usura". Os escravizados tinham urgência. A abolição deveria ser imediata. É de se notar, igualmente, que Gama anuncia nesse artigo que lutará pela liberdade com as armas do direito. A declaração de que gravaria nas colunas "dos parlamentos e dos tribunais subornados" a força normativa das leis antitráfico não era — como a história confirmou — uma expressão vazia de sentido. Ali estava "o mais obscuro de entre todos", a falar para o futuro "no seio desta moderna Jerusalém, em nome de três milhões de vítimas", de que a luta pelo direito estava só começando.*

---

1. *O Ypiranga* (SP), Comunicado, 21 de fevereiro de 1869, p. 2. Nicolau José de Campos Vergueiro (1824–1903), o filho, natural de Piracicaba (SP), foi um grande fazendeiro estabelecido em Limeira (SP) que teve o protagonismo, entre os cafeicultores paulistas, de propor a substituição da mão de obra escravizada pela mão de obra livre e de estimular a imigração europeia para o Brasil, já na década de 1860.

> A melhor forma de governo é a que
> ensina aos homens a governarem-se.
>
> SCHILLER²

> Não há circunstância em que se possa
> justificar a escravidão.
>
> CONS. BASTOS³

A organização de uma sociedade democrática, na importante cidade da Limeira,⁴ e a escolha feita de pessoa tão notável, como V. S., para seu presidente, é fato duplamente memorável, do que devem glorificar-se os verdadeiros patriotas.

Eu, por meu turno, se bem que o mais obscuro de entre todos, venho, de minha parte, render solenemente um preito⁵ de homenagem, saudando com transporte⁶ os novos Trasíbulos,⁷ no sincero aperto de mão, que à V. S. envio.

No magnífico estandarte, hasteado com denodo por V. S. e seus arrojados conterrâneos, sobre as verdes colinas dessa memorável porção das plagas do Cruzeiro, está escrita a legenda sublime da regeneração e da igualdade humana: Abaixo a escravidão!

Todos os homens são filhos de Deus; são irmãos, e um irmão não pode ser escravo de outro.

2. Friderich Schiller (1759-1805), nascido na atual Alemanha, foi um poeta, dramaturgo e filósofo que marcou profundamente a história e a literatura alemãs.
3. José Joaquim Rodrigues de Bastos (1777-1862) foi um advogado, político e escritor português.
4. Município do interior paulista, distante 140 km da capital.
5. Tributo, manifesto.
6. Aqui a expressão ganha um sentido figurado próprio da época: uma sensação de entusiasmo, êxtase, arrebatamento que levaria o indivíduo a um transportamento, uma elevação, em suma.
7. Trasíbulo (440-388 a.C.) foi um general e líder político ateniense. A menção, contudo, evoca o legado desse comandante militar que se notabilizou pela resistência democrática durante o governo dos Trinta Tiranos (404 a.C.).

Esta é a verdadeira doutrina santamente pregada pelo Cristo.
Há, portanto, XIX séculos que, como iníqua,[8] o Evangelho condenou a escravidão.

O homem que escraviza outro homem sobrepuja o assassino; é um fratricida abominável. É o que está escrito na religião do Crucificado e gravado na consciência dos homens honestos.

Prescreve-o a moral, e o direito a sanciona; apregoam-no os padres, cultores assalariados da religião do Estado; sabem-no, tanto como nós, os filantrópicos possuidores de escravos; só [que] estes o ignoram! Se soubessem, as algemas e o látego[9] de há muito não estariam gravados nas páginas lúgubres[10] da legislação deste Império.

Mas para que repetir inutilmente estas verdades edificantes, a que os surdos não atendem, porque não querem ouvi-las?

V. S. e os honrados patriotas limeirenses conhecem-nas melhor do que eu; consola-me esta segurança inabalável.

Não serei eu, por certo, quem perderá o precioso tempo proclamando aos néscios[11] de conveniência.

Para esses a virtude — é a fraude; o trabalho — a depredação; a moral — o crime; a liberdade — a força; e o direito — o poder de escravizar.

Dir-se-á que o Brasil transformou-se, por encantamento, em um vasto monte Aventino;[12] que habitamos a primitiva Roma; e que os salteadores e os assassinos fugitivos promulgam, sem rebuço,[13] as delirantes aberrações de Drácon.[14]

Quanto a mim, o farol da emancipação ergueu-se há muito

---

8. Perversa, contrária ao que é justo.
9. Chicote, chibata, azorrague, instrumento de tortura.
10. Sinistras, macabras, fúnebres.
11. Ignorante, estúpido.
12. Uma das sete colinas sobre as quais foi fundada a Roma Antiga.
13. No sentido de disfarce, fingimento.
14. Drácon foi um legislador ateniense do VII século a.C. Por metonímia, seu nome significa, nesse contexto, leis e normas perversas e violentas.

das partes do Norte proceloso;[15] e sob os raios desse luzeiro inapagável, através da densidade dos séculos repercutem as palavras inspiradas do profeta:

Quem tiver olhos que os abra; quem estiver em trevas que se ilumine; porque os tempos de luz e da verdade se aproximam.

Eu, porém, enquanto os sábios alquimistas meditam estáticos e preocupados sobre a descoberta maravilhosa da encantada pedra filosofal — estabelecimento de democracia e emancipação da escravatura —, à face do país inteiro, às férreas portas dos Pilatos da justiça,[16] no seio desta moderna Jerusalém, em nome de três milhões de vítimas, à semelhança dos antigos israelitas, gravarei nas ombreiras[17] dos parlamentos e dos tribunais subornados esta legenda terrível: "Nós temos leis".

São o tratado solene de 23 de novembro de 1826; a Lei de 7 de novembro de 1831; o Decreto de 12 de abril de 1832.[18]

Por efeito destas salutares e vigentes disposições são livres, desde 1831, todos os escravos que entraram nos portos do Brasil, vindos de fora.

São livres! Repetiremos perante o país inteiro, enquanto a peita[19] e a degradação impunemente ousarem afirmar o contrário.

15. Referência aos Estados Unidos da América.
16. Pôncio Pilatos foi governador da Judeia (26–36 a.C.) e presidiu o julgamento que sentenciou a crucificação de Jesus. A referência, nesse caso, toma seu nome por metonímia para um julgador corrupto, imoral e injusto.
17. Umbral, portal, local que dá passagem para o interior de um ambiente.
18. Vejamos a destreza de Gama em apresentar o argumento — sintetizado na expressão "Nós temos leis" — através de uma hierarquia de normatividades: tratado, lei e decreto. O tratado de 23 de novembro de 1826 ratificava a convenção bilateral entre Portugal e Grã-Bretanha, de 1817, para a abolição do tráfico de escravizados. A lei de 07 de novembro de 1831, apelidada de "lei para inglês ver", previa punição para traficantes escravizadores e, de maneira não tão assertiva como a historiografia crava, declarava livres os escravizados que chegassem ao Brasil após a vigência da lei. O decreto de 12 de abril de 1832, por sua vez, regulava a execução da lei de 07 de novembro de 1831.
19. Suborno, corrupção.

Observem-se restritamente as normas invariáveis da justiça; mantenham-se integralmente as prescrições legais; e cumpram os magistrados o seu árduo dever, que, dentro do prazo de um ano, ficará a escravatura no Brasil reduzida a menos de um terço.

Cumprida a lei, uma única providência restará: a pronta emancipação dos escravos.

A emancipação pronta, e sem indenizações: ela importará a restituição generosa do que os nossos avós roubaram com usura.

O homem emergiu livre dos arcanos da natureza; prepará-lo para a liberdade é um pretexto fútil e farisaico, um crime hediondo, que nós, os solertes[20] democratas, devemos repelir com indignação.

A nobilitação do escravo, e a proscrição[21] do senhor —, eis o fato momentoso[22] que nos impõe a moral e a civilização.

É este o meu pensamento relativamente a este gravíssimo assunto.

O contrário será o reinado pernicioso da hipocrisia; o predomínio da mentira sob as vestes da filantropia; o entrave imposto à grandeza nacional; a noite perpétua da existência; o descalabro inevitável da democracia.

A nossa missão é progredir sempre; não tornemos atrás para meter peitos[23] ao oneroso encargo dos erros do passado.

O brilhante programa adotado com firmeza pela Sociedade Democrática Limeirense é um mito.

A sublimidade dos mitos tem a sua existência na pureza das magnas concepções.

Há, entretanto, nesse programa, dois erros enormes, dois absurdos inqualificáveis.

Vou referi-los com franqueza, sem faltar à consideração que devo à V. S. e aos seus dignos colegas.

---

20. Aqui no sentido de diligentes, sagazes.
21. Extinção.
22. Relevante, grave, que merece grande atenção.
23. No sentido de fazer alguma coisa decididamente.

Lutadores incansáveis do presente, cidadãos altivos de um país libérrimo,[24] que ainda não existe, mas que visamos com avidez por entre as nuvens tormentosas do futuro, mal cabem, entre nós, as reticências dúbias e a vulpina[25] simulação.

Digamos inteira a verdade: espantemos, embora, com a franqueza arrogante dos Cévolas[26] a covardia dos bifrontados[27] Sejanos:[28] nós os americanos não nascemos para idolatrar Tibérios.[29]

É nossa missão iluminar o velho mundo; nossa almenara[30] é a liberdade.

O primeiro erro que venho de notar é a *democracia constitucional*. Este asserto importa o bárbaro encarceramento da razão. Eliminai do vosso lábaro[31] sagrado esse adjetivo que o nódoa.[32]

A democracia é a liberdade objetivada, e tornada lei social; a liberdade é um ditame eterno e imutável, promulgado por Deus. Limitá-la é um heresia audaz e perigosa.

Semelhante limitação é uma arrojada rebeldia; e as rebeldias desta ordem produzem os Lusbéis.[33]

Não é dado ao homem restringir os decretos supremos da Divindade.

24. Superlativo de livre, algo como muitíssimo livre, muitíssimo liberal.
25. No sentido de ardilosa, traiçoeira.
26. Caio Múcio Cévola, jovem guerreiro romano que passou à história por atos de bravura. Não se sabe, contudo, se existiu historicamente, no século VI a.C., ou apenas como figura literária.
27. Que tem duas frontes, faces.
28. Lúcio Élio Sejano (20 a.C.–31 d.C.), soldado membro da guarda pessoal do imperador Tibério (42 a.C.–37 d.C.), ascendeu ao comando militar da guarda pretoriana e tornou-se homem poderoso nos assuntos políticos do Império.
29. Embora os Tibérios fossem uma família antiga e influente em Roma, a referência mais provável aponta para Tibério Cláudio Nero César (42 a.C.–37 d.C.), imperador romano que indicou Pilatos como governador da Judeia e reinava ao tempo da crucificação de Jesus.
30. Torre, farol.
31. Estandarte.
32. Desonra.
33. Lúciferes.

A democracia é o misterioso verbo da encarnação social; é a alma coletiva da humanidade; fora temerária insânia o pretender comprimi-la nas páginas humildes de uma Constituição. Ela encerra a palavra soberana do Criador: a sua idade é o eterno; tem por limites o infinito.

O segundo erro é a *emancipação gradual dos escravos, dentro do extraordinário prazo de trinta e dois anos*!

A prolongação lenta de uma agonia pungente; o sarcasmo do carrasco injuriando a santidade do martírio; o escárnio imundo estampado no topo do Calvário;[34] Judas[35] cantando sobranceiro,[36] sobre o Gólgota,[37] o poema devasso da venalidade; e ouvindo prazenteiro os ecos do Olivete[38] repetirem-lhe os cânticos!

Trinta e dois anos ainda de torturas, de usurpações e de misérias?!

Por Deus, democratas limeirenses, que as cabeças e as riquezas de todos os senhores não valem, na balança fatal dos sacrifícios, os gemidos de um só escravo, por tempo tão dilatado!

E quantos grilhões, no decurso deste longo século de escravidão, se transformarão em punhais?

Oh! permita V. S. que eu não discuta este ponto negro do programa.

Lavemos de nossa bandeira política esta pasta de lama que a deturpa. Abaixo a escravidão!

....

Como V. S., desejo ardentemente a prosperidade do meu país.

---

34. Ver n. 36, p. 71.
35. Ver n. 20, p. 344.
36. Orgulhoso, arrogante.
37. Gólgota, ou Calvário, é a colina na qual Jesus foi crucificado.
38. Nome pelo qual também é conhecido o Monte das Oliveiras, na antiga Jerusalém, lugar sagrado para as tradições judaicas, cristãs e islâmicas.

Almejo a proscrição[39] do cetro[40] e do azorrague.[41]

Quero que a grandeza da minha pátria tenha por garantia a liberdade, e que todos os brasileiros, apagadas as classes e as hierarquias, possam dizer perante a América inteira:

Acima de nós, Deus tão somente!

Eis a razão porque dirijo esta carta à V. S. e saúdo com júbilo a Sociedade Democrática Limeirense.

São Paulo, 18 de fevereiro de 1869
Seu amigo obrigadíssimo,
L. GAMA

---

39. Extinção.
40. Bastão-símbolo do poder imperial e, por extensão, do regime monarquista.
41. Chicote, chibata formada por várias correias entrelaçadas presas num cabo de pau. Instrumento de tortura. Nesse contexto, o azorrague representa o próprio sistema escravocrata.

Capítulo 2
Todas as causas de liberdade[1]

Comentário   *Quem olhasse de relance até poderia achar que a singela frase era apenas mais um anúncio de jornal. Mas quiçá numa segunda leitura poderia ver a audácia, o ineditismo, a originalidade, a coragem arrebatadora, tudo numa única frase e assinado por um único nome. Se a expressão "sustentar gratuitamente perante os tribunais", seguida por "todas as causas de liberdade", significava, numa das maiores zonas escravistas do planeta, declarar guerra aos poderosos escravizadores da província, ela também significava um sopro de esperança para os sonhos de liberdade das pessoas que a ouvissem. Em síntese, e por mais paradoxal que soe, o pequeno anúncio traduz a grandeza da mensagem de Luiz Gama.*

O abaixo-assinado aceita, para sustentar gratuitamente perante os tribunais, todas as causas de liberdade que os interessados lhe quiserem confiar.

São Paulo
LUIZ G. P. DA GAMA   5

---

1. *O Ypiranga* (SP), Anúncios, [sem título], 28 de fevereiro de 1869, p. 3.

Capítulo 3
Em nome de Rita
Questão de liberdade[1]

Comentário   *Literatura normativo-pragmática. Na defesa da parda Rita, Gama inaugura um novo modo de intervenção na esfera pública. O argumento pela liberdade da escravizada Rita revela o método que se seguiria, com adaptações, por toda a carreira de Gama. Tem a mofina, a exposição do erro jurídico do titular do juízo e, ato contínuo, a defesa de uma resposta normativa amparada na doutrina que outorgue o melhor direito. É nesse espaço de arremate, possibilitado pela exposição pública da má fé ou criminosa desídia do julgador, que se cria e desenvolve uma literatura normativo-pragmática original. Por se tratar do primeiro, o caso de Rita faz as vezes de prólogo, introdutório de uma peça que se desdobraria em muitos atos até os últimos dias de Gama. Tem um desfecho inusitado. Aposta no anticlímax para comover a audiência. Causa estranhamento. Coisa que se afigura própria, sem embargo, de alguém que se inicia nos caminhos da advocacia oriundo da formação poética e teatral.*

Homem obscuro por nascimento e condição social, e de apoucada inteligência, jamais cogitei, no meu exílio natural, que a cega fatalidade pudesse um dia arrastar-me à imprensa, nestes afortunados tempos de venturas constitucionais, para, diante de uma população ilustrada, como é seguramente a desta moderna Atenas brasileira, sustentar os direitos conculcados[2] de pobres infelizes, vítimas arrastadas ao bárbaro sacrifício do cativeiro pelos ingênuos caprichos e pela paternal caridade dos civilizados cristãos de hoje, em face de homens notáveis, jurisconsultos reconhecidos e acreditados legalmente, a quem o supremo e quase divino governo do país, em hora abençoada, confiou o sagrado sacerdócio da honrosa judicatura.

1. *Correio Paulistano* (SP), A Pedido, Foro da Capital, 13 de março de 1869, pp. 2-3.
2. Pisoteados, espezinhados, tratados com desprezo.

É por sem dúvida dificílima a tarefa, sobremodo árdua, a que submeti meus fracos ombros. Luta irrisória e talvez insensata é esta em que venho intrometer-me; eu o conheço e confesso compungido e crente do mesquinho espetáculo a que me ofereço: pigmeu nos páramos³ do direito, desafiando ousado os gigantes ulpiânicos da jurisprudência!...⁴

A força invencível do destino quis, porém, que os cegos mendicantes esmolassem o óbolo⁵ da caridade arrimados⁶ à fraca puerícia⁷ e às mãos protetoras dos seus irmãos de infortúnio.

Ninguém jamais viu a indigência apoiada ao braço da fortuna. Os andrajos⁸ da miséria escandalizariam a nobreza e os brilhos rutilantes da fidalguia.

Eis a razão porque tomei a mim voluntariamente a proteção, se bem que fraquíssima, dos que litigam pela sua emancipação.

Valho tanto como eles; estou no meu posto de honra, embora açoitado no patíbulo⁹ da difamação pelo azorrague¹⁰ pungente dos escárnios da opulenta grandeza.

~

Afirmam contestes os mestres da ciência, e provoco desde já a que se me prove o contrário, que nas causas de liberdade

---

3. Planalto.
4. Comparação evidentemente irônica entre os juristas paulistas e a figura lendária de Eneu Domício Ulpiano (150–223), jurista romano de enorme importância para o desenvolvimento do direito civil, da praxe processual, bem como da filosofia do direito na Antiguidade.
5. Donativo de pouca monta.
6. Sustentados.
7. Pelo contexto, a expressão correta seria perícia.
8. Trapos, farrapos.
9. Lugar, geralmente um palanque montado a céu aberto, onde se erguia o instrumento de tortura (forca, garrote ou guilhotina) para a execução dos condenados à pena capital.
10. Chicote, chibata formada por várias correias entrelaçadas presas num cabo de pau. Instrumento de tortura.

enceta-se[11] o pleito pela alegação preliminar, em juízo, dos direitos do manumitente;[12] alegação que deve ser feita por escrito e conforme o que se acha estabelecido e prescrito por abalizados praxistas.[13]

Cumprido, pelo juiz, o dever da aceitação em juízo da alegação do manumitente, quando juridicamente feita, segue-se o depósito judicial do mesmo e a nomeação de curador[14] idôneo, a quem é incumbida a obrigação de velar e defender os direitos e interesses inerentes à causa de que se trata.

E isto assim se faz porque o escravo, não tendo pessoalidade jurídica, não pode requerer em juízo, principalmente contra seu senhor, e menos ainda ser considerado *autor*, enquanto legalmente, por meio de curatela[15] e de depósito, não estiver mantido, protegido e representado.

O depósito, espécie de manutenção, neste caso importa dupla garantia que, assegurando ao detentor, de modo judicial, o seu domínio, quando para isso lhe assistam causas razoáveis, oferece ao detento os meios precisos para desassombradamente e isento de coação fazer valer os seus direitos; direitos que veste o curador, atenta a incapacidade do escravo para sustentá-los.

É só depois destas diligências preliminares, ou antes garantias pessoais indispensáveis, que o escravo, simples impetrante, pode ser considerado pessoa e admitido, por seu curador, a figurar de *autor* em juízo para regularmente *pedir* que se lhe declare um direito, que por outrem é contestado.

Isto é o que ensina o distinto advogado dr. Cordeiro,[16] fir-

11. Inicia-se.
12. Alforriando, que demanda a liberdade.
13. Indivíduo versado nas praxes do foro, especialista em direito processual.
14. Aquele que está, em virtude de lei ou por ordem de juiz, incumbido de cuidar dos interesses e bens de quem se acha judicialmente incapacitado de fazê-lo.
15. Aqui como efeito dos encargos da curadoria.
16. Lopo Diniz Cordeiro (1834-1919), natural de Angra dos Reis (RJ), foi advogado, promotor de resíduos e capelas, juiz e deputado. Na época desse artigo, Diniz Cordeiro era advogado de entidades filantrópicas na Corte, como

mado nas opiniões esclarecidas dos mais cultos decanos da jurisprudência e na prática inalterável adotada e seguida no ilustrado Foro da Corte, à face, e com assentimento dos primeiros e mais respeitáveis tribunais do país.

É o que está escrito em obras importantes, vulgaríssimas, que por aí correm ao alcance de todas as pessoas que lidam no Foro, e ao acesso das mais acanhadas inteligências, não só pela linguagem clara, como pelo estilo fácil da textura.

Do que fica expendido, como ainda do que ensina o egrégio jurisconsulto, exmo. conselheiro Ramalho,[17] estribado na douta opinião dos mais acreditados comentadores do direito civil pátrio e subsidiário, e do que escreveram conceituados praxistas, aceitos e seguidos, evidencia-se o modo preciso e incontroverso de auspiciar as causas de liberdade perante as autoridades competentes do país.

Neste sentido, e sem a menor discrepância de um só ponto, requeri do meritíssimo juiz municipal desta cidade, o respeitável sr. dr. Felicio Ribeiro dos Santos Camargo,[18] em nome da parda Rita, alforriada pelo meu prezado amigo dr. Rodrigo José Maurício, o depósito da mesma e nomeação de curador idôneo para judicialmente intentar a competente ação de liberdade.

Confiado inteiramente na sua reconhecida retidão e imparcialidade aguardava eu, com segurança, benigno deferimento da petição oferecida, quando fui surpreendido com o seguinte despacho exarado pelo eminente magistrado:

a Caixa de Socorros Pedro IV, o que indica que era uma autoridade jurídica abalizada em matérias de curadoria daqueles judicialmente incapazes de se representarem.
17. Joaquim Ignacio Ramalho (1809-1902), nascido em São Paulo (SP), foi presidente da província de Goiás (1845-1848) e diretor da Faculdade de Direito de São Paulo (1891-1902). Professor reconhecido, publicou obras jurídicas, a exemplo de *Elementos de processo criminal para uso das Faculdades de Direito do Império* (1856) e *Praxe brasileira* (1869), que Gama com frequência citava em suas petições.
18. Ver n. 5, p. 319.

Junte neste a Suplicante os documentos que provam o direito que tem à sua liberdade, a fim de ser ordenado o depósito e tudo o mais que de direito for.

São Paulo, 18 de janeiro de 1869
SANTOS CAMARGO

A exibição de documentos confirmativos da alforria alegada, antes da garantia de segurança pessoal requerida, importa exigência extra-legal de prova prévia, quando, conforme o nosso direito, é no andamento da causa e em ocasião oportuna, que se ela exige.

O despacho do benemérito juiz foi uma tortura imposta à desvalida impetrante, que, para fazer valer o seu direito, implorava segurança de pessoa, perante a justiça do libérrimo[19] país em que ela desgraçadamente sofre ignominiosa[20] escravidão.

É uma violação flagrante dos preceitos característicos do julgador porque, com semelhante despacho, foi desfavorecida com desabrimento[21] notável a suplicante, e, se bem que sem malícia, largamente protegido o detentor, quando é certo que o juiz *não pode tolher os meios legítimos que tem cada um de usar de seu direito, nem favorecer mais a uma do que à outra parte litigante.*

Ao digno Magistrado corria o imperioso dever de atender incontinenti[22] à impetrante porque, segundo os princípios invariáveis do direito natural, devem os magistrados considerar como procedentes, por serem intuitivas, as alegações de liberdade, e só admitir como válidas as de escravidão, quando cabalmente provadas; visto como a escravidão, que constitui direito anômalo, baseando-se em exceção odienta, embora sancionada por ordenação civil, não se presume, e só se aceita depois de prova completa.

O honrado sr. dr. juiz municipal, sem forma de processo, parece ter condenado a degredo os princípios de direito natural:

19. Superlativo de livre, algo como muitíssimo livre, muitíssimo liberal.
20. Humilhante, desonrosa.
21. Desprezo, desaforo.
22. Imediatamente, sem demora.

trocou as lindes[23] e transpôs os contendores e, assim disposta a cena a seu talante,[24] antes que se tivesse encetado o pleito, visto como tratava-se de uma diligência preliminar obrigatória, exigiu da mísera manumitente[25] prova antecipada de sua liberdade, colocando-a, deste modo, em posição visivelmente desfavorável. Fato este irregularíssimo que podia e pode ainda proporcionar ao detentor a livre disposição da detenta e a sua retirada desta cidade para lugar longínquo ou desconhecido, onde jamais possa incomodá-lo.

E deste modo concorre o exímio juiz direta, se bem que involuntariamente, para a perpetração de uma grave e escandalosa extorsão.

Entretanto, para pôr termo ao singular capricho do respeitável juiz, curvei-me respeitoso diante do seu venerando despacho, não como cidadão perante as aras da justiça de um país livre, mas como subalterno diante do superior.

Satisfiz o arbitrário ditame e, por meio de réplica, exibi um documento hológrafo,[26] do próprio detentor, por meio do qual mostra-se claramente a concessão de alforria feita à peticionária.

Deste modo estava cortado o nó gordiano.[27]

Submetida, porém, a petição a despacho, o sr. dr. Antonio Pinto do Rego Freitas,[28] que então ilustrava a segunda cadeira magistrática da capital, como presidente que é da ilustríssima Edilidade,[29] proferiu o despacho que se segue:

Justifique.
São Paulo, 25 de fevereiro de 1869
REGO FREITAS

Ao ser-me apresentado este novo assalto jurídico, que outro

---

23. Raias, limites.
24. Arbítrio.
25. Relativo ao que demanda liberdade.
26. Documento inteiramente escrito à mão pelo próprio autor.
27. Ver n. 58, p. 209.
28. Ver n. 4, p. 318.
29. Isto é, dos vereadores da Câmara Municipal de São Paulo.

nome mais adequado não me ocorre de pronto para dar-lhe, assalto que, conquanto diversifique do primeiro, segundo a forma, lhe é, em fundo, completamente idêntico, ocorreram-me à enfraquecida memória estes versos do satírico lusitano:

> Na forma diferentes se mostravam,
> Mas, em fundo, a clamar similcadentes,[30]
> Peregrinas doutrinas expendendo,
> Transportavam de espanto às cultas gentes.

Confesso que, com este meditado despacho, julguei deslumbrado e confundido o meu bom senso e, homem orgulhoso, jurei, por tal decepção, vingar-me do seu preclaro autor. E ora o faço muito de caso pensado, mas sem torturar a lei, sem menosprezar o direito e sem ofender o nobre caráter e imaculada sensatez do severo jurista, mas dizendo-lhe em face e diante do público que nos observa verdades que S. S., ainda que nimiamente[31] modesto, jamais será capaz de contestar, porque a verdade não se contesta.

Será lícito ao escravo demandar o senhor antes de manutenido?[32]

Será aceitável a justificação como prova legal, sem a citação do senhor?

Poderá requerer em juízo o indivíduo a quem o direito nega pessoalidade, e sem que esta haja sido homologada?

A nova jurisprudência dos Doroteus hodiernos assim o afirmam.[33]

---

30. Diz-se da palavra que tem pronúncia e/ou grafia quase homônima à de outra palavra.
31. Demasiadamente, excessivamente.
32. No contexto, aquele que está em posse provisória de sua liberdade.
33. Referência a Doroteu, historiador e jurista que viveu no século VI, tendo passado à história como um dos principais codificadores do direito romano e compiladores dos cânones jurídicos publicados sob o império de Justiniano I (483–565). A menção, contudo, se dirigia sarcasticamente aos "Doroteus hodiernos", isto é, por metonímia, aos juristas modernos.

Se em tais causas deve ser prévia a exibição das provas, creio que de hoje em diante, por esta nova doutrina, estão elas proibidas.

Um dia, nos Estados Unidos da federação norte-americana, um homem apareceu perante o magistrado territorial reclamando com altivez a entrega de outrem que dizia seu escravo, e comprovava a sua alegação com testemunhas.

— O juiz ouvia-as; e depois de breve meditação exclamou: Não estou satisfeito, isto não basta!

— O que mais exiges de mim, senhor? Redarguiu o reclamante.

— Que mostreis o título pelo qual Deus vos fez senhor de vosso irmão.

E voltando-se para o paciente, acrescentou:

— Ide-vos daí: e se alguém tentar contra a vossa segurança, defendei-vos como homem acometido por salteadores.

Este singular magistrado, por este ato de moral sublime, foi acusado como violador dos direitos de propriedade nos tribunais superiores, que o absolveram, declarando: Que ninguém pode ser compelido à obediência de leis iníquas[34] que o barbarizem e degradem perante Deus e a moral.

Lamento sinceramente que o procedimento dos juízes brasileiros seja diametralmente oposto ao daquele benemérito magistrado, verdadeiro sacerdote da justiça.

Ao terminar este artigo devo declarar que aconselhei à impetrante Rita o abandono da causa, até que melhores tempos a favoreçam.

Escrevendo estas linhas visei tão somente a sustentação do direito de uma infeliz, que tem contra si até a animadversão[35] da justiça, e nunca foi, nem é intenção minha molestar, ainda que de leve, dois respeitáveis jurisconsultos, carácteres altamente considerados, que tenho em conta e prezo como excelentes amigos.

São Paulo, 11 de março de 1869
LUIZ GAMA

34. Perversas.
35. Aversão intensa, ódio.

Capítulo 4

Sangue nas mãos do carinhoso pai apostólico
Apontamentos biográficos[1]

Comentário *Literatura normativo-pragmática. Luiz Gama elabora um dos mais interessantes estudos sobre direito e escravidão de que se tem notícia no Brasil. A defesa da liberdade de Lucina e sua família articula discussão doutrinária de direito civil, especialmente sobre os vínculos e efeitos de uma declaração de vontade na concessão da alforria; crítica política à Igreja Católica, tomando como referência a trajetória de um conhecido sacerdote paulista; e a legitimidade e legalidade de demandas de liberdade na tradição civilista luso-brasileira. Tudo isso numa linguagem criativa que transita da ironia ao sarcasmo sem deixar de asseverar com sobriedade a razão jurídica da causa que discute. Gama atribui a si mesmo o papel de "historiógrafo do presente" para contar alguns traços da história da família de Lucina e do seu "legítimo proprietário", o padre (que depois foi nomeado bispo) Mello. Divide a história em três datas distintas: 1828, 1840 e 1869. Na primeira delas, em fevereiro de 1828, o então pároco de Itu registrava no Livro de Notas do cartório local uma promessa condicional de liberdade para seus quatro escravizados e a potencial descendência que deles adviria. Impunha algumas condições mas, no fundamental, concedia a liberdade. Ocorre que doze anos se passaram e, em junho de 1840, o padre Mello voltou ao cartório de Itu com o juízo arrependido e revogou a promessa de liberdade, alegando, para isso, "desregramentos e ingratidão". Em maio de 1869, contudo, mês em que "Sangue nas mãos do nosso carinhoso pai apostólico" era publicado, Lucina estava escravizada e separada de sua família. Mas tinha ao seu lado Luiz Gama. Como o amanuense abolicionista conheceu a história é um enigma. Seja como for, ele pensou uma estratégia de liberdade que passava pela imprensa, por sete diferentes professores e advogados (que serviram de pareceristas de uma consulta feita por Gama), pelos juízes de Itu e Jundiaí e, também, pelo presidente da província de São Paulo. Mais do que um perfil biográfico, portanto, esses Apontamentos reúnem lições de liberdade através da doutrina do direito civil.*

---

1. *Radical Paulistano* (SP), A Pedido, 24 de maio de 1869, pp. 2-3.

O BISPO D. A. JOAQUIM DE MELLO,[2] CONDE ROMANO, CONFESSOR DE S. SANTIDADE, DO CONSELHO DE S. MAJESTADE O IMPERADOR, ETC., ETC.

> Os grandes homens não são do passado.
> Nem serão jamais do futuro. Pertencem à
> eternidade.
>
> v. duruy[3]

A história dos grandes homens e os seus atos são exemplos vivos de moralidade e civismo, perante os quais edificam-se os homens, elevam-se os povos e glorificam-se as nações.

Recontar às gerações por vir os feitos notáveis dos grandes homens é o primeiro dever dos historiógrafos do presente; é este o meio de perpetuar na memória dos séculos os atos heroicos dos mártires do socialismo.[4]

Nesta importante província não há quem ignore os relevantes serviços prestados à magna causa da santa religião do Crucificado, pelo nunca assaz[5] chorado bispo diocesano d. Antonio Joaquim de Mello.

Feitos notáveis, porém, abundam nas trevas do mistério, encobertos pela tímida mão da esquiva modéstia, que, para a glória da igreja paulistana e honra de tão preclaro varão, devem ser postos a lume.

Os fatos que vamos referir são a prova irrecusável e cabal da nobreza d'alma, retidão de consciência, ingenuidade de intenções, vastidão de munificência,[6] acrisolamento[7] de piedade e clareza

---

2. Antonio Joaquim de Mello (1791–1861), nascido em Itu, foi um bispo católico e conde romano de grande influência na antiga província de São Paulo. Para facilitar a leitura, optei por desabreviar as iniciais do prenome do bispo Mello, além das iniciais dos pronomes de tratamento eclesiástico e político.
3. Ver n. 11, p. 215.
4. A expressão deve ser lida no contexto satírico que o início do artigo, espécie de prólogo de uma peça, usualmente carregava.
5. Suficientemente, bastante.
6. Generosidade, magnanimidade.
7. Aqui no sentido de sublimação, de purificação pelo amor às coisas religiosas.

de razão, que distinguiram sempre, no mais subido grau, a egrégia pessoa do nosso carinhoso pai apostólico, por cujos lábios de contínuo emanavam os ditames sublimes da divina providência.

ANO DE 1828

Inspirado pelo padre Diogo Antonio Feijó,[8] então uma das mais fortes colunas do Partido Republicano do Brasil, o digno padre Antonio Joaquim de Mello, servindo-se do púlpito, onde era ouvido com profunda consideração pelos bons ituanos,[9] pregou não só contra a introdução de escravos africanos no Brasil, como ainda contra o elemento servil, cuja abolição impunha em nome de Deus, da moral e da religião. E para dar ao povo uma prova inequívoca da sua íntima sinceridade, começou o árduo tirocínio[10] evangélico libertando os seus escravos, como demonstra o seguinte documento:

Eu, o padre Antonio Joaquim de Mello, que possuo quatro escravos — João e sua mulher, Rita; Paulo e sua mulher, Lucina, com eles tratei o seguinte:

Prometo-lhes, como prometido tenho, que todos os filhos que lhes nascerem de legítimo matrimônio serão libertos desde o dia de seu nascimento, mas ficando sujeitos a viverem debaixo da minha tutela até terem 25 anos de idade, e então, tendo juízo suficiente para se regerem, poderão sair de minha companhia: acrescento que, a terem vícios de bêbados, ladrões ou inquietos, ficarão privados de viver sobre si, até mostrarem emenda de dois anos.

Prometi mais, que, tendo eles idade de 17 anos, começarão a ganhar (os homens) dobra[11] por ano; e as mulheres oito mil réis, o que serei obrigado a entregar, par junto, quando estiverem nas circunstâncias de viver sobre si, como acima fiz menção; que se eu morrer antes que os

---

8. Ver n. 26, p. 225.
9. Naturais de Itu, cidade do interior paulista.
10. Exercício prático.
11. Antiga unidade monetária.

ditos filhos de meus escravos tenham inteirado a idade mencionada, irão para outra tutela, que, em testamento, eu declarar, tudo debaixo das mesmas condições.

Aos escravos nomeados prometi e dou o seguinte:

João, que agora terá 30 anos de idade, me servirá até ter 45, findos os quais fica liberto;

Paulo, que agora terá 32 anos de idade, me servirá até ter 50;

Rita, que terá 16, me servirá até ter 45 anos;

Lucina, que terá 13 anos, me servirá até ter 40.

Se eu morrer antes deles terem preenchido o tempo de seu cativeiro, irão preencher o dito tempo em outro poder, e lhes darei a escolha, entre três senhorios, isto em testamento, ou aí declararei cousa que lhes seja mais vantajosa.

Se por algum motivo houver pessoa que possa ter direito a meus bens, não poderá jamais apreender os ditos escravos; eles estarão no poder que lhes parecer, e esse que tiver direito o terá *só sobre o valor de seus serviços*, para cuja avaliação haverá dois árbitros, um de cada parte, e se atenderá ao sustento e enfermidades.

Se algum dos ditos meus escravos, no tempo de gozar de sua liberdade, tiver vícios de bebedice, continuará a estar debaixo de senhorio, até ter emenda de dois anos.

Se quiserem mudar de cativeiro, enquanto são obrigados a me servir, *fica de nenhum vigor a doação que lhes faço*. A respeito dos quatro nomeados eis o que lhes prometi e eles aceitaram, debaixo das condições declaradas.

Para mais firmeza, este documento será escrito no livro público competente.

Itu, 5 de fevereiro de 1828
ANTONIO JOAQUIM DE MELLO

(Foi a firma reconhecida e o documento registrado no Livro de Notas)

ANO DE 1840

No ano de 1840, porém, despersuadido o virtuoso padre Antonio Joaquim de Mello das utopias pueris[12] que sugerira-lhe o

---

12. Ingênuas.

sonhador republicano padre Feijó,[13] e nobremente inspirado por algumas beatas senhoras, às quais rendia a mais sincera homenagem, no intuito religioso de beneficiá-las, escravizou alguns dos seus libertos e os vendeu.

Nem é para admirar tão estranho procedimento da parte do muito caridoso padre Antonio Joaquim de Mello, pois sabe toda a província de São Paulo, e até o Imperador, que o nomeou bispo, que ele tinha fama de santo. E ninguém ousará contestar que os erros dos santos valem mais perante os homens do que os acertos dos míseros pecadores.

Eis, pois, o 2º documento comprobatório das santas e misteriosas virtudes do nosso bem-aventurado ex-bispo:

Pela presente declaro que revogo e dou por nenhum efeito a promessa que tinha feito a meus escravos de os libertar depois de passados certos anos; e, *bem que eu soubesse que eles, segundo as leis, não podiam contratar comigo, os encorajava, por este modo, a melhor se conterem no dever, não só para com Deus, como para comigo*; eles, apesar desta promessa, têm sempre se portado com indiferença, infidelidade e mesmo imoralidade, por isso, tendo já revogado a respeito de Lucina, a vendi, não podendo mais suportar desregramentos e ingratidão para comigo; quando também incluído seu marido, que tem sido tão mau escravo, que tem levado até meses sem dar serviço, por manhas muito conhecidas.

Restam João e Rita, para com os quais presentemente revogo, tendo o dito João cada vez se tornado mais negligente no seu serviço, deixando perder-se o que ele deve vigiar, furtando e deixando furtar o que é de seu senhor, além disto queixando-se e imputando caluniosamente o que não faço, como dizer que é meu costume ocupar em dias de guarda;[14] sua mulher, Rita, jamais querendo prestar serviço que satisfaça, sem jamais fazer ato em que reconheça o bem que lhe fiz, libertando seus filhos, dos quais existem três libertos.

---

13. Para a biografia de Diogo Antonio Feijó, ver n. 26, p. 225. Adjetivá-lo como republicano é controverso, no que o autor, interessado em polemizar, teria razão a mais para fazê-lo.
14. Ou seja, cobrar trabalho em dias guardados ao descanso, como domingos e feriados.

Atendendo, pois, à ingratidão destes, tendo consultado a jurisconsultos, certo de que em consciência posso fazê-lo, ficam para sempre sujeitos, salvo uma nova graça que possam merecer.

Os filhos que libertei libertos ficam, menos o que prometi na idade de 17 anos até 25, por ser muito oneroso e nem se achar quem os cure, na minha falta, com tal ônus.

Prolongo mais a tutoria até a idade de 32 anos, emendo o viverem sobre si desde os 25, pois é classe de gente que com muito mais custo se torna pesada. E claro é, que nenhum contrato houve entre mim e eles, mesmo quando houvesse, podia revogar.

Esta será lançada no Livro de Notas, onde está lançada essa promessa que eu lhes tinha feito e que torno de nenhum vigor.

Itu, 18 de junho de 1840
ANTONIO JOAQUIM DE MELLO

A despeito do que encerra este precioso documento, cuja textura alça em relevo a Santidade do seu preclaríssimo autor, e certo de que ilegalmente foram os libertos escravizados, escrevi a seguinte consulta, que foi respondida satisfatoriamente por jurisconsultos de superior conceito.

PERGUNTA-SE:

1º Em virtude do que se acha disposto na primeira escritura, são livres João e sua mulher, Rita; Paulo e sua mulher, Lucina, uma vez que não tenham eles de motu próprio[15] faltado aos deveres a que se obrigaram por prazo determinado, para com o benfeitor?

2º Sendo livres podiam ser revocados[16] à escravidão em face do direito pátrio?

---

15. Iniciativa própria, espontaneamente.
16. Retornados, no sentido de retroagir ao estado anterior.

3º Na hipótese afirmativa, são bastantes para determinar a revocação[17] as simples alegações aduzidas pelo benfeitor, sem audiência judicial dos revocados?[18]

RESPOSTA:

Ao 1º Respondemos afirmativamente: os indivíduos mencionados no 1º quesito são forros,[19] por força da escritura que concedeu-lhes a liberdade, tanto mais quanto claríssima é a intenção do senhor, tentando, pela segunda escritura, revogar a primeira.

Ao 2º Respondemos negativamente: a Ordenações, Livro 4, Título 63, § 7º, não pode subsistir, por incompatível com os princípios constitucionais — Constituição, art. 6º, § 1º, e art. 94, § 2º.[20]

17. Efeito de revocar, anular, revogar.
18. A definição agora se aplica a uma das partes, isto é, aos que seriam re-escravizados pelo bispo Antonio Joaquim de Mello.
19. Nesse contexto, significa alforriado, liberto, que saiu da escravidão.
20. O título 63 tratava das "doações e alforrias que se podem revogar por ingratidão" e o seu § 7º, descontado referências internas, dispunha que: "se alguém forrar seu escravo, livrando-o de toda a servidão, e depois que for forro cometer contra que o forrou alguma ingratidão pessoal em sua presença, ou em ausência, quer seja verbal, quer de feito e real, poderá esse patrono revogar a liberdade que deu a esse liberto e reduzi-lo à servidão em que estava. E bem assim por cada uma das outras causas de ingratidão, porque o doador pode revogar a doação feita ao donatário". O art. 6º da Constituição de 1824, por sua vez, definia quem eram os cidadãos brasileiros, sendo o § 1º assim redigido: "Os que no Brasil tiverem nascido, quer sejam ingênuos, ou libertos, ainda que o pai seja estrangeiro, uma vez que este não resida por serviço de sua Nação". O art. 94 qualificava quem seriam os eleitores aptos a votar nas eleições legislativas de todos os níveis — desde a assembleia paroquial até o Senado. O § 2º do art. 94, contudo, excluía de forma taxativa os libertos de poderem votar e, por decorrência óbvia, de poderem ser eleitos. O raciocínio dos pareceristas, em síntese, defendia que a possibilidade de revogação da alforria seria de todo incompatível com a eventual aquisição de cidadania por parte do liberto. Ou seja, uma vez adquiridos direitos inscritos na Constituição, não poderia ter esse estatuto retroagido por liberalidade particular.

E com tanto mais fundamento deve ser aceita esta nossa opinião contra a que sustenta a possibilidade de revogação da alforria, quanto, sendo a escravidão um fato contrário à natureza, a liberdade uma vez adquirida nunca mais deve perder-se. Arouc. Ed. Lib.1, Titulo 5, de Stat. Hom. L. 4, § 1°, n° 20.[21]

Ao 3° A revogação da liberdade, ainda quando estivesse em vigor a Ordenações, Livro 4, Título 63, § 7°, não se dava *ipso jure*;[22] a lei concedeu uma ação pessoal ao doador contra o donatário. Lima ad. Ordenações, Livro 4, Título 63, § 9°. Dependia, portanto, de uma sentença regularmente proferida. Donel., Tomo 1°, Capítulo 24, números 3 e 4.[23]

A Ordenações, Livro 4, Título 63, § 7°, diz: "Poderá ser revogada", e as causas, constituindo fatos, que a lei não presume, dependem de prova em juízo. Masc. De probate cons. 898, números 1 e 18.[24]

---

21. António Mendes Arouca (1610–1680) foi um jurista português e advogado na Casa da Suplicação de Lisboa. Não se sabe, até o momento, qual a obra de Arouca os pareceristas citavam.
22. De acordo com o direito.
23. O título 63 tratava das "doações e alforrias que se podem revogar por ingratidão" e o seu § 9°, descontado referências internas, dispunha que: "E se o doador (...) ou patrono, que por sua vontade livrou o escravo da servidão em que era posto não revogou e sua vida a doação feita ao donatário, ou a liberdade que deu ao liberto, por razão da ingratidão contra ele cometida, ou não moveu em sua vida demanda em juízo para revogar a doação ou liberdade, não poderão depois de sua morte seus herdeiros fazer tal revogação (...)". Como suporte ao parecer, seus redatores citam dois breves comentários nesse parágrafo: o primeiro, do jurista português Amaro Lima, provavelmente da obra *Commentaria ad Ordinationes Regni Portugalliae* (1740); e o segundo, do jurista francês Hugo Donnelus (1527–1591), professor de direito da Universidade de Altdorf, Alemanha. É de se supor que ambos os comentários tenham sido retirados das riquíssimas notas de rodapé que acompanhavam algumas das versões mais detalhadas das Ordenações.
24. Para o § 7° do título 63, ver nota acima. O comentário que arremata, no entanto, cita o jurista lígure do século XVI, Josephi Mascardi, e o primeiro volume de sua obra *De Probationibus: conclusiones probationum omnium* (1585).

É este nosso parecer, salvo melhor juízo.

São Paulo, 4 de março de 1869
JOSÉ BONIFÁCIO[25]
ANTONIO CARLOS R. DE A. M. E SILVA[26]
JOSÉ MARIA DE ANDRADE[27]

Concordo completamente em todos os pontos do jurídico parecer neste exarado.
São Paulo, 8 de março de 1869
DR. FRANCISCO JUSTINO GONÇALVES DE ANDRADE[28]

Em todas as suas partes concordo com o parecer.
São Paulo, 9 de março de 1869
VICENTE MAMEDE DE FREITAS[29]

Concordo.
São Paulo, 11 de março de 1869

---

25. José Bonifácio de Andrade e Silva, o Moço (1827–1886), nasceu em Bordeaux, França, e viveu grande parte da vida em São Paulo, onde se graduou e foi professor de Direito. Poeta, literato, foi na política que alcançou maior notoriedade, como deputado, ministro e senador em sucessivos mandatos desde o início da década de 1860.
26. Antonio Carlos Ribeiro de Andrada Machado e Silva (1830–1902) nasceu em Santos (SP) e pertence à segunda geração dos Andradas, sendo sobrinho de José Bonifácio, "O Patriarca", e filho de pai homônimo. Foi político, professor de Direito Comercial e advogado, profissão que exerceu como sócio de Luiz Gama por aproximadamente uma década.
27. José Maria de Andrade (?–?), nascido em São Paulo (SP), foi escrivão do Tribunal da Relação, promotor, juiz municipal e secretário de polícia da província de São Paulo. Como registra a crônica da academia de direito paulistana, e o parecer supra indica, Andrade foi sócio do escritório dos Andradas.
28. Francisco Justino Gonçalves de Andrade (1821–1902), nascido na Ilha da Madeira, Portugal, formou-se e fez carreira jurídica em São Paulo. Foi professor de Direito Natural e Direito Civil, alcançando notoriedade nesse último campo como autor de diversos livros doutrinários.
29. Vicente Mamede de Freitas (?–1908), paulista da capital, foi deputado provincial, promotor, professor de Direito Civil e diretor da Faculdade de Direito de São Paulo.

CRYSPINIANO[30]

Curvo-me perante os venerandos pareceres supra exarados.
São Paulo, 11 de março de 1869
LINS DE VASCONCELLOS[31]

Tenho consciência de haver prestado relevante serviço à esta heroica província e ao país inteiro, com o mais vivo contentamento dos sinceros amigos do exmo. finado bispo d. Antonio Joaquim de Mello, publicando estes dois preciosos documentos. Nem era preciso a inserção que venho de fazer, de cinco pareceres jurídicos, para consolidar a justa fama de sábio e virtuoso que foi sempre o mais resplandecente laurel[32] de tão pio varão.

É, pois, certo que os anciãos respeitáveis que comparavam-no ao egrégio pregador, padre Antonio Vieira,[33] não se enganaram no conceito.

Resta-me agora um duplo dever, que, com indizível prazer, passo a cumprir.

Implorar a Deus que ilumine os Pontífices e os reis para que felicitem as dioceses com a nomeação de bispos iguais ao sempre chorado d. Antonio Joaquim de Mello, e reclamar perante os tribunais a emancipação de *sete* infelizes, que se acham em cativeiro, como vítimas da santidade do nosso finado e adorado bispo.

São Paulo, 26 de abril de 1869
L. GAMA

30. José Cryspiniano Soares (1809-1876), nascido em Guarulhos (SP), foi político, advogado e professor de Direito Romano da Faculdade de Direito de São Paulo. Figura de destaque na política, foi presidente de quatro províncias do Império, respectivamente: Mato Grosso (1847-1848), Minas Gerais (1863-1864), Rio de Janeiro (1864) e São Paulo (1864-1865).
31. Luiz de Oliveira Lins de Vasconcellos (1853-1916), nascido em Maceió (AL), foi um advogado, promotor público e político, chegando a exercer a presidência da província do Maranhão (1879-1880). Na advocacia foi um colaborador em diversas demandas de liberdade junto a Luiz Gama, muito embora também tenha atuado, em matéria comercial, no polo oposto de Gama.
32. Coroa de louros.
33. Ver n. 2, p. 318.

Capítulo 5

Que a lei seja uma verdade respeitada
Foro do Belém de Jundiaí[1]

Comentário   Literatura normativo-pragmática. O "indigno e escandaloso" fato que Luiz Gama narra ao público, e para isso pede "a benigna atenção das pessoas sensatas", é realmente cruel. Benedicto pertencia ao espólio de Anna Francisca Moraes e, no curso da ação inventariante, "foi alforriado pelo herdeiro reconhecido", José Bueno do Amaral. A alforria possuía uma condição: o pagamento de "quantia complementar do preço de avaliação", que seria direcionada aos demais herdeiros de Anna Francisca de Moraes, que não se opunham ao pagamento. Sendo assim, Benedicto, já na "condição de estatu liber, requereu, como devia, ao juiz inventariante, para que ordenasse o recebimento" do valor estipulado pela avaliação. O juiz, porém, deu andamento diverso à causa de liberdade: "resolveu a questão indeferindo o requerimento, e mandando vender, em hasta pública, o peticionário, quando ele já não era escravo!...". Gama sustentava o "fato legal e incontestável" da concessão da alforria como momento-chave não só para a possibilidade de ação do ex-escravizado, mas para a defesa de seus direitos enquanto alguém de indisputável estatuto jurídico de pessoa livre. Restava ao juiz, portanto, "passar carta de liberdade" em benefício do peticionário. Indignado com o escancarado procedimento em desfavor da causa de liberdade, Gama subiu o tom da crítica ao julgador, dizendo, entre outros protestos, que era evidente "a completa incapacidade intelectual desse cidadão [o juiz Soares Muniz] para o desempenho das importantíssimas funções inerentes à magistratura".

Acaba de dar-se um fato contristador,[2] senão indigno e escandaloso, no importante termo de Belém de Jundiaí,[3] fato para o qual ouso invocar a benigna atenção das pessoas sensatas.

1. *Radical Paulistano* (SP), [editorial], 30 de setembro de 1869, p. 2.
2. Desolador, que entristece.
3. Atual município de Itatiba, situado a aproximadamente 90 km da capital paulista.

Benedicto, pertencente ao espólio[4] de d. Anna Francisca de Moraes, foi alforriado pelo herdeiro reconhecido — José Bueno do Amaral.

Posto, por este fato legal e incontestável, na condição de *estatu liber*,[5] requereu, como devia, ao juiz inventariante,[6] para que ordenasse o recebimento, na estação competente, da quantia complementar do preço de avaliação pertencente aos demais herdeiros, que a isto não se opuseram.

Atendida esta justa providência e cumpridos os demais preceitos jurídicos, dever-se-ia, em prol do peticionário, passar carta de liberdade.

O estólido[7] juiz, porém, resolveu a questão indeferindo o requerimento, e mandando vender, em hasta pública,[8] o peticionário, quando ele já não era escravo!...

Esta lamentável ocorrência é nada menos que um grave atentado, cometido bruscamente pela autoridade ignorante, contra uma vítima desprotegida.

É mais uma prova eloquente, exibida, em nome do bom senso revoltado, contra o fatal sistema de confiar-se cargos de judicatura a pessoas nimiamente[9] ignorantes, despidas até dos mais comezinhos[10] rudimentos de direito, como é seguramente o sr. Florencio Soares Muniz, suplente do juízo municipal no Belém de Jundiaí.

Em homenagem à verdade, que muito prezo, sou forçado a declarar que, escrevendo estas linhas, não tenho o intento de pôr em dúvida ou desabonar a nobreza de caráter, a honradez, ou a

---

4. Herança, conjunto de bens que formam o patrimônio do morto, a ser partilhado no inventário entre herdeiros ou legatários.
5. Há muitas variações, mas nesse contexto designa alguém que está livre sob condição.
6. Juiz responsável pelo processo de inventário.
7. Estúpido, desprovido de discernimento.
8. Leilão público.
9. Demasiadamente, excessivamente.
10. Corriqueiros, simples.

influência política, que hão de, por certo, sobejar[11] ao sr. Soares Muniz, mas patentear, diante do público judicioso, a completa incapacidade intelectual desse cidadão para o desempenho das importantíssimas funções inerentes à magistratura.

É meu fim discutir um fato real, e sobremodo contrário aos direitos incontestáveis de um indivíduo, que teve a infelicidade de pretender mantê-los perante tão desazado[12] juiz.

Quero que a lei seja uma verdade respeitada no município de Belém e não um joguete pernicioso posto fortuitamente nas mãos da imbecilidade.

Ao exmo. Governo da Província requeri providências em favor da esbulhada vítima do sr. Soares Muniz, e conto que justiça ser-lhe-á feita.

São Paulo, 27 de setembro de 1869
LUIZ GAMA

---

11. Sobrar.
12. Inoportuno, inábil, negligente.

Capítulo 6
Abolicionistas contra a posse de africanos livres
Escândalos[1]

Comentário   *Artigo editorial do* Radical Paulistano *que antecipa a discussão pública da causa de liberdade de Jacyntho e Anna. Embora sem assinatura, a relação direta de Gama com o patrocínio da causa dos africanos livres Jacyntho e Anna serve de indicativo para considerar esse escrito como de sua autoria. Além disso, o artigo tem o mérito de combinar, ainda em setembro de 1869, a ideia de "movimento abolicionista" com a legislação que proibia o tráfico de escravizados da África com o Brasil. Como se verá por muitos outros artigos, Gama desenvolveu um argumento jurídico preciso que articulava a multinormatividade do contrabando com a legalidade de pedidos de liberdade. Era a fórmula de uma perigosa equação que, se enfrentada no juízo, significaria "administrar justiça a um milhão de desgraçados".*

Em vista do movimento abolicionista que se está desenvolvendo no império, a despeito do crocudilismo[2] do imperador, e dos inauditos[3] desplantes do seu imoral governo, começam de acautelar-se os corrompidos mercadores de carne humana.

As vozes dos abolicionistas têm posto em relevo um fato altamente criminoso e assaz defendido, há muitos anos, pelas nossas indignas autoridades. É o fato que a maior parte dos escravos africanos existentes no Brasil *foram importados* [sic] depois da lei proibitiva do tráfico, promulgada em 1831.[4] Começam, amedrontados pela opinião pública, os *possuidores de africanos livres* a vendê-los para lugares distantes dos de sua residência.

1. *Radical Paulistano* (SP), Colaboração, 30 de setembro de 1869, p. 2, s/a.
2. De crocodilar, agir com falsidade, com deslealdade.
3. Sem precedentes.
4. Refere-se à Lei de 07 de novembro de 1831. Ver n. 18, p. 408.

Da cidade de Jaguari,[5] província de Minas Gerais, acaba, um sr. Antonio Gonçalves Pereira, de enviar para esta província os africanos Jacyntho e sua mulher, para serem aqui vendidos; isto porque é ali sabido, e muito se falava ultimamente, que tais africanos foram importados há 20 anos!...

Podemos afirmar que em idênticas circunstâncias existem muitos africanos nesta cidade, *com conhecimento das autoridades*, que são as principais protetoras de crime tão horroroso.

E mais, afirmamos, que o governo de S. M. o Imperador tem dado a essas autoridades instruções secretas *para que não tomem conhecimento* das reclamações que em tal sentido lhes forem feitas!...

Deverão os amigos da humanidade, os defensores da moral cruzar os braços diante de tão abomináveis delitos?

---

5. A antiga cidade de Jaguary, extremo sul de Minas Gerais, passou a ser chamada de Camanducaia nas primeiras décadas do século xx, nome que até hoje conserva.

Capítulo 7
Uma proveitosa lição de direito
Foro da capital[1]

Comentário *Literatura normativo-pragmática. A defesa do caso dos africanos Jacyntho e Anna foi paradigmática para a carreira de Gama. Foi esse caso que detonou a crise política que o atirou para fora da administração pública. Após doze anos de serviço público regular, Gama foi demitido do cargo de amanuense a mando do presidente da província de São Paulo, tão somente alguns dias após publicar esse artigo. Foi, portanto, o estopim que o tirou da polícia. Em minuciosa descrição e denúncia dos eventos e agentes criminosos, Gama preparou o ousado pedido de liberdade do casal Jacyntho e Anna — extensivo aos seus dez filhos e dois netos —, baseado na multinormatividade do contrabando. Os eventos se passam em três jurisdições diferentes: Jaguari, na província de Minas Gerais; Amparo e São Paulo, essas duas na província paulista. A narrativa de Gama se sustenta em três pontos fundamentais: I. a comprovação do desembarque de Jacyntho e Anna ocorrido dentro da vigência da lei proibitiva do desembarque de africanos em regime de escravidão no Brasil; II. a fraude dos títulos dos supostos senhores; e III. a competência do foro da capital para conhecer e decidir da causa de liberdade. A estratégia de liberdade e o domínio do repertório semântico do direito são admiráveis. Gama une, portanto, estratégia e erudição e as dirige para a causa de liberdade de Jacyntho, Anna e seus familiares. É, em suma, uma aula de direito e justiça.*

Época difícil é a que atravessamos para as causas judiciárias.

Muito longe vai o tempo dos rotineiros emperrados[2] do VI século; agora brilham com esplendor deslumbrante os sábios juristas da moderna jurisprudência declinatória[3] das *incompetências* que tanto tem de *cômoda* como de *agradável*. 5

1. *Radical Paulistano* (SP), Radical Paulistano [editorial], 13 de novembro de 1869, p. 1.
2. Teimosos, obtusos, conservadores.
3. Embora na redação original se leia "jurisprudência dedinatória", é bastante provável que tenha havido erro tipográfico na conversão do texto manuscrito para o impresso. Ciente da probabilidade do equívoco na composição tipo-

Para mim, principalmente, mísero capa-em-colo da ciência,[4] que não pertenço ao luminoso grêmio dos divinos purpurados[5] da egrégia Faculdade, torna-se inextricável[6] a gordiana[7] urdidura[8] jurídica de que fazem alardo os preclaríssimos doutores.

Creio que bem perto está o tempo almejado em que os *leigos* tarelos[9] serão lançados fora dos átrios[10] da justiça pelos seus perreiros[11] de roupeta[12] e cândida gargantilha, para neles imperarem soberanos os tardos[13] Pandectas[14] de cabeleira empolvilhada.[15]

Perto está o tempo feliz em que o direito moderno, livre dos

gráfica, que talvez tenha se dado pela leitura precipitada do manuscrito, haja vista as letras "c" e "l" potencialmente formarem a letra "d" numa grafia mais apressada, optei por grafá-la como se acha no corpo do texto, sobretudo pelo contexto jurídico do comentário, que se desvelará na leitura do artigo. Afinal, o juiz de direito "cômoda" e agradavelmente declina de sua competência de julgar a matéria que, segundo argumento fulminante de Gama, ele teria plena competência — e dever funcional — para julgar.
4. No sentido de vadio, pobretão. Em português antigo, indica um homem que não tem nada de seu a não ser a capa.
5. Por metonímia, aquele que foi investido de grande dignidade.
6. Que não se pode desembaraçar, desemaranhar, que não se pode desatar.
7. Ver n. 58, p. 209.
8. Por sentido figurado, a maquinação que se tramou contra alguém. Enredo, trama ardilosa.
9. O mesmo que tagarela.
10. Possui muitos significados, sendo os dois mais adequados para o contexto os que indicam a entrada exterior de um tribunal ou seu pátio interno, geralmente cercado de arcadas e galerias.
11. Por extensão de sentido, porteiro ou guarda de local público, sendo, nesse caso, dos espaços judiciários.
12. Batina.
13. Lerdos, patetas.
14. A expressão, oriunda do grego antigo e referente aos livros que codificaram o direito dos romanos, indica, nesse caso, alguém que domina profundamente o conhecimento jurídico. Pela notória carga de ironia da metonímia, pode-se compreender que seu emprego subverte a ideia de erudição.
15. Coberta de polvilho. A expressão possui uma ironia sutil que não é de fácil apreensão para os leitores modernos. Pode-se inferir que se trata de algum mau costume da época.

atrevidos impertinentes rábulas,[16] se expandirá em chamas no cenáculo[17] das Academias, por sobre as frontes predestinadas dos inspirados Doroteus.[18]

Enquanto, porém, não chega a suspirada idade do ouro, conveniente é que eu me aproveite do ensejo para tasquinhar, com incontestável *competência*, sem embargos da *incompetência*, oposta pelos Doutos Magistrados desta cidade, nos seus memoráveis e *competentíssimos* despachos.

Ao eminente jurisconsulto sr. dr. Antonio Pinto do Rego Freitas,[19] juiz municipal suplente da capital em exercício, dirigi eu a seguinte petição.

Ilm. Sr. Dr. Juiz Municipal,
Acha-se nesta cidade o preto Jacyntho, africano, Congo de Nação, importado no Rio de Janeiro em o ano de 1848, e levado para a cidade de Jaguari,[20] província de Minas Gerais, no ano de 1849, por Antonio da Cunha.

Tendo falecido este Antonio da Cunha, foi o preto Jacyntho *arrematado em praça, sendo ainda visivelmente boçal*,[21] por Antonio Gonçalves Pereira.

Em poder deste, casaram-no com a preta Anna, de Nação Cabinda, importada no Brasil, em o ano de 1850, e vendida, em Jaguary, por Aureliano Furquim de Almeida, que levou-a do Rio de Janeiro para ali, ao mesmo Antonio Gonçalves Pereira.

Tanto Jacyntho como Anna, sua mulher, foram batizados na cidade de Jaguary pelo finado padre Joaquim José de Mello.

Não existe, porém, nos livros competentes, assentamento algum a respeito, seguramente para evitar-se conhecimento da fraude com que procedera o referido padre, batizando como escravos africanos livres.[22]

16. Pessoa habilitada para solicitar causas no foro. A expressão tem conotações variadas, a depender do contexto, muito embora quase todas carreguem carga pejorativa.
17. Local solene para refeições e comunhões de uma confraria, nesse particular, da comunidade acadêmica e/ou do direito.
18. Ver n. 33, p. 421.
19. Ver n. 4, p. 318.
20. Ver n 5,p. 438.
21. O negro recém-chegado da África, que ainda não falava o português.
22. Para forjar a legalidade da compra de escravizados, padres registravam no

Foram padrinhos de Jacyntho, Manoel da Rosa, já falecido; e de Anna, Beralda de Tal, que ainda vive em Jaguari.

Ultimamente, Antonio Gonçalves Pereira, sabendo que a propriedade que tinha de tais indivíduos era ilegal, e que corria iminente perigo de perdê-la, veio cautelosamente a esta província e, no município do Amparo,[23] vendeu o africano Jacyntho e sua mulher a Ignacio Preto, trazendo-os amarrados e escoltados por José de Lima Oliveira, e Pedro, filho deste, fato que foi observado por Francisco de Assis Fleminge, pela mulher deste, e por José Ribeiro de Moraes.

Sabem da importação ilegal e criminosa destes africanos, porque viram-nos chegar a Jaguary, ainda completamente boçais, nos anos de 1849 e 1850:

— João Pedro Ribeiro de Sá;
— José Ribeiro de Moraes;
— Tenente Francisco José Lourenço;
— Bernardo da Cunha e Souza; e sua mulher, Maria Custodia;
— Tenente Manoel Luiz Pinto Monteiro;
— Francisco Ponciano;
— D. Anna Ponciano;
— José Custódio (das Antas);
— Francisco do Prado;
— Alferes Francisco Gonçalves Barboza;
— José Mariano da Silva (do Morro).

São todos do município de Jaguary.

Em vista do que exposto fica, vem o abaixo assinado perante V. S. requerer que se digne mandar pôr incontinenti[24] em depósito o africano Jacyntho; requisitar, com urgência, a apreensão e remessa da mulher do mesmo, de nome Anna, do Amparo para esta cidade, para ser igualmente depositada; e, por precatória,[25] mandar ouvir as testemunhas indicadas; e, afinal, declarando livres os ditos africanos nos termos da Lei de 7 de novembro de 1831, Regulamento de 12 de abril de 1832 e

livro de batismo paroquial os africanos ilegalmente introduzidos no Brasil que eram apresentados às suas autoridades. Esta prática notarial-eclesiástica foi largamente difundida por todo o Brasil e serviu ardilosamente para justificar a propriedade ilegal de centenas de milhares de africanos escravizados.
23. Cidade paulista que dista 140 km da capital.
24. Imediatamente, sem demora.
25. Carta precatória. Instrumento pelo qual um juiz de uma jurisdição pede ao juiz de outra jurisdição que cumpra um mandado ou sentença sua.

mais disposições em vigor, oficiar ao juiz municipal de Jaguary para que reconheça e mantenha em liberdade, pelos meios judiciais, os filhos dos mencionados africanos, de nomes, Joanna, Catharina, Ignacia, Benedicto, Agostinho, Rita, João, Sabino, Eva e Sebastião; e os seus netos, Marianna e Marcelino.[26]

O abaixo assinado jura a boa fé com que dá a presente denúncia e compromete-se a acompanhá-la em juízo, prestando os esclarecimentos que forem necessários.

Pede à Vossa Senhoria deferimento de direito.

E. R. M.

São Paulo, 13 de outubro de 1869

LUIZ GAMA

Neste requerimento todo firmado em lei, e sem período ou frase alguma que possa oferecer controvérsia, pôs[27] o meritíssimo juiz este inqualificável despacho.

Constando da presente *alegação* (aliás, denúncia, sapientíssimo sr. doutor) que o *senhor do escravo Jacyntho é morador no Termo do Amparo*, não estando, por isso, debaixo da jurisdição deste juízo, *requeira ao juízo competente.*

São Paulo, 25 de outubro de 1869

REGO FREITAS

26. Para a "Lei de 1831", ver n. 18, p. 408. Por sua vez, o decreto de 12 de abril de 1832 regulava a execução da Lei de 7 de novembro de 1831. Gama fazia referência indireta ao art. 10 do decreto, que reconhecia de modo bastante enfático a capacidade jurídica do preto (sublinhe-se, não escravizado) requerer sua liberdade com base no tráfico ilegal. Gama equipara categorias jurídicas que sabia bastante distintas — "preto" e "escravo" — para reforçar seu argumento, isto é, a formação e extensão de um direito de ação ao escravizado, assim como discutir a questão nos termos da lógica senhorial a um só tempo escravista e racista. Dada a força normativa do artigo, que Gama exploraria outras vezes, leiamos na íntegra desde já. Art. 10. "Em qualquer tempo, em que o preto requerer a qualquer juiz, de paz ou criminal, que veio para o Brasil depois da extinção do tráfico, o juiz o interrogará sobre todas as circunstâncias que possam esclarecer o fato, e oficialmente procederá a todas as diligências necessárias para certificar-se dele, obrigando o senhor a desfazer todas as dúvidas que se suscitarem a tal respeito. Havendo presunções veementes de ser o preto livre, o mandará depositar e proceder nos mais termos da lei."
27. O mesmo que opôs.

E doze dias estudou o sábio jurisconsulto para lavrar este inconcebível despacho que faria injúria à inteligência mais humilde!

REQUERIA AO JUÍZO COMPETENTE?!...

Consinta o imponente juiz, sem ofensa do seu amor próprio, que muito respeito, e da reconhecida ilustração dos seus venerandos mestres, que eu lhe dê uma proveitosa lição de direito, para que não continue a enxovalhar em público o pergaminho de bacharel que foi-lhe concedido pela mais distinta das faculdades jurídicas do império.

Esta lição está contida e escrita com maior clareza na seguinte disposição de Lei, que o meritíssimo juiz parece ou finge ignorar.

Em qualquer tempo em que o preto requerer a qualquer juiz de paz, ou criminal, que veio para o Brasil depois da extinção do tráfico, o juiz o interrogará sobre todas as circunstâncias que possam esclarecer o fato, e oficialmente procederá a todas as diligências necessárias para certificar-se dele, obrigando o senhor a desfazer as dúvidas que suscitarem a tal respeito.

Havendo presunções veementes de ser o preto livre, o mandará depositar e proceder nos mais termos da Lei.

Nesta disposição é que devera o sr. dr. Rego Freitas estribar[28] o seu despacho, como juiz íntegro, e não em sofismas fúteis, que bem revelam a intenção de frustar o direito de um miserável africano, que não possui brasões nem títulos honoríficos para despertar as simpatias e a veia jurídica do eminente e amestrado[29] jurisconsulto.

Descanse, porém, o sr. dr. Rego Freitas, porque eu protesto perante o país inteiro de obrigá-lo à cingir-se[30] à lei, respeitar o direito e cumprir estritamente o seu dever para o que é pago com o suor do povo, que é o ouro da Nação.

26 de outubro de 1869

28. Firmar, apoiar, fundamentar.
29. Doutrinador, que se tornou mestre em seu ofício.
30. Restringir-se, limitar-se.

LUIZ GAMA

Capítulo 8
Aviso à mãe
Atenção[1]

Comentário *Embora sem assinatura final, o texto tem a induvidosa autoria de Luiz Gama, nome, aliás, que encerra o texto no que pode ser lido como uma criativa maneira de assiná-lo, sobretudo em se considerando os recentes eventos que culminaram com sua demissão da Secretaria de Polícia da capital. Ciente da alforria judicial de uma menor de idade, o autor comunica aos quatro ventos, até que seu aviso chegue à mãe da — possivelmente criança — alforriada Emília. Escrito de modo sucinto, e um tanto cifrado, o aviso deixa entrever ao leitor a violência sanguinária dessa cena de escravidão, onde a filha chorava e a mãe não via.*

Tendo sido judicialmente alforriada, em Caçapava, a menor Emília, deseja-se saber se sua mãe, Miquelina Maria da Conceição, que pertenceu ao finado tenente-coronel Francisco de Mattos, e consta achar-se residindo nesta cidade, quer tomar a menor a si.

No caso afirmativo, deverá ela dirigir-se nesta cidade, quanto antes, a Luiz Gama.

---

1. *Correio Paulistano* (SP), A Pedido, 30 de novembro de 1869, p. 3, s/a.

PARTE X

O AMANUENSE EM XEQUE

NOTA INTRODUTÓRIA Esse conjunto de quatro textos relata um dos mais importantes eventos da vida de Luiz Gama. Paradoxalmente, sua exoneração da Secretaria de Polícia significou a transição para uma nova etapa de sua militância abolicionista e republicana, que, ao final das contas, o inseriu definitivamente nas páginas da história do Brasil e das Américas como um jurista que concebeu uma estratégia de liberdade original. Sendo todos os textos assinados em seu nome próprio, esse bloco trata exclusivamente de sua demissão do cargo de amanuense da Secretaria de Polícia da província de São Paulo. Transitando entre a literatura normativo-pragmática — haja vista a discussão de solução normativa aplicada ao caso concreto, ainda que fosse ele o protagonista da causa — e a propaganda política, Gama conta a história que o levou a ser exonerado da administração pública e, para a incredulidade de seus algozes, persistir no caminho do direito.

Capítulo 1
Miseráveis togados tramam na surdina
Um novo Alexandre[1]

Comentário *Literatura normativo-pragmática. Gama dá a conhecer ao público o fato de sua demissão e as razões formais e reais que a embasaram. Recorda eventos, revela segredos, comenta a portaria de exoneração, o ato solene, afinal, que o demitiu, e discute a fundo as razões políticas que levaram o presidente da província a intervir na Secretaria de Polícia e determinar sua demissão do cargo de amanuense. Antes mesmo de uma defesa pessoal, o leitor poderá ler "Miseráveis togados tramam na surdina" como um ato político performático que denunciava o abuso de poder, a fragilidade normativa diante da vontade política e, em última instância, uma sociedade inteiramente capturada pelos interesses privados da escravidão sobre a administração pública. O autor relaciona de modo bastante convincente que sua participação na causa de liberdade de Jacyntho e Anna foi o estopim para a sua demissão. Não se tratava só da sincronia de datas — haja vista o nexo causal entre petição, despacho, publicização na imprensa e a efetivação da exoneração —, mas, sobretudo, da concorrência de agentes graúdos interessados em pôr um fim na ação forense e jornalística de um funcionário público que se mostrava crescentemente influente. Gama já havia avisado nos jornais, por exemplo, que um dos juízes interessados em constranger sua atividade judiciária o havia alertado do perigo que corria em patrocinar de modo enérgico a defesa de escravizados. Como se lê nesse artigo, o aviso de perigo não era só uma repreenda genérica. A demissão se consumava. E, como Gama abria ao público, a demissão seria só a primeira etapa, que poderia se desdobrar por outras violências de maior impacto e gravidade. Sem meneios, portanto, Gama colocou suas cartas na mesa, discutindo, por um lado, a ilegalidade do administrativo, e por outro lado, as condições fáticas e os interesses envolvidos na sua demissão.*

1. *Correio Paulistano* (SP), A Pedido, 20 de novembro de 1869, p. 2.

> Para os déspotas a violência é o principal
> meio de convencer os recalcitrantes.
>
> ALFIERI[2]

I

Honro-me com a demissão que acabo de receber do cargo de amanuense da repartição de polícia desta província, porque para autorizá-la o muito digno e ilustrado chefe de polícia interino, exmo. dr. Vicente Ferreira da Silva Bueno,[3] teve precisão de procurar motivo em fatos inteiramente alheios aos deveres que solenemente contraí perante a lei, e como empregado jurei cumprir.

Sou empregado público há 12 anos e ufano-me de que neste longo e não interrompido período de tempo, se não encontrasse um só fato para galvanizar-se[4] a *violenta e ilegal* demissão com que fui calculadamente fulminado.

S. Ex., o respeitável sr. dr. chefe de polícia, dignou-se a registrar as razões que obrigaram-no a exonerar-me, mas atilado[5] e cauteloso não julgou conveniente exibir todas as causas que influíram no seu experimentado espírito, pelo que vou dar-me ao trabalho de mencionar o principal fundamento que ele hipocritamente ocultara.

No dia 2 do corrente (foi no dia da comemoração dos mortos!) um ancião venerando, a quem presto a mais profunda consideração, procurou-me, com empenho, na secretaria de polícia

---

2. Ver n. 2, p. 186.
3. Vicente Ferreira da Silva Bueno (1815–1873) teve longa carreira administrativo-judiciária, exercendo cargos de delegado de polícia, juiz municipal, juiz dos órfãos, juiz de direito e desembargador em diversas províncias, como Bahia, Paraná, São Paulo e Rio de Janeiro. Em 1869, era chefe de polícia interino da província de São Paulo, cabendo a ele papel de algoz no espetáculo da demissão de Luiz Gama do cargo de amanuense da Secretaria de Polícia.
4. No sentido de dar causa, provocar, suscitar.
5. Escrupuloso, cuidadoso. O emprego do termo possui evidente conotação sarcástica.

e, chamando-me de parte, intimou-me formalmente, em nome de s. ex. o sr. presidente da província, dr. Antonio Candido da Rocha,[6] *para que deixasse eu de promover e patrocinar causas de manumissão de escravos, sob pena de, continuando, ser demitido do lugar de amanuense da secretaria de polícia, além de outras graves... coerções pendentes da vontade presidencial!...*

Eu não sei transigir com a infâmia. Entre mim e o governo da província seria impossível o acordo proposto.

Sou da escola de Poredorax:[7] o homem honesto sofre, mas não se corrompe, nem se vende.

Ao estimado amigo que interpelava-me, declarei que prosseguiria sempre, a despeito da *demissão*, da *prisão* e da *deportação* que, mais de uma vez, fora objeto de íntimos colóquios no gabinete presidencial...

Eu advogo de graça, por dedicação sincera, às causas dos desgraçados; não pretendo lucros, nem temo violências.

A minha demissão foi por modo sobremaneira escandaloso imposta pelo presidente ao sr. dr. chefe de polícia interino; porque o sr. dr. Antonio Candido da Rocha protege às ocultas e toma vivo interesse contra uma causa de liberdade que eu defendo com pertinácia, e continuarei a defender.

6. Antonio Candido da Rocha (1821-1882), nascido em Resende (RJ), foi promotor público, juiz municipal, juiz de direito, desembargador e político que, à época da demissão de Gama do cargo de amanuense da Secretaria de Polícia, exercia a presidência da província de São Paulo. Gama e Candido Rocha se encontrariam em muitos embates após a demissão de que a série de artigos sobre o "novo Alexandre" reporta. Muitas ações judiciais de Gama foram julgadas pelo desembargador do Tribunal da Relação de São Paulo, Candido da Rocha.

7. Citação tão contundente quanto intrincada: remete aparentemente a um dos quarenta gauleses, ancestrais dos franceses, condenados à morte sem enterro pelo déspota sanguinário Mitrídates do Ponto VI (132-63 a.C.). A ordem, no entanto, não foi aplicada por inteiro, visto que o gaulês Poredorax, embora morto, foi enterrado, em sinal de dignidade. Cf. John Lempriere. *Lempriere's Classical Dictionary for Schools and Academies: Containing Every Name and All That Is Either Important or Useful in the Original Work*. Boston: Richardson, Lord and Holbrook, 1832, p. 321.

É a causa do infeliz africano Jacyntho, acintosamente contrariada pelo dr. Antonio Pinto do Rego Freitas,[8] como juiz municipal desta cidade.

S. Ex. neste negócio há sido o principal assessor daquele *dócil* juiz cujos despachos, manifestamente contrários à evidência da lei, hão sido por mim publicados pela imprensa, com espanto das pessoas sensatas.

Para minha completa justificação basta-me a singularíssima portaria de exoneração que foi-me endereçada.

Admirem-na:

O dr. Vicente Ferreira da Silva Bueno, chefe de polícia interino desta província, etc.

Chegando oficialmente ao meu conhecimento (*por comunicação oficiosa que lhe fizera o presidente da província*)[9] a maneira *inconveniente e desrespeitosa* com a qual o amanuense da secretaria da polícia Luiz Gonzaga Pinto da Gama tem tratado ao dr. juiz municipal suplente em exercício, do termo desta capital, em requerimentos sobre não verificados direitos de escravos, que, subtraindo-se ao poder de seus senhores *encontram apoio no mesmo amanuense* e, sendo por isso inconveniente a sua conservação na repartição da polícia, demito-o do lugar de amanuense. (!!!)[10]

Secretaria de polícia de São Paulo, 18 de novembro de 1869
O chefe de polícia interino
VICENTE FERREIRA DA SILVA BUENO

Mentira!

Dentro do prazo de um ano tenho conseguido a manutenção judicial de 30 pessoas que achavam-se em cativeiro indébito. Nenhuma delas fugiu da casa dos seus senhores ou detentores. Foram todas por mim arrancadas, por meios legais, do poder da usurpação moral.

---

8. Ver n. 4, p. 318.
9. Conforme se lê no original, este é um comentário de Gama na portaria de exoneração.
10. Conforme se lê no original, anotação de Gama na portaria de exoneração.

Assiste-me o direito de perguntar ao ex. sr. dr. chefe de polícia: quem são esses escravos aos quais ele se refere em sua memorável portaria?
De onde e quando vieram eles?
A quem pertencem?
Qual o lugar em que os acoutei?
A falta de verdade em um alto funcionário é uma nódoa inapagável.

Há um africano, um só, que veio da província de Minas Gerais em procura dos meus minguados esforços.

Em favor desse infeliz, requeri eu, no mesmo dia em que ele aqui chegou, ao celebérrimo[11] sr. dr. juiz municipal suplente desta cidade, as providências ordenadas pela Lei de 7 de novembro de 1831 e Decreto de 12 abril de 1832.[12]

A petição que então escrevi já é conhecida do público; foi por mim publicada no *Radical Paulistano*.[13]

Nessa petição, depois de 12 dias de reiteradas conferências, pôs o sr. dr. Rego Freitas um despacho inepto, ofensivo da lei e todo inspirado pelo exmo. sr. dr. presidente da província.

Se eu presto criminoso abrigo a escravos fugitivos, deixe o sr. dr. chefe de polícia o indigno ardil das sancadilhas[14] em que se envolve, sem consciência do risível papel que com sobeja[15] inópia[16] representa. Processe-me ou mande processar-me; cumpra o seu dever, porque eu saberei manter ileso o meu direito.

---

11. Superlativo de célebre, algo como muitíssimo célebre.
12. Ver n. 26, p. 443.
13. Cf., nesse volume, "Uma proveitosa lição de direito", p. 439.
14. Rasteiras, sacanagens, tramoias.
15. Excessiva, demasiada.
16. Pobreza. Pelo contexto, pode ser entendida como fraqueza moral.

Creia o exmo. sr. dr. Vicente Ferreira da Silva Bueno que o meu nome jamais servirá de pancárpia[17] para galardoar-se[18] as prevaricações[19] ingênuas do adiposo[20] sr. dr. Rego Freitas.
Agora duas palavras ao público judicioso.

Há seis anos, quando o sr. dr. José Ignacio Gomes Guimarães[21] exercia o lugar de juiz municipal no termo de Limeira,[22] a propósito de um discurso ultramontano[23] que ali pronunciara em pública reunião, escrevi, como democrata sincero, alguns artigos estigmatizando as doutrinas desse respeitável magistrado; artigos que, pelo ferino da sátira e forte energia de linguagem que encerravam, molestaram-no de algum modo.

Há quatro anos, sendo acre[24] e violentamente acometido pela tribuna e pela imprensa o sr. dr. Vicente Ferreira da Silva Bueno, como juiz de direito da comarca de Campinas, por decisões que dera no processo crime instaurado contra os culpados no homicídio do dr. Bernardino José de Campos,[25] resistindo eu obstinadamente às rogativas e reflexões dos meus amigos íntimos, inspirado tão somente por princípios de justiça, a mim tomei, espontaneamente e por mera simpatia, a causa digna do encanecido[26] juiz. E tenho plena convicção de havê-la defendido com louvável independência na colunas da *Revista Commercial*.

17. Coroa de flores.
18. Premiar-se.
19. Corrupções.
20. Por sentido figurado, pegajoso, nojento.
21. Ver n. 2, p. 377.
22. Município do interior paulista, distante 140 km da capital.
23. Ver n. 22, p. 117.
24. Em sentido figurado, ríspido, áspero, e/ou também ácido, mordaz.
25. Bernardino José de Campos (1806–1864), nascido na Bahia, foi advogado e juiz de direito em Minas Gerais e São Paulo. Foi pai de Bernardino José de Campos Júnior e Américo de Campos, figuras proeminentes no cenário político paulista e colaboradores bastante próximos de Luiz Gama no tempo do Clube Radical Paulistano. É provável que os "amigos íntimos" de que Gama fala nesse parágrafo sejam os próprios Bernardino Júnior e Américo.
26. Debilitado, envelhecido.

Há pouco tempo foi chefe de polícia desta província o sr. dr. José Ignacio Gomes Guimarães que, durante a sua administração, desfez-se em provas de estima e sincera consideração para comigo, ao ponto de opor-se obstinadamente à minha demissão, que, por motivos políticos, fora-lhe formal e tenazmente imposta!

Serve, hoje, interinamente de chefe de polícia desta província o sr. dr. Vicente Ferreira da Silva Bueno, que acaba de demitir-me, *segundo ele próprio declarou-me, de ordem do presidente da província, por inconveniente e desrespeitoso procedimento para com o exmo. jurisconsulto do Arouche!*...[27]

Esta triste ocorrência é prova cabal de que a honra e a dignidade não pertencem exclusivamente aos magistrados.

Entre eles há homens de bem, assim como há miseráveis togados.

São Paulo, 18 de novembro de 1869
LUIZ GAMA

---

27. Referência ao largo do Arouche, provável local de moradia do juiz de direito Rego Freitas.

Capítulo 2
Uma miséria inqualificável
O novo Alexandre[1]

Comentário   *Literatura normativo-pragmática. Gama dá continuidade ao artigo que revelou sua demissão do cargo de amanuense da Secretaria de Polícia. Segue a estratégia de defesa por duas frentes: no plano formal, debate a ilegalidade do ato administrativo que consumou sua demissão, demonstrando de modo cristalino a forma grosseira com a qual o chefe de polícia resolveu a questão; e, por outro lado, discute as razões fundantes da exoneração. Nesse artigo, Gama traz à baila o papel do juiz municipal Rego Freitas e seu conluio político — ou "misterioso acordo" — com o presidente da província e o chefe de polícia. Gama ainda revela ter sido informado de instruções e ordens do presidente da província para que apreendesse seu cliente, o africano Jacyntho, e o entregasse preso aos capangas daquele que se pretendia senhor. Ordem secreta, aliás, que o chefe de polícia teria ilegalmente cumprido. Foi o interesse escravocrata, ou a política da escravidão vista desde baixo, portanto, o ponto determinante para dobrar a fraqueza moral e a fragilidade normativa representada pela autoridade da jurisdição competente. No fundo, sugere o autor, o chefe de polícia, Silva Bueno, e o presidente da província, Candido da Rocha, apenas executavam ordens de outra esfera de poder que era, a rigor, muito mais poderosa do que a administração pública. "Quanto ao sr. dr. Rego Freitas", o juiz municipal competente para julgar a causa de Jacyntho e Anna, fulminava Gama: "direi apenas que é um pobre de espírito, para quem Deus aparelhou o reino do céu".*

---

1. *Correio Paulistano* (SP), A Pedido, 21 de novembro de 1869, p. 2.

> A rigorosa observância das leis constitui a
> sólida reputação dos magistrados.
>
> DES. M. F. TOMÁS[2]

II

Como empregado da secretaria de polícia, tinha os meus deveres marcados no Código de Processo Criminal, na Lei nº 261 de 3 de dezembro de 1841, no Regulamento nº 120 de 31 de janeiro de 1842 e nos Decretos nº 1.746 de 16 de abril de 1856 e nº 1.898 de 21 de fevereiro de 1857.[3]

Em nenhuma destas disposições acha-se estabelecida a obrigação de tratarem os empregados subalternos com subserviente vassalagem[4] os seus superiores. E, menos ainda, a qualquer outro funcionário ou magistrado de diversa hierarquia.

O juiz municipal nenhuma interferência tem, quer como autoridade judiciária, quer como funcionário administrativo, nas repartições de polícia.

Nem eu tampouco, na qualidade de amanuense da secretaria de polícia, tinha dever algum que cumprir em tal juízo.

Nas petições que firmei, a ele endereçadas, exerci um direito incontestável, como qualquer do povo ou simples cidadão.

Se no exercício imperturbável de semelhante direito cometi algum delito, é porque tive liberdade para perpetrá-lo.

2. Manuel Fernandes Tomás (1771-1822), juiz, desembargador e político português que teve atuação destacada nas Cortes Constituintes (1820) e na Revolução Liberal do Porto (1820).
3. Referência geral ao Código de Processo Criminal (1832), à lei que o reformou em 1841, e a dois decretos regulamentares das funções das secretarias de polícia — o primeiro da polícia da Corte e o segundo da polícia de algumas províncias, entre elas, a de São Paulo. É de se notar que Gama organiza uma hierarquia normativa sobre os deveres de um empregado de polícia, começando pelo Código de Processo Criminal, principal legislação de processo criminal do país, seguindo até um decreto específico que regia a organização policial em São Paulo.
4. Carrega o sentido de resignação, extrema subalternidade, servilismo.

Por tais atos, a ninguém devo satisfazer senão às autoridades competentes.

De tais atos, só podem conhecer as autoridades por meio de sumário criminal e nos termos da lei.

Assim, pois, o arbitrário procedimento do exmo. sr. dr. chefe de polícia para comigo, encerraria uma indignidade revoltante se a miopia fatal que lhe obscurece os olhos já lhe não tivesse penetrado a consciência rostida[5] pelos anos e pelas mesuradas[6] homenagens à fraqueza.

S. Exc. é jurisconsulto abalizado; não pode, de boa fé, infringir grosseiramente a lei para violar os direitos sagrados dos seus concidadãos.

S. Exc. declarou-me que foi compelido pelo governo a demitir-me e que o fizera contra a sua vontade!... E podia acrescentar: contra o seu dever.

Ao confessar, porém, esta vergonhosa fraqueza, esqueceu-se da disposição do art. 45 do Regulamento nº 120 de 31 de janeiro de 1842:

Os amanuenses da repartição de polícia são *livremente* nomeados e demitidos pelo chefe de polícia.

Se o presidente da província foi bastante iníquo[7] para impor tão estranho arbítrio ao sr. dr. chefe de polícia, cônscio dos seus deveres, cabia repeli-lo com energia, não por amor dos meus interesses, mas em consideração do seu próprio pudor.

O presidente exigiu!

Se aprouver amanhã ao sr. presidente da província, *o que não será novidade*, mandar recolher-me à prisão e, se para satisfazer o seu malévolo capricho, tiver a inspiração de escolher, para instrumento, o bondoso sr. dr. Vicente Ferreira,[8] nutro a segurança

---

5. Moída, maltratada, surrada.
6. Atenciosas, rigorosas.
7. Perverso.
8. Ver n. 3, p. 452.

de que o integérrimo⁹ chefe de polícia, depois de recalcitrar¹⁰ um pouco, por nímia¹¹ modéstia, mandará submisso executar o firmã;¹² feito o quê, sairá contrito¹³ e opado,¹⁴ de porta em porta, mussitando¹⁵ aos seus fiéis amigos: "que o presidente usou e abusou da sua pudicícia;¹⁶ e que, perverso, o arrastou à perpetração da hórrida monstruosidade!..."

Que governo, santo Deus, e que magistrados!

São estes os garantidores da honra, dos direitos e da segurança dos cidadãos!!

*Proh pudor!!!*¹⁷

Os superiores, sr. dr. Vicente Ferreira, as autoridades altamente colocadas pela vontade nacional, quando não estão poluídas pela morfeia¹⁸ da desídia,¹⁹ só devem exigir o rigoroso cumprimento do que as leis determinam.

O país paga para ter juízes honestos; os algozes depravados procuram-se nos cárceres, entre os abomináveis criminosos.

Mandar o contrário é um crime, é provocar, com desazo,²⁰ a indignação dos empregados sisudos.

O ato de minha demissão encerra uma miséria inqualificável,

---

9. Extremamente íntegro, o que, dada a escancarada ironia, sugere exatamente o oposto.
10. Resistir obstinadamente ao cumprimento de uma ordem.
11. Demasiada, excessiva.
12. Firmão, decreto vindo de soberano ou autoridade máxima. Carrega sentido pejorativo, que assinala ato despótico, como se aplica ao caso em vista.
13. Arrependido, pesaroso.
14. Por sentido figurado, soberbo, orgulhoso.
15. Murmurando, resmungando.
16. Probidade, decência.
17. Do latim, "ó, vergonha".
18. O mesmo que lepra, doença crônica e contagiosa.
19. Negligência, irresponsabilidade.
20. Despropósito, inépcia.

que tornaria réu de prevaricação[21] o seu autor, se de há muito a idade e os dissabores políticos lhe não houvessem arrebatado o fardel[22] oneroso da imputabilidade.

Ousa dizer o exmo. sr. dr. chefe de polícia que eu prestei abrigo indevido a escravos subtraídos domínio senhorial!

Quão gasta pelas tricas[23] inconfessáveis vai de tropel[24] a enfraquecida memória de S. Excia!...

Eu requeri ao sr. juiz municipal suplente, dr. Rego Freitas, *depósito judicial do africano Jacyntho, importado no Brasil depois da lei proibitiva do tráfico.*

O sr. dr. Rego Freitas, assessorado juiz, por excelência, inspirado pelo honrado presidente da província, nega-se obstinadamente ao cumprimento da lei.

Entretanto, enquanto eu sustentava, com tenacidade e energia, o direito desse infeliz, o exmo. sr. dr. chefe de polícia, por misterioso acordo com o presidente, expedia ordem secreta ao exmo. conselheiro delegado da capital para mandar apreender clandestinamente o desgraçado africano, e entregá-lo manietado ao reclamante, suposto senhor, a fim de conduzi-lo para a província de Minas, por dois expressos[25] postos à espera nas cercanias desta cidade!...

E ousa afirmar o exmo. sr. chefe de polícia que eu dou a escravos proteção ilegal!...

S. Excia. sofre da vista e tem a simplicidade de crer que o mundo é composto de cegos.

Digamos a verdade sem rebuço.

---

21. A expressão ganha sentido jurídico-processual de abuso de poder, quando o funcionário público pratica ato de ofício contra expressa disposição legal, visando satisfazer interesse pessoal e/ou partidário.
22. O mesmo que fardo. No contexto, o substantivo assume o sentido de sérias responsabilidades.
23. Intrigas, artimanhas.
24. A todo vapor, por livre extensão de sentido.
25. O que transporta rapidamente, sem escalas. Pelo contexto, pode significar dois veículos ou dois capangas encarregados de escoltar o africano Jacyntho.

A minha demissão era um nó górdio,[26] que há tempos preocupava muitos espíritos. E para cortá-lo, achou-se, ao fim, um inculpado Alexandre de cataratas![27]

Consta-me que a horda esfaimada[28] de garimpeiros políticos e de refalsados[29] estelionatários que por aí se arrastam atidos[30] à fímbria[31] dos taumaturgos[32] de partido, mendigando sinecuras[33] e depredações, começa de exercer contra mim a sua costumeira maledicência.

O meu primeiro artigo, inserto no *Correio* de hoje, na opinião sáfara[34] destes gastos polinctores[35] do governo, não é uma expansão da moral revoltada perante o cinismo autocrático da administração; é a cólera do despeito exacerbada pela perda do emprego!

26. Ver n. 58, p. 209.
27. Por metonímia, a referência a Alexandre, o Grande (356–323 a.C.), assume contornos burlescos e substitui o todo-poderoso chefe de polícia que assinou a portaria de demissão, Vicente Ferreira da Silva Bueno (1815–1873). Enfurecido, o autor insinua que Bueno "sofre da vista" e portava "cataratas", não se sabendo, contudo, se empregava, uma vez mais, o recurso retórico da metáfora de que o chefe de polícia não enxergava bem, ou se explorava uma condição física desfavorável.
28. Esfomeada.
29. Desleais, hipócritas.
30. Extremamente apegado.
31. Barra das calças.
32. Por derivação de sentido, charlatães, trapaceiros.
33. Benesses, mamatas ou cargos rendosos que exigem pouco ou nenhum trabalho.
34. Tosca, grosseira.
35. Aqueles que, na Roma Antiga, embalsamavam cadáveres e os preparavam para o enterro. Em alguns casos, pode-se equivaler polinctor a coveiro ou, de modo mais preciso com a terminologia contemporânea, ao agente funerário. Assim, por metonímia, Gama acrescia mais um duro epíteto aos seus opositores, qualificando os críticos de seu recente artigo como agentes funerários do corpo insepulto que era o governo. É de se notar, no entanto, que, por erro tipográfico em uma única letra, a palavra foi composta tipograficamente como "polinetores". Porém, examinado-se o contexto, a construção da metáfora e a marcação estilística particularmente modulada por sólido domínio vernacular, compreende-se que a transcrição corrigida para "polinctores" é tão segura quanto obrigatória para o estabelecimento do texto.

Míseros turcomanos[36] despudorados, para quem mais vale o dinheiro do que a honra!

E jactam-se[37] de cidadãos brasileiros indivíduos que, sem corar, põem acima da razão e do direito os preconceitos sociais e as conveniências imorais de alguns funcionários prevaricadores!

Descansem, porém, os turiferários[38] do escândalo e da corrupção, que eu hei de continuar impávido na tarefa encetada,[39] se bem que sobremodo árdua, ainda que pese o arbítrio desfaçado com que pretendem vencer-me.

Agora aguardo o processo cuja instauração foi requisitada ao sr. dr. promotor público da comarca, pela calúnia que irroguei[40] ao sr. dr. juiz municipal suplente.

Do Tribunal do Júri darei aos meus concidadãos conta completa dos meus atos.[41]

Quanto ao sr. dr. Rego Freitas, direi apenas que é um pobre de espírito, para quem Deus aparelhou o reino do céu.

São Paulo, 20 de novembro de 1869
LUIZ GAMA

P. S.: Consta-me que algumas pessoas julgaram apócrifa a portaria de minha demissão e forjada por gaiatice, para injuriar-se o bom senso e a ilustração do sr. dr. chefe de polícia.

Este fato obriga-me a deixá-la em exposição na tipografia do *Correio Paulistano*, para desilusão dos *Tomés*[42] incrédulos.

---

36. Relativo ao indivíduo turcomano, povo asiático originário da Sibéria oriental cujos descendentes se encontram entre os turcos, búlgaros e cazaques.
37. Gabam-se, vangloriam-se.
38. Bajuladores, aduladores.
39. Iniciada, em desenvolvimento.
40. Impus, acusei.
41. Refere-se à acusação da qual trataria de se defender e de que sairia inocentado por decisão unânime dos jurados.
42. Remete à "Dúvida de Tomé", passagem bíblica narrada em João 20:24–29. A expressão indica que a dúvida só pode ser sanada com o contato direto, visual.

Capítulo 3
A comédia que foi a tragédia
Ainda o novo Alexandre[1]

Comentário *Como o título sugere, Gama continua a discussão pública sobre as causas que levaram à sua demissão. Acrescenta, nessa oportunidade, um excerto do noticiário, oriundo da própria Secretaria de Polícia, no qual o ex-delegado Furtado de Mendonça, seu "mestre" e "dedicado protetor" dava sua versão da conversa que tiveram em 02 de novembro de 1869, na qual Gama havia sido intimado a deixar de agir em "questões de liberdade". Ocorre que, como Gama explora com a notável habilidade que lhe é característica, o que deveria servir para isentar o governo de responsabilidade política, tornou-se uma admissão indireta dos interesses que guiaram a consumação da demissão. A livre confissão de que o envolvimento de Gama em causas de liberdade era como "estar mexendo em um vulcão" não poderia ser mais ilustrativa. Contudo, o que já estava explícito ganhava ainda mais nitidez com a continuação da conversa, mesmo na versão publicada pela Secretaria de Polícia. Nela, o ex-chefe de polícia avisou Gama com todas as letras que "o podiam demitir e perseguir". Isso mesmo: Furtado de Mendonça avisara Gama que, em razão em sua ação forense e jornalística em questões de liberdade, dimensões do exercício pessoal da cidadania fora da competência da administração, o governo poderia lhe demitir e perseguir. Gama tomaria a frase de Furtado de Mendonça e a discutiria com o público.*

Tinha-se representado a tragédia e o sr. dr. Vicente Ferreira[2] bem desempenhado o seu papel de Alexandre.

Eu estava demitido e a propriedade servil acautelada.

Os salteadores da liberdade dormiam o sono dos justos e a Lei de 1831 estava esmagada pela rocha[3] presidencial.

5

O espetáculo, porém, não se havia completado.

1. *Correio Paulistano* (SP), A Pedido, 27 de novembro de 1869, p. 1.
2. Ver n. 3, p. 452.
3. Referência indireta ao presidente da província de São Paulo, artífice da demissão de Gama, Antonio Candido da Rocha.

Houve surpresa. O público não estava prevenido. Deu-se a representação sem programa; a curiosidade fora tomada de assalto.

A fé! Em urdiduras de bastidores o nosso amável governo é o primeiro!

Sentemo-nos de novo na arquibancada, distintos leitores: vai continuar a interrompida representação.

Agora também faço eu parte dos espectadores.

Comprei, por bom preço, bilhete de *segunda ordem*, mas deram-me assento na plateia!...

Isto, porém, acontece impunemente, porque o sr. chefe interino de polícia, inspetor do *teatro*, é gerente secreto da empresa...

Nada reclamo, entretanto; porque comprei o direito de patear[4] ao meu sabor.

Para dissipar as impressões veementes, causadas pela exibição da tragédia policial, vão deleitar-nos com festival comédia.

Ouçamo-la:

SECRETARIA DE POLÍCIA

Dessa repartição comunicam-nos o seguinte:

Não tendo estado com o ex-amanuense Luiz Gama depois de sua demissão, por incômodos de saúde que me tem privado de sair, por isso, tendo lido a exposição que ele fez, não sei se a mim se refere no 4º §. *Se é*, cumpre-me retificá-lo, em honra da verdade.

Pela amizade que a ele tenho há vinte e dois anos, tendo ido à secretaria da polícia, em dia que não tenho presente, para informar-me de quantas licenças tivera o carcereiro Taborda, encontrando o mesmo Luiz Gama disse-lhe *que mais uma vez e a última lhe dizia terminantemente deixasse de envolver-se em questões de liberdade, e que era estar mexendo em um vulcão,* e que eu achava inconveniente, *bem como o dr. Antonio Candido da Rocha,* assim proceder ele, *sendo*

---

4. Bater os pés em sinal de protesto, que aqui serve tanto em linguagem teatral, quando o público reage em desagrado, quanto em protesto jurídico perante a opinião pública, a qual o autor, não podemos esquecer, não perde de vista.

empregado de polícia (!!!); e *de minha conta* acrescentei: *que o podiam demitir e perseguir.* Eu não podia *intimar em nome de quem pela lei não podia demitir* e que semelhante recomendação me não fizera.

F. M. S. FURTADO DE MENDONÇA[5]

Este precioso documento, aliás escrito com ingenuidade mui notável e, ao que parece, no seguro intuito de não ver a luz da imprensa, foi com irrisório ardil extraído das *partes oficiais* da delegacia à secretaria de polícia, pelo deslumbrado sr. dr. Vicente Ferreira da Silva Bueno.

Admirável originalidade!...

A sua especiosa[6] e meditada publicação pela imprensa é um depoimento inconcusso[7] da culposa prevaricação[8] do chefe de polícia, e da refalsada[9] conivência do presidente nesta questão.

Depois da inserção importante deste documento, os exmos. srs. presidente e chefe de polícia, para serem coerentes e mostrarem-se dignos dos lugares que ocupam, deveriam ter requerido carta de guia para o hospício de Dom Pedro II.

Estou plenamente justificado perante os homens honestos do meu país.

A eloquência incontrastável da sentença, proferida por juiz competente, dispensa-me de ociosos arrazoados.

Resta-me agradecer ao exmo. sr. conselheiro F. M. S. Furtado de Mendonça, meu ilustre mestre, honrado amigo e dedicado protetor, a sátira pungente com que acaba de fulminar a corruptora administração dos srs. Antonio Candido da Rocha e Vicente Ferreira da Silva Bueno.

Deixa-te de patrocinares a causa dos infelizes, postos ilegalmente em cativeiro, porque o governo, protetor do crime e da imoralidade, demitir-te-á do emprego que exerces, e te perseguirá!!!....

5. Ver n. 35, p. 191.
6. Enganosa, com aparência de verdade.
7. Indiscutível, incontestável.
8. Corrupção, descumprimento do dever por interesse ou má-fé.
9. Desleal, hipócrita.

E a demissão realizou-se!...
Resta a perseguição, que de ânimo tranquilo aguardo.

São Paulo, 26 de novembro de 1869
LUIZ GAMA

Capítulo 4
Fim da peça
Pela última vez[1]

Comentário *O artigo continua a série que trata da exoneração do cargo de amanuense, mas, ao contrário do que o título sugeriria, não foi nem a última vez que tratou do episódio da demissão publicamente, nem a última vez que se dirigiu na imprensa ao "ilustre mestre e honrado amigo" Furtado de Mendonça. No mês seguinte, Gama publicou um artigo a mais sobre a demissão, replicando o noticiário da imprensa conservadora do Rio de Janeiro e, alguns anos mais tarde, dedicaria um artigo laudatório ao amigo Furtado de Mendonça. Contudo, o que lemos nesse texto é uma de suas raras descrições autobiográficas. E é bastante reveladora tanto de sua trajetória pregressa quanto de seu estado anímico para as batalhas do futuro. A demissão do emprego pessoal, como se lê, ganha ares de manifesto abolicionista e republicano. O compromisso pessoal torna-se "sonho sublime" de uma nova ordem política e social, isto é, de um Brasil "sem reis e sem escravos". No entanto, ainda que afirmasse a luta abolicionista e republicana como ideal de vida, tinha os olhos no presente que se desenrolava à sua frente. Estava demitido da polícia, é verdade, e precisava de um novo ganha-pão. Precisava, contudo, ter muito claro que a reação dos conservadores não pararia por ali.*

O meu ilustre mestre e honrado amigo, o exmo. sr. conselheiro Furtado de Mendonça,[2] teve a infelicidade de ler com prevenção os meus escritos: traduziu mal as minhas ideias, tomou a nuvem por Juno,[3] e julgou-me com inconveniente precipitação.

A prova cabal deste asserto está estampada na sua primeira explicação que corre impressa *com caráter oficial*. Eis o motivo porque eu tachei de *ingênua e notável* essa publicação. Será isto um novo doesto?...[4]

1. *Correio Paulistano* (SP), A Pedido, 03 de dezembro de 1869, p. 1.
2. Ver n. 35, p. 191.
3. Ditado antigo e proveniente da mitologia greco-romana que expressa a ideia de alguém que se confundiu, que se iludiu com as aparências.
4. Insulto, acusação desonrosa.

Um meu distinto amigo e muito ilustrado colega da redação do *Radical Paulistano*[5] escreveu em minha ausência algumas palavras amargas, mas sinceras, relativamente à minha demissão. S. Exc. teve a feliz lembrança de amistosamente impor-me a responsabilidade desse escrito.

Pois bem, satisfaço os desejos do meu nobre amigo e desvelado protetor; aceito, com orgulho, a responsabilidade que me impõe.

Agora uma última palavra:

A ninguém ainda dei o direito de acoimar-me[6] de ingrato.

A minha história encerra o evangelho da lealdade e da franqueza. O benefício é para mim um penhor sagrado; *letra* que se não resgata, porque é escrita no coração.

Há cerca de vinte anos, o exmo. sr. conselheiro Furtado, por nímia[7] indulgência,[8] acolheu benigno em o seu gabinete, um soldado de pele negra, que solicitava ansioso os primeiros lampejos da instrução primária.

Hoje, muitos colegas desse soldado têm os punhos cingidos[9] de galões[10] e os peitos de comendas.

Havia ele deixado de pouco os grilhões de indébito cativeiro que sofrera por 8 anos, e jurado implacável ódio aos *senhores*.

Ao entrar desse gabinete consigo levara ignorância e vontade inabalável de instruir-se.

Seis anos depois, robustecido de austera moral, o ordenança da delegacia de polícia despia a farda, entrava para uma repartição pública, fazia-se conhecido na imprensa como estrênuo[11] democrata, e esmolava, como até hoje, para remir os cativos.

5. Refere-se, provavelmente, a Américo de Campos, colega de redação do *Radical Paulistano* que publicou um artigo crítico da demissão e, por extensão, em defesa da conduta profissional de Gama.
6. Tachar-me, repreender-me.
7. Excessiva.
8. Benevolência, bondade.
9. Circundados, envoltos.
10. Espécie de distintivo de determinadas patentes militares ornado na farda.
11. Corajoso, destemido.

Não possuía pergaminhos, porque a inteligência repele os diplomas, como Deus repele a escravidão.

O ex-soldado, hoje tão honesto como pobre, *quaker* ou taciturno ebionita,¹² arvorou à porta da sua cabana humilde o estandarte da emancipação, e declarou guerra de morte aos salteadores da liberdade.

Tem por si a pobreza virtuosa; combate contra a imoralidade e o poder.

Os homens bons do país, compadecidos dele, chamam-no de louco; os infelizes amam-no; o governo persegue-o.

Surgiu-lhe na mente, inapagável, um sonho sublime, que o preocupa: O Brasil americano e as terras do Cruzeiro sem rei e sem escravos!

Eis o estado a que chegou o discípulo obscuro do exmo. sr. conselheiro Furtado de Mendonça.

Enquanto os sábios e os aristocratas zombam prazenteiros das misérias do povo; enquanto os ricos banqueiros capitalizam o sangue e o suor do escravo; enquanto os sacerdotes de Cristo santificam o roubo em nome do Calvário;¹³ enquanto a venalidade togada mercadeja impune sobre as aras da justiça, este filho dileto da desgraça escreve o magnífico poema da agonia imperial. Aguarda o dia solene da regeneração nacional, que há de vir; e, se já não viver o velho mestre, espera depô-lo com os louros da liberdade sobre o túmulo que encerrar as suas cinzas, como testemunho de eterna gratidão.

São Paulo, 2 de dezembro de 1869
LUIZ GAMA

12. A passagem é complexa porque faz dupla referência: tanto evoca o legado *quaker*, isto é, movimento protestante que nos Estados Unidos da América advogou o abolicionismo radical e uma ideia de cristianismo original; quanto nuança essa identidade pela qualificação de ebionita, em referência ao movimento cristão ebionita, de matriz etíope, que argumentava pela necessidade da pureza de crenças e convicções religiosas e políticas.
13. Ver n. 36, p. 71.

PARTE XI

PELA ÚLTIMA VEZ, VÍRGULA

NOTA INTRODUTÓRIA   Naquele dezembro de 1869, Gama enfrentava uma das condições mais hostis de sua vida adulta. Recém-casado e com filho pequeno, o arrimo de família se via desempregado, sem dinheiro e, quase que, senão literalmente, com a faca no pescoço. Certo de que sofreria nova perseguição, conjecturava cenários sinistros, que iam desde a prisão simples até, pelo menos, a deportação sumária, sabe-se lá para onde, e sob quais meios de força. O perigo o espreitava e ele simplesmente não podia errar o próximo passo. No meio da tempestade, contudo, Gama fez o básico, para depois dar o pulo do gato, que seria a entrada para o mundo da advocacia. E o básico, antes de tudo, foi levantar dinheiro com os livros que ainda possuía e anunciar serviços que poderiam lhe pagar as contas. Parece trivial, mas os dois anúncios devem ter garantido recursos indispensáveis para o pão de cada dia. Todavia, só esses dois anúncios, para a sua fome de justiça, não bastavam. Gama fez questão de um terceiro anúncio, desta vez afirmando sua permanência na luta política do abolicionismo nos tribunais. Era como se, além do trabalho diário, ele pensasse no trabalho de amanhã.

Capítulo 1
Raspando o tacho[1]

Comentário *Oito anos e meio depois de lançar a segunda edição de suas Primeiras trovas burlescas, Gama colocava à venda os "últimos exemplares" de seu livro de poesias. O anúncio, que nada tinha de ocasional ou fortuito, era publicado justamente no mês em que Gama havia sido demitido do cargo de amanuense da Secretaria de Polícia. Era, pode-se conjecturar, uma forma do recém-desempregado levantar indispensáveis recursos para atravessar aqueles tempos difíceis.*

POESIAS JOVIAIS E SATÍRICAS POR LUIZ GAMA

Os últimos exemplares da segunda edição, enriquecida com belíssimos cânticos do exmo. conselheiro José Bonifácio.[2]

Vende-se nesta tipografia a 2$000.[3]

---

1. *Correio Paulistano* (SP), Anúncios, [sem título], 25 de novembro de 1869, p. 3.
2. José Bonifácio de Andrade e Silva, o Moço (1827–1886), nasceu em Bordeaux, França, e viveu grande parte da vida em São Paulo, onde se graduou e foi professor de direito. Embora tenha sido na política que alcançou maior notoriedade, como deputado, ministro e senador em sucessivos mandatos desde o início da década de 1860, Bonifácio também foi poeta, e cedeu alguns de seus poemas para Gama incluir em sua obra inaugural.
3. A tipografia do *Correio Paulistano* era a mesma onde se editava o *Radical Paulistano*, de modo que, sendo Gama figura de proa do órgão de imprensa do clube radical, ele poderia ser facilmente encontrado nesse endereço.

Capítulo 2
A luta continua[1]

Comentário   *O anúncio de jornal é tão curto quanto eloquente: Gama, a despeito da demissão do cargo de amanuense da Secretaria de Polícia da capital, e da perseguição que sofria, continuaria na luta por liberdade. O aviso deve ter atordoado os escravocratas. Mesmo com tudo que ele havia passado no mês de novembro de 1869, Gama resistia na luta.*

SÃO PAULO

Luiz G. P. da Gama continua a tratar causas de liberdade.

Outrossim, responde consultas para fora da capital, tudo sem retribuição alguma.

---

1. *Correio Paulistano* (SP), Anúncios, [sem título], 28 de novembro de 1869, p. 3.

Capítulo 3
Qualquer parada[1]

Comentário *Gama redobra a investida do anúncio anterior. Dessa vez, carrega na tinta e diz que se encarregava de atuar em "qualquer causa crime", além de defesas no júri de "qualquer município da província" ou mesmo de "promover a solução de qualquer pendência administrativa" na capital. Em nome do direito, Gama topava qualquer parada. Para isso, fez da sua casa a casa de todos que tinham sede de justiça; e, assim, o nº 99 da rua Vinte e Cinco de Março tornou-se o escritório da liberdade.*

Luiz G. P. da Gama encarrega-se de qualquer causa crime nos juízos desta cidade, assim como de defesas perante o júri, em qualquer município da província.

Também se incumbe de tirar títulos ou promover a solução de qualquer pendência administrativa nas repartições da capital.

Pode ser procurado na casa de sua residência à rua Vinte e Cinco de Março nº 99.

---

1. *Correio Paulistano* (SP), Anúncios, [sem título], 12 de dezembro de 1869, p. 3. A nota foi republicada no mesmo jornal e em seção da edição de 16 de dezembro de 1869, assim como no *Ypiranga* (SP), 12 de dezembro de 1869, p. 4.

ALMEIDA, Candido Mendes de; ALMEIDA, Fernando Mendes de. *Arestos do Supremo Tribunal de Justiça coligidos em ordem cronológica até hoje*. Rio de Janeiro: B. L. Garnier, 1883.

ALONSO, Angela. *Flores, votos e balas: o movimento abolicionista brasileiro (1868-88)*. São Paulo: Companhia das Letras, 2015.

ASSIS, Machado de. *Correspondência de Machado de Assis, tomo V – 1905-1908*. Organização de Sergio Paulo Rouanet, Irene Moutinho e Sílvia Eleutério. Rio de Janeiro: ABL, 2015.

ASTIÉ, Jean-Frédéric. *Histoire de la République des États-Unis depuis l'établissement des premiéres colonies jusqu'à l'élection du président Lincoln (1620-1860)*. Vol. 1. Paris, 1865.

AZEVEDO, Elciene. *Orfeu de carapinha: a trajetória de Luiz Gama na imperial cidade de São Paulo*. Campinas, SP: Editora da Unicamp, 1999.

BALABAN, Marcelo. *Poeta do lápis: sátira e política na trajetória de Angelo Agostini no Brasil Imperial (1864-1888)*. Campinas, SP: Editora da Unicamp, 2009.

BARBOSA, Maria do Socorro Ferraz. "Liberais constitucionalistas entre dois centros de poder: Rio de Janeiro e Lisboa". In: *Tempo*, 12 (24), 2008, pp. 98-125.

BARBOSA, Rui. "Luiz Gama". In: *Páginas Literárias (1877-1917)*. Bahia: Livraria Catilia, 1918, pp. 25-26.

BRASIL. *Coleção das decisões do governo do império do Brasil de 1822*. Vol. 3, Rio de Janeiro, 1887, pp. 56-59.

CALMON, Pedro. "Luiz Gama, o negro genial". *Jornal do Comércio*, 21 de junho de 1930.

FERREIRA, Ligia Fonseca. *Luiz Gama (1830-1882): étude sur la vie et l'oeuvre d'un Noir citoyen , militant de la lutte anti-esclavagiste au Brésil*. Tese de doutorado, Universidade de Paris 3, 2001, 4 v.

_____. "Luiz Gama: um abolicionista leitor de Renan". In: *Estudos Avançados*, vol. 21, n. 60, São Paulo, 2007, pp. 271-288.

_____. "Luiz Gama por Luiz Gama: carta a Lúcio de Mendonça". In: *Teresa. Revista de Literatura Brasileira*, n. 8/9, São Paulo, 2008, pp. 300-321.

_____. *Com a palavra, Luiz Gama: poemas, artigos, cartas, máximas*. São Paulo: Imprensa Oficial do Estado de São Paulo, 2011.

_____. *Lições de resistência: artigos de Luiz Gama na imprensa de São Paulo e do Rio de Janeiro*. São Paulo: Edições Sesc São Paulo, 2020.

GAMA, Luiz. *Primeiras Trovas Burlescas de Getulino*. São Paulo: Tipografia Dois de Dezembro, 1859.

_____. *Primeiras Trovas Burlescas de Getulino*. 2ª edição correta e aumentada. Rio de Janeiro: Tipografia de Pinheiro e Cia., 1861.

_____. *Primeiras Trovas Burlescas de Luiz Gama (Getulino)*. Prefácio de Coelho Neto. Edição organizada por Antônio dos Santos Oliveira e João da Rosa e Cruz. São Paulo: Bentley Jr., 1904.

_____. *Trovas Burlescas e escritos em prosa*. Edição organizada por Fernando Góes. São Paulo: Edições Cultura, 1944.

_____. *Primeiras Trovas Burlescas*. São Paulo: Editora Três, 1974. (Coleção Obras Imortais de Nossa Literatura, v. 47).

_____. *Primeiras Trovas Burlescas & outros poemas*. Edição, introdução e notas de Ligia Fonseca Ferreira. São Paulo: Martins Fontes, 2000. (Coleção Poetas do Brasil).

GLEZER, Raquel. "Introdução". In: *Democracia: Jornal Hebdomadário, 1867-1868*. Edição fac-similar. São Paulo: Imprensa Oficial, Arquivo do Estado, 1981, s.n.

LAMENNAIS, Félicité Robert de. *Palavras de um crente*. Escritas em francês pelo senhor padre Lamennais e vertidas em vulgar por Antonio Feliciano de Castilho. Lisboa: Tipografia Bulhões, 1836.

LEMPRIERE, John. *Lempriere's Classical Dictionary for Schools and Academies: Containing Every Name and All That Is Either Important or Useful in the Original Work*. Boston: Richardson, Lord and Holbrook, 1832.

LINK, Christoph. "Ius in sacra / ius circa sacra". In: *Religion Past and Present*. Disponível em: *https://www.hedra.com.br/r/y5L*.

MACHADO, Maria Helena Pereira Toledo; CASTILHO, Celso Thomas (org.). *Tornando-se livres: agentes históricos e lutas sociais no processo de abolição*. São Paulo: Editora da Universidade de São Paulo, 2015.

MAMIGONIAN, Beatriz G. *Africanos livres: a abolição do tráfico de escravos no Brasil*. São Paulo: Companhia das Letras, 2017.

MARTINS, António Manuel. "Recepção em Portugal das encíclicas sobre o liberalismo: Mirari-vos, quanta cura e immortale Dei.". In: *Lusitania Sacra*, 2ª série, Tomo 1, 1989, Lisboa, pp. 41-80.

MENNUCI, Sud. *O precursor do Abolicionismo no Brasil – Luiz Gama*. São Paulo: Companhia Editora Nacional, 1938.

MOORE, Zelbert Laurence. *Luiz Gama, Abolition and Republicanism in São Paulo (1870-1888)*. Tese de doutorado, Temple University, 1978.

NEVES, Marcelo da Costa Pinto. *A Constitucionalização simbólica*. 3ª edição. São Paulo: WMF Martins Fontes, 2011.

OLIVEIRA, José Feliciano de. "Luiz Gama e as Trovas de Getulino". *O Estado de São Paulo*, 06 de dezembro de 1930, p. 3.

OLIVEIRA, Silvio Roberto dos Santos. *Gamacopéia: ficções sobre o poeta Luiz Gama*. Tese de doutorado, Universidade Estadual de Campinas, 2004, 255 f.

OLIVEIRA, Vitor Martins; FARIAS, Priscila Lena. "O repertório de tipos da Typographia Imparcial de Marques & Irmão entre 1857 e 1862". In: *Revista Brasileira de Design da Informação*, São Paulo, v. 16, n. 3, 2019, pp. 467-476.

PARRON, Tâmis Peixoto. *A política da escravidão no Império do Brasil, 1826-1865*. Rio de Janeiro: Civilização Brasileira, 2011.

PINTO, Ana Flávia Magalhães. *Imprensa negra no Brasil do século XIX*. São Paulo: Selo Negro, 2010.

_____. *Escritos de liberdade: literatos negros, racismo e cidadania no Brasil oitocentista*. Campinas, SP: Editora da Unicamp, 2018.

POMPEIA, Raul. "Luiz Gama". In: MONIZ, Heitor (org.). *Letras Brasileiras*. Rio de Janeiro: A Noite, n. 13, maio de 1944.

_____. "Última página da vida de um grande homem". In: COUTINHO, Afrânio (org.). *Obras de Raul Pompéia: escritos políticos*. Vol. 5. Rio de Janeiro: Civilização Brasileira; MEC; Fename, 1982.

SANTOS, Arlindo Veiga dos. *A lírica de Luiz Gama*. São Paulo: Atlântico, 1944.

SANTOS, Délio Freire dos. "Primórdios da imprensa caricata paulistana: O Cabrião". In: *Cabrião: semanário humorístico editado por Ângelo Agostini, Américo de Campos e Antônio Manoel dos Reis, 1866-1867*. 2ª ed. São Paulo: Editora da UNESP, Imprensa Oficial, 2000, pp. xi-xiv.

SCHWARCZ, Roberto. "Autobiografia de Luiz Gama". In: *Novos Estudos Cebrap*. São Paulo, Cebrap, no. 25, outubro de 1989.

SILVA, João Romão da. "Luiz Gama, poeta satírico". *Correio da Manhã*. Rio de Janeiro, 26 de junho de 1952.

_____. *Luiz Gama e suas poesias satíricas*. Rio de Janeiro: Editora Livraria Casa do Estudante do Brasil, 1954.

_____. *Luiz Gama e suas poesias satíricas*. 2ª edição, revista e aumentada. Rio de Janeiro: Livraria Editora Cátedr. Brasília: Instituto Nacional do Livro, 1981.

SODRÉ, Nelson Werneck. *História da imprensa no Brasil*. Rio de Janeiro: Mauad, 1999.

TEIXEIRA, Kátia Leiróz. *O Grito da Cor: A liberdade no pensamento abolicionista de Luiz Gama*. Dissertação de mestrado, Universidade do Estado do Rio de Janeiro, 2000, 293 f.

YOUSSEF, Alain El. *O Império do Brasil na segunda era da abolição, 1861-1880*. Tese de doutorado, Universidade de São Paulo, 2019, 312 f.

In memoriam

Devo expressar o meu reconhecimento a mestres que me acolheram, ouviram a minha procura por Luiz Gama, e me deram ideias e instrumentos para buscar a minha *fórmula mágica da paz*. Maria Emília Gomes Barbosa (1922-2006), a minha tia Lula, mãe de santo e então matriarca do Quilombo Brotas, em Itatiba (SP), encorajou os meus primeiros passos no estudo da vida de Gama. No agitado curso das lutas pela titulação da terra quilombola (2002-2005), encampada pela Associação Cultural Quilombo Brotas, de que tenho a honra de ser sócio fundador, desde a assembleia de 23 de março de 2003, tia Lula explicou-me a história da abolição da escravidão no Brasil e acompanhou-me nas primeiras leituras que fiz dos escritos de Gama. Na cidade da Bahia, em 2009, Deoscóredes Maximiliano dos Santos (1917-2013), o saudoso mestre Didi, então sumo sacerdote do culto dos ancestrais nagôs na Bahia e autor do *Yorubá tal qual se fala* (1946), entre outros misteres e sacerdócios, recebeu-me de modo inesquecível no Ilê Axipá e vivamente aconselhou-me, dando-me senhas para tal, a prosseguir com os estudos em Gama. Deraldino Batista Lima (1928-2014), artista plástico fundador da Galeria 13 e zelador da rua do Gravatá, levou-me ao Bângala e contou-me a história de Luiz Gama tal qual falada nos becos e ruas da velha cidade de São Salvador da Bahia de Todos os Santos. Em sua casa, reunimo-nos muitas vezes para celebrar a poesia e a memória de Gama. No Ilê Axé Opô Afonjá, Maria Stella de Azevedo Santos (1925-2018), a nossa querida mãe Stella de Oxóssi, assentou-me no caminho do direito. Guardo comigo, e oxalá cedo revele, palavras suas sobre a vida de Luiz Gama, dos bons tempos em que lia para ela, em sua casa, textos escritos pelo filho de Luiza Mahin. Maria Laís Morgan (1941-2021), professora da Escola de Dança da Universidade Federal da Bahia, esteve presente na minha banca de conclusão de curso em direito, na Universidade do Estado da Bahia, onde apresentei a monografia *Questão jurídica (1880): o pensamento político brasileiro de Luiz Gama*. Naquele 3 de janeiro de 2013, Laís Morgan deu-me título tão importante quanto a aprovação acadêmica, a sua benção de artista. A todos eles, a quem não poderei entregar em mãos essas *Obras Completas*, o meu profundo agradecimento, reconhecimento e votos de paz de espírito na eternidade.

Agradecimentos

Estas *Obras Completas* de Luiz Gama contaram com o apoio decisivo do Instituto Max Planck de História do Direito e Teoria do Direito – Frankfurt am Main, Alemanha. As condições de trabalho excepcionais oferecidas em Frankfurt, notadamente a incrível biblioteca do Instituto, permitiram que eu pudesse me dedicar integralmente ao estudo da obra de Luiz Gama. A par disso, o debate acadêmico de excelência que encontrei no Instituto Max Planck faz com que eu seja devedor às muitas contribuições, críticas, sugestões de colegas e professores do mundo todo, com quem pude aprender e dialogar, e que estão refletidas no método de pesquisa e nos comentários ao texto.

Devo, assim, expressar o mais profundo agradecimento ao professor Thomas Duve, diretor do Instituto Max Planck de História do Direito e Teoria do Direito, e meu orientador de doutorado, que me apoiou desde o primeiro minuto em minhas pesquisas de recuperação e difusão do conhecimento sobre a obra de Luiz Gama. Muito obrigado pela confiança. A combinação rara de seriedade e generosidade intelectual do professor Thomas Duve, que é por todos conhecida, é para mim um exemplo de vida.

Agradeço igualmente ao professor Marcelo Neves, catedrático de Direito Público na Universidade de Brasília, que me convenceu e fez de tudo para que eu prosseguisse com os estudos de Luiz Gama na Alemanha. Sua paixão pela ciência do direito e a sociologia alemã, que o inscreve como extemporâneo discípulo do mestre de todos nós, Tobias Barreto, beneficia quem o cerca, alimenta a chama do conhecimento e dignifica o direito.

Sou grato, também, ao professor Tâmis Parron, do Instituto de História da Universidade Federal Fluminense e do conselho editorial da Hedra, que acompanha essa pesquisa há sete anos e leu rigorosamente todas as linhas destas *Obras Completas*. Todos no Brasil já sabem que o professor Tâmis Parron é um dos maiores historiadores dessa geração. O que talvez ainda não saibam é de seu talento em despertar o que há de melhor dentro do aluno que procura aprender. Por isso, igualmente, devo lhe agradecer.

Ao Jorge Sallum, editor da Hedra, devo também um agradecimento pela confiança e investimento no Projeto Luiz Gama. Desde julho de 2017, tem contribuído com sua leitura crítica e sugestões para a organização dos textos. A visão de longo alcance, mirando a perenidade desta empreitada, sem descurar das minúcias da feitura de cada volume, são atributos que fazem dele um editor raro.

O meu muito obrigado também vai aos colegas historiadores que me receberam tão bem em seus fóruns de debates. Apresentei trechos destas *Obras Completas* em seminários internos no Instituto Max Planck de História do Direito e Teoria do Direito, na Universidade Estadual de Campinas, Universidade de Flensburg, Universidade de Princeton e na Universidade de São Paulo; assim como em congressos temáticos abertos em Bruxelas, Madri e no Rio de Janeiro. Agradeço, então, aos colegas que me convidaram para apresentar nos respectivos espaços, bem como àqueles que discutiram minha pesquisa sobre a obra de Gama, destacadamente, Alain El Youssef; Alec Thompson; Alexandre Rocha da Silva; Ana Carolina Couto Barbosa; Anna Clara Lehmann Martins; Arthur Barrêtto de Almeida Costa; Bruno Tadeu Buonicore; Bruno Fonseca Miranda; Clemente Penna; Constanza Dalla Porta; Damian Gonzales Escudero; David Domínguez Cabrera; Fabiane Bordignon; Felice Physioc; Fernando Liendo Tagle; Gilberto Guerra Pedrosa; João Marcos Mesquita; Jonas Brito; José Evando Vieira de Melo; José Luís Egío Garcia; Karla Escobar; Leonardo Carrilho; Lindener Pareto; Lívia Tiede; Lloyd Belton; Manuel Bastias Saavedra; Marcelo Ferraro; Marco in't Veld; Mariana Armond Dias Paes; Matteo Lazzari; Osvaldo Rodolfo Moutin; Pablo Pryluka; Paulo Henrique Rodrigues Pereira; Maria del Pilar Mejía Quiroga; Marial Iglesias Utset; Pól Moutin; Raquel Sirotti; além dos professores Alejandro de la Fuente; Ana Flávia Magalhães Pinto; Hauke Brunkhorst; Isadora Mota; Manuela Bragagnolo; Maria Pia Guerra; Tâmis Parron; Thomas Duve; e Rebecca Scott.

Porém, mesmo com toda a paciência e generosidade dos mestres e colegas de ofício, estas *Obras Completas* não existiriam se não fossem os funcionários dos arquivos e bibliotecas de obras raras, que me franquearam o acesso aos valiosos originais e à literatura de apoio. Fui atendido com presteza por dezenas e dezenas deles. Mencioná-los todos agora seria impossível porque inevitavelmente eu incorreria em indesculpável omissão de nomes. Agradeço, pois, às instituições arquivísticas pelo cuidado com o acervo e a sempre atenciosa disposição e competência que suas equipes têm em auxiliar o pesquisador. O meu muito obrigado aos funcionários do Acervo Histórico da Assembleia Legislativa do Estado de São Paulo; Arquivo da Cúria Metropolitana de São Paulo; Arquivo Edgard Leuenroth; Arquivo do Estado de São Paulo; Arquivo Geral da Cidade do Rio de Janeiro; Arquivo Geral do Tribunal de Justiça do Estado de São Paulo; Arquivo Histórico de Juiz de Fora; Arquivo Histórico Municipal de São Paulo; Arquivo Histórico Dr. Waldomiro Benedito de Abreu; Arquivo Municipal de Itatiba; Arquivo Nacional; Arquivo Público do Estado da Bahia; Arquivo Público Mineiro; Biblioteca Acadêmico Luiz Viana Filho (Senado Federal); Biblioteca da Faculdade de Direito do Largo de São Francisco; Biblioteca da Faculdade de Direito da Universidade Federal de Pelotas; Biblioteca da Faculdade de Direito da Universidade Federal do Paraná; Biblioteca da Faculdade de Direito da Universidade Federal de Pernambuco; Biblioteca Guita e José Mindlin; Biblioteca Pedro Aleixo (Câmara dos Deputados); Biblioteca Pública do Estado da Bahia; Biblioteca do Supremo Tribunal Federal; Centro Cultural Martha Watts – Espaço Memória Piracicabana; Centro de Memória da Universidade Estadual de Campinas; Fundação Arquivo e Memória de Santos; Fundação Casa de Rui Barbosa; Fundação Biblioteca Nacional; Hemeroteca Roldão Mendes Rosa; e Loja Maçônica Luiz Gama.

Devo, também, uma palavra escrita de agradecimento à minha família. Elaine Aparecida Rodrigues e Helio Martins de Lima, os meus pais, e Daniel Rodrigues de Lima, o meu irmão mais velho, apoiaram incondicionalmente cada passo dessa pesquisa com o entusiasmo e a alegria que sempre fizeram sala em nossa casa. Amigos como Luiz Eduardo Parreiras, Oraida Parreiras, João Acuio, Mariana Campos, Daniel Lerner, Geraldo Figueiredo, Clyde Alafiju Morgan, Diva Maria Martins de Oliveira, José Roberto Barbosa, Jéssica Aparecida Rodrigues, Saulo Miguez, Diogo Miguez e Jaime Miguez estiveram por perto ao longo da preparação das *Obras Completas*; Joel Miguez, amigo e mestre, fez-me ver melhor o quanto Gama andou "fadigado e farto de clamar às pedras, de ensinar justiça ao mundo pecador".

Para Luiza Simões Pacheco, que tanto beneficiou este trabalho com sua diligente revisão e correção textual, a par dos comentários de mérito e estilo, um muito obrigado só não basta: é preciso que eu lhe agradeça mandando "um abraço pra ti, Pequenina, como se eu fosse o saudoso poeta, e fosses a Paraíba".

Índice remissivo

Abissínia, 236
abissínios, 148
abolição, 425
Adolpho, 279-281
Africano, Cipião Emiliano, 200
Agostinho, 443
Aguiar, Horácio Figueira de, 61
Alexandre III da Macedônia, 209
Alexandre II da Rússia, 109
Alexandre VI, 128
Alfieri, Vittorio, 186, 222, 240, 250, 278, 452
alfândega, 61, 332
Alighieri, Dante, 217
Almeida, Joaquim Lopes de, 260, 328
Amaral, Jorge, 58, 64
Amaral, José Bueno do, 434
Andrade, Francisco Justino Gonçalves de, 431
Andrade, José Maria de, 431
Andrade, Manoel de Carvalho Paes de, 399
Anna, 441, 442
Antiguidade, 96, 102, 106, 109, 416
Araújo, José Thomaz Nabuco de, 387
Arouca, António Mendes, 429
Arquimedes de Siracusa, 96, 203
Assembleia Constituinte, 83
Assembleia Geral Legislativa, 228
Assembleia Legislativa, 163, 191, 200
Assembleia Legislativa Provincial, 92, 93, 165, 171, 173, 179, 186, 199, 207, 209, 215, 224, 229, 231, 244-247, 304, 329
Assembleia Popular, 95
assinaturas dos acórdãos
   Almeida, 265, 269, 273
   Bahia, 274
   Barbosa, 261
   Barros Lacerda, 274
   Barão de Montserrat, 261, 265, 273
   Barão de Pirapama, 265
   Braga, 261, 265, 269
   Brito, 261, 265, 269, 273
   Castro, Pereira de, 274
   Cerqueira, 261, 265, 269
   Chichorro, Pinto, 261, 265, 273
   d'Almeida, Barboza, 274
   Figueiredo, 274
   França, P. C., 261, 265, 269, 273
   Gomes, Silva, 274
   Góes, Araújo, 274
   Leão, 261, 265, 269
   Lins, 274
   Mariani, 261, 265, 269
   Martins, 274
   Mascarenhas, 269
   Neto, 274
   Nunes, Machado, 273
   Pantoja, 273
   Rabello, 274

Silva, 261, 265, 269, 274
Silva, Simões da, 261, 265, 269, 273
Siqueira, 273
Tavares, Silva, 273
Tourinho, 274
Veiga, 265, 269, 273
Vilares, 261, 265
Atenas, 223, 224
Átila, 202
Atlântico, 132
Augusto, 73, 120
Avelino, Jorge, 58-60
Azevedo, Manoel Antônio Álvares de, 76

Badaró, Libero, 70
Bannière, 97
Barboza, Alferes Francisco Gonçalves, 442
Barca, Aníbal, 384, 385
Bastos, Francisco Xavier de, 61
Bastos, José Joaquim Rodrigues de, 406
Batalha de Canas, 201
Batalha de Magenta, 127
Batalha de Novara, 127
Batalha de Pirajá, 192
Batalha de Santa Luzia, 74
Batalha de Solferino, 127
Batalha de Ticino, 201
Batalha de Zama, 201
Benedicto, 433, 443
Bonaparte, Napoleão, 112, 113, 204, 206, 385
Bonifácio IX, 129
Bonifácio, José (o Moço), 431
Bossuet, Jacques-Bénigne, 158
Bourgeat, Jérome-Dominique, 198
boçal, 441
Brasília, 56, 60

Brito, Frederico Augusto Xavier de, 274, 275
Brown, John, 107
Bueno, Vicente Ferreira da Silva, 452, 454-457, 461, 464, 467, 469
Byron, George Gordon, 72

Cabanagem, 74
Caios Mários, 133
Calvário, 71, 106, 159, 285, 401, 411, 473
Camargo, Felicio Ribeiro dos Santos, 319, 418
Camargo, Manoel Maria de Castro, 345
Campos, Américo de, 456, 471
Campos, Bernardino José de, 456
Campos, Diogo de Oliveira, 264
Caporalini, Domenico, 156
Caracciolo, Giovanni Battista, 113
carbonarismo, 113
Cardoso, Bento Pinheiro, 315
Carmo, Manoel Theodolindo do, 358
Casa de Correção, 319, 324, 325, 334
Castilho, Antonio Feliciano de, 81, 101, 206
Casto, Lúcio Artório, 164
Catharina, 443
Catão, Marco Pórcio, 198
Centro Liberal, 381, 383
Chamberlain, George Whitehill, 365, 366
Chefalos, Decio Augusto, 328
Cincinato, Lúcio Quíncio, 83
Clube Radical, 380, 381
Clube Republicano, 383
Coelho, Benedicto Ferreira, 165
Colosso da Tribuna francesa, 208
Companhia de Jesus, 100

Confederação do Equador, 70, 74, 192, 400
Conselho de Estado, 244
Conselho Federal, 291
Convenção Nacional, 142
Cordeiro, Antonio Joaquim de Campos, 264
Cordeiro, Lopo Diniz, 417
cordilheira do Cáucaso, 158
Crasso, Marco Licínio, 133
Creso, 350
cristianismo, 99, 102, 103, 112, 139, 157, 180, 190, 279, 289, 327
Crítias, 73
Cunha, José Feliciano Pinto da, 399
Custodia, Maria, 442
Custódio, José (das Antas), 442
Câmara dos Deputados, 92, 228
César, Caio Julio, 112, 385
César, Tibério Cláudio Nero, 410
Cévola, Caio Múcio, 410
Cícero, Marco Túlio, 223

d'Albret, Joanna, 142
Demócrito, 87
Demóstenes, 223, 251
Dia de Aspromonte, 112
distrito norte da Sé, 337
Divino Mestre, 100, 159, 190
Doroteu, 421, 441
Drusa, Lívia, 120
Drácon, 407
Dupanloup, Félix Antoine Philibert, 79
Duruy, Victor, 215, 424

Encarnação, Antonio José da, 319, 324, 325
Eneida, 120
Enobarbo, Cneu Domício, 157
Escada de Jacó, 86

Esopo, 223
Espártacos, 74, 106, 133, 341
Eva, 443
Evangelho, 81, 121, 155, 180, 190, 285, 286, 289, 407

Feijó, Diogo Antonio, 225, 305, 346, 425, 427
Filho, José Thomaz Nabuco de Araújo, 384
Flaco, Quinto Horácio, 234
Fleminge, Francisco de Assis, 442
Floquet, Charles, 117
Florindo, Miguel José, 56
Foro da Corte, 418
Frederico II da Prússia, 143, 204
freguesia da Penha, 216
Freitas, Antonio Pinto do Rego, 318, 321, 325, 420, 441, 443, 444, 453-456, 463, 465
Freitas, Vicente Mamede de, 431

García, Benito Juárez, 120, 123, 126
Garibaldi, Giuseppe, 112
gorro frígio, 200, 386
Graccho, Benedicto n., 364
Gregório IX, 129
Guarda Nacional, 91, 93
Guimarães, Antonio Pinto Praxedes, 337, 338
Guimarães, José Ignacio Gomes, 377, 456
Guizot, Françoais, 181
Gólgota, 90, 125, 380, 411

Habsburgo-Lorena, Fernando Maximiliano de, 119-121, 126
heléboro, 82, 98, 168
Henrique IV, 385, 387
Herculano, Alexandre, 205

Hugo, Victor-Marie, 107, 111, 139, 181, 222, 288
Huss, João, 126

Idade Média, 115, 381
Ignacia, 443
Igreja Católica, 117, 118, 367
Igreja Matriz, 328
Igreja Metodista, 114
Igreja Presbiteriana do Brasil, 365
Imperador, 83, 399, 424, 427, 438
Império, 90, 92, 101, 109, 115, 194, 214, 276, 341, 347, 366, 407
Império de Santa Cruz, 263, 267, 271, 277, 281, 345
Inconfidência Mineira, 192
irmãos Graco, 363, 385
Iscariot, Judas, 344, 386, 411
Itu, 426, 428

Jackson, Andrew, 207
Jacyntho, 438, 441–443, 453, 463
Jesus Cristo, 101, 106, 109, 125, 126, 129, 145, 155, 284, 329, 344, 367, 386, 407, 473
jesuítas, 90, 97, 117, 168, 171, 180, 205, 304, 343, 344, 352, 353
Joanna, 443
Johnson, Andrew, 207
João, 425–428, 443
Jundiaí, 345, 365, 433, 434
Junqueira, Scipião Goulart, 61

Lamennais, Felicité Robert de, 162
Laocoonte, 73
largo do Arouche, 349, 457
Lavicomterie, Louis-Charles de, 288, 379
lazaristas, 328, 351–353

Lefèvre, Édouard René de Laboulaye, 81, 102
legislação
  Assento de 23 de fevereiro de 1835, 265
  Ato Adicional de 12 de agosto de 1834, 229
  Aviso de 14 de junho de 1850, 319
  Aviso de 20 de outubro de 1833, 313
  Aviso de 26 de outubro de 1833, 314
  Aviso nº 108 de 16 de outubro de 1838, 314
  Aviso nº 206 de 02 de abril de 1836, 314
  Aviso nº 56 de 26 de janeiro de 1869, 320
  Coleção de Leis do Brasil de 1868, 347
  Constituição política do Império, 67, 84, 91, 92, 97, 100, 229, 259, 390, 391, 429
  Código Comercial, 268, 269
  Código Criminal de 1830, 275, 320
  Código de Processo Criminal, 313, 314, 319, 333, 460
  Código prussiano de 1794, 143
  Decreto de 12 de abril de 1832, 408, 443, 455
  Decreto nº 1.096 de 10 de setembro de 1860, 91, 93
  Decreto nº 1.746 de 16 de abril de 1856, 460
  Decreto nº 1.898 de 21 de fevereiro de 1857, 460
  Decreto nº 1.901 de 17 de outubro de 1870, 328

Decreto nº 2.052 de 12 de dezembro de 1857, 334
Decreto nº 2.171 de 1º de maio de 1858, 316
Decreto nº 828 de 29 de setembro de 1851, 334
habeas-corpus, 319, 325
Instruções de 10 de julho de 1822, 316
Lei de 1819, 143
Lei de 1º de outubro de 1828, 177, 228, 229, 332-334
Lei de 7 de novembro de 1831, 408, 437, 442, 455, 467
Lei nº 234 de 23 de novembro de 1841, 244
Lei nº 261 de 3 de dezembro de 1841, 342, 460
Lei nº 34 de 16 de março de 1846, 234
Lei Provincial nº 54 de 15 de abril de 1868, 223, 232, 233, 241, 246, 250
Ordem do dia nº 276 de 26 de agosto de 1861, 316
Regulamento nº 120 de 31 de janeiro de 1842, 273, 460, 461
Tratado de 23 de novembro de 1826, 408
Licurgo de Esparta, 226
Limeira, 406, 456
Lincoln, Abraham, 107, 206, 386
Lobato, Francisco de Paula Negreiros Sayão, 272, 389-392
Loja Amizade, 311
Loja América, 302
Loureiro, Joaquim da Silva, 70
Lourenço, Tenente Francisco José, 442
Loyola, Inácio de, 100
Lucina, 425-428
Luiz XIV de França, 142
Luiz XV de França, 142
Luiz Philipe Gastão de Orléans, 202, 384, 386
López, Francisco Solano, 303
Lúculo, Lúcio, 155

Machado, Joaquim Nunes, 74
Mafamede, 80
Magno, Carlos, 112
Magno, Constantino, 99
Maidalchini, Olympia, 128
Marcelino, 443
Marianna, 443
Marques, Joaquim Roberto de Azevedo, 358
Mascardi, Josephi, 430
Mattos, Tito Augusto Pereira de, 184, 185, 197, 211
Maurício, Rodrigo José, 418
Meden, Frederico Wonder, 61
Medrado, José Joaquim Landulpho da Rocha, 77
Mello, Antonio Joaquim de, 424-428, 432
Mello, Francisco de Paula Souza e, 225, 346
Mello, Joaquim José de, 441
Melo, Inácio Luís Madeira de, 192
Mendonça, Americo Alves Pinto de, 358
Mendonça, Francisco Maria de Sousa Furtado de, 191, 469, 471-473
Menor, Júlia Agripina, 157
Metrowich, João, 70
Mirabeau, Honoré Gabriel Riqueti de, 208
Miranda, Jorge, 164
mitologia
    Adamastor, 69
    Argos Panoptes, 229

Ascálafo, 288
Babilônia, 204
Caim, 285
cavalo de Troia, 160
Corifeus, 343
dúvida de Tomé, 465
ebionismo, 171, 380, 473
Espírito Santo, 227, 240
Estreito de Messina, 216, 217
Eureca, 99
Fênix, 387
grão-paxás da Turquia, 171
Hipógrifos, 69
Hércules, 132
Jano, 180
Júpiter, 199
mandarins da China, 171
Medusa, 98, 154
Mercúrio, 199
moderna Jerusalém, 224, 408
Netuno, 199
novo Alexandre, 209, 451, 453, 459, 467
nó górdio, 209, 463
Olimpo, 199, 380
Palínuro, 217, 400
pantheon, 223, 377
Paraíso, 198
Philodemo, 53, 63
Procusto, 169, 400
Prometeu, 106, 158, 352
Saturno, 199
Supremo Criador, 343
Sínon, 217
Sísifo, 289
Thrax, 107
Tântalo, 189, 264, 289
Têmis, 279, 290
Ulisses, 203
Urano, 199
Vênus, 199

Éolo, 232
Ícaro, 212
moderna Atenas brasileira, 415
Moisés, 158
monte Aventino, 407
Monteiro, Tenente Manoel Luiz Pinto, 442
Moraes, Anna Francisca de, 434
Moraes, José Ribeiro de, 442
Moraes, Manoel Bueno de, 342
Moreira, Henrique da Cunha, 61
Motta, Vicente Pires da, 305
Moura, Francisco Honorato de, 339
Muniz, Florencio Soares, 434

Napoleão III, 202, 204
Nero, 157, 364
Novo Mundo, 97, 237

O parto da montanha, 223
Oliveira, José de Lima, 442
Olivete, 411
Ordenações, 429, 430
Ordenações do Reino, 244

Pacheco, Joaquim Fernandes, 60, 61
papa
    Clemente VII, 129
    Gregório VII, 128
    João XXII, 129
    Leão XII, 128
    Libério, 128
    Marcelino, 128
    Nicolau III, 128
    Paulo V, 128
Partido Conservador, 209, 305, 383, 390
Partido Conservador em França, 181
Partido Liberal, 209, 380, 387, 399
paróquia da Sé, 89, 92

Paulo, 425, 426, 428
paço de São Cristóvão, 387
Pedro II, 303, 304, 310, 377, 378,
    383, 386, 391, 392, 469
Pedro I, 69, 132
Peixoto, Bernardo Avelino
    Gavião, 85
Peixoto, Camilo Gavião n., 85
Penn, William, 144
Pereira, Antonio Gonçalves, 438,
    441, 442
Pereira, Filippe Eugenio Tavares,
    272–274
periódicos
    Correio Mercantil, 144, 279
    Correio Paulistano, 53, 55,
        57–59, 63, 64, 85, 87,
        89, 96, 104, 105, 108,
        111, 176, 383, 415, 451,
        459, 464, 465, 467, 471
    Democracia, 125, 131, 141,
        147, 153, 161, 167,
        175, 185, 197, 211,
        221, 223, 231, 239,
        249, 250, 259, 263, 267,
        271, 277, 283, 287, 291
    Diabo Coxo, 66
    Diário de São Paulo, 67, 79,
        80, 85–88, 95, 98, 100,
        104, 116, 163, 176,
        357–360
    O Ypiranga, 119, 120, 125,
        199, 297, 299, 405
    Polichinello, 131
    Radical Paulistano, 301, 303,
        309, 313, 315, 317,
        327, 329, 331, 337,
        341, 345, 347, 349,
        351, 355, 357, 361,
        365, 377, 379, 383,
        389, 399, 423, 433,
        437, 439, 455, 471

Revista Commercial, 54, 55,
    57, 59, 63, 279, 456
Pilatos, Pôncio, 408, 410
Pinto, Diogo de Mendonça, 67,
    164, 216
Pisões, 234
Pizarro, Joaquim Luiz, 54, 55,
    57–60, 63, 64
Platão, 73, 212
Poder Executivo, 90, 170, 171,
    193, 314, 323, 347, 390
Poder Judiciário, 272, 314, 323,
    343, 390
Poder Legislativo, 90, 91, 93, 243,
    323, 390
Poder Moderador, 284, 288, 293,
    323, 390
Ponciano, Anna, 442
Ponciano, Francisco, 442
Poredorax, 453
Prado, Francisco do, 442
praça do mercado, 337
praça do Rocio, 133
Primeira Secessão da Plebe, 156
Providência, 108, 123, 187, 200,
    279

Ramalho, Joaquim Ignacio, 418
Ratcliff, João Guilherme, 70, 400
Relação da Corte, 272, 274
República, 76, 82, 120, 121, 126,
    142, 143, 162, 203,
    206, 228
República do Paraguai, 207
Revolta Praieira, 74
Revolução Francesa, 118, 208
Revolução Pernambucana, 399
Ribeira, Amador Bueno de, 232
Ricasoli, Bettino, 112, 113, 117,
    118
Rita, 418, 422, 425–428, 443
Rocha, Antonio Candido da, 216,
    453, 467–469

Rodovalho, Antonio Proost, 361
Rodrigues, Alexandre Augusto
    Martins, 61
Roma, 73, 74, 83, 106, 112, 113,
    120, 127, 128, 133,
    145, 156, 157, 201,
    227, 234, 328, 363,
    364, 407, 410
Rosa, Manoel da, 441

Sabinada, 74
Sabino, 443
Salles, Manoel Ferraz de Campos,
    165
Santa Casa de Misericórdia, 329,
    330, 349
Santos, Francisco Xavier dos, 61
Santos, José Joaquim Monteiro
    dos, 268
Sardanápalo, 316
Savanarola, Jerônimo, 126
Savoia-Carignano, Carlos Alberto
    di, 127
Schiller, Friderich, 406
Sebastião, 443
Secretaria de Polícia, 57, 468
Sejano, Lúcio Élio, 410
senado, 91, 93, 290, 362, 390, 391
Silva, Antonio Carlos Ribeiro de
    Andrada Machado e,
    431
Silva, Balthasar Olinto de
    Carvalho e, 61
Silva, José Bonifácio de Andrada
    e, 83, 225, 345
Silva, José Mariano da (do
    Morro), 442
Silva, João Ribeiro da *n.*, 85
Silva, Luiz Augusto da, 297, 299
Silva, Luís Alves de Lima e, 384,
    386
Siqueira, Estevão José, 365
Soares, José Cryspiniano, 431

Sociedade Democrática
    Limeirense, 409, 412
Souza, Bernardo da Cunha e, 442
Supremo Criador, 148
Supremo Tribunal de Justiça, 261,
    264, 265, 268, 272,
    274, 275
Sá, João Pedro Ribeiro de, 442

Tal, Beralda de, 442
Tal, Leopoldino de, 61
Teixeira, Emilia Julieta de Araújo,
    268
Tell, William, 162
Telles, Antonio Queiroz, 366
terras do Cruzeiro, 224, 342, 406,
    473
Terâmenes, 73
Tewodros II, 237
Thomaz, Francisco Pereira, 338,
    339
Toledo, Luiz Pacheco de, 361
Tomás, Manuel Fernandes, 460
Trasíbulo, 406
Tribunal do Júri, 64, 274, 313,
    314, 319, 342, 465

Ulpiano, Eneu Domício, 416

Vasconcellos, Luiz de Oliveira
    Lins de, 432
Vasconcelos, Zacarias de Góis e,
    383, 385, 387
Velho Mundo, 81
Venâncio, Antonio, 61
Vergueiro, Nicolau José de
    Campos, 405
Vieira, Antonio, 318, 432
Vieira, Luiz José Martins, 345
vila de Batatais, 357, 358
Virgílio, 73
vulcão Antisana, 231
vulcão de Soufrière, 231

Washington, George, 385
Weid, Vonder, 291
Williams, Rogério, 102

Xavier, Firmino José Maria, 61
Xavier, Joaquim José da Silva, 192

COLEÇÃO HEDRA

1. *Don Juan*, Molière
2. *Contos indianos*, Mallarmé
3. *Triunfos*, Petrarca
4. *O retrato de Dorian Gray*, Wilde
5. *A história trágica do Doutor Fausto*, Marlowe
6. *Os sofrimentos do jovem Werther*, Goethe
7. *Dos novos sistemas na arte*, Maliévitch
8. *Metamorfoses*, Ovídio
9. *Micromegas e outros contos*, Voltaire
10. *O sobrinho de Rameau*, Diderot
11. *Carta sobre a tolerância*, Locke
12. *Discursos ímpios*, Sade
13. *O príncipe*, Maquiavel
14. *Dao De Jing*, Lao Zi
15. *O fim do ciúme e outros contos*, Proust
16. *Pequenos poemas em prosa*, Baudelaire
17. *Fé e saber*, Hegel
18. *Joana d'Arc*, Michelet
19. *Livro dos mandamentos: 248 preceitos positivos*, Maimônides
20. *O indivíduo, a sociedade e o Estado, e outros ensaios*, Emma Goldman
21. *Eu acuso!*, Zola | *O processo do capitão Dreyfus*, Rui Barbosa
22. *Apologia de Galileu*, Campanella
23. *Sobre verdade e mentira*, Nietzsche
24. *O princípio anarquista e outros ensaios*, Kropotkin
25. *Os sovietes traídos pelos bolcheviques*, Rocker
26. *Poemas*, Byron
27. *Sonetos*, Shakespeare
28. *A vida é sonho*, Calderón
29. *Escritos revolucionários*, Malatesta
30. *Sagas*, Strindberg
31. *O mundo ou tratado da luz*, Descartes
32. *Fábula de Polifemo e Galateia e outros poemas*, Góngora
33. *A vênus das peles*, Sacher-Masoch
34. *Escritos sobre arte*, Baudelaire
35. *Cântico dos cânticos*, [Salomão]
36. *Americanismo e fordismo*, Gramsci
37. *O princípio do Estado e outros ensaios*, Bakunin
38. *Balada dos enforcados e outros poemas*, Villon
39. *Sátiras, fábulas, aforismos e profecias*, Da Vinci
40. *O cego e outros contos*, D.H. Lawrence
41. *Rashômon e outros contos*, Akutagawa
42. *História da anarquia (vol. 1)*, Max Nettlau
43. *Imitação de Cristo*, Tomás de Kempis
44. *O casamento do Céu e do Inferno*, Blake
45. *Flossie, a Vênus de quinze anos*, [Swinburne]
46. *Teleny, ou o reverso da medalha*, [Wilde et al.]
47. *A filosofia na era trágica dos gregos*, Nietzsche
48. *No coração das trevas*, Conrad
49. *Viagem sentimental*, Sterne
50. *Arcana Cœlestia e Apocalipsis revelata*, Swedenborg
51. *Saga dos Volsungos*, Anônimo do séc. XIII
52. *Um anarquista e outros contos*, Conrad
53. *A monadologia e outros textos*, Leibniz
54. *Cultura estética e liberdade*, Schiller

55. *Poesia basca: das origens à Guerra Civil*
56. *Poesia catalã: das origens à Guerra Civil*
57. *Poesia espanhola: das origens à Guerra Civil*
58. *Poesia galega: das origens à Guerra Civil*
59. *O pequeno Zacarias, chamado Cinábrio*, E.T.A. Hoffmann
60. *Entre camponeses*, Malatesta
61. *O Rabi de Bacherach*, Heine
62. *Um gato indiscreto e outros contos*, Saki
63. *Viagem em volta do meu quarto*, Xavier de Maistre
64. *Hawthorne e seus musgos*, Melville
65. *A metamorfose*, Kafka
66. *Ode ao Vento Oeste e outros poemas*, Shelley
67. *Feitiço de amor e outros contos*, Ludwig Tieck
68. *O corno de si próprio e outros contos*, Sade
69. *Investigação sobre o entendimento humano*, Hume
70. *Sobre os sonhos e outros diálogos*, Borges | Osvaldo Ferrari
71. *Sobre a filosofia e outros diálogos*, Borges | Osvaldo Ferrari
72. *Sobre a amizade e outros diálogos*, Borges | Osvaldo Ferrari
73. *A voz dos botequins e outros poemas*, Verlaine
74. *Gente de Hemsö*, Strindberg
75. *Senhorita Júlia e outras peças*, Strindberg
76. *Correspondência*, Goethe | Schiller
77. *Poemas da cabana montanhesa*, Saigyō
78. *Autobiografia de uma pulga*, [Stanislas de Rhodes]
79. *A volta do parafuso*, Henry James
80. *Ode sobre a melancolia e outros poemas*, Keats
81. *Carmilla — A vampira de Karnstein*, Sheridan Le Fanu
82. *Pensamento político de Maquiavel*, Fichte
83. *Inferno*, Strindberg
84. *Contos clássicos de vampiro*, Byron, Stoker e outros
85. *O primeiro Hamlet*, Shakespeare
86. *Noites egípcias e outros contos*, Púchkin
87. *Jerusalém*, Blake
88. *As bacantes*, Eurípides
89. *Emília Galotti*, Lessing
90. *Viagem aos Estados Unidos*, Tocqueville
91. *Émile e Sophie ou os solitários*, Rousseau
92. *Manifesto comunista*, Marx e Engels
93. *A fábrica de robôs*, Karel Tchápek
94. *Sobre a filosofia e seu método — Parerga e paralipomena (v. II, t. 1)*, Schopenhauer
95. *O novo Epicuro: as delícias do sexo*, Edward Sellon
96. *Revolução e liberdade: cartas de 1845 a 1875*, Bakunin
97. *Sobre a liberdade*, Mill
98. *A velha Izerguil e outros contos*, Górki
99. *Pequeno-burgueses*, Górki
100. *Primeiro livro dos Amores*, Ovídio
101. *Educação e sociologia*, Durkheim
102. *A nostálgica e outros contos*, Papadiamántis
103. *Lisístrata*, Aristófanes
104. *A cruzada das crianças/ Vidas imaginárias*, Marcel Schwob
105. *O livro de Monelle*, Marcel Schwob
106. *A última folha e outros contos*, O. Henry
107. *Romanceiro cigano*, Lorca
108. *Sobre o riso e a loucura*, [Hipócrates]
109. *Hino a Afrodite e outros poemas*, Safo de Lesbos
110. *Anarquia pela educação*, Élisée Reclus
111. *Ernestine ou o nascimento do amor*, Stendhal

112. *Odisseia*, Homero
113. *O estranho caso do Dr. Jekyll e Mr. Hyde*, Stevenson
114. *História da anarquia (vol. 2)*, Max Nettlau
115. *Sobre a ética — Parerga e paralipomena (v. II, t. II)*, Schopenhauer
116. *Contos de amor, de loucura e de morte*, Horacio Quiroga
117. *Memórias do subsolo*, Dostoiévski
118. *A arte da guerra*, Maquiavel
119. *Elogio da loucura*, Erasmo de Rotterdam
120. *Oliver Twist*, Dickens
121. *O ladrão honesto e outros contos*, Dostoiévski
122. *Sobre a utilidade e a desvantagem da história para a vida*, Nietzsche
123. *Édipo Rei*, Sófocles
124. *Fedro*, Platão
125. *A conjuração de Catilina*, Salústio
126. *O chamado de Cthulhu*, H. P. Lovecraft
127. *Ludwig Feuerbach e o fim da filosofia clássica alemã*, Engels

METABIBLIOTECA

1. *O desertor*, Silva Alvarenga
2. *Tratado descritivo do Brasil em 1587*, Gabriel Soares de Sousa
3. *Teatro de êxtase*, Pessoa
4. *Oração aos moços*, Rui Barbosa
5. *A pele do lobo e outras peças*, Artur Azevedo
6. *Tratados da terra e gente do Brasil*, Fernão Cardim
7. *O Ateneu*, Raul Pompeia
8. *História da província Santa Cruz*, Gandavo
9. *Cartas a favor da escravidão*, Alencar
10. *Pai contra mãe e outros contos*, Machado de Assis
11. *Iracema*, Alencar
12. *Auto da barca do Inferno*, Gil Vicente
13. *Poemas completos de Alberto Caeiro*, Pessoa
14. *A cidade e as serras*, Eça
15. *Mensagem*, Pessoa
16. *Utopia Brasil*, Darcy Ribeiro
17. *Bom Crioulo*, Adolfo Caminha
18. *Índice das coisas mais notáveis*, Vieira
19. *A carteira de meu tio*, Macedo
20. *Elixir do pajé — poemas de humor, sátira e escatologia*, Bernardo Guimarães
21. *Eu*, Augusto dos Anjos
22. *Farsa de Inês Pereira*, Gil Vicente
23. *O cortiço*, Aluísio Azevedo
24. *O que eu vi, o que nós veremos*, Santos-Dumont

«SÉRIE LARGEPOST»

1. *Dao De Jing*, Lao Zi
2. *Escritos sobre literatura*, Sigmund Freud
3. *O destino do erudito*, Fichte
4. *Diários de Adão e Eva*, Mark Twain
5. *Diário de um escritor (1873)*, Dostoiévski

«SÉRIE SEXO»

1. *A vênus das peles*, Sacher-Masoch
2. *O outro lado da moeda*, Oscar Wilde
3. *Poesia Vaginal*, Glauco Mattoso
4. *Perversão: a forma erótica do ódio*, Stoller
5. *A vênus de quinze anos*, [Swinburne]
6. *Explosao: romance da etnologia*, Hubert Fichte

COLEÇÃO «QUE HORAS SÃO?»

1. *Lulismo, carisma pop e cultura anticrítica*, Tales Ab'Sáber
2. *Crédito à morte*, Anselm Jappe
3. *Universidade, cidade e cidadania*, Franklin Leopoldo e Silva
4. *O quarto poder: uma outra história*, Paulo Henrique Amorim
5. *Dilma Rousseff e o ódio político*, Tales Ab'Sáber
6. *Descobrindo o Islã no Brasil*, Karla Lima
7. *Michel Temer e o fascismo comum*, Tales Ab'Sáber
8. *Lugar de negro, lugar de branco?*, Douglas Rodrigues Barros
9. *Machismo, racismo, capitalismo identitário*, Pablo Polese
10. *A linguagem fascista*, Carlos Piovezani & Emilio Gentile

COLEÇÃO «ARTECRÍTICA»

1. *Dostoiévski e a dialética*, Flávio Ricardo Vassoler
2. *O renascimento do autor*, Caio Gagliardi
3. *O homem sem qualidades à espera de Godot*, Robson de Oliveira

«NARRATIVAS DA ESCRAVIDÃO»

1. *Incidentes da vida de uma escrava*, Harriet Jacobs
2. *Nascidos na escravidão: depoimentos norte-americanos*, WPA
3. *Narrativa de William W. Brown, escravo fugitivo*, William Wells Brown

COLEÇÃO «WALTER BENJAMIN»

1. *O contador de histórias e outros textos*, Walter Benjamin
2. *Diário parisiense e outros escritos*, Walter Benjamin

Adverte-se aos curiosos que se imprimiu este livro na gráfica Meta Brasil, em 14 de agosto de 2023, em papel pólen soft, em tipologia MinionPro e Formular, com diversos sofwares livres, entre eles LaTeX & git.
(v. cf2d232)